·高等院校精品课程教材·

创业学

理论、过程与实务

Entrepreneurship

（第二版·Second Edition）

主编　李时椿　常建坤

中国人民大学出版社
·北京·

图书在版编目（CIP）数据

创业学：理论、过程与实务/李时椿，常建坤主编．—2版．—北京：中国人民大学出版社，2016.11
ISBN 978-7-300-23583-7

Ⅰ.①创… Ⅱ.①李… ②常… Ⅲ.①创业-高等学校-教材 Ⅳ.①F241.4

中国版本图书馆CIP数据核字（2016）第265257号

高等院校精品课程教材
创业学：理论、过程与实务（第二版）
主编　李时椿　常建坤
Chuangyexue：Lilun，Guocheng yu Shiwu

出版发行	中国人民大学出版社		
社　　址	北京中关村大街31号	**邮政编码**	100080
电　　话	010－62511242（总编室）		010－62511770（质管部）
	010－82501766（邮购部）		010－62514148（门市部）
	010－62515195（发行公司）		010－62515275（盗版举报）
网　　址	http://www.crup.com.cn		
经　　销	新华书店		
印　　刷	北京昌联印刷有限公司	**版　　次**	2011年12月第1版
规　　格	185 mm×260 mm　16开本		2016年11月第2版
印　　张	17.25 插页1	**印　　次**	2021年6月第3次印刷
字　　数	406 000	**定　　价**	36.00元

前言

创新精神和创业能力是当今世界最为稀缺的社会资源。

当前，全球新一轮科技革命和产业变革蓄势待发，我国经济正进入速度变化、结构转型和动力转换的关键时期。面对经济转型和全球化激烈竞争的迫切需要，各国的竞争都聚焦于创新与创业的水平，创新创业已成为我国经济持续发展的原动力和国家竞争力的源泉。

中国正在成为全球优秀人才实现创新创业梦想的热土。

2007 年 10 月，党的十七大报告提出“实施扩大就业的发展战略，促进以创业带动就业”，将创业纳入国家发展战略。2013 年 11 月，党的十八届三中全会进一步强调，“完善扶持创业的优惠政策，形成政府激励创业、社会支持创业、劳动者勇于创业新机制”。

2013 年 11 月 8 日，习近平在致全球创业周中国站活动组委会的贺信中指出，“全社会都要重视和支持青年创新创业，提供更有利的条件，搭建更广阔的舞台，让广大青年在创新创业中焕发出更加夺目的青春光彩”。

2014 年 9 月以来，李克强总理多次提到“大众创业，万众创新”，强调打造新常态下我国经济发展的新引擎。

面对新的形势，着力营造有利于杰出科学家、发明家、技术专家和企业家不断涌现，大众创业、万众创新蔚然成风的社会环境和文化氛围迫在眉睫。

在这种背景下，学习借鉴国外创业领域最新理论研究成果和实践经验，研究总结适合中国国情的创业理论与创业规律，分析解决中国大众创业过程中的实际问题，大力推进全社会创新创业活动，显然是一项亟待开展且具重大社会意义的学术课题，也正是本书撰写的初衷。

为贯彻落实教育部《关于大力推进高等学校创新创业教育和大学生自主创业工作的意见》和《普通本科学校创业教育教学基本要求》的文件精神，着力培养千百万创新创业型人才，我们对《创业学：理论、过程与实务》作了重要修订和更新。

修订后，本书的特点主要体现在：一是理论新颖。聚焦当今创业领域的热点问题，全面反映中外最新创业理论研究成果，聚焦我国政府有关创业政策最新信息。二是注重实践。努力搭建起理论通向实践的桥梁，多角度培养与强化读者的创业意识和创业能力。三是系统性、通俗性和可读性强。更加突出以创业过程为主线、以培养创新创业精神为基点的知识体系特色。

参与本书编写的常建坤教授是一位成功创建并正在经营两家营业额过亿公司的创业者，书中融入了他多年创业的经验与教训。

本书编撰和出版的过程中，张佳瑜、刘汉东、单莎娜、祝方园、邹璘、杨刘涛、尚泉泉、祝公园、高玲、许婧等多位硕士和博士研究生在资料搜集和案例分析方面给予大力支持，中国人民大学出版社编辑也给予热忱帮助，谨在此一并表示衷心感谢。

本书参阅了大量文献和研究资料。限于水平和时间，书中难免存在疏漏，恳切期待专家和读者批评指正。

本书可用作普通高校本科各专业创业教育教材，也可供社会各类创业者学习参考。

目录

第 1 章

导 论

本章要点

- 主要发达国家创业活动的概况与特点
- 大学生创业计划大赛的历程与特色
- 改革开放以来我国创业活动的发展概况和主要驱动因素
- 创业学研究的发展过程与趋势

引例

张茵：白手起家的中国女富豪

张茵祖籍黑龙江省鸡西市，1957 年出生于广东。由于幼时家境清贫，张茵很晚才有机会进入大学深造，之后在深圳一家企业工作。1985 年，28 岁的张茵放弃了深圳一家合资企业提供的待遇优厚的财会工作，仅带 3 万元到香港闯荡。

谈起成功，张茵只是淡淡一句："是我运气好，占了天时地利人和。"张茵说自己最大的特点就是埋头做自己的事情，凡事量力而为。此外，由于学过财会专业，她在管理上有独到的见解。

10 年成为美国废纸回收大王

中国森林资源相对贫乏，特别是造纸用速生林建设严重滞后，因此大部分高档纸的原料都需要进口的废纸和木浆，发达国家和地区的废纸成为解决我国造纸原料瓶颈的重要途径。这个门槛不高、被称为"收破烂"的行当吸引了不少客商，香港则成为他们最重要的集散地。

由于之前曾受内地一造纸厂委托去香港收购废纸，张茵开始涉足将稻草浆造纸改为环保造纸这个领域，她很快了解到内地纸张短缺的情况和巨大的市场潜力。1985 年，张茵独自闯港创业，做起了废纸回收生意。

回想当年，张茵说："香港从事废纸回收的虽然是些文化程度较低的人，但特别讲信义，与我特别投缘，再加上我坚持废纸的品质，又恰好赶上香港经济蓬勃发展时期，因此6年内我就完成了部分资本积累，建立了自己的纸行和打包厂。”

为拓展废纸回收业务，1990年2月，张茵夫妇来到全球造纸业最发达的国家之一美国，成立了中南控股公司，开始了新的创业。

在美国，不仅废纸资源丰富，而且废纸回收系统极为高效、科学。另外，细心的张茵也利用了别人没有发现的机遇——大量运送出口货物的集装箱回到中国时都是空返，张茵只用极低的运费就把美国的废纸运到了中国。

如果说张茵在香港的创业是靠勤奋和勇气获得成功，那么到美国后更多的是靠智慧和多年累积的专业知识。1996年，在全美各行业集装箱出口用量排行榜上，中南公司名列第四，此后一年上一个台阶，多年来一直名列前茅。10年间，张茵建立的中南公司先后在美国建起了七家打包厂和运输企业，成为美国废纸回收大王。

就这样，张茵夫妇以其独到的商业模式开创了日进斗金的生意，也为中国造纸行业种下了一片广袤的“森林”。

从“废纸大王”到“造纸大王”

张茵从原料市场看到造纸市场，当时中国包装纸行业是一片空白，尤其是高级牛卡纸几乎全部从国外进口。既然原料在握，为什么不自己动手造纸？

1995年，张茵决定投入1.1亿美元，在中国对包装纸需求量最大的地方——珠江三角洲——建立玖龙纸业有限公司，主要生产替代进口的高档牛卡纸。1998年7月，第一条生产线建成投产，每年可生产20万吨高档牛卡纸。“当时，玖龙纸业一开工就生产高档牛卡纸。生意非常火，很多接货车排着队在厂门口等货。”张茵的合作伙伴王红培如是说。

进入21世纪，张茵又先后斥巨资在东莞基地安装了新生产线，同时挥师北上江苏太仓，几乎是再造了一个玖龙。到2005年底，玖龙纸业的产能达到330万吨，在中国市场的占有率为17%，成为全国第一、亚洲第二、世界第八的造纸巨头。

玖龙纸业于2006年3月在香港主板上市，总市值达375亿元，张茵及其家族成员拥有这家上市企业72%的股份。2006年10月11日，《胡润百富榜》揭晓，张茵以270亿元问鼎中国内地首富，也是世界上最富有的女性白手起家者。2009年，张茵家族以财富330亿元排名第一，再次荣登《胡润百富榜》女富豪榜榜首。

分析：张茵创业起步时恰逢中国改革开放的黄金时期，到美国后又逢美国经济复苏持续繁荣，但天时地利人和只是良好的外部环境，审时度势、扬长避短、抢占先机、不断拼搏，才是张茵成功的根本所在。

张茵少年时期家境贫寒，父母重在启发她勤于思考的习惯，并形成待人以诚、特立独行的性格，这也是她能得到香港银行贷款支持的一大原因；大学毕业后她做过几年会计，这段实践经历为日后的经营奠定了精算基础；寻找商机的敏感和勇气，激励她仅带3万元只身闯香港，选择了不被人看好却潜力巨大的废纸回收行当；1990年，当她意识到香港已经满足不了内地的原料需求时，毅然决定跨国经营，赴美打天下，成立生产造纸原料的中南公司，这一决定使她从中国走向世界；为把收废纸与造纸结合起来，她决定与人合资，在营口、武汉、唐山建纸厂，虽然一度失败，却积累了大量经验；由于合资要顾及别人的想法，于是她1995年建立了自己的玖龙纸业公司，独立经营，开始走上资本积累与事业发展的巅峰之路。

资料来源：根据宁夏新闻网“富豪榜”栏目中关于张茵的介绍整理，http：//www.nxnet.net/caijing/fhb/200709/t20070923_12401.htm.

第1节　创业学产生的时代背景

创业学诞生在美国，其产生与发展的社会背景是遍及美国社会的蓬勃而持续的创业活动。实际上从全球范围来说，进入21世纪，创业已成为经济发展的原动力，促进了整个社会的创新活动，使经济增长建立在多层次的创新基础之上，有力地推动社会转型和经济发展。创业活动蓬勃发展的社会意义甚至不亚于一次工业革命。

知识经济时代，高科技产业的发展已成为一国竞争力的主要决定因素，而高科技产业的发展不仅需要一大批具有创新精神和创业能力的人才，更需要一个完整的创业体系的支撑，创业已成为发达国家经济社会可持续发展的源泉。

近年来，随着《美国创新法》《欧洲创业绿皮书》等一系列法案和报告的出台，创新创业成为欧美发达国家促进经济社会发展、提升人才培养质量的重要驱动力。许多国家和经济体已经将鼓励全社会的创业活动作为破解经济与社会发展困境的重要战略，通过发展战略、政策体系、环境塑造、文化引领等多种手段构建创业型社会，从而推动经济结构的整体转型。①

一、蓬勃发展的美国创业热潮

管理学大师彼得·德鲁克曾指出：“在过去10～15年间出现在美国境内的创业型经济形态是近代经济与社会史上所发生的最重要、最能给人希望的事件。”在美国历史上，创业从来没有像现在这么生机勃勃，创业为美国经济增添了活力，支撑了美国近几十年经济持续强劲的发展。以史蒂夫·乔布斯、比尔·盖茨为代表的创业者彻底改变了美国和世界的经济，创造出前所未有的巨大价值，推动了整个社会经济、高科技产业的蓬勃发展。

1. 一浪高过一浪的全民创业活动

20世纪90年代以来，美国经济高速增长。全国每年都有110多万个新公司成立，创业高潮在美国一浪高过一浪。创业为美国经济增添了活力，创造了大量就业机会，支撑了美国经济持续强劲发展。未来学家约翰·奈斯比特认为，创业是美国经济持续繁荣的基础。彼得·德鲁克认为，创业型就业是美国经济发展的主要动力之一，是美国就业政策成功的核心。这就是发生在美国的创业革命。

今天，美国的年轻人对创业表现出比他们的上一代更加浓厚的兴趣和热情，可以说，

---

① 黄兆信，王志强．论高校创业教育与专业教育的融合［J］．高等教育，2014（4）．

创业观念已经深深地植根于美国文化之中。一项对美国高中生的随机抽样调查显示，70%的学生希望将来拥有自己的企业，他们的家长中有一半希望拥有自己的企业；比尔·盖茨创造了微软帝国，也造就了大学生创业的神话，这不是个案，美国大学生创业率高达20%～23%。①

创业者是社会财富的创造者，创业不仅是创造社会财富、积累社会财富的过程，而且往往伴随着创新甚至重大创新。值得注意的是，研究表明，第二次世界大战以来，美国有一半的创新、95%的根本性创新是由新诞生的小型创业公司完成的。美国麻省理工学院做过一个统计，如果它的毕业生创建的公司组成一个独立国家的话，将是世界上第17大经济体。另一个事实同样令人惊讶：虽然美国的《财富》500强企业很多，但据统计，1980年后，美国社会超过95%的财富都是大变革中的新兴中小企业创造的。凭借在创业领域的优势，美国不断推动着世界创业革命的车轮，持续影响并主宰全球经济。

以微软为例，1975年微软以3 000美元创业；到了1980年，微软年收入只有800万美元，员工38人；而到2008年底，微软全球员工总数95 664人，整个2008财年总营业收入达604.2亿美元，营业利润达224.9亿美元；2014年底，微软股价再创新高，市值超4 000亿美元。

2. 席卷全美的大学生创业计划竞赛

随着大学校园的高科技创业浪潮席卷整个美国，大学生的创业热情空前高涨。美国大学的创业计划竞赛正是在这种形势下应运而生的。

创业计划又称“商业计划”（business plan），是一无所有的创业者就某一项具有市场前景的新产品或服务向风险投资家游说，以取得风险投资的可行性商业报告。大学生创业计划竞赛不是普通意义上的大学生专业比赛，而是以实际技术为背景、跨学科的团队之间的综合较量，要求参赛者组成优势互补的竞赛小组，提出一个具有市场前景的技术产品或者服务，围绕这一产品或服务，以“获得风险投资家的投资”为目的，通过深入研究和广泛的市场调查，完成一份完整、具体、可行的商业计划。美国包括麻省理工学院、斯坦福大学等在内的多所世界一流大学每年都举办这类竞赛。雅虎、Excite、Netscape等公司就是在斯坦福大学校园的创业氛围中诞生的。

美国大学校园的商业计划竞赛起源于1983年，当时得克萨斯大学奥斯汀分校的两位MBA学生希望借鉴法学院的一种模拟法庭的形式举办商业计划竞赛，以此来推动高校MBA学生走入社会，进行企业策划的演练。当时他们的活动并没有受到多大的重视，校方只给这两位同学象征性的经费支持。这两位商业计划竞赛的创办者历经千辛万苦，终于成功举办了世界上第一次商业计划竞赛。不过，当时的影响还无法与今天相比。

为了吸引新闻媒体和其他各方面的注意，得克萨斯大学奥斯汀分校的商业计划竞赛的举办者开始邀请著名的宾夕法尼亚大学沃顿商学院等几家全美最具影响力的商学院参加他们的比赛，并且显现出极大的商业价值，吸引许多美国高校纷纷仿效。麻省理工学院、斯坦福大学、哈佛大学等著名高校先后创办了自己的商业计划竞赛，其中以麻省理工学院的商业计划竞赛（现在更名为“创业计划竞赛”）最为成功。

---

① 赵树璠．为什么美国大学生创业率高［N］．光明日报，2014-08-07.

美国硅谷之所以闻名于世，是因为那里有世界上最好的高科技创业环境。一个年轻人如果有一个前景良好的高科技产品，只需准备好一份优秀的商业计划，到创业投资公司游说一番，就会吸引嗅觉灵敏的专门从事高科技风险投资的投资者，他们会接踵而至，对这份商业计划进行全面深入的评估，一旦认定这份计划具有投资价值，这家前一天还一无所有的公司第二天就可以开始营业了。只要有了创业者、优秀的项目和风险投资，律师事务所、会计师事务所、咨询公司、提供办公场地出租和员工招募的服务公司等都只需要一个电话就可以迅速提供服务。硅谷的人们深知时间对于在高科技领域占领先机具有多么重大的意义，这种环境是硅谷成功最重要的原因。

现在，不仅世界很多国家在效仿硅谷，美国国内许多地方也希望打造本地的“硅谷”，但都没有取得硅谷那样的成就，最重要的原因恐怕就是整个硅谷得天独厚的优良环境——优秀的大学、优秀的创业者、优秀的投资家、优秀的创业环境。

当代著名的美国高科技大公司几乎都是创业者利用风险投资创造的。英特尔的摩尔、葛鲁夫，微软的盖茨、艾伦，苹果的乔布斯，惠普的休利特、帕卡德，Netscape 的安德森，戴尔公司的戴尔，雅虎的杨致远等无不是风险投资造就的创业典范，这些公司大部分是年轻的学生们在离校后不久甚至在学校里就开始创办的。

3. 社会化的创业教育网络

创业教育始于美国。1947 年，哈佛大学商学院的迈尔斯·梅斯（Myles Mace）教授率先开设“新创企业管理”，这被认为是美国大学的第一门创业学课程；1953 年，纽约大学开设了由彼得·德鲁克任主讲教授的创业教育论坛；1968 年，百森商学院第一次引入创业教育学士学位。作为创业教育的发源地，美国的创业教育在理论与实践两个方面都积累了丰富的经验。

在美国政府和高校的大力支持下，创业教育得以普遍开展，形成了相当完备的社会体系，涵盖从初中、高中到大学的正规教育，基本形成了社会化的创业教育网络。从创业中心的建立到师资科研队伍、课程的建设以及国家创业教育基金的设立等，形成了完整的教学和研究体系。与此同时，建立起创业教育中心，制定创业教育计划，在教育大纲中融入创业教育内容，实现创业教育大纲法制化，把创业教育与大学的远景目标联系在一起。学校还制定政策鼓励师生创业，设置专门机构为师生创业提供便利条件，很多学校设有创业种子基金、创业实践基地等。[①]

美国创业教育的特点如下：

（1）高水平的创业教育师资队伍。为保障创业教育的有效开展，美国许多高校配备了高水平的创业教育师资。美国很多商学院的教授都曾经有过创业的经历，并担任过或现在仍然担任企业董事，他们对创业领域的实践、发展趋势及创业教育社会需求的变化有很强的洞察力。这些兼职教师的讲课为大学创业教育带来了鲜活的思维，丰富了课堂教学内容。

（2）浓厚的大学校园创业文化。美国高校通过各种鼓励创业政策营造宽容失败、推崇创业、鼓励冒险的创业环境，激发师生的创新精神和创业欲望。在这种创业文化的激励

① 马章良．美国、日本、中国大学生创业教育的比较与启示［J］．职业技术教育，2011（23）

下，从教授到学生都积极投入创业第一线，使美国高校出现了创业热潮，例如著名的惠普、升阳、思科、硅谷图文和雅虎等公司都是由学校师生创办的。浓厚的创业文化使大学师生在潜移默化中形成了崇尚创新、崇尚创业的信念。

（3）完善的创业教育课程体系。美国高校建立了完善的、各具特色的创业教育课程体系，使创业教育的实施具有鲜明的针对性与可操作性。美国高校创业教育课程的设置十分广泛，涵盖不同领域创业活动所需的知识与技能，其课程主要涉及商业计划书、新兴企业融资、创业领导艺术及教育、大型机构创业、启动新设企业、社会创业、成长性企业管理、创业营销、家族企业的创业管理、企业成长战略等。

在过去的 20 多年里，创业学已成为美国大学尤其是商学院和工程学院发展最快的学科领域。据不完全统计，美国已有 1 600 多所大学提供 2 200 多门创业课程，创办了 44 种相关的学术刊物。①

4. 完善的创业支撑体系

根据世界银行发布的《2014 年全球营商环境报告》，美国的营商环境便利度在全球 189 个经济体中排名第四。② 美国的政府、社会、学校为大学生创业者提供了非常便利的条件，具体表现在以下方面：

（1）营造鼓励创新创业的政策环境。由于美国社会崇尚和强调个人奋斗，个人创业在美国是极为普遍且引以为荣的事情。由于创业条件便利，人才制度灵活，美国社会形成了一种鼓励创业、宽容失败的文化氛围。1992—2012 年，美国国会先后通过三部法案延长具有高度竞争性的小企业创新研究计划，先后支持微软公司、英特尔公司等国际知名企业，对美国在前沿学科占据领先地位起到积极的促进作用。

（2）多渠道资助大学生创业。作为世界上创业投资最发达的国家，美国拥有成熟的资本市场，风险投资资金充足，因而增加了美国大学生创业计划的可行性。美国助推小企业融资的方式主要有：一是政府为创业型企业提供资金援助；二是政府通过政策引导，拓宽创业企业的资金来源渠道，如鼓励银行加大对小企业的贷款额度并减免利息，创建并提供多种投资渠道（包括天使投资、风险投资、种子资本等）。美国的职业保险也为大学生创业解除后顾之忧，其商业保险制度为成千上万的企业和个人提供了企业责任保险，帮助大学生将创业风险降到可以预见、可以承受的程度。

（3）创办企业的流程便捷、成本较低。一个有限责任公司，在美国从注册到运营仅需 6 个环节、5 天时间。此外，美国创办公司的经济成本非常低，仅占人均国民收入的 1.5%。以 2014 年为例，美国人均国民收入总值为 50 120 美元，注册一个新企业仅需 750 美元，最低实缴资本为 0。

（4）提供定制式辅导服务。美国创设了大量专门的创业辅导机构，在管理、服务、技术、营销、人才等方面提供有针对性的指导与咨询。此外，发达的信息服务业、一应俱全的各种咨询服务机构也为大学生创业提供了有力的保障。

（5）高校制定诸多支持性的制度和措施鼓励大学生创业。美国高校普遍允许学生既可

① 金锋，黄文炜，王海．海外创业教育经验启示中国［N］．环球时报，2012-08-31.

② 赵树璠．为什么美国大学生创业率高［N］．光明日报，2014-08-07.

全日制上课，也可半日制上课；允许学生在休学创业一段时间后再回校复课学习。高校与企业深度合作，为学生提供实习实践的机会，从而让学生积累相关经验。有的高校还为有创业意愿的学生建立专门的宿舍楼，以方便他们交流和沟通。

美国大学技术管理协会（AUTM）提供的数据显示：1980—2000 年，由美国大学生和研究机构申请的专利而衍生的新企业数量为 3 376 个，2007 年美国大学生创业数量是其所获专利许可的 8 倍，到 2012 年其专利转化率大致为 37.3%。①

二、其他发达国家的创业活动与创业教育

1. 英国

1983 年，在英国王储查尔斯王子的倡导以及王子基金的支持下，英国启动了青年创业计划；1999 年英国王子基金（www.princes-trust.org.uk）和威尔士王子国际商业领袖论坛（www.iblf.org）共同启动了“青年创业国际计划”（YBI），致力于整合国际资源，探寻和确立帮助弱势青年成长为企业家的先进方式。

YBI 通过与基金会、公益组织、企业、个人等合作，帮助失业、无业青年创办企业。目前，YBI 在世界范围内有 9 000 多名创业导师，该项目已在包括中国在内的几十个国家运行。据不完全统计，在过去的 20 多年里，YBI 一共扶持了 10 万名青年创业，其中有 7 万个企业连续运作 3 年以上，成功率达 70%以上。

此外，英国政府自 1987 年提出并实施“高等教育创业计划”（EHE）。2004 年，英国教育与技能部、英国贸易与工业部小企业服务局共同出资 70 万英镑作为基金，成立了全国大学生创业委员会（NCGE）。该委员会的主要任务是：促进高等院校、地区以及当地商业支持伙伴之间加强联系；鼓励大学在学科课程中加强创业技能的培养；向决策部门提供影响大学生创业关键因素的信息；开展创业理论研究。此后，英国政府出台了一系列大学生创业教育支持政策。②

根据英格兰高等教育基金管理委员会（HEFCE）相关统计数据，2008 年、2009 年，由英国大学生创立的目前仍然十分活跃的企业分别为 3 970 家和 4 053 家，这些企业创造的营业收入是它们所接受外部投资的 4.28 倍和 2.72 倍。③

英国在创业教育方面的举措包括：

（1）扩大多元创业教育资金来源。在英国大学创业教育发展的前 20 年里，80%的经费来源于政府的高等教育创新基金和科学创业挑战基金等，政府支撑成为创业教育资金的主要来源，提高私人捐助水平将成为今后的发展方向。依据 NCGE 的统计数据，创业教育资金投入主体明显增加，以资助额度的大小为序，主要有如下渠道：高等教育创新基金、大学、区域发展机构基金，欧盟基金赞助和捐赠经费。除了以上主要的资金来源主体，原有的科学创业挑战基金、新创业奖学金、教与学优异中心基金等也成为创业教育投资的重要补充。

---

①③　卢亮，胡若痴，但彬．发达国家大学生创业措施及对中国的借鉴［J］．中国高教研究，2014（8）．

②　徐小洲，胡瑞．英国高校创业教育新政策［N］．科学时报，2010－11－30．

英国政府对创业资金使用的政策导向是使其流向所有学校的所有专业，鼓励企业、社会团体和大学依据不同资金来源设立创业项目，促进资金使用流向的多元化。目前，创业资金来源及使用流向多元化格局初步形成。

（2）启动各类创业项目推进创业教育。英国政府推动建立的各类创业教育项目可大致分为三个层次：一是旨在吸引大学生参与创业活动的项目。早在1998年启动的“大学生创业项目”，启动5年内就吸引了大量学生和高等教育机构参与。二是以评估国家创业政策为特点的创业研究项目。其中，以“全球创业观察项目”（GEM）最具代表性。这一项目于1997年由英国伦敦商学院发起，旨在研究不同国家的创业活动及其影响因素，探索促进国家创业发展的政策，评估创业实施效果的优劣。2002年，在GEM研究的基础上提出了英国创业教育的基本框架。三是设立旨在提高创业教育教师技能的项目。2007年，由英国高等教育学院和美国考夫曼基金会共同资助，设立了“国际创业教育者项目”（IEEP）。IEEP研究成果在英国被广为接受，牛津商学院的学者认为IEEP是大学创业研究项目与NCGE建立研究伙伴关系的典范。

（3）构建创业型大学建设模式。英国2007年公布了由NCGE学术顾问艾伦·吉伯教授起草的《朝着创业型大学发展》政策文件。该文件指出，创业型大学是指那些能够鼓励学生创业，并为在校生和毕业生创业提供创业机遇、创业实践以及创业文化环境的大学。

（4）提出创业教育目标和教学方法的基本框架。创业教育教学及其组织模式始终是实施创业教育的关键环节。如前所述，IEEP的重要目的是将创业教育贯穿所有英国大学的全部课程。通过IEEP的研究，NCGE将创业教育目标分为逐步递进的八个层次：一是学生的核心创业行为和态度得到发展；二是学生能够理解并感受创业行为；三是能够自我解释创业教育核心价值；四是发展创业型职业动力；五是掌握创立公司的步骤及需求；六是培养企业家素质；七是掌握与创业过程相关的商业知识；八是熟悉与利益相关者的关系。

（5）建立多维创业教育评价体系，提高政策制定的科学性。英国传统创业教育评价重视学生对所学知识的运用，并主要由教师实施，评价内容主要围绕考试、论文和报告写作等。这一评价模式存在的主要问题是，忽略了学生的自主权，不利于激发学生运用知识的动力和自信。

近年来，英国实施了大学创业教育评价新举措：一是拓展学生创业学习效果评价模式。评价内容基于NCGE公布的2007年执行报告，即以创业教育教学方法的挑战为依据，建立基于发展技能、实践行为和支撑特性为基础的三维评判体系，同时融入自我评价和同行评价模式。二是在国际视野下评价英国的大学创业教育，由GEM评价英国在高收入国家中的创业活动参与率、创业人均GDP占有率、早期创业活动情况、早期创业偏好程度等指标，以分析英国创业教育在高收入国家中的位置与状况，探讨英国创业教育各项政策在实践过程中的实施效果与存在的问题，从而指导创业教育政策的制定。

2. 德国

据统计，占德国企业总数99.7%的中小企业的营业税占整个德国企业界的99.3%，提供了约70%的就业机会和82%的培训机会。德国中小企业繁荣发展的关键在于全国创业活动踊跃，这不仅与德国人具有敢于创业的竞争意识有关，更是德国政府重视改善中小企业创业环境的结果。[①] 德国政府的相关举措主要包括：

（1）健全完善的法律法规鼓励创业。德国政府设有联邦卡特尔局和托拉斯局，禁止大企业的合并和对中小企业的兼并，检查监督大企业是否利用自己的优势地位，采取压价或提价等不正当手段打击限制中小企业。此外，德国政府的经济技术部、财政部都下设专门负责中小企业事务的机构，经济技术部还在波恩设有中小企业研究所。德国各州政府、行业协会、工商会也都设有专门负责中小企业发展的促进部门，在欧盟和驻外使团内也设有中小企业促进机构。

在德国，法律已成为服务中小企业的调节器，成为发展中小企业的总纲和基石。德国的民商立法、经济立法和社会保障立法健全完善，不同时期制定的公司法、破产法、合同法、担保法、反对限制竞争法、劳动法、社会保险法等法律，不仅为中小企业的行为提供了基本规范，而且在创立公平竞争机制、优化中小企业外部环境方面，为中小企业的发展创造了广阔的法律空间。

（2）鼓励以创业带动就业。从 1984 年开始，德国政府就给予中小企业特别优惠，特别是对创业阶段的中小企业实行税收减免政策，规定：在落后地区新建企业可以免交营业税 5 年；新建企业所消耗的动产投资免征 50%所得税；中小企业盈利用于再投资的部分免交财产税。1994 年，德国政府将中小企业交纳营业税起征点从 2.5 万马克提高到 3.25 万马克；2005 年，在税收改革中将中小企业的所得税从 1998 年的 25.9%逐步降低到 15%，同时将基本免税额从 1998 年的 6 322 欧元提高到 7 664 欧元。

为鼓励以创业带动就业，德国积极实施就业补贴政策。德国政府曾规定，凡失业者创办中小企业，给予 2 万马克的资助，每招收 1 名失业者再资助 2 万马克。德国各地都有政府部门开办的为当地中小企业培训学徒工、对中小企业员工进行知识更新或改行培训的职业教育中心，经费由政府拨款补贴，中小企业只需为自己的员工出部分培训费。

（3）努力构建科学完善的创业教育体系。德国从 20 世纪 70 年代中期开始实施创业教育，目前基本形成创业教育政策健全、创业教育课程体系完善、创业教育管理科学、创业文化浓厚的高校创业教育体系。近年来，德国每年创办的企业约有 45 万家，其中有 11 万余家能在竞争中存活下来，这与创业教育发达不无关系。[②]

为推动创业教育和大学生创业实践，德国政府出台了多项政策：

首先，从资金上对大学生创业给予大力支持。从 1998 年起，德国政府对新成立的公司可直接提供最高 5 000 欧元的财政补贴；对创业的大学毕业生，提供最高 7 500 欧元的免费培训课程。另外，政府对大学生创办企业给予全方位的支持，包括创业培训、创业指导和帮助；免征商税，为新创办企业提供 10～20 年的创业援助贷款，减免新创办企业的部分所得税等。这些政策极大地激发了大学生的创业热情。

其次，完善高校创业教育课程体系。在社会各界的共同努力下，德国许多高校已经建设了一套比较完善的创业教育课程体系，开设了企业家精神训练、企业创业管理、创业法律法规、商业计划书、财务管理、市场调研、新产品开发、市场营销战略等几十门课程，

---

① 张秀娥．德国创业促进体系及对中国的启示［J］．当代世界，2009（9）．

② 陈文，赖炳根，关福远．德国高校创业教育特点及启示［J］．学校党建与思想教育，2012（10）．

涵盖了创业意识、创业知识、创业能力、创业实践操作、企业精神等主要创业领域。以慕尼黑技术大学的创业教育课程为例，在设计的课程中，企业财政、风险投资、商业发展计划等是面向全校的通选课，生物技术与医药产业的筹资与评估、创新企业家等则主要为创业者服务。

最后，促进创业实践教学。一是举办不同层次的创业比赛。德国政府和高校举办不同层次的创业计划比赛来促进大学生创业，以慕尼黑创业计划大赛为例，该赛事由慕尼黑劳动力与经济发展部、慕尼黑部分高校、当地商业机构、公共储备银行等共同组织筹备，在举办这一赛事的10多年里，成功产生了530多家企业，创造了4 200多个新工作岗位。二是充分利用创业教育研究中心开展实践教育。德国高校创业教学过程中，普遍采用在教师协助指导下学生自主实践的方式展开教学，通过大量分析典型案例、为学生提供多种实践机会来丰富学生的第一手创业实践经验。比如慕尼黑大学商业设计课程的教学中，要求学生根据慕尼黑企业发展理念设计出相应的企业发展规划，并由专家为企业提供咨询和培训，付诸企业实践。三是积极创建大学生创业教育实践平台。高校大力与当地的政府、企业等机构建立合作关系，整合资源，搭建创业教育实践平台。同时充分利用互联网这一高科技手段，将高校与政府、企业、创业中心等机构联系起来，建立大学生与社会各界的创业交流与咨询平台，为大学生创业及新创企业提供有力支持。

（4）提供系统高效的社会化创业服务体系。通过几十年的不断完善，德国形成了纵横交错的，为中小企业提供全方位、系统高效的服务的组织机构框架。比如，德国联邦经济和贸易管理局负责中小企业的新创、经营、环保事务，对新创企业和业主经理进行培训，帮助中小企业参加展览会；德国经济发展和培训基金会在海外为德国企业寻找合作伙伴；德国联邦外贸信息处负责收集世界经济信息，促进联邦中小企业贸易出口。德国还设有不以盈利为目的的工商联合会和行业协会，为新创企业提供各种服务。此外，德国建立了300余家中小企业创业服务中心，为创业者提供办公场所，仅收取低廉的租金和管理费用。

3. 日本

2000年，日本教育改革国民会议上提出了“创业家精神”的概念，强调创业教育应培养学生的创业家精神、生存能力和思维方式。2007年6月1日，日本内阁正式审议通过《创新25战略》并付诸实施。这项新战略对今后20年日本面临的严峻挑战做出了清晰的判断，认为创新创业已经成为日本社会的当务之急。

在《创新25战略》的框架下，大学的创新创业教育，特别是作为培养和训练学生自主创业意识、创业素质、创业精神的创业教育，成为政策关注的焦点。

（1）创业教育贯穿小学到大学各个阶段。日本的创业教育注重培养学生终身的创业意识和创业精神，贯穿小学到大学各个阶段，在不同的阶段对学生开展不同的创业教育活动。在小学阶段，注重培养学生的创业意识和创业品质，主要通过开设理财教育、手工制作等课程，让学生萌发创业的想法、念头，在学生心里种下创业的种子。在中学阶段，注重培养学生的创业精神和企业经营方法，通过模拟公司经营活动等方式，让学生了解基本的财务管理和经营管理方面的知识。在大学阶段，注重培养学生的创业知识和创业技能。通过开设创业教育课程、提供企业见习机会、创造创业实践条件等，培养学生创业的各种能力，构建一个从课程到实习以及创业实践的全面体系。通过在不同阶段开展不同形式的创业教育，为学生未来的创业奠定基础。①

据日本国立教育政策研究所的调查，全国1万多所公立中学里，89.7%的中学实施职场体验教学。约九成学校的职场体验时间在三天以内，职场体验的范围很广，包括警察署、医院、福利机构、图书馆、工厂等。②

(2)“官、产、学”联合推进创业教育。③ 日本政府、产业、学校在创业教育课程开发方面形成了“官、产、学”密切配合的社会支持体系，构建整合型、多层次、差异性的创业教育。

整合型就是整合政府、企业、学校、社会中介机构、民间社团等各方资源，从政策的扶持到资金的援助，从教育课程的改革到创业教育的国际参与，日本政府为大学开发整合型创业教育课程提供良好的服务。多层次就是关注创业者创业的整个过程，使创业教育课程和创业的不同阶段相结合，使每阶段的创业活动都得到可能的支持。差异性就是考虑创业主体的多元化，针对不同的创业主体设置不同的创业教育课程。日本高校创业教育课程的设置注重与专业教育的结合，许多创业教育课程都是在大学原有课程的基础上结合创业知识开发出来的，比如创业工学、创业管理学、创业经营等课程；有的创业教育课程是大学与社会合作的产物，是结合地域的特色产业，从振兴地域经济的角度出发创设的，比如和纸创业、商店街创业等。很多企业以主动的姿态出现在大学校园里，参与创业教育各个方面：从向学校提供人才需求意见、为大学生见习提供实习基地，到为有潜力的创业计划提供风险资金，再到和大学联合开发创业教育课程，设计创业型人才的培养方案及实施方案。许多大企业和中介机构为高校设置多层次、差异性创业教育课程作出了突出贡献。

(3) 建设具有日本特色的创业教育课程体系。④ 从日本各大学的创业课程内容来看，主要可以归为以下五类：一是有关企业家的基本素质和个性特征；二是涉及创办企业或公司的有关法律事务以及财税金融知识，如合同法、公司法、知识产权、纳税等；三是与企业内部运作有关的知识和技能，如创业策划、资金运作、筹集与融资、资产管理等；四是管理学方面的知识，如管理学要素以及质量管理等；五是成功创业者的案例分析。大阪商业大学还针对大学生设立创业先锋班，开设商务开拓者课程、市场调研课程等，举办商业想法竞赛。

为了充分挖掘利用地域经济资源，日本高校尤其是地方私立大学在开展创业教育时，很注重和地域特色产业的联系，许多大学结合本地域产业优势，将振兴地方经济作为高校人才培养的目标。例如，濑户内海沿岸地区是钢铁和化学等日本传统产业集中的地区，当地政府借助广岛大学和香川大学的研究技术，为地区的养鸡业和制糖业提供了改进的思路，大学的技术也得到了相应的应用；大阪商业大学的发展目标是“为社会作贡献”，成为一所“扎根地方、学习地方、贡献地方”的大学，让每一位学生都有成为一个对社会有

---

① 刘莉萍．美国和日本大学生创业教育比较研究及启示［J］．陕西教育（高教），2014（4）．

② 金锋，黄文炜，王海．海外创业教育经验启示中国［N］．环球时报，2012-08-31.

③ 谢丽丽．日本高校创业教育课程模式及典型个案分析［J］．教育探索，2010（10）．

④ 张育广．美日两国高校创业教育的比较及启示［J］．东莞理工学院学报，2010（4）．

用之人的责任感和促进地方经济发展的使命感。

三、当代中国的创业热潮

当代中国的创业是从改革开放开始的。1978 年召开的党的十一届三中全会，开创了我国社会主义建设的新时期，把党和国家的工作重心转移到经济建设上。从那时起，中国人便迈开了拓荒者的步伐，进入创业时代。

综观当代中国的创业活动，先后经历了六个发展阶段，掀起了四次创业高潮，每一次创业高潮的到来都使我国经济社会发展迈上一个新台阶。

1. 原始积累阶段：1979 年初至 1984 年 10 月

也称个体户阶段。

中国的创业大潮最早是从温州兴起的。1979 年，在“让一部分人先富起来”的政策感召下，一些贫困农民率先以家庭为单位，办起了手工小作坊。他们的作为和高出农业生产几倍的经济收入令人惊讶和羡慕，人们争相效法。于是，这种家庭小作坊迅速推广，遍及温州，这便是后来被经济学家称为“温州模式”的创业道路。几乎在同一时期，生活在长江南岸的江苏人以更加稳妥的方式，创办了带有公有制性质的自负盈亏的乡镇企业，在全国引起了关注。江苏农民以“四千四万”的创业精神首开发展乡镇企业之先河，造就了江苏乡镇企业的异军突起，这项伟大的创举被邓小平称为“完全没有预料到的最大的收获”，这便是后来被经济学家津津乐道的“苏南模式”。紧接着，1980 年，随着深圳特区的建立，位于珠江三角洲的顺德、中山、三水等地的农民也大受改革开放之风的鼓舞，纷纷走上创业之路，成为先富起来的一部分人。

这个阶段的主要特点是：创业人数不多，并且多是农村人口和城镇无业人员，一般文化素质不高，经营方式为个体户，经营行业一般都是传统劳动密集型产业，如饭馆、小商店、加工业、长途贩运等。这一时期由于“文革”结束不久，百废待兴，社会经济生活中形成了多方面、多层次的需求，党和国家出台了一系列鼓励发展个体经济的富民政策，为个体户的成长提供了良好的机会。那时城市绝大多数人受计划经济的影响，仍抱着“铁饭碗”不放，认为经商单干没面子，都不愿辞职创业。而农村普遍实行生产承包责任制，破除了人民公社旧体制，出现了大量富余劳动力，这些人自然抓住这个机会投身创业，从而率先成为“暴发户”。典型的创业者如温州的南存辉和胡成中、顺德的何享健和梁庆德、张家港的沈文荣、四川的刘永好、安徽的年广久、大连的姜维、黑龙江的张宏伟等人，都是从干个体起步。由于市场刚发育，竞争不激烈，钱也好赚，他们大多很快积累了财富。

2. 正式起步阶段：1984 年 10 月至 1988 年 4 月

也称“头班车”阶段。

1984 年 10 月党的十二届三中全会通过《关于城市经济体制改革的决定》，突破了过去将社会主义经济同商品经济对立起来的不正确看法，标志着我国的经济体制从计划经济转向商品经济。随之而来的学术界关于“劳动力商品”“技术商品化”的讨论和劳务市场、技术市场的建立，使许多人看清了社会发展趋势。他们从个体户身上看到了创业的光辉前景，纷纷“下海”经商、创办企业，掀起了中国创业的第一波大潮。

这个阶段的主要特点是：创业人员除了第一阶段中的“万元户”外，还加入了大批敢为人先的知识分子，所创办的通常是具有现代意义的企业；创业者所从事的主要是第三产业、科技产业等。现今的许多大企业家如联想集团的柳传志、华为集团的任正非、玖龙纸业的张茵、娃哈哈集团的宗庆后、三一重工的梁稳根、万科集团的王石、四通集团的段永基、北大方正的王选、王码集团的王永民等，都是在这一时期开始创业的。

3. 曲折前进阶段：1988 年 4 月至 1991 年底

1988 年 4 月，第七届全国人民代表大会通过的宪法修正案增加了“国家允许私营经济在法律规定的范围内存在和发展”的内容。同时，第七届全国人民代表大会第一次会议通过了成立海南省和设立海南经济特区的决定。这一举措对渴望创业致富的中国民众无疑是一支强心剂，一种难以遏制的创业冲动使一大批有学历、有稳定工作的人毅然走上自主创业之路，中国再次出现创业高潮。

这个阶段的一个显著特点是创业人员中加入了不少政府官员和高干子弟；另一个特点是创业经商人数大增，形成“全民经商”之势，甚至大学校园中也出现“练摊”的学生业主。由于这一时期中国遭遇外国经济制裁，经济从发展高峰一下子跌入谷底。许多新创企业受到打击，一蹶不振。“左”的思想有所回潮，许多创业者担心“割尾巴”，干脆洗手不干。

然而，“沧海横流，方显英雄本色”，依然有不少创业者痴心不改，坚持不懈。如万通集团的冯仑、SOHO 中国的潘石屹、苏宁电器的张近东、“打工皇帝”段永平、打不倒的“巨人”史玉柱等都是在这一时期开始创业，并最终取得成功的。

4. 快速发展阶段：1992 年初至 1999 年 11 月

1992 年是中国企业家成长的转折年。这一年邓小平发表了南方讲话，提出了“三个有利于”判断是非的标准，邓小平的讲话再次为私营经济的发展鸣锣开道，犹如一股春风驱散了笼罩在人们心头的疑云，大大解放了人们的思想；同年，国家体改委颁布《有限责任公司暂行条例》《股份有限公司暂行条例》；1992 年 10 月，党的十四大确立了市场经济体制的改革目标，进一步推动了创业活动高速增长。伴随改革的东风，1992 年、1994 年、1996 年全国私营企业户数的增长率分别达到 28.8%，81.7%，25.2%。一度沉寂的创业热潮再次高涨，深圳成为创业的前沿阵地，“深圳速度”成为当时的流行语。中国第三波创业高潮随之到来。

这个时期的主要特点是：从创业人员来说，政府机构、科研院所的“下海”人员猛增，下岗人员通过创业实现再就业的数量有所增加，所创办企业规模较大；从创业的行业看，除涉及金融、房地产、教育等第三产业外，创业者看到了互联网蕴藏的巨大商机，不少人选择互联网创业。这一阶段著名的创业者有阿里巴巴的马云、腾讯的马化腾、比亚迪的王传福、康泰人寿的陈东升、中坤集团的黄怒波、搜狐的张朝阳、网易的丁磊、蒙牛的牛根生等。

5. 国家发展战略阶段：1999 年底至 2007 年底

1999 年 12 月，第九届全国人民代表大会第一次会议通过了《中华人民共和国个人独资企业法》，这部法律为民间创业亮起一盏明灯。它的最大突破是降低了做老板的门槛，取消了开办企业注册资金的规定，改变了过去只有"富人"才能创办企业的陈规，意味着一元钱也可以注册企业。这部法律的公布与实施，为民间投资创业开了绿灯。中国出现了第四次创业高潮。

2002年11月，党的十六大报告鼓励创业：必须形成与社会主义初级阶段基本经济制度相适应的思想观念和创业机制，营造鼓励人们干事业、支持人们干成事业的社会氛围；必须放手让一切劳动、知识、技术、管理和资本的活力竞相迸发，让一切创造社会财富的源泉充分涌流。

2007年10月，党的十七大报告首次强调指出，"实施扩大就业的发展战略，促进以创业带动就业"。创业开始列入事关国计民生的国家发展战略，标志着党中央在国民经济发展战略上新的突破和理论创新。

在这一阶段高科技领域成为创业的热点，大批海外留学人员归国创业成为引人注目的亮点。国内成为海内外投资兴业的热土和各类人才施展才华的广阔天地，创业在更大范围、更广阔空间展开，中国进入全面创业的伟大时代。

以互联网为主导的新经济催生了一批财富英雄，涌现了一大批以百度李彦宏、盛大陈天桥为代表的阳光富豪。这批富豪的崛起，使社会对富豪的认识和看法发生改变。这批人很少利用权力资源，相反，他们与权力保持了一定的距离，依靠个人和市场的力量催生并带动了一个新的产业，为社会提供了更多的就业选择和足够的虚拟空间，通过高科技和互联网经济实现了真正的产业革命，使整个国家更具有创新活力和创业动力。

6. 创业型经济发展阶段：2008年1月至今

2008年下半年，迅速蔓延的国际金融危机导致我国经济增速趋缓、出口下滑，相当数量的中小企业接不到订单，经营困难，不少农民工被迫返乡；相当多的企业尤其是房地产、金融证券、进出口企业削减或放缓了招聘计划，大学生等新增就业人口的就业形势更加严峻。

在这样的形势下，政府出台了一系列保增长、促就业、鼓励创业的政策措施。

2008年7月，国家人力资源和社会保障部等11部门起草了《关于促进创业带动就业的若干意见》，其中对创业企业提供的政策支持空前强大，并酝酿在20个城市试点。

2008年12月2日，首届全球创业型经济论坛在北京举行，我国学者在论坛上正式提出，中国应当发展创业型经济。"创业型经济"的概念最早由彼得·德鲁克于1985年提出，是指以大量新创的成长型中小企业为支撑的经济形态。中国发展的创业型经济应当是以知识和企业家为核心生产要素，以创意和创新为主要手段，以中小企业为微观经济基础，通过创业机制持续推动经济发展的经济形态。这是中国转变经济发展方式的必由之路。

2009年3月，我国启动创业型城市建设。经国家人力资源和社会保障部确定，包括深圳、南宁、太原等82个城市创建首批国家级创业型城市。

2010年4月22日，教育部下发了《关于大力推进高等学校创新创业教育和大学生自主创业工作的意见》；2012年8月1日，教育部又印发了《普通本科学校创业教育教学基本要求（试行）》，要求把创业教育融入人才培养体系，贯穿人才培养全过程。

2013年11月，党的十八届三中全会进一步强调指出："健全促进就业创业体制机制。

完善扶持创业的优惠政策，形成政府激励创业、社会支持创业、劳动者勇于创业新机制。”

2013年12月28日，第十二届全国人民代表大会第六次会议审议通过了关于修改《中华人民共和国公司法》（以下简称《公司法》）的决定。此次共进行了12处修订，主要涉及三方面改革：一是将注册资本实缴登记制改为认缴登记制；二是放宽注册资本登记条件；三是进一步简化登记事项和登记文件。修订后的《公司法》简化了企业注册流程，降低了创业门槛，营造了宽松的创业环境，极大地推进我国创业型经济的发展，刺激创业活力持续迸发。

正如李克强总理在“2014天津达沃斯论坛”开幕致辞中指出的，要“借改革创新的‘东风’，在960万平方公里土地上掀起一个‘大众创业’、‘草根创业’的新浪潮”[①]。新《公司法》实施以来，整个社会备受鼓舞，创业热潮持续“井喷式增长”，一个以移动互联网创业为特色、以大众创业为标志的全新创业时代——中国第五次创业高潮正在到来。

第2节 创业学研究的发展与趋势

创业学是如何产生和发展的？创业学是不是一门独立的学科？人们对这些问题一直存有争议。由于创业学研究一直处于一种涉及多学科的复杂局面，不少学者批评它缺乏学术共识、知识累积和统一的研究范式，难以走向成熟。2008年，我国学者通过对过去几十年全球范围创业学研究的梳理考察，以确凿的证据和丰富的史料为这场争议画上了句号。[②]

创业学研究有着悠久的历史。自12世纪始，“entrepreneur”一词就出现在法语中。但当时，欧洲盛行的封建主义体制阻碍了创业和创新的发展，直到18世纪，封建主义逐渐被消除，法律和制度发生了重大变化，创业和创新理论才逐渐繁荣发展。

一般认为，“企业家”的概念最早是由法国银行家理查德·坎蒂隆（Richard Cantillon）在其1755年的著作《商业概论》中提出的，他分析了经济发展过程中企业家的角色；1876年，美国学者弗朗西斯·沃克（Francis Walker）出版了第一本关于创业者的重要著作《工资问题》，1884年，他又出版了《政治经济学》一书，进一步阐释了关于创业者的模型；1934年，熊彼特（J. A. Schumpeter）在《经济发展的理论》一书中明确指出，创业是资本主义社会变革过程的关键驱动引擎；1947年，迈尔斯·梅斯在哈佛商学院开设了第一门创业学课程“新创企业管理”，揭开了现代创业教育的序幕。

20世纪70年代，世界经济第一次显示出大型企业并非总是长盛不衰的，两次石油危机使许多大型公司被击垮，失业成为西方社会的一个主要问题，大型企业被认为缺乏灵活性并且很难适应新的市场条件。结果，诸如创业、创新、产业动态性和就业创造等主题成为政治和学术争论的焦点，发达国家的领导人（如时任美国总统里根和英国首相撒切尔夫人）都参与讨论，并积极支持创业和小企业发展。在这种背景下，许多学者投身到创业学

① 怀宁．大学能为草根创业做些什么［N］．光明日报，2014-09-30.

② 方世建，刘松．国际创业研究25年：主题演进与学者群体［J］．科学学与科学技术管理，2008（9）．

研究，随着研究的深入和大量研究成果的涌现，创业学作为一个研究领域逐步形成。[①]

一、创业学研究的发展过程

创业学作为一个研究领域是从 20 世纪 80 年代开始的，其发展过程大体分为四个阶段。

1. 创业学研究的第一阶段：1980—1986 年

20 世纪 80 年代初，世界刚刚经历了两次石油危机，西方各大国陷入经济衰退，许多知名企业大规模裁员，甚至破产倒闭。面对国际竞争力的衰退和国内失业率与通货膨胀率的居高不下，西方学术界开始反思现有的经济理论。环境不确定性促进了创新和创业活动的开展，人们发现小企业在吸纳就业和推动经济增长上都起到了重要作用，创业对经济增长的作用重新得到重视。在这种背景下，创业学研究也重新受到重视，并逐渐成为管理学者和社会学者的关注焦点，由此确立了它的学术研究地位。

80 年代末以来，创业特别是科技创业在美国等发达国家日趋活跃，极大地推动了经济发展，学术领域也形成新一轮创业学研究和创业教育的热潮。

在这一阶段，研究的热点集中于企业家的个人特质。学者们认为，企业家具有与众不同的个性与心理特征。大量的研究都希望能够识别究竟什么人才能成为企业家。同时，也有学者在思考社会因素对于个人成为企业家的影响，如教育水平、社会家庭背景和企业家经验等。但是这些研究不仅分散，还往往相互矛盾。基于心理学的企业家研究没有抓住创业学研究的重点，也没有形成广泛的学术共识，无法在这个领域真正推进创业理论研究。

2. 创业学研究的第二阶段：1987—1992 年

80 年代末 90 年代初，世界经济依然徘徊不前，经济泡沫的破灭更是让日本持续忍受负增长的折磨。苏联和东欧的政治经济体制发生剧变，冷战也随之结束，两大阵营的军事产业开始大规模解体和转型民用。全球的不确定性水平突然提高，而创业被认为是应对不确定性的有效手段，使得人们对创业学研究的热情更高。相应地，多角度研究创业的学者和文献迅速增多。

由于从个性心理角度研究企业家一直没得到有价值的成果，之前占主流的心理研究范式开始衰落。随着个性心理范式的失败，人们开始尝试一些其他的研究视角，比如社会、行为、环境，等等。心理学、社会学、经济学和管理学纷纷介入创业学研究，这些学科各自引进了不同的研究方法，导致创业学研究范式不再统一。

3. 创业学研究的第三阶段：1993—1999 年

在里根时期，美国出于冷战的需要对科学技术进行了大量的投入，这种国家战略到 90 年代结出了意想不到的果实。以互联网、个人计算机和无线通信为代表的信息技术革命开始改变人类的生产和生活。新的知识经济表现出和传统工业经济全然不同的特点，企业归核化、组织结构扁平化、信息化、知识密集化等变化都为创业活动创造了条件。同时，IT 技术的发展又让创业的门槛大大降低，许多企业只需要几个人和几台联网的计算机就能获

---

① 张玉利，张维，陈立新．创业管理理论与实践的新发展［M］．北京：清华大学出版社，2004．

得丰厚的利润。克林顿政府强化放松管制的政策，更是极大地促进了美国的创业活动，像苹果、微软和英特尔这样的公司从初创到成为世界顶级公司，只用了短短十几年的时间。作为信息革命的发起者，美国一举甩开了日本和欧洲，再次领跑世界经济，这种巨大的成功刺激了全球对创业和创新的关注。创业学研究因此飞速发展，学者人数和论文数量都快速增多。

创业学研究在这一阶段出现了大发展。根据 Cornelius（2006）的搜索结果，讨论创业问题的文章是上一阶段的 4 倍多，学者们基于之前的研究开始建立稳固的知识基础。与第二阶段相比，人们不再关注创业者的个人特征。迈克尔·波特（Michael E. Porter）的著作引起了学者的极大兴趣，资源基础理论为人们研究创业提供了一个客观的视角，摆脱了从主观层面考察创业者个性的研究困境，而且资源观与创业学研究形成的界面又为大量实证研究提供了平台。在解释新创企业如何赢得竞争优势时，资源基础理论也显示出了强大的说服力。

因此，战略分析在这一阶段变成了创业学研究的主流范式。不过，和这种范式的统一趋势相反，这一阶段的研究却呈现出一种很不稳定的状态，学者群体和研究主题在本阶段与上一阶段之间的连续性很差，学者们虽然更紧密地围绕在各自的领军学者周围，但形成了一个个“概念孤岛”，彼此之间缺乏相互启发。这一切都说明这一阶段的共识水平比上一阶段降低了。

4. 创业学研究的第四阶段：2000 年至今

进入 21 世纪，科技革命和全球化的影响逐渐加深，企业面对的市场环境更加复杂，竞争日趋激烈。人们普遍认识到，创业对于个人和公司来说都是应对“极度竞争性”环境的一个基本工具，世界各国对于创业在塑造未来国家竞争力上的关键作用已经达成共识。在这个阶段，人们对创业的研究更加深入，无论是研究主题之间的连续性，还是学术群体内部的凝聚性，都得到了加强。这说明共识水平正在提高，但是上一阶段的战略研究范式在本阶段失去了主导地位。虽然资源基础理论十分适合用来分析企业家的决策、机会认知、机会发现、组织能力与市场竞争优势，也有助于解释企业家的资源转换过程，但是它仍然不能解决如何将引入创新后的动态均衡进行模型化这一问题。

创业学研究的战略分析范式被一些新兴的视角取代了，比如机会研究、组织成长、社会资本以及认知心理学等。创业领域又显现出多学科交叉渗透的研究模式，如奥地利经济学、金融经济学、产业经济学、战略管理、行为科学、心理学、组织研究、社会学等，这些学科带来了多样化的研究分析方法，促使创业理论研究成果大量涌现。

通过梳理我们可以看出，尽管多学科介入使得创业学研究领域具有一定的分散性，但是学者们通过 30 多年的不懈努力，为创业学领域累积了丰富的理论知识，奠定了坚实的学科基础。

二、创业学已经形成一个独立学科

21 世纪以来，创业精神深入人心，创新创业活动蓬勃开展，引起了全球的极大关注，学术界也形成了创业领域研究热潮，逐步形成了独特的研究边界和研究内核，将创业学作为独立学科客观上已经成为管理领域的必然趋势。

1. 创业学作为独立学科的意义

创业学是基于培育具有企业家精神的人的创业活动和支撑创业活动所需知识的一个专门科学。实践证明，没有一定质量的创业活动和企业家精神，就不会有持续旺盛的创业活动，更不会有一个国家社会经济的可持续发展。

Shane and Venkataraman（2001）曾提出创业作为独立学科的意义。第一，许多技术信息最终体现在产品和服务中（Arrow，1962），创业是社会将技术信息转变成产品和服务的机制。第二，创业是发现和减弱经济体中时间和空间上无效率的一种机制（Kirzner，1997）。第三，Schumpeter（1934）认为创业驱动的产品创新和过程创新是推动变革过程的关键引擎。因此，在一系列市场、企业、组织和变革理论中缺失创业理论，使我们对管理图景的理解变得不完整。正如鲍莫尔（Baumol）所言，管理研究中缺失创业学研究就像莎士比亚研究中“删去丹麦王子讨论哈姆雷特”。

当代中国更需要科学创业，需要创业学的理论指导。近年来，我国相继出台一系列鼓励创业的政策或举措，尤其是2007年党的十七大提出“实施扩大就业的发展战略，促进以创业带动就业”，标志着创业已经进入国家发展战略层面。就业是民生之本，创业就是就业之基。随着党和政府全面推进创业国家战略的贯彻落实，随着中国经济结构转型和经济增长速率进入下降通道，面对占世界总人口近20%的人口大国的创业问题，倡导、鼓励和大力推进科学创业，无疑关乎中国长久持续的和谐、稳定与发展大局，因而当前我国迫切需要创业学科学理论的指引，迫切需要深入探索、研究与建设具有中国特色的创业学理论体系。

2. 创业学已经形成一个相对独立的管理学分支

近几十年来，创业学的基础研究取得了巨大进展。

21世纪初，美国马里兰大学沙恩和文卡塔拉曼（Shane and Venkataraman）教授在《管理学会评论》上发表了题为“作为独立研究领域的创业学研究”的文章，尝试构建统一的创业理论框架。他们指出，创业机会是创业理论的核心概念，创业理论研究的基本问题应该包括：（1）创造商品与服务的机会为什么、何时以及如何存在？（2）某些人（而不是其他人）为什么、何时以及如何发现并开发这些机会？（3）创业者在开发创业机会时为什么、何时以及如何会有不同方式的行为？这篇文章对创业学研究产生了重要的影响，成为2000年之后在创业学研究领域被广泛引用的文献。

在他们的影响下，创业学研究领域的学者们更加关注创业机会，取得的大量研究成果又进一步丰富拓展了他们所提出的理论框架。在这方面，瑞典延雪平国际商学院（Jönköping International Business School）创业与成长项目（PEG）负责人戴维松（Davidsson）做了非常有意义的工作。他在《创业学研究的范围：几点建议》一文中，分别从科学理论、社会现象、教学科目三个角度创见性地定义了“创业”的概念。他指出，作为科学研究领域，创业是识别、开发创业机会的行为；不同于多学科背景的学者分别从各自理论出发对创业现象进行研究，创业理论研究应以创业机会为中心，主要研究创业机会的来源和特征、创业机会识别与开发互动过程中的行为，以及创业机会与创业行为的异质性问题，以构建一个更加完善的创业理论框架。

一般来说，一个正在走向成熟的学科应当具备四个特征：自己能够从内部提出研究方向；存在稳固的研究主题；存在区分清晰的研究群体；研究主题的专门化程度不断加深。对照上述标准，创业学研究已经满足了全部四个条件。

时至今日，创业学理论体系已基本形成，引起了人们对以稳定性和秩序为基础的指导成熟工业企业经营活动的传统管理学的深刻反思。正如世界著名创业学研究专家斯科特·沙恩所言，我们正处于创业学作为一门研究学科的黄金时代，其未来必然成为一个与其他学科平起平坐的独立学科。

我国学者的研究进一步支持了上述观点。方世建、刘松（2008）通过对过去近 30 年全球范围创业学研究的梳理考察，以确凿的证据和丰富的史料提出，创业学已经成为一门独立的学科；郁义鸿（2000），王延荣（2004），刘平、李坚（2009）等分别提出，创业学已经是一门独立的学科；席升阳（2004）不仅认为创业学已是高度综合而又自成体系、相对独立的新兴学科，还提出要构建“中国创业学”学科体系①；赵延忱（2010）则声称，经过 10 年努力，已经创立了系统严密的“中国创业学”学科体系。②

三、中国创业学研究趋势

我国创业领域的研究起步较晚，直到 20 世纪末基本上都处于借鉴和吸收西方研究成果的阶段。进入 21 世纪后，我国学者开始探索更符合中国国情的创业学研究，研究内容和方向都逐渐发生变化。对于未来中国创业学的研究趋势，本土学者作了大量的研究探讨。

蔡莉和单标安（2013）梳理了目前有关中国情境下创业学研究所关注的问题，提出现有研究主要集中于创业战略研究、关系网络研究和合法性研究等方面。在深入探讨中国情境下创业问题的独特性及引发这种独特性背后的原因的基础上，他们提炼出中国情境—独特现象—创业学研究问题的解释模型，构建了基于中国情境的创业学研究框架体系，将创业机会、创业资源和创业学习纳入中国情境下的创业学研究。③

张玉利、杨俊等（2012）在文献梳理的基础上，探讨了中国情境下创业学研究进展状况，指出在过去的 10 多年里，针对中国创业问题的研究取得了阶段性进展，创业学研究目前正朝着两个方面不断深化：一方面，立足于解释并预测创业现象，探索创业过程要素之间以及要素与行为之间关系的解释逻辑与作用方式；另一方面，致力于挖掘创业情境和行为的独特性，试图在总结创业行为规律的基础上提出新的理论观点，然后对新的理论观点加以验证，再把它们拓展应用于创业和企业管理实践。④

他们对中国情境下创业学研究未来发展方向的展望如下：第一，关于创业者，现有研究比较关注创业者特征的外在属性，但对其内在属性重视不够。创业者特征如何影响创业行为选择和创业绩效是未来创业学研究关注的问题。第二，关于创业机会，国内研究相当

---

① 席升阳．“中国创业学”学科体系探讨［J］．自然辩证法研究，2004（5）．

② 赵延忱．中国创业学［M］．北京：中国人民大学出版社，2010.

③ 蔡莉，单标安．中国情境下的创业研究：回顾与展望［J］．管理世界，2013（12）．

④ 张玉利，杨俊，戴燕丽．中国情境下的创业研究现状与未来研究建议［J］．外国经济与管理，2012（1）．

缺乏，创业机会是创业学研究的核心问题，是西方创业学者长期关注并且研究兴趣仍在持续升温的重要问题。第三，关于创业组织方式，现有研究存在比较零散的问题，只是积累了一些知识碎片，有待进一步聚集和深化。

柳青、蔡莉等（2010）统计分析了10年来我国创业学研究的演变，提出中国创业学研究总体发展趋势。从总体趋势来看，微观领域（即企业层面和个体层面）的创业研究逐年递增，如与企业家相关的认知、机会识别以及创业者社会网络等问题的研究。同时值得关注的是，这些研究主题又与其他学科相关联，使得创业学研究与心理学和社会学等学科相互渗透、融合。

他们将10年来我国的创业学研究分为七大主题。统计结果表明，在所统计的文献中，有关创业者及团队的研究占较大比重，有关社会网络的研究次之，随后是有关创业资源与能力的研究、有关创业环境的研究、有关商业机会的研究，有关创业导向和市场导向的研究相对最少。绝大部分的研究属于概念研究，占67.6%；更多的研究关注个体和企业层次的研究，占76.8%。①

本章小结

知识经济时代，创业已成为一个国家或地区经济社会可持续发展的原动力。

创业是美国经济持续繁荣的基础，创业型就业是美国经济发展的主要动力之一，是美国就业政策成功的核心。

创业者是社会财富的创造者，创业过程不仅是创造社会财富、积累社会财富的过程，而且往往伴随着创新甚至重大创新。

商业计划竞赛起源于1983年，由美国得克萨斯大学奥斯汀分校的两位MBA学生首创。创业教育始于美国，并已经在美国形成了相当完备的社会体系，涵盖了从初中、高中到大学的正规教育，基本形成了社会化的创业教育网络。

当代中国的创业是从改革开放开始的，先后经历了六个发展阶段，掀起了四次创业高潮，每一次创业高潮的到来都使我国经济社会发展迈上新的台阶。

近年来，中国创业活动的活跃程度已经居于全球前列，但仍处于较低水平，创业活动总体质量不高，亟待从生存型向机会型转变。当前我国迫切需要创业学科学理论的指引，需要深入探索、研究与建设符合中国情境的创业学理论体系，以指导“大众创业”时代的创业实践。

关键术语

GEM　商业计划竞赛　创业教育　国家发展战略　创业型经济　大众创业

① 柳青，蔡莉，单标安，周立媛．中国创业研究回顾与展望［J］．科学学与科学技术管理，2010（4）．

思考题

1. 试述美国创业活动的特点及对我国创业的启示。
2. 谈谈美国大学生创业计划大赛的发展历程与启示。
3. 简述改革开放以来我国创业活动的发展阶段和主要驱动因素。
4. 建设符合中国情境的创业学理论体系对于当前我国社会发展有何现实意义？

进一步的阅读材料

1. ［美］拉里·法雷尔．创业时代——唤醒个人、企业和国家的创业精神［M］．北京：清华大学出版社，2006.

2. ［美］杰里米·里夫金．第三次工业革命［M］．北京：中信出版社，2012.

第 2 章

创新、创业与创业精神

本章要点

- 创新的内涵、创业的定义与功能
- 创新与创业的关系
- 创业的要素、类型与过程模型
- 创业精神的本质、来源、作用与培育

引例

马云创业精神解读

百折不挠的创业者

1992 年，马云还是杭州电子工业学院的青年教师，28 岁，工作才 4 年，每个月的工资还不到 100 元。当时杭州有很多外贸公司，需要大量专职或兼职的外语翻译人才，马云自己的订单太多，实在忙不过来，而当时杭州还没有一家专业的翻译机构，所以马云决定创办翻译社。但他当时没钱，就找了几个合作伙伴凑钱创业，风风火火地创建了杭州第一家专业翻译机构——海博翻译社。

创业初始，举步维艰，第一个月，翻译社的全部收入才 700 元，而当时每个月的房租为 2 400 元。为了维持翻译社的生存，马云开始贩卖内衣、礼品、医药等小商品，跟许多业务员一样四处推销，受尽了屈辱，看够了白眼。整整三年，翻译社就靠着马云推销这些杂货来维持生存。1995 年，翻译社开始实现盈利。

现在，海博翻译社已经成为杭州最大的专业翻译机构，虽然不能跟如今的阿里巴巴相提并论，但是海博翻译社在马云的创业经历中写下了浓重的一笔。

1995 年 9 月，而立之年的马云被杭州市政府邀请赴美担任商业谈判的翻译，一次偶然的机会接触了互联网，当时在美国互联网方兴未艾，而在中国触网的人还寥寥无几，他从中看到了网络改变世界的巨大能量，从美国带回了创业梦想。回国后，马云便决定辞职创办中国第一家互联网商业网站——中国黄页。

创业时，马云所有的家当也只有 6 000 元。于是他变卖了海博翻译社的办公家具，跟亲戚朋友四处借钱，凑够了 80 000 元，再加上两个朋友的投资，一共才 10 万元。对于一家网络公司来说，区区 10 万元实在是太寒酸了。由于开支大，业务又少，最凄惨的时候，公司银行账户上只有 200 元现金。但是马云以他不屈不挠的精神，克服了种种困难，把营业额从零做到了几百万。后来，中国黄页被杭州电信以 60 万元收购。

激情四射的"造梦人"

1999 年 2 月 21 日，阿里巴巴第一次员工大会在马云位于湖畔花园的家中召开。马云为自己的梦想所激励，用美好的梦想激励大家：在未来的三五年内，阿里巴巴一旦成为上市公司，他们每一个人所付出的所有代价都会得到回报。当时有人问马云阿里巴巴的前景，马云说，以 50 万元起步的阿里巴巴将来市值将达到 50 亿美元。许多人都笑了，认为这是幻想，几乎无人相信。

但马云就像一个神奇的造梦者，每一个当初看似不可能实现的梦想都一一变成了现实。后来，当马云提出打造能活 102 年的企业、创造 100 万个就业机会、10 年内把阿里巴巴打造成为世界三大互联网公司之一和世界 500 强企业之一、淘宝网交易总额超过沃尔玛等梦想时，已很少有人再感到吃惊或者怀疑了。

梦想会成为一个人成功的动力，"心有多大，舞台就有多大"。

大义大气的"现代侠"

马云的侠肝义胆体现在他对企业共建共享、对财富共同拥有的看法上。马云侠客式"财散人聚"的做法，既让员工分享了他的成功，也让公司得到了更大的发展。根据招股说明书，马云个人在上市公司的持股比例不到 5%，有 4 900 余名员工持有阿里巴巴股票，数百名员工因此成为千万富翁，数千名员工因此成为百万富翁。阿里巴巴上市不造首富造群富，马云不追求个人巨富而追求员工共富，坚持团队集体控股和公司全员持股，有福同享，有难同担，实现了个人创业和整体发展的和谐，体现了马云的胸怀和境界。

马云的侠肝义胆也体现在他对企业家使命和责任的理解上。他曾说，办企业的目的在于承担社会责任，为社会创造价值。他为各个公司分别定下了使命：阿里巴巴要让天下没有难做的生意，淘宝网要让天下没有淘不到的宝贝，支付宝要让"天下无贼"，阿里软件要让天下没有难管的生意，阿里妈妈要让天下没有难做的广告。

外柔内刚的"杭铁头"

马云外表瘦弱，一副顽童模样，内心却无比刚毅，蕴藏着巨大的能量。

1995 年，马云投身互联网创立中国黄页，只有一间房、一台电脑，一元钱一元钱数着开销，一家企业一家企业上门推销，无数次被当作"骗子"赶出门。

创立阿里巴巴时，困难依旧。为了节约费用，公司就安在他家里，员工每月只拿 500 元工资，大家没日没夜地工作，地上有一个睡袋，谁累了就钻进去睡一会儿。2002 年网络泡沫破灭，互联网遭遇寒冬。马云将阿里巴巴当年的发展主题定位为"活着"。当许多网站纷纷易帜或转向短信、网络游戏业务时，马云仍然坚守在电子商务领域。马云常说："只要不把我打死，我还会再来。"

链接：美国时间 2014 年 9 月 19 日上午 9 时 30 分，阿里巴巴在美国纽约交易所敲响上市钟声。IPO 发行价为每股 68 美元，计划发行 3.20 亿股，融资额将达 218 亿美元，一举打破尘封 6 年半之久的美国 IPO 融资额纪录。据此，马云的财富将超过 250 亿美元，一跃成为中国大陆的新首富。

阿里巴巴股票上市首日收盘价为 93.89 美元，上涨 38.07%，市值达 2 314 亿美元，超越 Facebook，成为继苹果、谷歌、微软之后的全球第四大市值科技公司，是仅次于谷歌的全球第二大市值互联网公司，超过腾讯及百度两家公司的市值总和。

分析：马云也是个普通人。马云回忆，20 年前他刚刚大学毕业，创业之前应聘过 30 份工作，全部被拒绝：想当警察，和 5 个同学一起去面试，其他 4 人录取，他没有被录取；杭州第一家五星级宾馆开业时他想应聘服务员，排了两个多小时的队，没有被录取；24 人一起应聘杭州肯德基，有 23 人被录取，他没有被录取。

一个优秀创业者的事业成功，与他的经历、学历和专业并不一定正相关，创业者的品质、能力和创业精神才是决定创业成功的根本因素。

成大业者应当目光远大、志存高远，但也必须脚踏实地、百折不挠。

资料来源：正言．文化人创业的楷模　新经济时代的英雄——马云现象探析［N］．杭州日报，2008-05-04；阿里巴巴在美上市 256 亿美元　马云成大陆首富［N］．海峡导报，2014-09-20；孙实．马云启示录：没有梦想比贫穷更可怕［EB/OL］．腾讯科技．http://tech.qq.com/a/20130105/000123.htm.

第 1 节　创新与创业

创新是社会进步的灵魂，创业是国家发展的动力，特别是对于正处于经济社会结构转型期的中国来说，创新创业的重要性尤为凸显。

一、创新的内涵

“创新”一词早在《南宋·后妃传·上·宋世祖殷淑仪》中就曾提到，创新是创立或创造新的东西的意思。《韦氏词典》对“创新”的定义有两层含义：引入新概念、新东西；革新。也就是说，“革故鼎新”（前所未有）与“引入”（并非前所未有）都属于创新（李满苗、张和仕，2001）。

创新（innovation）是一个非常宽泛的概念，适用于很多领域。国际上，奥地利经济学家熊彼特是创新理论的奠基人。他在 1912 年出版的《经济发展理论》一书中率先提出创新的基本概念和思想，形成了最初的创新理论。1939 年和 1942 年，熊彼特又分别出版了《经济周期》《资本主义、社会主义和民主主义》两部专著，对创新理论加以补充完善，逐渐形成了以创新理论为基础的独特的创新经济学理论体系。

按照熊彼特的观点，创新就是“建立一种新的生产函数”，也就是“生产手段的新组合”。熊彼特所说的创新、新组合，包括以下五种情况：(1) 引进新产品；(2) 应用新技术，即新的生产方法；(3) 开辟新市场；(4) 控制原材料的新供应来源；(5) 创建企业的新组织。在熊彼特看来，作为资本主义“灵魂”的企业家的职能就是实现创新，引进新组合。他认为，经济发展就是整个资本主义社会不断地实现这种新组合从而实现经济发展的动态性和循环性。

自 20 世纪 60 年代起，管理学家开始将创新引入管理领域。现代管理大师彼得·德鲁克在《动荡年代的管理》一书中发展了创新理论，他认为，创新是赋予资源以新的创造财富能力的行为。任何使现有资源的财富创造潜力发生改变的行为，都可以称为创新。① 他还在《创新与创业精神》一书中提出：创新是企业家的特定工具，他们利用创新改变现实，作为开创其他不同企业或服务项目的机遇。②

二、创业的定义与功能

1. 创业的定义

创业的本义是创立基业、建功立业。《辞海》的解释是创立基业。《孟子·梁惠王下》提到“君子创业垂统，为可继也”，把建功立业与一脉相承、流传后世联系起来。

在英文中，创业有三种表述方式：一是“venture”；二是“entrepreneurship”；三是“startup”。“venture”一词的最初意义是冒险，但在创业领域，它被赋予冒险创建企业这一新的特定内涵。“entrepreneurship”则主要用于表示静态的创业状态或创业活动，是从企业家、创业者角度来理解创业。“startup”是指创建新企业。清华大学高建、姜彦福和雷家骕等 (2002) 认为，在国内，将“entrepreneurship”译为创业或创业活动，将“entrepreneur”译为创业者可能更合适。③

创业是一个跨学科、多层面的复杂现象，这一特点使得这一领域既引人注目又显得复杂。早在两三百年前，“创业”一词就已见诸经济学文献，在过去几十年里，创业领域引起了国内外许多学者的关注，不同学科都从特定的研究视角、运用本领域的概念和术语对其进行观察和研究，因而创业被不断地赋予全新的内容。

最早对创业下定义的是奈特 (Knight，1921)，他认为创业是一种成功地预测未来的能力。纽约大学著名经济学教授柯兹纳 (Kirzner，1973) 进一步发展了奈特的观点，指出创业是正确地预测下一个不完全市场和不均衡现象在何处发生的套利行为与能力。创新理论的鼻祖熊彼特 (1934) 认为，创业就是实现创新的过程，创业者的创新活动是使用和执行生产要素的新组合。美国克莱姆森大学教授加特纳 (W. Gartner，1985) 则认为，创业是建立新组织。

我国学者倾向于哈佛大学著名创业学教授史蒂文森 (Stevenson) 的观点：创业是不

① [美] 彼得·F. 德鲁克．动荡年代的管理 [M]．北京：工人出版社，1989.

② [美] 彼得·F. 德鲁克．创新与创业精神 [M]．上海：上海人民出版社，2002.

③ Howard H. Stevenson，H. Irving Grousbeck，Michael J. Roberts，Amarnath Bhide. 新企业与创业者 [M]．北京：清华大学出版社，2002.

拘泥于当前资源约束，寻求机会，进行价值创造的行为过程。[①]

2. **创业的功能**

创业具有推动社会经济发展、增加就业、促进创新、创造价值等功能，同时也是解决社会问题的有效途径之一。

（1）推动社会经济发展。创业是推动经济增长的一个积极因素。经济增长必然引起一系列产业结构、经济结构乃至社会结构的变化，而产业结构、经济结构乃至社会结构的变化反过来又可以提供更多的创业机会，进而推动经济更迅猛地发展。

当前中国经济结构转型的重点是发展高新技术产业和进行传统产业的升级改造。创业企业要能在市场中生存并获得发展，必须具备很强的竞争力，这就加剧了行业内竞争，形成优胜劣汰局面。竞争的结果必然有利于资源向经营良好、效率更高的企业流动，促进社会资源的合理配置，产生更高的社会效益。这样，大量的创业活动就必然为社会经济注入新鲜活力，有利于促进整个社会生产力的发展，有利于社会资源的合理配置，从而推进经济结构的战略性调整。

（2）增加并带动就业。扩大就业渠道、缓解就业压力是创业在经济社会发展中所发挥的一种非常重要的功能和作用。就业是民生之本，是改善生活的基本前提和基本途径。我国有 13 亿人口，是世界上人口最多的国家，就业压力在世界首屈一指。

党的十七大报告提出：实施扩大就业的发展战略，促进以创业带动就业。基于中国国情，将过剩的劳动力资源转变为创造财富的人力资本，是我国转变经济增长方式的必然选择。从解决就业问题出发，鼓励和推动创业已经成为中国长期重要的政策取向。

据我国权威部门统计，每有一人创业成功并稳定经营一年以上，平均带动 5 人就业。[②]山东省近年的统计表明，开办一个个体工商户平均带动就业 2.23 人，创办一家私营企业平均带动就业 11.73 人。[③] 可见，促进以创业带动就业，不仅使创业者通过自谋职业和自我雇佣实现就业，还实现了就业倍增效应。大学生是高科技创业的主力军，大学生创业的就业倍增效应更为显著。有关统计显示，早在 1980—1999 年，平均每个美国大学生创业的公司拥有 83 名雇员，而普通公司仅为 3.8 人；在英国，大学生创业公司平均雇员数为 44 人。[④]

联想 1984 年创业，最初是只有 11 个人、20 万元资金的小公司，截至 2013 年底，联想控股综合营业额 2 440 亿元，总资产 2 070 亿元。目前，联想控股员工总数近 6 万人（含国际员工近 8 000 人）。[⑤] 娃哈哈于 1987 年由宗庆后与两名退休老师靠着 14 万元借款创业起步，2014 年实现营业收入 720 亿元，利税 129 亿元，饮料产量 1 148 万吨，继续领跑中国饮料行业。[⑥]

---

① Stevenson，H. The Heart of Entrepreneurship ［J］. *Harvard Business Revie*，1985，March-April：85 - 94.

② 白天亮. 政策解读：创业谋业带动就业 ［N］. 人民日报，2008 - 04 - 21.

③ 娄辰. 山东近 3 年创业人数年均增 12%　带动就业“倍增”［EB/OL］. 新华网山东频道，2013 - 01 - 13.

④ 卢亮，胡若痴，但彬. 发达国家大学生创业措施及对中国的借鉴 ［J］. 中国高教研究，2014（8）.

⑤ 公司简介. 联想控股官方网站. http：//www.legendholdings.com.cn/Pages/Introduction.aspx.

⑥ 郭峰，单启宁. 娃哈哈继续领跑中国饮料行业 ［N］. 杭州日报，2015 - 02 - 17.

(3) 促进创新。彼得·德鲁克指出："创业者首先需要具有创新精神。"创业正是将创新成果转化为现实生产力的最有效途径，不仅如此，创业还可以进一步促进新发明、新产品或新服务的不断涌现，创造出新的市场需求，从而进一步推动和深化创新，因而可提高企业和整个国家的创新能力，推动经济增长。对于创业者来说，要想生存和发展，唯一的方法就是持续不断地创新，没有创新的企业生存空间会不断缩小，不可能形成自己的核心竞争力、维持必要的竞争优势，会被无情地淘汰出局。

案例 2-1　独具创新力的苹果

史蒂夫·乔布斯1955年出生于美国旧金山。

乔布斯的个人经历富有传奇色彩，他在大学只读了一个学期便选择退学，用他自己的话说是转而"沉溺于自己想学的课程"。

1976年，21岁的乔布斯在自家车库里创立苹果公司。

创办苹果公司后，当与领导团队发生分歧时，他坚持自己的理念不放弃，1985年，30岁的乔布斯曾被公司扫地出门。

1997年，乔布斯返回苹果团队并任CEO，他力排众议，毅然砍掉没有竞争力的产品，使苹果产品从350多种减少到10余种。正是这种独树一帜的创新风格，带领苹果公司起死回生，2012年还一度超越埃克森美孚公司，成为全球市值最高的企业。

创业以来，为了能在市场中生存并确保苹果的核心竞争优势，乔布斯孜孜以求，不懈创新创优，追求卓越，成就斐然。他一手开创了PC（苹果电脑）、数字电影（皮克斯动画）、数字音乐（iTunes）、移动商业体系（APP Store）、流行科技产品（iPod，iMac，iTouch，iPhone，iPad）五大工业，缔造了一个前所未有的IT帝国。

乔布斯的才华、激情和精力是无穷无尽的创新源泉，这些创新丰富和改善了人类的生活。自2006年至今，在以波士顿咨询顾问集团的问卷调查为基础评选出的"年度全球最具创新力的25家公司"中，苹果公司一直位列排行榜榜首。

资料来源：根据［美］沃尔特·艾萨克森．史蒂夫·乔布斯传［M］．北京：中信出版社，2011改编．

(4) 创造价值并帮助创业者实现人生价值。创业，让一切劳动、知识、技术、管理和资本的活力竞相迸发，一切创造社会财富的源泉充分涌流，因而创造出巨大的价值。创业加快了科研成果向现实生产力的转化，促进创新，使得社会财富极大增长，推进了民富国强的创新型国家建设。

例如，随着20世纪70年代以来美国创业活动的蓬勃兴起，全美总财富从1970年的5 500亿美元增长到2009年的14万亿美元，财富总值中超过95%是从1980年开始创造的，充分显现了创业创富、创造价值的巨大潜力。

在创造巨大的社会价值的同时，创业也为人们提供了公开平等的个人发展机会和实现财富梦想的可能性。当今社会，创业已经逐渐走出"有钱有势者和冒险家"的私人空间，成为大众、"草根"可以追逐的事业，对于许多梦想开创自己事业的普通百姓而言，创业不仅是一种充分实现自我的机会，更是发挥个人潜能的舞台。正如李克强总理指出的，要“让每个有创业愿望的人都拥有自主创业的空间，让创新创造的血液在全社会自由流动，让自主发展的精神在全体人民中蔚然成风”。

新一轮的创业浪潮必然与知识、信息、技术和创新这样的词语紧密相连，这将给予以高校毕业生为代表的新一代知识青年追逐梦想、自我实现的机会，也将为社会带来更多的公平正义。2013年11月，习近平总书记在给“全球创业周中国站”开幕式的贺信中提出：“全社会都要重视和支持青年创新创业，提供更有利的条件，搭建更广阔的舞台，让广大青年在创新创业中焕发出更加夺目的青春光彩。”①

案例 2-2　　Facebook 的创富神话

他在高中时放弃了百万美元年薪，毅然进入哈佛；他读大学时是个宅男，但他创办的社交网络至今有8.5亿用户；他荣登全球《福布斯》富豪排行榜第八位，却一直住在租来的房子里；雅虎出10亿美元购买他的公司，可他说，Facebook是我的孩子，拒绝出售；28岁的他曾和乔布斯、比尔·盖茨从容对话；他曾说：“我的理想是接管世界。”他，就是马克·扎克伯格。

马克·扎克伯格出生于1984年，哈佛大学计算机和心理学专业辍学，是目前全球最年轻的自行创业亿万富豪，净资产超过180亿美元。

创建于2004年的Facebook最初是马克为了方便看美女照而建的Facemash网站。从一个哈佛校内网站，到全美人气最高的大学生社交网站，再发展为全球性的社交网站，仅仅用了四年时间。

2012年5月18日全球最大社交网络公司Facebook在纳斯达克上市，IPO发行价为每股38美元，估值达1 040亿美元，当时是美国有史以来上市时市值最大的企业。据资本智商公司数据，按市值计算，Facebook将成为第23大美国企业，超过在线购物网站亚马逊和思科系统公司。

Facebook显然已经成为互联网市场又一块重要的财富掘金地，Facebook的上市已经造就多名亿万富翁以及上千名百万富翁。

资料来源：根据姜得祺，张鸥．现在我们接管世界：马克·扎克伯格传［M］．南京：江苏人民出版社，2012改编．

三、创新与创业的关系

创业精神的实质是创新，创新是创业的动力和源泉，是创业的主要标志。纵览世界历史，从本·富兰克林到托马斯·爱迪生，再到今天的比尔·盖茨、史蒂夫·乔布

① 怀宁．大学能为草根创业做些什么？［N］．光明日报，2014-09-30．

斯，整个 20 世纪，涌现出许许多多优秀的发明家和创业者，产生了改变这个世界的许多重大发明和科技成果，这些都是创新。如果把创业比作推动经济发展的发动机，那么创新就是发动机的气缸，它带动了重大发明和新技术的产生，推动了人类社会的不断进步。

1. 创新与发明创造的异同

无论是熊彼特最初关于创新的定义和解释，还是最近几十年来创新领域的研究成果，众多学者都没有单纯地将创新等同于"发现""发明""创造"等社会经济行为。

发现（discovery）、发明（invention）、创造（creation）是科学技术领域的概念，其结果是发现新的事物或客观规律；创新（innovation）则是经济学术语，是将新事物、新发现付诸实践的过程，是以实现市场价值为其判别标准，而不是以发现或发明创造作为其标准。创新不依赖于特定的发明创造，而仅仅是对当前生产要素进行新的组合，同样也能达到创新目的。

要特别注意的是，在发明创造的成果与这些成果转化为新产品、新服务（即发明创造成果的产业化）之间存在着一个巨大的差别，而恰恰是后者才能称作真正意义上的创新，发现、发明创造本身只是创新链的一个环节。发明创造成果的产业化是一项复杂的系统工程，它要求付出的劳动以及所耗费的代价比发明创造要大得多，困难得多。

社会上每年都会有很多发现与发明创造，但是它不会自动成为事业（business）。因为缺乏良好的政策环境、经营模式（business model）或关键性资源，所以它没办法发展成产业，形成不了价值，因而不是真正意义上的创新。

企业是技术创新的主体。发明创造成果的产业化必须依靠企业/创业者这个载体，否则根本无法完成。硅谷之所以是创新的摇篮，是创新和创业精神的栖息地，就是因为它"不仅仅局限于取得的科学进步或技术的突破"。硅谷与众不同的不是这里发明创造的技术，而是把这些技术进行开发、利用并将其推向市场的、在当地创建的企业。换句话说，硅谷的故事是企业尤其是新创企业进行技术开发与市场推广的历史。

2. 创新与创业的内在联系

创新与创业都是赋予资源以新的创造财富能力的行为，以实现价值创造为归宿。成功的创业活动往往离不开创新，创新型创业是创新和创业的交集部分，更容易形成独特的竞争优势，也更有可能为顾客创造和带来新的价值，是创业中最具可持续性的类型。

（1）创新是创业的灵魂、本质与动力。创新是创业的源泉，是创业的灵魂、本质与动力，是创业者的重要特征。创业往往因创新而催生，创新因创业而实现其市场价值。

当今世界，企业竞争的焦点已从物质资本与市场的竞争转向企业间创新能力的竞争，创新是企业可持续发展的必由之路。创新精神是创业的灵魂、本质与动力。要创业，就必须具备追求新事物的强烈意识、对新生事物执着的探究兴趣、对新事物的敏感和好奇心、追求新发现和新发明的激情。不论是创建新企业，还是开发新产品、实施新战略、开辟新市场、引进新技术或配置新资源，都是不同程度的创新活动，因而创业者首先是创新者，创新的思维和能力则是创业者个体创造力水平的综合体现。

美国长期从事创业研究的著名学者加特纳教授曾调查了 36 位学者和 8 位商业领袖，

归纳出 90 个创业属性，最终发现对创业活动强调最多的属性是创新，诸如新事业的创造、新企业的创建与发展、新事物附加价值的创造、产品或服务创新、为了把握机会的资源整合和创新等。很多创业者凭借创新的产品或服务而创业，并努力将其产品或服务推向市场，从而创造财富、造福社会。从这点看，创业实际上是一种不断挑战自我的创新过程。正如彼得·德鲁克所说，创业是一个创新过程，在这个过程中，新产品或服务机会被确认、被创造，最后开发出产品并创造新的财富。

要进行创业必须具备一定的条件，资金、设备、技术、创业团队、知识和社会关系等都是重要的创业资本，但创新能力可以说是最重要的创业资本。创业者在创业过程中需要具有持续旺盛的创新精神、创新意识，需要独特、活跃、科学的创新思维方式，这样才可能产生富有创意的想法或方案，才可能不断寻求新的思路、新的方法、新的模式、新的出路，最终获得创业成功。

（2）创新的市场价值由创业实现。创新的前提是创意，创新的延伸是创业和市场。

在美国出版的《第五代创新》一书提到了这样的观点：由于当前世界经济的转型，创新的模式也发生了巨大的变化，仅按“基础—技术—应用技术—推广”的研发链进行创新，已经远远不够，要继续向下游延伸，形成产业链——将创新成果变成产品；而在此之后，还有很重要的一条市场链——将产品推向市场，形成价值。这三根完整的链条共同构成了“创新创业链”，每根链条的每一个环节都有创新的不同内容与需求。

可见，创新的最终价值就在于将潜在的知识、技术和市场机会转化为现实生产力，实现社会财富增长，造福人类社会。否则，创新也就失去了意义，而实现这种转化的根本途径是创业，创业者通过市场链使得创新成果实现商品化和产业化，将创新的潜在价值转化为现实的社会财富。

市场是决定创新成败的试金石。彼得·德鲁克认为，一项创新的考验并不在于它的新奇性、科学内涵等，而在于推向市场后为顾客接受的程度，也就是能否创造出新的价值。

一个优秀的发明者未必是企业家，发明成功并不意味着创业成功；创业者也不一定是发明者，但创业者必须具备发现潜在商业机会并敢于冒险、勇于创新的特质，发明者的科技创新成果往往经由创业者推向市场，实现其潜在市场价值，从而最终转化为现实生产力。

根据科技部、发改委和国家统计局等相关部门统计，我国每年取得约 3 万项重大科技成果，平均转化率仅为 20%，实现产业化不到 5%，高校科技成果转化率不到 10%。[①] 可见，正是由于缺乏创业型转化和市场链，大量创新成果被束之高阁，难以转化为现实生产力和社会财富，因此谈不上真正意义上的创新。

历史上每个划时代的创新成果都是通过创业进入市场，进而催生出一个或若干庞大的产业部门，创造出巨额社会财富。比如，1876 年发明的电话成就了全球通信产业中三星、摩托罗拉、贝尔、朗讯等一大批跨国公司；1885 年发明的汽车造就了通用、福特、戴克、

① 成弈．中国生物医药产业“十二五”将跨越式发展［EB/OL］．中国经营网．http：//www.cb.com.cn/1634427/20111116/299705_2.html.

宝马等一大批全球汽车业巨头；1903 年发明的飞机开创了波音、空客等公司的辉煌业绩；1946 年制造出来的第一台计算机使得 IBM 和英特尔成为 IT 界的霸主；1981 年诞生的个人 PC 机催生了苹果、微软、戴尔等世界级企业；1995 年前后电子商务投入市场，谷歌、阿里巴巴、Fecebook、腾讯等一批网络企业应运而生。

（3）创业推动并深化创新。创业可以推动新发明、新产品或新服务不断涌现，创造出新的市场需求，从而进一步推动和深化创新，提高企业或整个国家的创新能力，促进经济增长。

美国国家科学基金会和美国商业部等机构在 20 世纪八九十年代发表的报告表明，第二次世界大战以来，美国创业型企业的创新占美国全部创新的一半以上，占所有重大创新的 95%。以英特尔公司为例，1968 年由三位创始人依靠风险投资开始创业，1970 年自主开发推出世界上第一块微处理器 Intel 4004，1973 年推出 Intel 8080，后来又相继推出 Intel 80286、Intel 80386、Intel 80486 系列，1994 年推出风靡全球的 Pentium 微处理器。创业以来的一系列重大创新成果，推动英特尔公司成为世界 IT 业的顶尖企业。

德国西门子公司更具说服力。西门子创建于 1847 年，当年只有 10 个人。在跨越两个世纪的漫长历程中，秉承创始人维尔纳·冯·西门子“一年两万项发明革新”的成功秘诀，公司系统建立了创新体系和创新机制，不断提升企业核心竞争力。西门子公司的发明数量位居欧洲第一。据统计，仅在德国电气技术方面的全部专利中，西门子公司就占到 1/4 以上。

创业推动并深化创新，本质是创优。创优是适合市场的创新，这样的创新才能创造卓越，企业才能获得持续的竞争优势。

乔布斯是一个勇于创新的人，但是从推出新产品这个角度看，他又是一个吝啬的创新者。苹果手机至今只推出了几款，而且样式少。相比之下，昔日称霸手机市场的诺基亚，每年都要推出四五十款新手机。单纯从创新数量看，诺基亚肯定更胜一筹，但诺基亚近几年却节节败退，市场份额不断萎缩，最终被微软收购。苹果公司虽然每年才推出一款新手机，但背后研发的数量却可能是几十款、几百款，最终只选择最好的一款推向市场，其他的全部否决掉，这就是创优。

3. 创新与创业的差异

创新与创业尽管联系密切，但并非完全等同的概念。瑞典管理学家卡伊·米科斯（Kaj Mickos，2004）认为：“创业不是创新，创新也不是创业。创业可能涉及创新，也可能并不涉及；创新可能涉及创业，也可能并不涉及。”①

（1）关注焦点不同。创业不一定必须有创新，有些创业活动主要是模仿甚至复制他人的产品或服务，自身并没有创新，但也是在创业。创业更加注重的是寻求机会和创造性地整合资源，关注的是机会、市场和顾客；创新则往往通过对现有资源——生产要素实施新组合，或者以某项发明创造为起点，通过开发利用并将其推向市场，以实现价值创造。

---

① 上海理工大学高等教育研究所．创新和创业的联系与区别［EB/OL］．http：//ghc.usst.edu.cn/s/38/t/380/4a/79/info19065.htm，2010－12－30.

（2）实现手段不同。创业重“业”，往往通过创建新的企业、新的组织，并且必然通过市场链实现财富的创造；创新重“新”，往往通过新发现、新发明创造或者开辟新局面、开创新事业来实现。受传统“学而优则仕”和轻商观念的影响，我国科研工作者往往在创新过程中片面注重研发链而忽视科研成果的市场转化，创新如果忽略市场链，就可能并不涉及创业。

（3）主客体不同。创业的主体通常是创业者个人或由个人主导的创业团队；创新的主体则除了个人外，还有企业、政府、高校或科研院所等多种组织形式。创新的客体可以是知识、技术、产品、工艺、组织、流程、管理、模式、观念、方法、秘诀等；创业的客体则必然包含市场。

（4）涵盖范围不同。创新涵盖了推动社会经济发展的所有技术的、经济的、组织的、方法的、系统的变革及其最终价值实现的更为宏观的过程；创业则是由具有创新精神的创业者所进行的更加注重实践性、经济性、多样性的动态微观过程。

第2节 创业的要素、类型与过程

一、创业的要素

美国百森商学院创业学教授蒂蒙斯（Timmons）认为，创业的关键要素主要包括机会、团队和资源。①

1. 创业机会

创业机会是指创业者可以利用的商业机会。机会是创业的起点，创业过程就是围绕机会进行识别、开发和利用的过程。创业机会来自一定的市场需求和变化，当某种创意能够将人们潜在的需求转化为现实的、可以操作的需求，或使得某种未能满足的需求得到满足时，这种有价值的创意往往就意味着创业机会。因而，机会是创业过程的核心驱动力。

2. 创业团队

创业团队是指在创业初期（包括企业成立前和成立早期），由一群才能互补、责任共担、愿为共同的创业目标而奋斗的人所组成的特殊群体。

知识经济时代，创业所要求的素质、技能往往涵盖经济、管理、技术、研发、营销、财务等多个方面，远远不是单个创业者凭一己之力所能企及的，单打独斗式的个体创业已经很难取得成功。与个体创业相比，团队创业具有团结协作、优势互补、成果共享、责任共担等多方面优势，这些对于创业成功起着举足轻重的作用。因而，创业团队是创业过程的主导者。

3. 创业资源

创业资源是指与创业活动直接相关的特定资产，包括有形与无形资产。创业资源是新

---

① 杰弗里·蒂蒙斯，小斯蒂芬·斯皮内利．创业学（第六版）[M]．北京：人民邮电出版社，2005.

创企业创立和运营的必要条件，不同的创业活动具有不同的资源需求，任何一个创业者都不可能在创业之初就把所有创业资源都备齐，创业者往往通过创造性地整合资源来获得创业成功。

上述关键要素的相互关系是：创业过程始于创业机会，而不是资金、战略、网络、团队或商业计划。开始创业时，创业机会比资金、团队的才干和能力及合适的资源更重要。在创业过程中，资源与创业机会间经历着一个适应→差距→适应的动态过程。商业计划是沟通创业者、机会和资源三个要素间相互匹配和平衡的语言和规则。

二、创业的类型

创业类型可以从创业动机、主体的性质等不同角度来划分。

1. 依创业的动机分类

（1）生存型创业。生存型创业是指创业者迫于生存压力，为了谋生而自觉或不得已选择的创业行为。社会上绝大多数下岗人员的创业就属于生存型创业。

生存型创业的特点：1）创业者属于被动创业，创业只为谋生，以获得必要的生活来源；2）一般可维持创业者及家人的生计，但因进入门槛低，缺乏科技含量，难以成为高成长型企业，通常无太大发展空间；3）主要解决创业者就业问题，一般不会雇佣过多的劳动力，就业倍增效应弱。

（2）机会型创业。机会型创业是指创业的出发点并非谋生，是为了抓住并利用市场机遇，以实现价值创造而选择的自主创业行为。机会型创业一般以政府公务人员、职业经理人、高校教师、科研人员、专利技术发明者的创业为典型。如比尔·盖茨、戴尔的退学创业，张茵、马云的辞职创业都是典型的机会型创业。

机会型创业是一种主动性创业，它有两大特点：1）以创造新的需求或满足市场潜在需求为目标，往往引发新产业的产生与发展，就业倍增效应强；2）能为目标客户创造新的价值，创新度高、发展潜力大，往往属于高成长型企业。

2. 依创业主体的性质分类

（1）独立创业。独立创业是指创业者个人独立地创办企业。其产权归创业者个人所有，经营决策由创业者自由掌控，风险由创业者独自承担。

（2）合伙创业。合伙创业是指由几个创业者共同创办企业，合伙人通过订立合伙协议，共同出资、合伙经营、共享收益、共担风险，并对合伙企业债务承担无限连带责任。合伙创业的优势和劣势与个人独立创业正好相反。

（3）公司创业（亦称公司二次创业）。公司创业是指一个业已存在的公司，通过变革创新、合资或收购等形式，突破发展“瓶颈”、驱动业务增长的行为过程。公司创业被认为是企业战略更新的主要动力，同时又是产品、流程和管理创新及多元化的驱动因素。

公司创业源于20世纪80年代。当时，许多百年老店（如美国电话电报公司、福特汽车公司等）在现代科技革命尤其是信息技术革命的推动下，不得不通过公司再造（corporate reengineering）和公司重建（corporate reconstruction）来适应知识经济的发展需要。

到了 90 年代，在企业管理领域掀起了一股涉及企业组织变革的企业流程再造（business process reengineering，BPR）的风暴。企业流程再造涉及对公司组织结构的根本性变革，需要建立一套全新的企业组织制度，因此，它本质上也是一种“创建企业”意义上的创业行为。

案例 2-3　　　娃哈哈的“三次创业”

艰辛的“一次创业”起步

1987 年，娃哈哈的前身——上城区校办企业经销部靠 14 万元借款起家，开始了艰辛的创业历程，靠卖棒冰、校簿完成了最初的原始积累。第二年，娃哈哈成功开发出儿童营养液，“喝了娃哈哈，吃饭就是香”的广告语传遍大江南北，以确切的功效赢得了消费者的青睐。

1991 年，仅 100 余人的娃哈哈兼并国营老厂——杭州罐头厂，创造了“小鱼吃大鱼”的兼并奇迹，完成了由小变大的历史性转变。

到 1993 年，娃哈哈年销售收入达 7 亿元，7 年时间完成了一次创业的历程。

踏上“二次创业”征程

1993 年，娃哈哈踏上了“生产上规模、产品上档次、管理上水平”的二次创业征程。1996 年，娃哈哈与法国达能集团合资，从意大利、德国等引进大量国际一流的生产线，实现了从原料进口到产品出口的全自动化操作；1998 年，娃哈哈成功推出非常可乐，打破了洋可乐不可战胜的神话；经过 10 年建设，初步完成全国战略布局。

自 1998 年以来，娃哈哈连续 6 年稳坐中国饮料行业老大地位，曾成为全球第五大饮料生产厂家。2003 年，公司销售收入超百亿，为公司长达 10 年的“二次创业”征程画上了圆满的句号。

吹响“三次创业”号角

2003 年，娃哈哈创始人宗庆后提出了营业规模 3～5 年过 200 亿元（娃哈哈在第四年即 2007 年就达到 200 亿元），5～10 年达 1 000 亿元的“三次创业”宏伟目标。

据中国经济网报道，2013 年公司实现营业收入 782.78 亿元，2014 年实现营业收入 720 亿元，与千亿元目标仍有不小的距离。宗庆后已经将这一目标的实现延后。宗庆后坦承，饮料行业经过多年发展，集中度已非常高，排名前五的企业占据了 60%的市场份额，企业想再获得高速发展已很不容易。

资料来源：根据刘炳辉．宗庆后自揭伤疤 娃哈哈三次创业［N］．中国经营报，2005-12-17；中国经济网（www.ce.cn）相关资料改编．

（4）公司内部创业。公司内部创业通常是由一个企业内部具有创业愿望的员工发起，在组织支持下，由员工与企业共担风险、共享创业成果的一种创业形式。其主要目的是将企业家精神注入现有公司内部，鼓励员工在企业内部像企业家一样行事，培养造就内部企业家，为员工提供更大的发展空间，推动企业的不断创新和可持续发展。

1985 年，美国学者吉福特·平肖（Gifford Pinchot）详细考察了包括 3M、杜邦、IBM、得州仪器、通用电气、施乐等大公司内部创业的实践，提出了“内部创新者”的概念。1990 年以后，美国很多大企业开始尝试；不久，日本松下、富士通以及中国台湾的宏碁也开始推行内部创业；2000 年以后，我国以华为公司为首的一批企业也加入这一行列。

瑞士洛桑管理学院科技管理专业教授乔治·豪尔（George Hall）曾把“公司内部创业”概括为“利用大公司的资金和资源，鼓励员工进行创业的一种活动”。他认为，内部创业最终的目标是给公司创造更多的价值，包括：如果内部创业成功，风险投资能带来收益；鼓励一种尊重企业家精神的创新文化；利用新技术打造一批新公司，成为母公司有用的窗口；创造一种灵活积极的企业形象，吸引投资者，提高股价等。

案例 2-4　　华为内部创业突破发展瓶颈

2000 年下半年，华为出台了《关于内部创业的管理规定》：凡是在公司工作满两年以上的员工，都可以申请离职创业，成为华为的代理商，公司为创业员工提供优惠扶持政策，除了给予相当于员工所持股票价值 70%的华为设备外，还有半年的保护扶持期，员工在半年内创业失败，可以回公司重新安排工作。

当时，数以千计的华为员工自发组织起来，开始了自己的创业历程，其中包括李一男、聂国良两位公司董事、常务副总裁。任正非把华为鼓励内部创业的目的概括为：一是给一部分老员工以自由选择创业做老板的机会；二是采取分化的模式，在华为周边形成一个合作群体，共同协作，一起做大华为事业。潜在的含义是希望通过创业员工的自我尝试，趟出一条血路，弥补华为在分销渠道方面与竞争对手的明显差距。然而，任正非没有道出更加深层的目的——实施第二次有组织的新老接替运动，将一部分老员工分流出去。

2000 年是华为在 IBM 帮助下进行业务流程变革的第二个年头，华为正从职能型组织向市场导向的流程型组织转变，这种转变的结果之一就是管理层级的减少和中层管理编制的压缩。因此，内部创业之举实际上是给一批在公司长期工作的中层管理者寻找一条良好的出路。任正非是一个深念旧情的人，基本上不主张直接裁员的精简方案，在他看来，采取内部创业模式，企业拿出一笔费用来支持老员工，既保护了离职创业员工的基本利益，也为华为未来发展培植了良好的周边关系，是一件一举多得的大好事。

广州市鼎兴通讯技术有限公司就是一家华为内部创业的公司，它承担了华为公司在湖南、江西及广东市场近 1/3 的工程安装调试工作。这样的公司为华为解决了很多后顾之忧，减少了市场运作成本，双方获利。

资料来源：根据吴建国．集体辞职与内部创业——解读华为的新老接替 [J]．IT 经理世界，2004 (2) 整理．

三、创业的过程

创业过程包括创业者从产生创业想法到创建新企业或开创新事业并获取回报，涉及识别机会、组建团队、寻求融资等活动。

20 世纪 90 年代以来，创业过程逐渐成为创业研究的焦点。创业过程的动态性与复杂性决定了创业过程研究的独特性，是创业研究成为独立学术领域的基础，而且对创业者的创业实践和创业投资者的投资选择都有重要的指导意义。

（一）创业过程

较为典型的创业过程模型如下。

1. 蒂蒙斯创业过程模型[①]

蒂蒙斯于 1999 年在所著的《新企业创立：21 世纪的创业学》一书中提出了一个影响深远的创业过程理论模型。该模型采用机会、创业团队和资源三要素的动态平衡过程来描述创业过程，高度揭示了创业过程的动态性与复杂性特征，奠定了规范创业管理理论的基础（见图 2－1）。

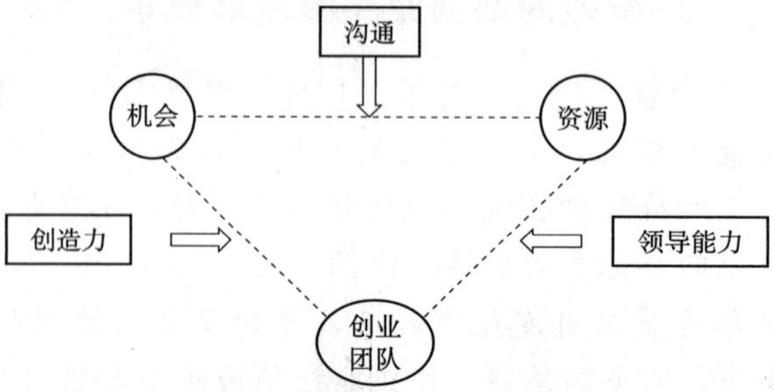

图 2－1 蒂蒙斯创业过程模型

蒂蒙斯模型的特点是，三个创业核心要素构成一个倒三角形，创业团队位于三角形的底部。在创业初始阶段，商业机会较大而资源较为缺乏，三角形将向左边倾斜；随着企业的发展，企业拥有的资源增多，但这时原有的商业机会可能变得相对有限，从而导致另一种不均衡。成功的创业活动必须能将机会、创业团队和资源三要素做出最恰当的匹配，并且能随着事业发展不断调整，最终实现动态均衡，这就是新创企业发展的实际过程。

2. 威克姆创业过程模型

威克姆创业过程模型是由创业者、机会、资源、组织四个要素构成的。创业者处于创业活动的中心地位，是创业活动的主导者，其作用在于识别和确认商业机会，整合和管理创业资源，创立和领导创业组织，其基本任务就是有效地管理机会、资源和组织之间的关系。

创业者管理的重心是，使组织不断适合所要开发的机会，整合资源并将资源集聚于所追逐的商业机会。资源、机会、组织间的动态平衡是创业者有效管理的目标。同时，创业过程是一个不断学习的过程，创业组织不仅要对商业机会做出及时的反应，还要根据变化的情势及时总结、积累、调整，要通过“干中学”，在不断的成功与失败中学习和锤炼，

① 姜彦福，张帏．创业管理学［M］．北京：清华大学出版社，2005.

从而不断发展、完善和壮大（见图 2－2）。

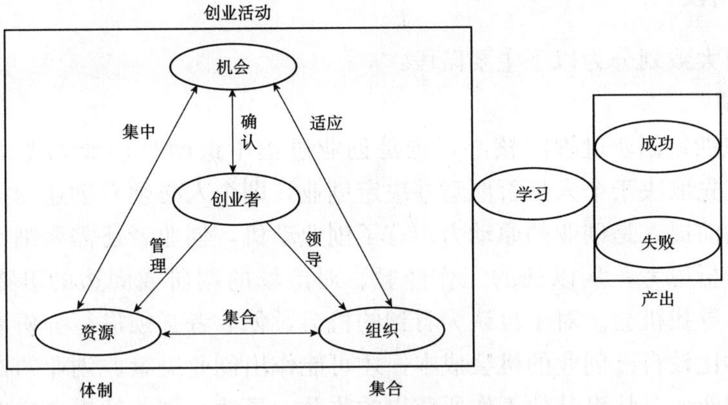

图 2－2　威克姆创业过程模型

3. 加特纳创业过程模型

威廉・B・加特纳（William B. Gartner）于 1985 年在其论文《描述新企业创立现象的理论框架》中提出了创业过程理论模型（见图 2－3）。

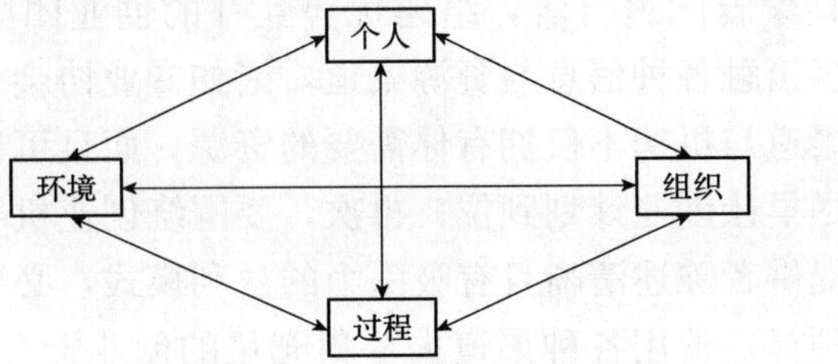

图 2－3　加特纳创业过程模型

加特纳认为描述新企业创立主要包括四个维度：个人，即创立新企业的人；环境，即围绕并影响组织的情势；组织，即所创立的新企业；过程，即个人所采取的创立新企业的行动过程。任何新企业的创立都是这四个要素相互作用的结果。

加特纳的创业过程理论模型，突破了尝试识别创业者特殊人格特质研究的局限，率先从创业过程的复杂性出发解释创业过程，比较全面地概括了创业过程的构成要素，为后续的创业过程理论模型提供了雏形。然而，该模型侧重创业过程的复杂性，只对一系列构成要素进行集合（四个维度下的变量总数达 50 个以上），使模型显得非常复杂，未能清晰阐释各要素之间的相互作用关系。

需要说明的是：

第一，尽管学者们从不同角度提出了不同的创业过程模型，但是在创业实践中，创业过程实际上并没有一个固定的或必须严格遵循的模式。

第二，创业模型的构建很大程度上依赖于以发达国家（尤其是美国）为背景的创业案例。我们应该立足于中国国情和创业实践，借鉴国外的研究成果，总结出符合我国国情的创业过程理论模型，以指导我国的创业实践。

（二）创业阶段

创业过程可大致划分为以下主要阶段：

1. 机会识别

创业机会识别是创业过程的核心，也是创业过程中最困难、最无规律可循的一个环节。创业活动首先取决于个人是否愿意并决定创业，即个人必须有创业动机，创业动机是创业机会识别的前提，是创业的原动力；有了创业动机，创业者还需要细心观察、广泛获取信息并积极分析思考，从以往的工作经验、对市场的调研或周边的事物变化中发现问题，激发创意，寻找机会。对于自认为看到的机会，创业者必须进行分析评估，以判断机会的价值，同时比较自己创业的机会成本，才可能作出创业决策。创业的机会成本是指创业者如果不去创业而是从事其他工作所获得的收益。显然，创业的机会成本越小，创业者的创业动机越强。

2. 资源整合

资源是创业的基础性必备条件，资源整合是创业者开发创业机会的重要手段。成功的创业者不贪图完全拥有资源，而是着眼于最大限度整合外部资源，控制并高效使用资源。为此，首先要吸引和凝聚志同道合者，组建优势互补的创业团队，单打独斗很难成就大业；其次，要尽可能多接触各种信息与资源渠道，诸如专业协会及团体、政府部门、银行和担保机构等，这些渠道与机构不仅拥有你需要的资源，而且可以帮助你评估自己的创业机会与潜力，并可以尽早让创业计划到位；再次，要围绕创业机会设计出切实可行的商业模式，向潜在的资源提供者陈述清晰且有吸引力的盈利模式，必要时需拟订详细的创业计划，根据合理的资金预算，善用各种渠道去募集充足的创业资金和创业所需的其他资源，诸如专业人才、技术、设备、原材料等；最后，还必须考虑并落实上下游的原材料供货与产品/服务销售渠道。

3. 创办新企业

创办新企业，首先必须考虑选择适合创业大计的法定组织架构，比如，是独资还是合伙创业，是有限责任公司还是股份有限公司，公司的起始资本额如何筹集与分配等，完成公司的制度设计。接下来，最重要的就是选择经营地址。专家的看法是，不论创立何类企业，地点的选择都是决定成败的要素之一，尤其是以门市为主的零售、餐饮等服务业，店面的选择往往是成败的关键，可以说，好的选址等于成功了一半。最后，设计好品牌和公司名称，确定进入市场的途径与时机，按照法定的程序完成公司注册登记，就可正式建立企业了。

4. 新企业生存和成长

新企业一旦进入市场就会面临极其严峻的挑战。确保生存是新企业成立初期的首要目标，新创企业关键的生存期为 2～3 年。在这 2～3 年里，新企业容易遭遇资金不足、团队分裂、员工流失等多种风险，要想方设法降低和化解创业初期阶段的风险，同时还需要考虑企业成长，不成长就不可能生存得更长久，在竞争激烈的市场环境中尤其如此。为此，创业者需要了解企业成长的一般规律，预见企业在不同成长阶段可能面临的问题和风险，及时有效地采取多种措施加以防范和解决。此外，还要不断地开发新的机会，实现企业的健康可持续发展。

5. 收获回报

获取丰厚回报是创业者的基本驱动力，也是创业活动的最终目的。创业回报的形式有多种，如财务回报、更高的社会地位、事业成就等。收获回报的途径也不尽相同，就创业者所持有的股权变现而言，可采取直接出售企业、员工持股计划、管理层收购、公开发行股票等方式来获得创业的回报。

第 3 节　创业精神

一、创业精神的本质

创业精神（entrepreneur spirit/entrepreneurship）是创业者在创业过程中的重要行为特征的高度凝练，主要表现为勇于创新、敢当风险、团结合作、坚持不懈等。

创业精神的概念最早出现于 18 世纪，其含义一直在不断演化。经济学家约瑟夫·熊彼特将创业精神看作一股“创造性的破坏”力量，创业者采用“新组合”使旧产业遭到淘汰，原有的经营方式被新的、更好的方式摧毁。霍华德·史蒂文森（Howard Stevenson）是哈佛商学院创业研究领域的教父，他将创业精神定义为“追寻现有资源范围之外的机遇”。“追寻”指绝对专注的态度。“机遇”指在以下一个或多个方面有所作为：（1）推出创新产品；（2）设计全新商业模式；（3）改进已有产品，使其质更优、价更廉；（4）发掘新客户群。“现有资源范围之外”指突破资源限制。[①] 今天绝大多数学者都认为，创业精神是创业的动力和源泉，是创业者的精神支柱。

创业精神的本质至少包含了五个关键要素。

1. 勇于创新

创业的本质是创新，因此创业精神的核心首先应当体现为创新精神。管理学大师彼得·德鲁克认为：“创业就是要标新立异，打破已有的秩序，按照新的要求重新组织”，“创新和创业精神也必须成为维持我们组织、经济和社会之生存所不可或缺的活动”。[②]

创业意味着创新，创新意味着突破。这样的突破可能是产品创新——比如苹果手机，可能是技术创新——比如英特尔的芯片，也可能是商业模式创新——比如亚马逊的网络图书销售。如果忽视创业背后所蕴藏的创新、社会责任感等创业精神本质要义，将金钱作为创业的全部，那么这种创业很可能会沦为个体户或者暴发户式的创业，而这种企业肯定难以成长壮大。

2. 把握机会

创业是不拘泥于当前资源约束、寻求机会、进行价值创造的行为过程。因此，创业精神表现为创业者不断地跟踪、关注环境的趋势和变化，而且往往是尚未被人们注意的趋势

---

① 托马斯·艾森曼．创业精神是一种综合的管理理念［EB/OL］．哈佛商业评论官方网站．http://www.hbrchina.org/2013-05-10/112762660.html.

② 彼得·德鲁克．创业精神与创新［M］．北京：中国工人出版社，1989.

和变化，在获取尽可能充分信息的基础上寻找新趋势和把握新机会。因此，发现并把握机会就成为创业者的首要任务。随着企业的发展，这种建立在个人基础上的机会把握意识和能力，便会在更广阔的市场和繁多的资源面前捉襟见肘。此时，就需要建立一套完整的系统，在制度上保证机会的识别和把握，以不断开发新的机会，创造更大的价值。

3. 敢当风险

创业精神是一种善于捕捉和利用机会，敢于承担风险，为创造某种新的价值竭尽智慧勇往直前的文化与心理过程。市场经济的不确定性和企业间的激烈竞争，使得创业过程必然面临多种风险，没有敢当风险的胆识，创业无从起步。

任何事业的成功都不可能一蹴而就、坐享其成，只有坚韧不拔、卧薪尝胆、千锤百炼，才能有所创造；只有敢想敢干、敢冒风险、敢担责任，才能有所作为。甘冒风险并不是说创业者必须主动寻找风险、主动拥抱风险，而是指要有敢于承担风险的胆识、善于降低乃至规避风险的能力，以确保新企业的生存和发展。

4. 团结合作

世界上数不清的宏伟事业都是集体智慧和劳动的结晶，一个没有合作精神的人是成就不了大业的，一个成功的创业企业必定有一支团结合作的团队，团队成员必定有良好的合作意识。北京中关村曾有不少合伙创业的企业，在事业兴旺发达之际，分家各当老板，结果纷纷垮台。这说明依靠合作能创业，没有合作事难成。

潘石屹就曾提出：我总结创业需要的第一个品质就是团结和合作的品质。作为一个创业者也好，一个普通打工者也好，都要把团结、合作、尊重别人放在第一位，这个品质在今天这个时代比任何一个品质都重要。设想一下，如果一个人骄傲自大，总认为自己各方面都比别人更胜一筹，周围的力量还会去帮助他吗？创业需要好多人的帮助才能成功，一个人总端着架子，谁都看不起，是不适合创业的。

合作精神要求为人诚信。诚则心凝，伪则心散，精诚所至，金石为开。为人处世，应当说到做到，言必信，行必果。彼此之间都能以诚相待，信守承诺，才能实现真诚的合作。合作精神要求为人宽容，顾全大局，不斤斤计较个人得失，律己严、责人宽，对别人的缺点和错误不过分苛责。

5. 自我超越

自我超越就是不断追求卓越，也就是创优，这体现了创业精神的归宿。从本质上讲，自我超越就是不满足于停留在小规模或现有的规模之上，而是希望企业能够可持续增长，不断创造价值和财富，不断追求卓越。自我超越使创业者不断设立新的、更高的目标，推动企业创新，以更加有效地整合多种资源，在风云变幻的环境中保持竞争优势，从而在激烈竞争的市场环境中更好地生存和发展。

除上述五个要素外，创业精神还表现为坚持不懈、艰苦奋斗、有社会责任感等。江泽民（1993）就曾提出，新时期我们推进现代化建设就要大力倡导和发扬 64 字创业精神："解放思想、实事求是，积极探索、勇于创新，艰苦奋斗、知难而进，学习外国、自强不息，谦虚谨慎、不骄不躁，同心同德、顾全大局，勤俭节约、清正廉洁，励精图治、无私奉献。"①

---

① 中共中央文献研究室．十四大以来重要文献选编（上册）[M]．北京：人民出版社，1996.

二、创业精神的来源

创业精神来源于多个方面，主要是在学习和实践（尤其是创业实践）中逐步培育、发展和形成的。就个体而言，创业精神的形成和发展与创业者所处的社会环境、创业者个性特质、资源禀赋以及教育培训和工作经验的影响密切相关。

1. 创业者个性特质

个性特质主要由创业者素质（包括政治素质、品德素质、知识素质、心理素质、身体素质等）和创业者能力（包括经营决策能力、沟通协调能力、专业技术能力、开拓创新能力等）两方面因素所决定。创业者个体特质差异对创业精神的培育发展有重要的内在影响。McClelland（1961）对创业者和其他群体的比较研究表明，创业家的出现和成就需要之间存在高度相关性。

2. 社会环境

创业精神的形成和发展与创业者所处的社会环境密不可分，主要包括生存环境、文化环境、产业环境、机制体制环境等。

创业者所处环境的自由度对于塑造创业精神至关重要。每个人身上都或多或少具有潜在的创业精神，但这种精神并不是自然而然就能显现和发挥出来的，它需要相应的人文环境和制度设计。例如，西方社会的新教伦理所提倡的创新、追求获利和吃苦耐劳的价值观，就为创业精神的形成和资本主义的蓬勃发展奠定了意识形态上的基础。近 30 年来，我国涌现出大量创业者和创业企业，这显然与改革开放以来的社会环境、鼓励创业的制度设计密不可分；落后地区往往流失大量出色的企业家，其主要原因之一就是该地区的制度环境不能为企业家提供必要的创业保障，只要有条件，他们就会向更易于发挥其创业精神的环境迁移。因此，政府应该积极为创业者营造自由发展的环境空间。

3. 创业者资源禀赋

创业者的资源禀赋包括创业者所能拥有或能够筹集到的物质资本、社会资本和人力资本。资源禀赋是创业精神得以形成的资源保障，丰富的物质资本是创业精神得以形成的物质保障，多样化的社会资本是创业精神得以形成的重要社会保障，先进的人力资本则是创业精神得以形成的智力保障。企业资源是创业精神得以萌生、形成、提升的水分和营养。

4. 教育培训和工作经验

研究表明，创业者接受教育和培训，系统地学习创业所需的技能，其创造力与思维能力会有效提升；工作经验（包括创业经验）则有助于创业者进行创业决策。Charney and Libecap（2000）通过对美国亚利桑那大学创业学专业与商学院其他专业毕业生的跟踪调查证实，创业教育确实能有效提高大学毕业生的创业能力、创富能力，拓展其职业生涯的发展空间。①

---

① Charney，A. and Libecap，G. D. Impact of Entrepreneurship Education，Insights：A Kaufman Research Series [R]，Kauffman Center for Entrepreneurial Leadership，2000.

三、创业精神的作用

创业精神有利于加快经济发展方式的转变，促进经济社会又好又快地发展。

1. 创业精神是个人实现人生价值的动力源

人活着应该有梦想和追求，自我实现是人生追求的最高境界。马云认为：“人可以10天不喝水，7～8天不吃饭，2分钟不呼吸，但不能失去梦想1分钟。没有梦想比贫穷更可怕，因为这代表着对未来没有希望。一个人最可怕的是不知道自己干什么，有梦想就不在乎别人骂，知道自己要什么，最后才会坚持下去。”①

在创业精神的激励下，创业者从事自己愿意做的事，按自己的意愿开拓自己的事业。创业过程尽管艰辛，但能给创业者带来乐趣，当其想法一步步得到实施，亲手创建的公司一天天成长，财富一年年积累，业绩一次次得到社会认可的时候，成就感、满足感和自豪感就会油然而生，人生的最大快乐莫过于此，人生价值得以在创业中实现。

2. 创业精神是社会经济发展的推进剂

根据对世界经济发展历史的考证，世界上经济发达的国家大都是创业精神强劲的典范。

欧洲新教徒迁移美国后，焕发出空前的创业热情，使美国市场经济得以确立、企业得以创立、近代资本主义经济得以繁荣和发展。这种创业精神，是美国爆发第二次、第三次技术革命的思想基础和精神动力。创业精神与高新技术相结合，更是美国保持世界经济领先地位的“秘密武器”。

以色列只有1.5万平方公里国土面积和710万人口，却是全世界创业公司密度最大的国家，人均创业投资是美国的2.5倍、欧洲的30倍、中国的80倍、印度的350倍。更令人惊讶的是，该国在纳斯达克上市的新兴企业总数，超过全欧洲在纳斯达克上市新兴企业的总和。

在中国，创业精神指数排名在前的地区，大多是改革开放的前沿，是非公有制经济发展十分活跃的地区。根据近年来以中小微型企业为主体的非公有制经济对各省（自治区、直辖市）GDP的贡献率来看，贡献率超过60%的广东、江苏、浙江等省，私营企业户数超过70万户且注册资金总额超过2万亿元，它们在地区GDP、城乡居民工资性收入和财产性收入、拥有百强县数量等方面的排名均位于全国前列。②

在市场经济条件下，创业者往往能够敏锐地发现市场在资源配置方面的“失误”，从大量中小企业的创立和倒闭中发现更多的市场机会，加速产品和服务的升级换代，更好地实现市场供求平衡。这种自发调整力量促进了社会资源的优化配置，进而促进经济结构优化调整，推动社会经济转型升级。

3. 创业精神是构建和谐社会的稳定剂

弘扬创业精神、促进企业家成长，有利于推进社会主义和谐社会的建设。一个具有创

---

① 孙实．马云启示录：没有梦想比贫穷更可怕［EB/OL］．腾讯科技．http：//tech.qq.com/a/20130105/000123.htm.

② 林泽炎．创业精神应该成为一种国家竞争优势［N］．中华工商时报，2012-08-23.

业精神的人，不管他在社会生活中从事什么样的工作，担任什么样的职务，都会有更高的积极性、更富于创造性、对生活更乐观，这正是构建社会主义和谐社会的坚实基础。

构建社会主义和谐社会，首要的任务就是消除社会中的不和谐或影响和谐的因素，而解决就业矛盾就是其中很重要的方面。就业是民生之本，创业是就业之基。就业离不开创业，创业是最积极、最主动的就业。创业者通过自谋职业和自我雇佣实现就业的倍增效应，是解决我国就业问题的根本途径，这对于构建和谐社会具有深远的战略意义。

和谐社会的最低标准是稳定，幸福生活的前提是生存保障。创业为社会提供大量就业机会，就业机会增多意味着社会不安定因素的降低，意味着个体生存质量得到基本保障。

以创业精神激励全民创业，有利于全体人民在更大程度上分享发展成果，共同拥有更多、更公平的发展机会，享有更具保障的生活，实现共同富裕，促进社会的和谐。

四、创业精神的培育

培育当代大学生的创业精神是建设创新型国家和人力资源强国的战略举措，是深化高等教育教学改革、提高人才素质、促进大学生全面发展的重要途径。

1. 弘扬创业文化

中国有着几千年悠久历史和灿烂文化，中华大地物华天宝、人杰地灵，历史上名人辈出，积淀了深厚的历史文化资源。充分利用和开发这些资源，繁荣发展先进文化，加快人文精神建设，对于全社会进一步凝聚和弘扬创业精神、推动创新型国家建设，具有十分重要的作用。

培育创业精神，弘扬创业文化，首先要破除官本位意识，打破学而优则仕、商而优则仕的传统观念，引导大学生走出官场，走向市场，成为全民创业的倡导者和践行者；其次，要培育大学生的创业人格，人格塑造和创业精神相辅相成，要像浙江人那样敢于白手起家，争当老板，吃苦耐劳，甘冒风险，合作拼搏，积极向上；最后，培育积极向上的创业文化和商务环境，营造人人追寻商机、处处推崇创业文化的氛围，形成家业殷实、企业兴旺、事业发达的局面。根据《全球创业观察中国报告》（GEM 2010），与美国的创业环境相比，中国的最大弱项在商务环境、文化与社会规范方面。二者的具体差异表现为：在市场变化和开放程度、基础设施、政府政策上，即在硬件、规制的环境方面，中国优于美国；但是在商务环境、文化与社会规范和政府项目上，即在软件、规范的环境方面，美国优于中国。这种差异值得我们反思文化因素在创业中所起的作用。中国的创业活跃，其可持续性基础应该来自文化、商务环境的支撑。①

2. 构建并完善创业型经济体系

创业精神产生于特定的经济和政治体系中。

创业型经济是建立在创新事业基础上的一种经济形态，它从制度结构、政策和战略上支持并保证创新创业，从而促进中小企业的不断创新与发展。政府应当深化体制机制改革

---

① 创业研究中心．第七份全球创业观察（GEM 2010）中国报告发布［EB/OL］．清华大学经济管理学院．http：//www. sem. tsinghua. edu. cn/portalweb/sem? _ _ c=fa1&u=xyywcn/49337. htm.

来激发人们的创业精神，着力改善软环境，加大开放力度，加快转变政府职能，为创业者和企业创造公平竞争的市场环境，营造有利于企业家脱颖而出的市场环境。通过优化制度环境，从体制机制层面到政策法规层面全面构建并完善创业型经济体系，充分释放和激发民众的创业热情，让最稀缺的企业家资源充分配置，以创造最大的经济和社会价值。

3. 着力培养创业能力

应当从中小学开始重视创业意识和创业能力的培养，同时在全社会开展多层次的创业知识培训，在高校实施系统、正规的创业教育，实行课堂教学、创业导师辅导、实战案例研究和企业实地考察相结合的教学机制。同时，要更加注重强化创业实践环节，建立多种风险投资基金、创业实践基地、创业孵化和科技园区，强化创业实践和创业能力的培养，通过校内外创业计划竞赛和多种形式的创业实习实训、市场调研、企业考察等活动，努力培育大学生的创业意识和创业能力，促进创业精神的培育和发展。

案例 2－5　　思路创新决定创业成败

两个青年一同开山，一个把石块砸碎成石子运到路边，卖给建房人，一个直接把石块运到码头，卖给杭州的花鸟商人。因为这里的石头总是奇形怪状，他认为卖重量不如卖造型。三年后，卖怪石的青年成为村里第一个盖起瓦房的人。

后来，不许开山，只许种树，于是这里成了果园。每到秋天，漫山遍野的鸭梨招来八方商客。他们把堆积如山的梨子成筐成筐地运往北京、上海，然后发往韩国和日本。因为这里的梨汁浓肉脆，香甜无比，就在村上的人为鸭梨带来的小康日子欢呼雀跃时，曾卖过怪石的青年人卖掉果树，开始种柳。因为他发现，来这里的客商不愁挑不上好梨，只愁买不到装梨的筐。五年后，他成为第一个在城里买房的人。

再后来，一条铁路从这里贯穿南北，北到北京，南抵九龙。小村对外开放，果农也由单一的卖果开始发展果品加工及市场开发。就在一些人开始集资办厂的时候，那个人又在他的地头砌了一道 3 米高百米长的墙。这道墙面向铁路，背依翠柳，两旁是一望无际的万亩梨园。坐火车经过这里的人，在欣赏盛开的梨花时，会醒目地看到四个大字：可口可乐。据说这是五百里山川唯一的一则广告，那道墙的主人仅凭这座墙，每年就有 4 万元的额外收入。

20 世纪 90 年代末，日本一著名公司的人士来华考察，当他坐火车经过这个小山村的时候，听到这个故事，马上为此人惊人的商业头脑所震惊，当即决定下车寻找此人。当日本人找到这个人时，他正在自己的店门口与对门的店主吵架。原来，他店里的西装标价 800 元一套，对门就把同样的西装标价 750 元；他标 750 元，对门就标 700 元。一个月下来，他仅批发出 8 套，而对门的客户却越来越多，一下子批发出了 800 套。

日本人一看这情形，对此人失望不已。但当他弄清真相后，又惊喜万分，当即决定以百万年薪聘请他。原来，对面那家店也是他的。

资料来源：根据穆林．创业，先要炼就一双好眼睛[EB/OL]．阿里巴巴创业资讯．http：//blog.china.alibaba.com，2008－04－18 整理．

本章小结

创新，就是“建立一种新的生产函数”，也就是把一种从来没有过的关于生产要素和生产条件的“新组合”引入生产体系。创新是赋予资源以新的创造财富能力的行为。任何使现有资源的财富创造潜力发生改变的行为，都可以称为创新。

创业是不拘泥于当前资源约束、寻求机会、进行价值创造的行为过程。

创新是创业的源泉，是创业的灵魂、本质与动力，也是创业者的重要特征。创新的市场价值由创业体现，创业往往推动并深化了创新。

创业具有推动社会经济发展、增加就业、促进创新、创造价值等功能，同时也是解决社会问题的有效途径之一。创业的关键要素包括创业机会、创业团队和创业资源。

创业主要可分为生存型创业和机会型创业、合伙创业和公司创业等类型。

创业过程包括创业者从产生创业想法到创建新企业或开创新事业并获取回报，可大致划分为机会识别、资源整合、创办新企业、新企业生存和成长、收获回报等主要阶段。

创业精神是创业者在创业过程中重要行为特征的高度凝练，主要表现为勇于创新、敢当风险、团结合作、坚持不懈等。创业精神主要是在学习和实践（尤其是创业实践）中逐步培育、发展和形成的。创业精神有利于加快转变经济发展方式，促进社会经济又好又快地发展，将在新时期发挥更大的作用。

关键术语

创新　创业　创业要素　生存型创业　机会型创业　创业过程　创业精神　创业能力

思考题

1. 试述创业、创新的概念，举例说明创新和创业的异同。
2. 试述创业过程与主要阶段的划分，主要的创业过程模型的内容和特点。
3. 在知识经济时代创业有何重要意义？
4. 试述创业精神的来源。我们应当如何培育自己的创业精神？

进一步的阅读材料

1. [美] 彼得·F. 德鲁克. 创新与创业精神 [M]. 上海：上海人民出版社，2002.

2. [美] 唐纳德·F. 库拉特科，迈克尔·H. 莫里斯，杰弗里·G. 科温. 公司创新与创业（第 3 版）[M]. 北京：机械工业出版社，2013.

第 3 章

创业者与创业团队

本章要点

- 创业者的内涵、素质与能力
- 创业者的创业动机
- 创业团队对创业的重要性与优劣势分析
- 组建创业团队的策略及其后续影响
- 创业团队的管理技巧与策略、创业团队的社会责任

引例

应届大学毕业生：从 5 000 元到 10 亿元的创业传奇

短短两年时间内由一名在校大学生成为全省最大网游公司总裁，让 5 000 元变成 10 亿元，这个传奇的缔造者是一位年仅 23 岁的应届大学毕业生，名叫金津。这位“创业楷模”和“史上最牛学生”，高居 2009 年、2010 年“中国大学创业富豪榜”榜首。

金津从小就是个十足的游戏玩家，他挣来的第一笔钱也和游戏有关。读初三时，金津和另外四人组队参加电子游戏竞赛，团队获得 1 500 元奖金，每人分到 300 元。那时他就下定决心，以后自己也要开发网游赚钱。

2003 年，他考入了浙江理工大学。大家都在读书的时候，金津琢磨起了游戏，他投了 5 000 元买入点卡，然后加价卖出。由于当时竞争者少，需求旺盛，利润率非常高。他还在网上卖“装备”，低价购进，高价卖出，硬是让 5 000 元变成了近 100 万元，赚到了他创业之途上的第一桶金。

金津并没有满足，他又瞄准了朝阳产业，也是杭州正大力扶持的产业——动漫游戏。“杭州正在打造‘动漫之都’，有着非常不错的创业环境和人才储备，而且给了年轻人许多创业的优惠政策。”金津至今记得当初筹建公司时，高新区直接给公司一整层楼的办公场地，而租金着实让他大吃一惊——免费。

2005 年，金津在杭州正式创业，他给自己的公司起名“渡口”。从此岸到彼岸，

从传统产业到 IT 业，“渡口”似乎多了一层含义。金津自己也说：“更想把它看作一个新的起点。”

短短两年内，渡口网络公司不仅在杭州、上海等地设立总部和分部，而且在全国 11 个城市设立了办事处。来自全国各地的 300 多名年轻大学生和这位年轻的总裁一起，共同实现着他们的创业梦。

2009 年，当国际知名的风险基金对渡口公司进行战略性风险投资时，公司估值高达 10 亿元。如今，一栋 30 多层的属于公司自己的网游大厦已在江南大道上破土动工。

分析：从马云到陈天桥，杭州造就了一个又一个从顽皮孩童到成功创业者的传奇故事，激励着无数像金津这样的年轻人。从小对游戏的浓厚兴趣和对于父辈所从事的传统产业的忧患意识，使金津执着地选择了网游这个高科技行业创业，并一往情深倾注了全部的心力。虽然高科技行业也存在风险，但无论是从个人兴趣而言，还是从立志为家乡做出一番事业来看，它都是一个大学生具备比较优势的选择。

资料来源：根据苗向东．游戏男孩金津：将 5 000 元变成 10 个亿［J］．生意通，2009（11）整理．

第 1 节　创业者

一、创业者概述

管理大师彼得·德鲁克认为，创业者就是赋予资源以创造财富能力的人。[①] 创业者对应的英文单词是“entrepreneur”，它有两层基本含义：一是指企业家，即我们日常理解的在一个成熟的企业中负责经营和决策的领导者，准确地说是指那些具有诸如创新、承担风险、超前行动、积极参与竞争等创业特征的领导者；二是指企业创办人，即我们平时所说的即将创办新企业或者刚刚创办新企业的领导者。日本人把这些人称为“起业家”，十分形象。

需要强调的是，企业创办人是创业者，企业家在本质上也是创业者，企业家是那些在现有企业中具有创新精神和创业行为的领袖型人物。但在特定的研究环境下，当着重研究新创企业或新业务的发动者时，更多地使用“创业者”这一称呼；当泛指具有创新精神和创业行为的商业行为人时，一般使用“企业家”这一称呼。对于一个新创企业而言，伴随着企业的成长，创业者所扮演的角色毫无疑问会发生变化，创业者会逐步成长为企业家。从企业生命周期看，当一个企业步入成熟期时，如果不能持续创新就会走向衰退，因此，即便创业者成功转变为企业家，仍然需要保持旺盛的创业精神。

创业本身并不神秘，创业者也不是特殊人群。具备一些独特技能和素质有助于创业者成功创业，通过创业教育可以培养和提高创业素质和能力。

德鲁克曾指出：“创业不是魔法，也不神秘。它与基因没有任何关系。创业是一种训练，

---

① 梅强．创业基础［M］．北京：清华大学出版社，2012．

而就像任何一种训练一样，人们可以通过学习掌握它。”另一位创业教育专家布罗克豪斯（Brockhaus）在《企业家精神与家族企业的比较研究》一文中也指出：“教一个人成为创业者，就如同教一个人成为艺术家一样。我们不能使他成为另一个梵高，但是我们可以教给他色彩、构图等成为艺术家所必备的技能。同样，我们不能使他成为另一个布朗森，但是成为一个成功的创业者所必需的技能、创造力等能通过创业教育而得到提升。”可见，一个人通过适当的学习和实践经验的积累，在具备了一些基本的创业技能和素质后完全有可能成功创业。

实证研究也支持这样的观点：创业者可以通过创业教育培养和提高创业素质和能力。2000年美国学者查尼和利贝卡（Charney and Libecap）对美国亚利桑那大学创业教育的跟踪调查表明，接受过创业教育的毕业生的平均创业能力是未接受过创业教育毕业生的3倍；创业学专业毕业生自己开办的公司或者雇用他们的那些初创型公司，在销售额与员工数量的增长上比那些非创业学专业毕业生所在的公司高约5倍；创业学专业毕业生的平均工资、年收入比非创业学专业毕业生高出27%；创业学专业毕业生毕业后聚积的个人财富比其他专业学生要高出62%。[①]

二、创业者的素质

素质是能力发展的基础。创业者素质是个综合性很强的概念，其内涵深刻丰富，而且有广泛的外延。创业者素质泛指创业者的品德、知识、技能、经验和身体等要素在特定时间和环境内的综合状态，是创业者主体通过学习和自身的实践而形成和发展起来的，具有内在的、本质的及相对稳定的身心要素的整体系统。

对于创业者素质的界定，众说纷纭。美国的一个研究部门对数千名企业老板与最高管理层人员的调查结果显示，创业者（或企业家）最重要的20项素质与能力按重要程度排列如表3-1所示。

表3-1　创业者素质与能力排序表

排序	素质与能力内容	排序	素质与能力内容
1	财务管理经验与能力	11	行业及技术知识
2	交流与人际关系能力	12	领导与管理能力
3	激励下属的能力	13	对下属培养与选择能力
4	远见与洞察能力	14	与重要客户建立关系的能力
5	自我激励与自我突破	15	创造性
6	决策与计划能力	16	组织能力
7	市场营销能力	17	向下级授权能力
8	建立各种关系的能力	18	个人适应能力
9	人事管理的水平	19	工作效率与时间管理水平
10	形成良好企业文化的能力	20	技术发展趋势预测能力

资料来源：田千里．老板论［M］．北京：经济科学出版社，2000.

① Charney，A. and Libecap，G. D. Impact of Entrepreneurship Education，Insights：A Kauffman Research Series［R］，Kauffman Center for Entrepreneurial Leadership，2000.

美国百森商学院管理学专家威廉·D·拜格雷夫（William D. Bygrave）将优秀创业者的基本禀赋归纳为10个“D”：理想（dream）、果断（decisiveness）、实干（doers）、决心（determination）、奉献（dedication）、热爱（devotion）、周详（details）、命运（destiny）、金钱（dollar）和分享（distribute）。①

事实上，创业者的个性特征形形色色，成功的途径各有千秋，学者们对创业者素质的界定也不尽相同。结合我国学者的研究和媒体对中国上千创业案例的调查，可提炼出中国创业者十大素质。②

1. 梦想

一个人的梦想有多大，他的事业就会有多大。将“梦想”列在中国创业者素质的第一位，为什么？因为有梦想，想得到，而凭自己现在的身份、地位、财富得不到，所以要去创业，要靠创业改变身份、提高地位、积累财富、实现梦想，这就构成了许多创业者的人生之路。

习近平总书记2012年11月29日在参观《复兴之路》大型展览时，发表重要讲话指出：“何为中国梦？我认为实现中华民族伟大复兴，就是中华民族近代最伟大的中国梦。”③他强调，要创造条件为每个青少年播种梦想、点燃梦想，让更多青少年敢于有梦、勇于追梦、勤于圆梦。

案例3-1　一个没能实现的梦想成就了扎克伯格

1992年某个周四的下午，比尔·盖茨来到纽约的一所小学，看望那里的师生，并且给全体小学生做了一场励志报告。临走时，盖茨表示，自己会在某个周四的下午再次来学校看望大家，如果到时候谁的课桌收拾得最整洁、最有序，谁就将获得他免费赠送的一台个人电脑。电脑在当时还非常昂贵和稀有，大家自然都希望能得到。

因此当盖茨走后，每逢周四的下午，大家都会不约而同地将课桌收拾得整整齐齐，因为这是盖茨承诺来访的时间，在其他时候则不愿意动手收拾。但有一个学生却觉得盖茨有可能会在周四的上午来，于是在每个周四的上午就开始动手收拾课桌。

之后，他又觉得，盖茨也许会在除周四之外的其他日子里来访，于是他决定每天都要收拾一次课桌，可是，每次收拾后不久桌子又乱了，他想，如果恰好这个时候盖茨来了，那么自己之前付出的劳动和坚持岂不是白费了。于是，他决定，必须让自己的课桌每时每刻都保持整洁，这样就万无一失了。

可遗憾的是，盖茨此后却一直没能再来，其他的同学早就忘了要继续收拾课桌，但这个学生却因此养成了一个随时保持整洁的习惯，并且从此学会了做事一定要有条理并坚持不懈，正是日夕操持而潜移默化的行为与思维习惯让他在后来的人生中受益颇丰。

---

① 苏益南，朱永跃，陈永清．高校大学生创业素质的灰色模糊综合评价［J］．技术经济与管理研究，2010（2）．

② 辛保平．中国创业者十大素质［J］．科学投资，2003（9）．

③ 习近平总书记中国梦思想概述［EB/OL］．百度文库．http：//wenku. baidu. com/view/39ea219d84254b35effd3435. html.

多年后，他终于再次见到了盖茨。但这次见面，盖茨并不是为了兑现当年的承诺——送他一台电脑，而是来送给他一件更大的礼物——用2.4亿美元购买他的公司1.6%的股权，这还是因为他感激当年盖茨对他的无形影响而做出的让步。

不错，他创立的公司就是Facebook——世界第一社交网站，而他就是马克·扎克伯格。

资料来源：牧徐徐．扎克伯格的"天价"习惯［J］．做人与处世，2012（12下）．

2. **诚信**

诚信是企业家的立命之本，是企业家最看重的财富品质。做事情首先是做人，诚信是做人的第一品质，做人必须诚信，无诚信则难以持续创造财富。

市场经济是法制经济，更是信用经济、诚信经济。没有诚信的商业社会将充满极大的道德风险，显著抬高交易成本，造成社会资源的极大浪费。

一些创业者为了获得眼前利益不惜违背商业道德、铤而走险，其实这是一种最短视的行为。只有有了卓越的产品质量、优质的客户服务、良好的社会信誉，企业才能赢得顾客的信任，前途才会一片光明。诚实守信是创业者最重要的品质，只有对股东、员工、供应商和客户诚实守信，才不会出现一夜暴富之后财富又转瞬即逝的情况。

一个人拥有良好的信誉如同拥有一笔无形无价的财富，只要你用心经营，不去损害，它就是取之不尽、用之不竭的宝藏，可以一辈子享用。不论是你认识的还是不认识的人，都会尊重你，乐于与你交往，乐于与你合作。

3. **勤奋**

勤奋几乎是所有成功企业家的普遍特质。企业家在巨大热情或美好远景的鼓舞下，身先士卒，勤奋不辍，恰如为事业的引擎源源不断地加满了汽油，无论雨雪风霜，都会带来不断前进的无穷能量。

李嘉诚说过："事业成功虽然有运气在其中，主要还是靠勤奋，勤劳苦干可以提高自己的能力，这样就会有很多机会降临在你面前。"玖龙纸业的张茵则认为："勤奋和厚道是创业者第一要素。"

案例3-2　　天道酬勤

宗庆后上山下乡15年，坚守理想，坚持挑灯夜读；1987年创业，从儿童营养液到果奶、AD钙奶、纯净水、非常可乐、营养快线、婴幼儿配方奶粉……年年坚持推陈出新；每天工作超过16小时（早上7点上班到晚上11点后下班）；坚持自己走市场，看终端；每年出差200多天；每年亲笔撰写100多篇销售通报。二十多年如一日！

2010年大年初三，有媒体专门报道企业家如何过年，当提到宗庆后时，记者是这么描述的："年三十陪员工吃年夜饭，百桌宴后再回家陪家人，娃哈哈集团董事长宗庆后迎接新年的方式一贯如此，只不过，年夜饭的桌数越来越多，家人等到他回家吃团圆饭的时间越来越晚。大年初一，比平时多睡了半个小时的觉，宗庆后就起身去上班。2月份本来就短，又去掉春节7天，对于他来说，时间真是不够用。年初四，开了一场市场分析会，而年初八还有零售商终端推广会。也因此，这几天的中午，宗庆后照样在办公室吃着盒饭。”

20多年来，宗庆后就是凭着这样一股韧劲，将娃哈哈打造成国内饮料行业的龙头企业，他也被许多企业家和媒体誉为“中国最勤奋的企业家”。

资料来源：根据王淑丽．“宗庆后式致富”更值得推崇［EB/OL］．中国经济网．www.ce.cn，2010-03-20改编.

4. 忍耐

忍耐是创业者必须具备的素质。“艰难困苦，玉汝于成”“筚路蓝缕”都意指创业不易。《孟子·告子下》云：“天将降大任于斯人也，必先苦其心志，劳其筋骨，饿其体肤，空乏其身，行拂乱其所为，所以动心忍性，增益其所不能。”可见，肉体上和精神上的折磨是创业者成功路上的必修课，创业者一定要有一种坚忍不拔、宠辱不惊的“定力”与意志，否则难以坚持到成功的那一天。

乔布斯在斯坦福大学毕业典礼上演讲时自述了当年的穷困潦倒：“当我休学之后，没有宿舍，睡在友人家里的地板上，靠着回收可乐空罐的五先令退费买吃的，每个星期天晚上得走七里的路，绕过大半个镇去印度教的神庙吃顿好料。追寻我的好奇与直觉，我所驻足的大部分事物，后来看来都成了无价之宝。”

万通集团董事长冯仑对忍耐另有见解：一旦确定要走上创业之路，必须做好牺牲的准备。“你得牺牲房子，钱都用到创业上了；你得牺牲稳定的生活，创业有风险，没有百分百的成功；你得牺牲跟家人相处的时间，创业者大量的时间面对的是不确定性，不确定的情况下你要花很多时间去摆平这些事；你还得牺牲面子、尊严，以前不屑做的，现在不做不行，创业做老板并不是件很爽的事，许多人都得罪不起，许多事都难以处理，许多委屈都需要你自己来承受。”“开始创业的时候，我在地铺上睡了11年。我当时给自己定了个目标，卧薪尝胆，如果我折腾不起来就不睡到床上去，结果意外地发现睡在地上有很多好处。有一个债权人是我的领导，我带他看我住的地方，他看完以后说：‘我相信你能成功，另外你是个好人，没有拿着别人的钱不还，然后去消耗、消费、奢侈。’所以这些牺牲的心理准备非常重要。当你开始创业的时候，至少前三年你得有做孙子的准备，否则你很难在万人之中冒出来。”①

案例3-3　残疾人竟然成了中关村百万富翁第一人

王江民40多岁到中关村创业，卖杀毒软件，几乎一夜间就变成了百万富翁，几年后又变成了亿万富翁，他曾被称为中关村百万富翁第一人。王江民的成功看起来很容易，不费吹灰之力。其实不然，王江民困难的时候，曾经一次被人骗走了500万元。他的成功，

① 优米网．伟大是熬出来的——冯仑与年轻人闲话人生［M］．北京：中国发展出版社，2011.

可以说是偶然之中蕴含着必然。

王江民3岁的时候患上小儿麻痹症，落下终生残疾。他从来没有进过正规大学的校门，20多岁还在一个街道小厂当技术员，38岁之前不知道电脑为何物。王江民的成功，在于他对痛苦的忍耐力。

从上中学起，他就开始有意识地磨炼意志。“比如说爬山。我经常去爬山，500米高很快就爬上去了，慢慢地爬上去也就不感觉到累。再一个就是下海游泳，从不会游泳喝海水，最后到会游泳，一直到很冷的天也要下水游泳，去锻炼自己，在冰冻的海水里提高忍受力。比如，别人要游到一千米、两千米，那么我也要游到一千米、两千米，游完两三千米以后再上岸的时候都不会走路了，累得站不起来了。就这样锻炼自己，来磨炼自己的意志。”当他40多岁辞职来到中关村，遭遇欺骗，商业对手不择手段、不遗余力的打击，都能够坦然面对。中关村能人虽多，却让这样一个外来的残疾人拔了百万富翁的头筹。

资料来源：根据中关村百万富翁第一人［EB/OL］．中国创业致富．http：//blog. sina. com. cn/zgcyzf，2012-02-17整理．

5. 眼界

对于创业者来说，必须见多识广，广博的见识、开阔的眼界，可以有效地拉近自己与成功的距离，使创业活动少走弯路。眼界决定了创业者的创业思路，一般而言，创业者的创业思路有几个共同的来源：第一是职业，第二是阅读，第三是行路，第四是交友。这些往往都和眼界密切相关。

（1）职业。由原来所从事的职业下海，对行业的运作规律、技术、管理都非常熟悉，人头、市场、渠道也熟悉，这样创业成功的概率很大。

（2）阅读。阅读使人思维敏捷，眼界开阔，信息丰富，洞察变化。对创业者来说，阅读就是工作的一部分，一定要有这样的意识。

因为阅读了报刊或书籍而启迪灵感，找到并抓住机会，获得创业第一桶金的例子数不胜数。代表性人物如华人首富李嘉诚、香港超级富豪霍英东、中国内地富豪王传福，乃至俄罗斯首富阿利舍尔·乌斯马诺夫。

乌斯马诺夫经营矿石和钢铁生意起家，后进入电信和传媒行业。2014年3月，他以186亿美元身家继续保持俄罗斯首富的地位。[①] 20世纪70年代末，乌斯马诺夫莫名地遭遇政治陷害被判8年徒刑。1986年，当时的苏联领导人戈尔巴乔夫搞司法改革，复查疑案，他被提前释放。出狱后，一贫如洗的乌斯马诺夫拖着一条在狱中受伤的腿到处找工作、找机会。有一次，他在酒店和一个化工厂的工程师同住一个房间，后者留下了一本书。乌斯马诺夫无聊中翻阅此书，发现1吨塑料原料可以做3万～3.6万个塑料袋。当时，苏联物资匮乏，多数人舍不得丢塑料袋，总是洗洗再用。1吨原料卖437卢比，1个塑料袋卖1卢比。乌斯马诺夫马上借钱办了个工厂，淘到了第一桶金。发财，有时就是这么简单！

---

① 江明，余驰疆．大牢里走出的俄罗斯首富［J］．环球人物，2014（22）．

案例3-4 **霍英东阅报获商机**

抗战胜利后的香港，百废待兴。一天，霍英东在翻阅一些报刊资料时，无意中看到香港政府的宪报，上面刊登了不少拍卖战时剩余物资的通告。霍英东脑袋一转，心想："有不少物资是目前市面上需要的，一买一卖，也许能赚些钱。"一次，他看中40部轮船机器，这些机器略经修理就可使用，但参加投标须付100港元的费用。他向妹妹借了100港元参加投标，出价是1.8万港元。几天后，港府通知霍英东，他中标了，要他准备1.8万港元去取货。

接到中标通知，霍英东又发愁了：这1.8万港元从哪来？

霍英东搭船过海，到九龙去找一位好朋友。他把此事说给朋友听，希望朋友帮他想办法做成这桩买卖。这位朋友一听，很感兴趣，就一起去仓库看机器。看了机器，这位朋友对霍英东说："别到处找人借钱了，干脆4万港元把这些机器卖给我算了。"

他的朋友给了他4万港元，他把1.8万港元付给政府，然后把机器运到朋友处。这宗无本生意，霍英东净赚2.2万港元，身无半文的霍英东一下变成一个小财主。

资料来源：根据冷夏．霍英东全传［M］．北京：中国戏剧出版社，2005整理．

(3) 行路。俗话说，"读万卷书，行千里路"，到各处走走看看，是开阔眼界、了解市场、结交朋友的好方法。开阔的眼界意味着你不但在创业伊始可以有一个比别人更好的起步，有时甚至可以挽救你和企业的命运。创意往往源于眼界开阔，只有眼界开阔了才能看见更多的机会，赚到更多的钱。可以说，一个创业者的眼界有多宽，他的事业就会有多大。

(4) 交友。广交朋友更是创业者必须高度关注并努力践行的事。因为这是在为自己编织创业成功所必需的社会关系网络，在积累创业的人脉资源。

在信息时代，互联网为交友开辟了一个重要途径，尤其对于年轻人而言。创立Segmentfaultr的90后高阳，出身农村，自小信息闭塞，他将自己的成功归结为互联网带来的信息便利。"我大部分工作机会都是通过互联网认识人之后获得的，包括我的原始人脉积累。"当年，他在网上发布一条信息，希望去北京找一份工作，正在北京创业的Magnetjoy CEO郭启睿给他留言："到我这儿来吧"。这家社交游戏开发公司的成长速度让高阳第一次意识到创业可能带来的数量级成功，没多久公司的流水收入超过1亿元。高阳后来在网络上组织了一个"丧心病狂的90后小组"，组里有1/3的人在创业，60多人开发的项目总额超过了5亿元。①

6. 敏感

创业者需要具有敏锐的直觉，对外界环境变化保持高度关注和敏感，尤其是对商业机会和市场变化能快速反应。

---

① 李纯，雷顺莉．90后创业：你们打拼世界 我们定义世界［N］．南都周刊，2014-08-20.

案例 3－5　　敏锐关注创业机会　大学生未毕业即赚 500 万

2013 年 5 月 19 日下午，河北经贸大学 13 号学生宿舍楼旁的树上，悬挂着“博强快递——毕业生行李托运”的红色条幅，条幅下设有博强快递的摊位，旁边堆放着 12 个白色大包裹，里面是一些大四毕业生寄回家的物品。

身穿白色短袖T恤的5个身强体壮的小伙子，正在打理着包裹。他们既是本校学生，又是博强快递的代理，依据业务量大小提成。这些包裹都是他们从 5 层宿舍楼抬到楼下的。一些想要寄包裹的学生在询问情况，还有些已经寄出包裹的学生在进行登记。

“包裹邮不回去，直接到公司找我！”河北体育学院大四学生、博强人力资源咨询有限公司总经理李海洋，亲临学校指导，很多学生看到他直喊“李哥”。

面带笑容的李海洋向同学们介绍了博强快递的特色，因为他现在也是大学生，所以做事情都是以服务学生为出发点，做的是“情感快递”，他们的包裹不计重量，统一提供的袋子中可随便装，省内投递费 50 元，省外 60 元起价，比一些快递公司便宜 20 多元。

博强快递河北经贸大学总代理李帆同学说，他们 5 月 13 日就在这里设了摊位，截至 20 日，已经邮递出去 100 多个包裹。随着 6 月毕业时间的到来，快递业务会逐渐增加，预计会有 3 000 个包裹，这属于赚钱的黄金季节。

李海洋说，他们公司实际上独揽了位于石家庄市的 30 多家高校的快递业务。

家贫志不穷，大三当上百万富翁

1988 年，李海洋出生在河北省承德市承德县岔沟乡下局子村一个贫困家庭。父亲左手四级伤残，妈妈高血压，大姐罹患神经分裂症。一家 5 口人，只有二姐和他是健康的，家里很穷，以至于 2008 年 8 月他收到河北体育学院运动训练系网球专业录取通知书时，连 1 万多元学费都掏不起。从那时起，年仅 20 岁的李海洋就发誓，一定要珍惜大学时光，发愤图强，10 年内成为百万富翁。没想到他仅拼搏了三年，就实现了这个梦想。

李海洋说，入学前，为了挣够 1 万多元学费，他到处打工。入学后，他仍痴心不改，在保证学业不受影响的情况下，从大一开始就给别人发广告单，自己摆地摊给手机贴膜。他创业赚取的第一桶金是卖“情侣卡”，两个月赚了 50 万元。

一次偶然的机会，李海洋发现了高校快递这个利润丰厚的市场，他说干就干，开办了自己的快递公司。为了找到足够的学生给自己的快递业务做代理，李海洋几乎跑遍了附近几家高校的每栋宿舍楼。而作为一名没资本、没经验的在校大学生，如何说服邮递公司跟自己签订合作协议是他创业之初面临的最大难题。

“如果做不了，我就把所有的收入全都给你！”李海洋的诚意打动了邮递公司，生意也慢慢走上了正轨，并与三家快递和托运公司签订了合作协议，仅一个月的时间，快递业务收入就达到 16 万元。2011 年，年利润超过百万元。

敏锐关注市场，300 多名大学生为他做代理

2012 年，李海洋因父亲生病休学一年，毕业时间推迟到 2013 年 6 月。在休学期间，他一边照顾父亲，一边又创办了一家人力资源公司，谋划更大发展。他将人力资源公司的发展方向锁定于文化产业，不仅为大学生服务，将来还要为小学生和中学生服务。也就是在这一年，他推出了一体化远程教育，在大学生考研、专升本考试、公务员考试、职业规划等方面，提供全套学习课程。大学生只要花 498 元，从他那里买一张学习卡，足不出户就可听清华、北大等名校老师的授课。

从兼职为别人打工，再到自己当老板，实现了质的飞跃，但他的用工成本却是“零”。他赚钱的很多生意，都是通过公关艺术首先获取总代理权，然后代理给大学生。目前，有 300 多名在读大学生帮他销售学习卡，没有一分钱底薪，全靠销售业绩提成。凭借这种办法，每天学习卡的销售额达万元，最多达五六万元。

6 月份，他就要毕业了，屈指算来，这几年他至少积累了 500 万元财富。

资料来源：李梓，李杰．石家庄：体院一名大学生在校创业赚 500 万 [EB/OL]．燕赵都市网．www. yzdsb. com. cn，2013 - 05 - 23.

李海洋创业成功在于：一是对身边的市场需求高度敏感和关注，并且看到机会就抓住不放，有信心和恒心坚持到底；二是“零成本”创新商业模式，找大学生做代理，充分整合了高校的优势人力资源；三是积累实践经验十分重要，李海洋自己就认为，如果自己兼职时间再长些，创业效果会更好。

7. 人脉

创业不是引“无源之水”，栽“无本之木”。创业需要资源，而其中最重要的是人脉资源，即创业者构建的人际关系网络或社会网络。一个创业者如果不能在最短时间内建立自己最广泛的人际网络，那么他的创业一定会非常艰难，即使在初期能够依靠领先技术或者自身素质（比如吃苦耐劳或精打细算）获得某种程度上的成功，但他的事业难以做大。

创业者的人脉资源，第一是同学资源，第二是职业资源，第三是朋友资源。

（1）同学资源。同学之间本来就有守望相助的义务，当今这个时代，带着商业或功利目的走进学堂也并无不妥。同学之间平等相处、接触密切，彼此比较了解，不存在利害冲突，或者很少有利害冲突，所以友谊一般都较可靠，纯洁度更高。

赫赫有名的《福布斯》中国富豪南存辉和胡成中就是小学和中学同学，一个是班长，一个是体育委员，后来两人合伙创业，企业做大以后才分了家，分别成立浙江知名的正泰集团和德力西集团。目前，仅北京大学各种各样的同学会就不下几百个，据说其中有一个由金融投资家进修班学员组成的同学会，仅有 200 余人，控制的资金却高达 1 200 亿元！一位成功的创业者在接受记者采访时说，他在中关村创立公司前，曾经花了半年时间到北大企业家特训班上学、交朋友。他开始的十几单生意，都是在同学之间做的，或者是由同学帮着做的。同学的帮助在他创业的起步阶段起了重要的作用。

（2）职业资源。对创业者来说，效用最明显的首推职业资源。职业资源即创业者在创业之前，在就业职场所获得的各种资源。充分利用职业资源，从职业资源入手创业，符合创业活动“不熟不做”的教条。尤其是在国内目前还没有像美国或欧洲国家那样普遍认同和执行“竞业避止”法则的情况下，选择从职业资源入手创业，已经成为许多创业者成功的捷径和法宝。

众所周知，联想的柳传志创业前是研究计算机的，比亚迪的王传福创业前是研究电池的，碧桂园的杨国强原先是从事建筑行业的，尚德的施正荣创业前是专门研究太阳能电池的，腾讯的马化腾创业前是研究软件的。苏宁的张近东大学毕业后曾在一家服装企业工作，业余时间帮人安装空调，积累了第一桶金，并开始意识到空调销售、配送、安装、维修一体化的重要性。1990年张近东辞职创业，专门销售空调，一举成为国内家电业翘楚。据调查，国内离职下海创业的人员，90%以上利用了原先在工作中积累的资源和关系。

案例3-6　大学生为获得职业资源“卧底”取经

南京信息职业技术学院通信学院大二学生陈烨创业不仅有眼光、能吃苦，还特别有创意，为了解行业最新动态、获得职业资源，他利用假期到大公司去“卧底”取经。

学通信却创办传媒公司

“进入大学以来，我参加了学校和同学们组织的不少大小活动和比赛，每次活动的宣传费用和舞台费用都是很大一笔开销。加上学校给我们开设了专门的创业课程，我就想，与其请商家来做活动不如自己创业、自己赚钱。”陈烨说干就干，怀揣着梦想，筹备资金、注册、购买设备……大二初，他的图文公司就成立了。“但图文既烦琐又耗时间，加上本地的价格战，我们一点优势都没有。”经过调研，他毅然放弃了图文，转向舞美策划。

到大公司“卧底”取经

一般公司的舞美策划也就帮着调调灯光和音响，但陈烨没有把自己的工作局限于此。他购买了灯具、音响等舞台设备，并亲自学习如何安装，使其在承接的活动中做到最好。为了学到更好的技术，他还到一些大公司去实习，学习人家的经验，以弥补自己公司的不足。

陈烨认为：“首先，创业之初再困难再辛苦，都要学会忍耐坚持，要以积累、学习经验为主；其次学会看清自己，到单位一切要从头开始，学会低调、做事勤快；最后，也是最重要的一点，人际关系是第一生产力！”

现在陈烨公司的业务越来越多。“不仅仙林大学城很多大学的活动都由我们来帮着做，很多品牌公司如江苏银行、中国福利彩票、健力宝的活动，也都找到了我们。”

公司成立不到一年，已经还清了50万元贷款。

资料来源：根据吴笑欢．大二学生到大公司卧底取经　创业一年净挣几十万［N］．南京日报，2012-07-27整理.

（3）朋友资源。朋友应该是一个总称。同学是朋友，战友是朋友，老乡也是朋友，同事亦是朋友。可以与同学情相提并论的是战友情、同乡情。共同的人文地理背景，使老乡有一种天然的亲近感。中国历史上最成功的两大商帮——徽商和晋商不管走到哪里，都是老乡拉帮结派、成群结伙。正是同乡之间互为犄角，互相支援，才成就了晋商和徽商历史上的辉煌。同学资源和同乡资源，可并称为创业者最重要的两大外部资源。

一个创业者，三教九流的朋友都要交，朋友犹如资本金，对创业者来说是多多益善。“在家靠父母，出门靠朋友”“多一个朋友多一条路”是至理名言。

8. 谋略

商场如战场，在产品同质化严重、市场有限、竞争激烈的情况下，创业者的智谋将在很大程度上决定其创业成败。谋略，简言之就是一种思维方式，一种处理问题和解决问题的方法。对于创业者来说，智慧是不分等级的，它没有好坏之分、高明不高明的区别，只有好用不好用、适用不适用的问题。

案例 3-7　　冯仑的“空手道”

1991 年，冯仑和王功权南下海南创业的时候，兜里总共只有 3 万元钱。3 万元要做房地产，即使是在海南也是天方夜谭。但冯仑想了一个绝妙办法。

信托公司是金融机构，有钱。冯仑就找到一个信托公司的老板，先给对方讲一通自己的经历。冯仑毕业于中共中央党校，曾在中央党校、中宣部、国家体改委和海南省委任职，经历很耀眼，对方不敢轻视；再跟对方讲一通眼前商机，自己手头有一单好生意，包赚不赔，说得对方怦然心动。冯仑提出：不如这样，这单生意咱们一起做，我出 1 300 万元，你出 500 万元，你看如何？这样好的生意，对方又有这样的经历，还有什么不放心？于是该老板慷慨地投入了 500 万元。

冯仑就拿着这 500 万元，让王功权到银行做现金抵押，又贷出 1 300 万元。他们就用这 1 800 万元，买了 8 幢别墅，略作包装一转手，赚了 300 万元，这就是海南万通的第一桶金。

资料来源：根据辛保平．成功创业：靠脑子不是靠力气［EB/OL］．阿里巴巴．http：//info. china. alibaba. com/detail/5965615. html，2006-11-16 整理．

9. 分享

作为创业者，一定要懂得与他人分享。一个不懂得分享的创业者，不可能将事业做大，甚至创业尚未成功就“财聚人散”。南存辉就曾说过：“分享不是慷慨，对创业者来说，分享是一种明智的选择。”正泰集团的成长历史，有人说就是修鞋匠南存辉不断分享财富的历史。在南存辉的发家史上，曾经进行过四次大规模的股权分流，从最初持股 100%，到后来只持有正泰股权的 20%，每一次当南存辉将自己的股权稀释，把自己的股权拿出来，分流到别人口袋里去的时候，都伴随着企业的高速成长。但是南存辉觉得自己并没有吃亏，因为蛋糕做大了，自己的相对收益虽然少了，但是绝对收益大大地增加了。

白手起家的郭凡生之所以成为亿万富翁，其成功的秘诀就在于懂得与人分享。慧聪公司是郭凡生 1991 年创立的，1992 年公司章程里已经写入了劳动股份制的内容。学经济出身的郭凡生这样解释他的劳动股份制：我们规定，慧聪公司任何人分红不得超过企业总额的 10%，董事会分红不得超过企业总额的 30%。“当时我在公司占有 50%的股份，整个董事会占有的股份在 70%以上，有 20%是准备股，但是连续 8 年，慧聪把 70%以上现金分红给公司那些不持股的员工。”

腾讯公司 2004 年 6 月在香港股票交易所挂牌上市，此后有过几次股权分享激励：2008 年董事会决议给 184 位员工 101.605 万股新股作为奖励，2009 年宣布给 1 250 位员工 818.118 万股股票作为奖励。当时腾讯的员工为 5 000 人左右，获得股权激励的员工占近 1/4。2011 年 3 月，奇虎 360 在纽约股票交易所上市，开盘价涨幅高达 86%。上市前，员工共持有公司 22.3%的股权，超过了第一大股东周鸿祎个人持有的 21.5%。在不计算 2 000多万股股权激励的情况下，员工持股市值 4.8 亿美元，以当时 1 000 名员工计算，每人持股市值高达 48 万美元，折合人民币约 294.6 万元。周鸿祎被媒体称为互联网公司“最大方”的董事长。[①]

10. 自省

自省其实是一种学习能力。创业既然是一个不断摸索的过程，创业者就难免在此过程中不断地犯错误。自省，是认识错误、改正错误的前提。对创业者来说，自省的过程就是学习的过程、进步的过程。成功创业者有一个共通之处，就是都非常善于学习，非常勇于进行自我反省。创业者遭遇挫折和逆境都是常有的事，在这种时候，反省能力和自我反省精神能够很好地帮助你渡过难关。曾子说：“吾日三省吾身。”对创业者来说，问题不是一日三省吾身、四省吾身，而是应该时刻警醒、反省自己，唯有如此，才能时刻保持清醒。

案例 3-8　　高德康难以入眠

高德康，江苏常熟白茆镇山泾村的一个农民。1976 年，高德康在村里组织了一个缝纫组，靠给上海一家服装厂加工服装赚钱，每天要从村里往返上海购买原料，递送成品。“从村里到上海南市区的蓬莱公园，有 100 公里路。我骑自行车每天要跑个来回，骑了几次车就不行了。于是我就挤公共汽车，背着重重的货包挤上去，再挤下来，累得满头大汗。因为我挤车也是在上班时间，车挤得不得了。我背着货包好不容易挤上去，车上的人闻到我一身臭汗，就把我推下来，有一次把我的腰都扭伤了。有时候他们还要骂一句，你这个乡下人，乡巴佬，神气得不得了……可是包重呀，你把我推下来，我怎么办？那个时候我是哭也哭不得，我想那些人一点都不理解我。有时甚至考虑还要不要和上海人做生意。但是不去上海，家里就没有活干，吃不上饭。只能上，乖乖地上。做生意，龙门要跳，狗洞要钻，没办法的，只能受点委屈。”在这种情况下，高德康睡不着觉。

后来他的事业做大了，波司登成为中国羽绒服第一品牌，他自己也变成了千万亿万富翁，却仍然常常睡不着觉。高德康总是在反省自己，为了一些想不明白的问题，他还特意跑到北大、清华上了一年学。他说：“我听人家讲了以后抓住要害，再到实践中去检验，到最后看结果，看到底是不是真的。”

资料来源：根据辛保平．中国创业者十大素质［J］．科学投资，2003（9）整理．

三、创业者的能力

能否有效地把握创业机会并成功实施创业决策，与创业能力紧密相关。创业能力涉及很多方面，主要包括创新能力、学习能力、经营管理能力和人际关系能力等。大多数创业

① 互联网公司谁对员工最慷慨？［N］．新京报，2014-10-09.

能力主要通过后天培养而习得。

1. 创新能力

彼得·德鲁克曾指出："创业者首先需要具有创新精神。"新经济的本质就是创新，就是鼓励和促使个人的创新潜能得到充分激发。

在激烈的市场竞争中，缺乏创新的企业很难站稳脚跟，改革和创新永远是企业活力与竞争力的源泉。正是创业者持续不断地创新，创业企业才一步步成长壮大，产生了像华为、中兴、三一重工、海尔、联想、沙钢等这样一批世界级大型企业，也产生了像阿里巴巴、腾讯、百度等这样一批横空出世的新兴企业，还产生了像天地伟业、中芯电子、华中数控等这样一批"小而强"的科技企业。

案例3-9　　打造生态农业园　大三学生创办"透明农场"

在南京农业大学有家蔬菜配送点，这里的蔬菜比菜场一斤要贵好几元，却卖得很火。配送点每天为附近100多户居民送货上门，一个月能卖掉1万多斤蔬菜。这里的蔬菜究竟有什么秘密呢？这家配送点的老板是南京农业大学大三学生张轩，从大一起他就当起"卖菜仔"，打造起"透明农场"，他的蔬菜从种子、土壤、化肥到农药全部公开，居民在电脑上随时能看到蔬菜的生长情况。张轩当选2012年度"中国大学生自强之星"标兵。

为了创业下地种菜

"我的家在城乡结合部，我的外公是一位朴实的农民。"那一年张轩的外公病重，"他眼睛不好，耳朵却很灵，听到新闻报道中常讲到'蒜你狠''豆你玩'等问题，我发现他的眼泪都流出来了，超出了他们那个时代的良知所能承受的范围。"这一幕深深触动了张轩。"土壤重金属化、农药过量，部分农产品质量存在问题是事实，我看到的是身边大部分农民都在勤勤恳恳地种田。有什么办法能改变这个现状呢？"张轩心中萌生了创业的念头："我们来打造一个生态农业园，让城市居民放心购买生态园里的农产品。"大一暑假起，他就跟着农学老师下农场，一蹲就是两个月。"要学的东西太多，比如检测土壤，看重金属是否超标，学怎么使用农药，甚至学种菜，一个夏天浑身晒得黝黑，手臂、脸都脱皮了。"

用物联网打造"透明农场"

磨炼一段时间后，张轩和其他四名同学合伙成立了南京金麦风农业科技有限公司。"我们的想法是先打造一个现代化农场。"张轩和伙伴们用上了物联网技术。在老师的帮助下，经过几番波折，张轩终于说服了常州一家农场，"老板投入了15万元，学校的创业基金支持5万元，我们几个同学凑了4万多元"。张轩的合伙人、南京农业大学大三学生曾凡功介绍说，现代农场里有一套完整的物联网感应设备，控制采集系统、温感、光感等设备。"经过智能化改造，40亩地只需要10个人，既降低了成本，也减少了污染。"农场里还装有摄像监控。"我们开发了一个网络平台，登录后可以看到农场里的一举一动，物联网还提供一个信息库，这块地用的是什么种子、什么品牌的化肥、撒了多少农药，点点鼠标都能查到。对于消费者来说，这个农场是透明的。"曾凡功说，如果出现病虫害等问题，他们还请农业专家通过远程视频进行"问诊"。"专家凭平台账号登录进去，上面会有农场的反馈，一些图片会反映农作物长了什么虫、生了什么病，他在线解答。”

建立透明农场还只是第一步，“解决销售渠道，才能提高农民的积极性”。张轩的技术研发团队又在网络平台上研发出网上订购蔬菜系统。第一个配送点就选在南京农业大学。“我们在南京农业大学附近挨家挨户上门推销。开始一天只能卖几斤，大家觉得我们的蔬菜卖得比市场贵10%～20%。当我们打开网络平台，向居民展示农场的种植实时画面时，很多人开始动心了。”曾凡功告诉记者，前段时间蔬菜供不应求，今年张轩的透明农场从常州的那一个扩展到四个，农产品品种更丰富了，“有蔬菜基地、大米基地，也有养鸡场，我们严格按照国家对有机食物的标准来打造农场”。现在蔬菜配送点每个星期都卖出几千斤蔬菜，每个月是1万斤。“很多居民办了年卡，我们请营养老师配餐，每天配好种类送上门。”

希望能解决食品安全难题

“我们从大一开始摸索，到大三初见规模，坚持了两三年，第一批客户正是南京农业大学的老师。”张轩透露，他们目前正在进行大客户拓展。“农产品可以定制，比如可以提前一年下单，告诉我们希望得到什么样的农产品。我们负责找合适的农场，打造安全的现代种植环境，配送安全的种子、化肥和农药，整个过程对客户公开。一年后按照客户的要求交货。”张轩说，“我们提出‘透明农业’，希望整个社会、城市中的孩子能对农民、农业有深入的了解，并从服务模式上探索一条解决中国食品安全的途径。”

资料来源：许天颖，蔡蕴琦．为了创业下地种菜　大三男生当老板办蔬菜配送点［N］．扬子晚报，2013-05-15.

---

2. 学习能力

人类已步入知识经济新时代，一次性学校“充电”、一辈子工作中“放电”的时代已成为历史，终身不断学习必将成为一种重要的生存方式和生活方式，同时也必将成为人们追求幸福与财富品质的主要诱发因子及原动力。

终身学习的价值就在于培养一种学习习惯，使得人生各阶段都能获得相应的学习机会，不断提升自身能力和素质，以应对知识经济和信息时代的挑战。

案例3-10　终身学习的创业典范

“不学习，就死亡”，这是新希望集团总裁刘永好的一个观点。刘永好把学习视为日常必修课，他随身都携带一支笔和一个本子，把学到的东西记在上面，并且每年花1/3的时间与国内外优秀人士交流。

全球最大的微波炉生产企业格兰仕的总裁梁庆德42岁才开始创业，只有小学文化。但30多年来，梁庆德坚持学习、不断超越自我，员工们亲切地称梁庆德是“交通大学”毕业生。因为梁庆德无论在飞机、火车还是汽车上都坚持学习，可谓手不释卷，正是这种坚持不懈的学习精神，带动了整个企业的学习热情，使得格兰仕一步步成长壮大。

“2009新财富500富人榜”首富沙钢集团董事长沈文荣的学历只是中专，学的也不是冶金专业，但他不耻下问、谦虚好学在国内外同行中是出了名的。他的办公室、家里堆满了全球有关冶金的书籍杂志，他一谈到钢铁技术就像吃了兴奋剂，一谈到风花雪月就打瞌睡。

波司登的高德康只有小学文化，而他现在最大的爱好竟然是看书。“时间再紧张，学习也不能马虎。”随着波司登的发展壮大，工作越来越繁重，在时间很紧的情况下，高德康坚持每个月集中3天时间学习，把自己的思路理顺。高德康认为：“作为一个领导来说，不一定整天忙得不可开交就是好领导，你必须把思路理顺，有一种思维的状态来考虑这个企业的发展。”

资料来源：石光明，刘志伟．企业生存策略[M]．北京：中国纺织出版社，2007.

3. **经营管理能力**

成功的创业者只有具备决策能力、创新能力、资源整合能力、交际沟通能力等经营管理才能，才会拥有一批坚定的追随者和拥护者，才能使组织有序运营，取得良好绩效。经营管理能力已成为决定创业活动的效率和成败的关键因素。

《全球创业观察中国报告》通过对2002—2007年中国创业能力的总体变化的研究发现，相对于所有加入国际创业研究项目的成员的总体水平，中国在创办企业的经验和技能方面较为欠缺。大多数创业者缺乏创办新公司的经验，未能组织到创办公司所需的各种资源，也不知道如何管理这样一家新成立的小公司。在调查对象中，拥有创业经验和技能的人的比例为38.9%，与前几年相比，这一比例变化不大。[①] 可见，努力提高经营管理能力已成为中国创业者的当务之急。

4. **人际关系能力**

人际关系能力是指妥善处理组织内外关系的能力，包括激励能力、说服能力、沟通能力及谈判能力等。自创业起步，创业者就需要取得组织内外诸如员工、股东、顾客、政府、银行、供应商甚至所在社区等的支持帮助。良好的人际关系能力是建立和谐人际关系与搭建广泛社会关系网络的基础，良好的人脉会为创业者提供许多重要信息和资源，是创业企业生存和发展的必要条件。为此，创业者必须具备与利益相关者打交道、处理好各种人际关系的能力。

案例3-11　“中国女大学生创业第一人”谈人际关系

2009年3月，广州日报记者采访了“中国女大学生创业第一人”——原华中科技大学学生李玲玲——一位现在身家已达4 000多万元的女企业家。

17岁时，李玲玲发明了“高杆喷雾器”，受到诺贝尔奖得主杨振宁颁奖。一年后，她考入华中科技大学。1999年，她发明的防撬锁在第七届中国专利博览会上获金奖。1999

① 高建，等．全球创业观察中国报告（2007）[M]．北京：清华大学出版社，2008.

年7月，高杆喷雾器和防撬锁两项专利被武汉世博公司看好，成为世博公司第一笔投资的对象。双方签订协议：由世博公司出资60万元（实际到账10万元），创立天行健科技开发公司。李玲玲以专利入股，占公司四成股份，出任公司董事长兼总经理，世博公司占六成股份。

但事情并没有按既定轨道运行，不到一年时间，公司倒闭收场，这个“中国女大学生创业第一人”就这样迅速陨落。

李玲玲总结自己最初创业失败的原因：“最大的障碍还是在于人际关系处理不当”，“大学生整个创业圈子都有一个与生俱来的缺陷，那就是办事无头绪，人脉资源匮乏，不会处理人际关系”。她说，天行健公司倒闭后，2001年，她在长沙又开一家公司，半年后就挺不下去了，原因还是在于缺乏人际关系能力。

资料来源：根据梁硕芳．大学生创业第一人：毕业就创业成功率不高［N］．广州日报，2009－03－17整理．

四、创业者的创业动机

动机在心理学上是指由特定需要引起的，欲满足个体需要的特殊心理状态和意愿。动机是激发和维持个体的行动，并将行动导向某一目标，以满足个体某种需要的心理倾向或内在动力。

1. 创业动机的含义

对于创业动机的概念，众说纷纭。Timmons（1994）综合各种观点后指出，创业动机是各种环境因素和创业者个人特征的产出。Shane，Locke and Collins（2003）认为，创业动机是个体的一种意愿和一种自发性，这种意愿会影响人们去发现机会、获取资源以及开展创业的活动。何志聪（2004）则认为创业动机内化为创业者个体的目标，是激励创业者去寻找机会、把握机会并最终创业成功的动力。

综上所述，创业动机是引发和维持个体从事创业活动，并使活动朝着创业目标方向发展，激励和引导个体为实现创业成功而行动的内在动力。

2. 创业动机的类型

布鲁斯·R·巴林格和R·杜安·爱尔兰（Bruce R. Barringer and R. Duane Ireland，2006）提出三类基本创业动机：一是做自己的老板；二是追求自己的创意；三是获得财务回报。①

粘永昌（2009）提出了我国大学生创业的四类动机②：

（1）生存的需要。由于经济的原因，许多家庭越来越难以负担昂贵的学费，而国家的助学贷款、奖学金制度不能解决所有问题，在沉重的经济压力之下，为了顺利完成学业，一部分家境贫寒的学生利用课余时间打工来维持正常的学习和生活。在打工的过程中，一些具有创业素质的大学生发现商机并且去把握它，开始走上创业的道路。

---

① 布鲁斯·R. 巴林格，R. 杜安·爱尔兰．创业管理：成功创建新企业［M］．北京：机械工业出版社，2006.

② 粘永昌．大学生创业动机与创业模式探析［J］．法制与社会，2009（15）．

（2）就业的需要。根据教育部、人力资源和社会保障部的最新统计数字显示，近年来我国大学毕业生就业形势严峻：2000年，全国高校毕业生只有107万人；2010年达630万人；2013年达699万人；2014年达727万人。事实上，2014年的毕业生面临的挑战还包括连续几年饱和的市场以及往届“剩”下的师兄师姐们。[①] 在这种情况下，由于找不到一份自己满意的工作，一部分大学生开始创业。

（3）成长的需要。随着大学生年龄的增长，对于参与社会和自我成长的需要逐渐强烈。一部分大学生为了增加自己的实践经验，丰富社会阅历，为今后的发展或实现某个目标做好准备，在条件成熟的情况下也会利用课余时间走上创业道路。这类创业者往往以锻炼为目的，承受失败的能力较强，但半途而废的比例较高。

（4）自我实现的需要。心理学研究表明：25～29岁是创造力最为活跃的时期，这个年龄段的青年正处于创造能力的觉醒时期，对创新充满了渴望和憧憬。另外，由于大学生往往更容易接触新的知识、科技发明和科研成果，或者他们中的一部分人本身就拥有具有自主知识产权的科技成果，为了实现科研成果的转化，实现财富创造和自我价值，部分大学生也开始了自己的创业生涯。

3. 产生创业动机的驱动因素

创业者选择创业的动机受诸多直接和间接因素的影响。

（1）“推动理论”和“拉动理论”。吉拉德和莱文（Gilad and Levine，1986）提出了创业动机的“推动理论”（push theory）和“拉动理论”（pull theory）。推动理论认为个体是被外在的消极因素“推动”去创业的，例如失业、寻找工作困难或对当前工作不满意（如工资低、非弹性工作制等），这些压力因素激发了创业者的创业动机。拉动理论则认为个体在创业活动中被寻求独立、理想、人生目标等自我实现的因素所吸引而自主创业。显然，推动因素形成的主要是生存型创业者。按照马斯洛的需求层次理论，拉动因素形成的主要是机会型创业者，他们的创业动机主要受自我实现需求的激励，因此需求层次高于生存型创业者。

学者们普遍认同，主要是拉动因素激励个体成为创业者（Keeble，Bryson & Wood，1992；Amit & Muller，1995；Orhan & Scott，2001）。

吉拉德和莱文还在其研究的基础上总结出创业活动受到的影响的公式：

$$E_t = E(PL_t, PS_t, O_t)$$

式中，E_t表示在t时的创业活动的程度，它受到在t时测得的拉动力量强度（PL）、推动力量强度（PS）以及除这两个因素以外的其他影响因素的力量强度（O）三者的共同作用。

（2）经济因素、社会导向性和自我价值实现。贾生华和邬爱其（2006）通过关于我国浙江创业企业的调查问卷，分析比较了中、美、日三国不同文化背景下的创业动机。研究认为，中、美、日三国国民的创业动机具有一定的共性，但也存在很大的差异：中国人创业大多是为了挣更多的钱和争取更高的社会地位，这可能是因为中国人的经济收入水平普遍不高，创业往往是由贫困推动的；日本人创业具有强烈的社会导向动机，其中以创办公

① 李玉兰.2014年，727万大学毕业生能否马上有工作？[N].光明日报，2014-02-20.

众认可的企业为目标者居多；美国人创业更多的是为了完善和提高自身的能力，通过创业来实现自我价值是美国人追求的终极目标。①

高日光等（2009）通过实证分析提出了我国大学生创业动机驱动因素的4个维度和16种典型行为的模型（见表3-2）。

表3-2　　大学生创业动机驱动因素及典型描述

维度	追名求富	家庭影响	环境支持	自我实现
驱动因素描述	为了提高社会地位	亲戚朋友鼓励创业	学校创业氛围浓厚	实现自身的价值
	羡慕权力和地位	亲戚朋友拉动入股	学校提供基金和条件	证明自己的才华
	崇拜创业偶像	亲戚朋友创业影响	国家提供优惠政策	提升自己的素质
	为了发财致富	家庭提供帮助	当地政府积极扶持	发挥自己的专长

资料来源：高日光等：《中国大学生创业动机的模型建构与测量研究》[J]，载《中国人口科学》，2009（1）。

可见，创业动机是个体因素与环境因素相互作用的产物，并且，创业动机的驱动因素并不是单一的，往往是多维的，具有动态复杂性。

第2节　创业团队

事实上，无论是在传统的制造业、服务业，还是在现代高新科技领域，由团队创业的企业要比个人创业的企业多得多。Kamm et al.（1990）指出，"团队创业现象如此普遍，以至于无论从创业所在地域或行业、创业类型还是从创业者性别来看，大多数新创企业都是由团队创办的"②。从创业绩效看，无论是成功率还是新创企业的绩效表现，团队创业都要比个人创业好得多（Lechler，2001）。③

一、创业团队及其对创业的重要性

1. 创业团队的内涵

创业者和企业家是两种不同的职业称谓，但二者在创业过程中有时紧密相关。在考察创业过程时，习惯把创业主体称为创业者，但在研究创业企业的经营管理时，则喜欢把创业者称为企业家。

创业团队有广义和狭义之分。狭义的创业团队是指由两个以上具有一定利益关系、共同承担创建新企业责任的人组建形成的工作团队。广义的创业团队不仅包含狭义创业团队，还包括与创业过程有关的各种利益相关者，如风险投资人、供应商、专家咨询群体等。

---

① 贾生华，邬爱其．中美日三国不同文化背景下的创业特征比较［J］．外国经济与管理，2006（10）：8.

② Kamm J. B.，et al. Entrepreneurial Teams in new venture creation：A research agenda［J］. *Entrepreneurship Theory and Practice*，1990，14（4）：7-17.

③ Lechler T. Social Interation：A determinant of entrepreneurial team venture success［J］. *Small Business Economics*，2001，16（4）：263.

2. 创业团队的重要性

大量的实证研究表明，团队创办的企业在存活率和成长性两方面都显著高于个人创办的企业（Timmons，1990）。Cooper and Brun（1977）研究发现，他们所调查的高成长企业中 80%以上是由团队创建的。美国 20 世纪 60 年代一项针对 104 家高科技企业的研究报告指出，在年销售额达到 500 万美元以上的高成长企业中，有 83.3%是以团队形式建立的；而在另外 73 家停止经营的企业中，仅有 53.8%有数位创始人。[①] 而这一模式在一项针对美国波士顿地区“128 公路 100 强”企业的研究中表现得更为明显：100 家创立时间较短、销售额高于平均水平几倍的企业中，70%都是团队创业。

可见，组建一支优秀的创业团队对于成功创业十分必要和重要。

二、创业团队的优劣势分析

依据不同逻辑组建的创业团队既可能带来优势，也可能带来障碍，对后续创业活动会产生潜在影响。

1. 创业团队的优势

与个体创业相比，团队创业具有多方面的优势，对创业成功起着举足轻重的作用。创业团队在新资源获取、风险抵御、科学决策、认知共享以及社会网络密度等多方面相对个体创业具有显著优势，成功的概率也远高于后者。创业团队的凝聚力、合作精神、立足长远目标的敬业精神会帮助新创企业渡过危难时刻，加快成长步伐，团队成员之间的互补、协调、支援、合作和努力，对新创企业起到了降低管理风险、提高管理水平的重要作用，团队成员间紧密的、有效的工作关系对任何新创企业来说都是一笔宝贵的财富。

创业团队是团队而不是群体。团队中成员所作的贡献是互补的，而群体中成员之间的工作在很大程度上是互换的。

2. 创业团队的劣势

创业团队也可能带来障碍，对后续创业活动会产生潜在的风险。

近年来，中关村的企业倒闭率一直保持在 25%左右，其中很重要的一个原因就是创业团队内部不团结。企业倒闭后，原来的创业伙伴基本上都会分道扬镳，能够继续共事的相当少（邓靖松，2007）。核心成员合作破裂，往往会导致创业团队解体或解散，较好的结果是新企业分拆或由某个或某些成员接盘，最糟糕的结果则是破产清算。其原因主要有：

（1）团队核心成员个性强势且不相容。因为经验、友谊和共同兴趣而结成合作伙伴，发现商业机会后共同创业的例子比比皆是。这种关系驱动的模式比较适合中国文化的特点，其团队的稳定性相对较高。但人际上的交集往往掩盖了团队成员性格上的差异、处理问题的态度，关系的远近亲疏也经常会成为制约团队发展的瓶颈。如果核心成员个性强势，且难以相容，就很容易导致创业磨合期出现分歧甚至分裂，引发团队解散的风险。

---

① ［美］杰弗里·蒂蒙斯，小斯蒂芬·斯皮内利．创业学［M］．北京：人民邮电出版社，2005.

案例 3-12　　两位史蒂夫分道扬镳

大学期间，史蒂夫·乔布斯认识了一生中最重要的伙伴史蒂夫·沃兹尼亚克（绰号沃兹），后者是一位电脑天才。两个人在求学期间联手研制成功了免费偷打长途电话的“蓝匣子”，并由乔布斯负责推销出去。这次合作，不仅让他们尝到了经济上的甜头，更促使二人结下了深厚的友谊。

从波特兰的里德学院退学后，乔布斯于1974年重返加州，并与沃兹共同参加了电脑兴趣小组 Homebrew Computer Club 的几次会议。沃兹自制的电脑引起了其他成员的兴趣，而乔布斯从中看到了更大的潜力。他们一同于1976年在乔布斯父母的车库里创立了苹果公司。

乔布斯和沃兹是这样一对“兄弟”：其中一人毕生致力于管理公司，开拓市场，用各种手段激起消费者的欲望，创造盈利的神话；另一人则专攻技术，对一些小玩意感兴趣，在世界上挖掘趣闻，乐在其中。两位史蒂夫堪称黄金组合。

沃兹是技术牛人，在苹果公司发展初期的作用很重要，他在20世纪70年代中期创造出苹果一号和苹果二号，苹果二号风靡普及后，成为70年代及80年代初最畅销的个人电脑，苹果公司早期产品的专利权属于共同创始人沃兹。罗伯特·克林利曾在《偶然帝国》一书中写道：“沃兹称得上是苹果公司首席雇员。因为从技术的角度来看，沃兹就是苹果电脑。”但没过多久，两位共同创始人的矛盾就公开化了。

乔布斯在创业早期常被批评脾气坏、顽固、倔强、喜怒无常。他有着近乎摇滚明星的坏脾气，是一个小心眼的微观管理者，让自己的雇员不能不时刻分心提防。乔布斯的任性以及这种以自我为中心的工作作风得罪了太多的人，让他迅速走向危机。1985年，苹果董事会最终投票作出了一个艰难的决定：免去乔布斯在苹果公司的一切职务。

就在这一年，沃兹也离开了苹果。

两位史蒂夫共同成就了一家伟大的公司，但是，两个伟大的人物终究未能一直携手。

资料来源：姜洪军．曾与乔布斯创业　沃兹苹果传奇之后淡出江湖［N］．中国计算机报，2012-10-23.

(2) 利益分配出现争议。曹垣亮（2006）对200多位创业者进行的“创业管理调查”表明，团队散伙的原因中排在前三位的是团队矛盾（26%）、利益冲突（15%）、沟通问题（12%）。团队矛盾的背后或多或少与利益相关，前两项合计占41%，而被竞争对手打败的只有1%。[①]

很多中小型民营企业的创业团队在发展初期没有考虑或者碍于面子没有明确提出未来具体的利益分配方案，等到企业规模扩大时就可能因为利益分配而起争执。无锡尚德太阳能电力有限公司在创业的头两年里一直处于亏损状态，后来业务稍有起色，就因为利润分配方案不完善，五个人的创业团队走了四人，只剩下施正荣独撑尚德公司，而离开的四人

① 曹垣亮．创业股东利益博弈分析［J］．科技创业月刊，2006（1）．

后来均进入光伏电池行业，成为尚德的竞争对手，为后来尚德的破产埋下祸根。可见，利益分配对于创业团队、对于企业健康发展有多大的影响。

(3) 价值观念或经营理念不一致。在创业初期，团队的创业目标、经营理念通常并不清晰和明确，随着创业的推进以及外界环境的变化，团队成员可能会发现原先拟定的目标和现实之间存在一定差距，或者团队成员的价值观、经营理念、处理问题的方式不一致，团队思想不统一。此时如果团队成员之间缺乏沟通，意见难以调和，或者个人目标与组织目标出现较大的差异，甚至有些成员不认可公司的经营理念、目标和战略，价值观出现冲突，团队就会面临解散的风险。

这种情况相当普遍。一个典型的例子就是曾被誉为“中关村最佳拍档”的联想创业组合倪光南和柳传志。柳传志是一位有科技背景的企业管理者，而倪光南是一名著名的科学家。柳传志曾经在公司宣称：“只要老倪说的都对，老倪是有效数字1，别的科技人员都是0，这些0只有跟着倪光南干才能出成绩。”柳传志是这样说的，也是这样做的。分歧则由经营理念的不一致而引发，倪光南是技术派，坚持技术导向；而柳传志是销售派，坚持市场导向。这一根本分歧导致倪柳持续争斗多年，两个的人关系在公司创建的第10年最终破裂。

案例3-13　　我的三次合作创业经历

大学毕业后我曾经历三次合作创业。第一次是2003年的6月，我刚刚从公司下海，与一个同事合作做起了一个项目的代理。我们的资金合在一起，他因为还要上班，我负责整个经营，他负责财务，其间遇到很多从没有遇到过的问题，我们一起协商解决，在困难的时候确实感觉到合作的力量，至少问题面前商量的人多，智慧就多，问题就好解决。我们做得非常好，同行开始败落，我们成为最后的胜利者。

第二次合作是在2004年10月，随着我们的业务不断发展，我的朋友要求一起参与，做全国市场。出于各种原因，由我的一个朋友做法人，全权负责经营，他不懂我们这块业务，导致合作过程中出现一系列问题：分工不明确，合作没有书面的严格的原则要求，出现外行管理内行、合作不信任、运作不踏实、内部缺乏监督制约等问题，带来很大的风险与危机，一步步走向失败。

第三次合作时，我们组建了股份公司。在吸取第二次合作失败教训的基础上，我选择的合作伙伴虽然比较精明多疑，但是我们在合作前制定了协议，大家必须遵守制度。虽然多次发生股东意见有分歧的情况，但是面对原则，谁也不敢妄动。运营开始慢慢好转，现在我们的项目已经打开全国市场，在地方市场上也运作良好。

总结三次合作：第一次合作有两个人，简单约定，一个全面负责，一个负责财务，经营得很好。主要原因是分工明确，处理好了合作的原则问题，财务上互相监督，就分配规则达成了一致意见。第二次合作有五个人。老总不是内行，作风松散，合作前只有股权分配办法，没有发展纲要，没有良好的监督以及预算机制，不能很好地协调与制约，出现几个人一起管理公司的状况，失败是难免的。第三次合作有三个人，合作伙伴各有所长。大股东是外行，刚开始主要全盘操控市场，但对于企业发展不能提出好的发展方案、没有解决问题的能力，根据合作前达成的协议，自动退出了管理层。此外，财务等各项监督机制完善，各股东明确自己的责任，严格遵守协议规定的内容，保证了市场开拓的顺畅。

创业团队人数多少不是成败的关键。关键因素是：第一，合作原则要明确，要能够互相监督，股权分配、财务清晰；第二，能者上，庸者让；第三，合作应当尽可能做到优势互补、资源共享。

资料来源：合伙创业的好处有什么?［EB/OL］. http：//info. biz. hc360. com/2011/03/030832152387. shtml，2011-03-03.

三、组建创业团队的策略及其后续影响

如何组建创业团队并无明确的标准答案，理论研究的结论和创业实践的结果常常自相矛盾，真可谓“一半是科学，一半是艺术”。这是由于创业团队的成员往往在个性、能力、知识、经历、志趣、背景等方面有较大差异，凝心聚力、团结协调、激励并发挥每个成员的聪明才智需要领导艺术；而根据团队成员的不同特征，在特定创业环境中采取恰当的管理措施、维护团队的稳定和绩效则具有科学性。

（一）组建创业团队的策略

1. 组建人数

一般而言，3 人及 3 人以上就形成了群体，当群体有了共同的奋斗目标就形成了团队。创业之初，核心创业团队的人数不宜过多，通常控制在 3～5 人。人数太少，难以发挥团队优势，太多则思想意见难以统一。不过，非常有趣的是，美国的英特尔、惠普、微软、苹果、雅虎、谷歌这些技术流企业的共同创始人均为 2 人。

2. 组建模式

（1）合伙制。合伙制是由各合伙人订立合伙协议，共同出资、合伙经营、共享收益、共担风险，并对合伙企业债务承担无限连带责任的经营形式。创业团队投资采取合伙制，有利于将激励机制与约束机制有机结合起来。合伙人执行合伙企业事务，有全体合伙人共同执行合伙企业事务、委托一名或数名合伙人执行合伙企业事务两种形式。

在我国现阶段主要有四种合伙方式：亲戚内合伙、家族内合伙、朋友间合伙、同事间合伙。咨询类公司、律师事务所和会计师事务所多采用合伙制形式，在我国农村，农民创办的很多企业也都采用合伙制形式。不同类型的合伙形式各有优势和不足。就家族内合伙来说，创业初期，创业者凭借血缘、家族关系，能够以较低的成本迅速网罗人才、聚集资本、团结奋斗，从而使企业在短时间内获得竞争优势，且内部信息沟通顺畅，对外部市场应对及时，总代理成本比其他类型的企业低。这类企业的缺点是难以得到真正优秀的人才，在某种程度上制约了其迅速发展。

（2）公司制。采用公司制形式，即设立有限责任公司或股份有限公司，由创业团队运用公司的运作机制及形式进行创业。采用公司制的优势主要体现在：一是能有效集中资金进行投资活动；二是公司以自有资本进行投资有利于控制风险；三是对于投资收益，公司

可以根据自身发展作必要扣除和提留后再进行分配；四是随着公司的快速发展，可以申请对公司进行改制上市，使投资者的股份可以公开转让，套现资金可用于循环投资。非家族成员的创业者一般采用公司制。

3. 组建原则

（1）优势互补。创业团队虽小，最好“五脏俱全”。团队成员不能是清一色的技术流成员，也不能全部是擅长终端销售者，应该各有长处，优势互补，相得益彰。在一个创业团队中，最好不要出现两个核心成员具有相同的优势和能力并且都很强势的情况，以免产生矛盾，影响整个创业团队的团结。这样的例子不胜枚举。

（2）有共同的价值观。团队成员应该认可团队的价值观和团队的目标。没有共同的价值观和目标，就难以形成一个创业团队。

上海复星集团董事长郭广昌曾劝告创业者：“在你决定谁可以成为合作伙伴的时候，最重要的是要找到两种感觉，一是对于人生的根本价值的信条，他跟你一致不一致；二是找到彼此有互补性的人。”

（3）确定好团队领袖。创业团队必须确定团队领袖，由团队领袖承担权威主管的职责。团队领袖应当有宽广的胸怀和高尚的品质，有较高的素养和能力，能够凝聚团队，并在激发团队热情和创造力、维系团队稳定方面发挥重要的作用。在创业过程中，团队领袖要通过沟通、协调与激励，使团队的整体水平不断提高，适应企业成长的需要。

创业团队领袖是创业团队的灵魂，是团队力量的协调者和整合者。创业团队领袖不能仅仅依据资金、技术、专利来决定，也不是谁出了好点子、谁最先提出创业创意就由谁担当。团队领袖应当是在多年共事的基础上、在长期创业实践的过程中，团队成员发自内心认可、拥戴且能胜任的带头人。不过，创业之初，由于缺乏了解和实践检验，通常由发起人或大股东暂行创业团队主管职责。

（二）不同策略下组建创业团队的进一步讨论

1. 稳定性与流动性

维持创业团队的稳定性无疑十分重要，创业团队管理的重点就是在维持团队稳定的前提下发挥团队多样性优势。但稳定不等同于团队的固化与僵化。创业之初，团队成员的选择难免出现随意性和偶然性，导致价值观不一致，或者团队中某种类型的人才过多、团队成员之间角色和优势重复，或者随着企业的成长，有些成员的能力难以适应更大规模、更加规范的企业经营管理的需要。因此，创业团队应当保持适度的流动性，呈现动态性与开放性。一方面，要努力发现和吸纳真正优秀的、价值观一致的优势互补型人才，为团队不断补充新鲜血液。另一方面，对于不适应企业发展需要的团队成员要设计好退出机制；对于想寻求更大发展空间的成员，哪怕是企业紧缺、急需的人才，也不要强留，因为这样的成员即便强行留下，也往往是“身在曹营心在汉”，可能造成企业更多的内耗。

毫无疑问，在稳定的前提下，适度的流动性是团队实现成员不断优化，从而实现资源不断优化，进而促进新创企业不断成长的重要手段之一。

2. 相似性与互补性

“物以类聚，人以群分。”创业者往往倾向于欣赏和选择那些在背景、受教育水平、经历、志趣上与自己非常相似的人。然而，相似性（即同质性倾向）存在明显的缺点，最为突出的一点是冗余问题，相似的人越多，他们的知识、经验、技能和欲望重叠的程度就越大，内耗随之增加，创业之路愈加凶险。因此，组建创业团队的第一条原则通常是，建立优势互补的团队。

当创业团队的所有成员在各个重要方面都高度相似时，不太可能成功。理想的状况是，如果一个团队成员所缺少的东西可以由另一个或者更多的其他成员提供，那么，整体的确大于各部分之和，因为团队能够整合人们的知识和专长。[①] 因此，在很多情况下强调创业团队的互补性、异质性可能是更好的策略，因为团队成员在知识、技术、经验和社会资本方面存在的异质性和高度互补性，能给新企业提供多样的、丰富的人力资源基础。

马云在创业之初就曾提出"唐僧团队"的概念，他认为最完美的团队是唐僧团队。唐僧团队师徒四人，前往西天取经，最后成功了，因为唐僧团队有明确统一的组织目标——取经。在人才搭配上，唐僧团队也是非常合理的。唐僧是最好的创业团队的领导者，他虽然没有什么非凡的本领，但意志坚定，使命感强烈，把握大局而且执著；其他成员能够优势互补：孙悟空忠心耿耿，能征善战，适合打头阵；沙僧老实巴交，勤勤恳恳，最适合做基础工作；猪八戒看似一无是处，但他乐观、幽默，能讨领导欢心，能调节气氛，是这个团队的润滑剂；白龙马能力虽然稍欠一点，但其实潜力还是蛮大的。在唐僧的带领下每个人都发挥自己的效用，最终取得了辉煌的成就。[②]

不过，实践中存在很多相反的例子。例如，经历相同、趣味相投且技能相近的微软比尔·盖茨和童年伙伴保罗·艾伦，惠普的戴维·帕卡德和大学同学比尔·休利特，创业后团队合作良好，业绩增长惊人；三一重工的梁稳根、袁金华、毛中吾、唐修国是同事也是好兄弟，四人辞职创业，共同奋斗，成就了今天中国重工业的脊梁；腾讯的"四大金刚"——马化腾、许晨晔、张志东和陈一丹是大学或中学同学，共同的兴趣和理想使他们走到一起，团队的相似性极高，但创业至今合作良好、成就斐然。相反，知识、技能互补，堪称"黄金搭档"的苹果公司的乔布斯与沃兹、联想集团的倪光南和柳传志却最终分道扬镳。

由此可见，创业团队的成员究竟是考虑相似性还是互补性，并不是绝对的。Hmieleski and Ensley（2007）的实证研究表明，在动态变化的环境中，异质性团队由指令型领导者领导表现最佳，同质性团队由授权型领导者领导则表现最佳；但在稳定的环境中情况刚好相反。美国北卡罗来纳大学的迈克尔·恩斯利（Ensley，1999）教授对美国《财富》500强企业的实证研究也表明，在动荡的环境下，创业团队的异质性能够发挥积极的作用，或者说，动荡的环境需要创业团队具有异质性特征。[③]

---

① Carpenter，M. A，Geletkanycz，M. & Sanders，W. G. Upper echelons research revisited：Antecedents，elements，and consequences of top management team composition［J］. *Journal of Management*，2004，Vol. 30：749－778.

② 孙实. 马云启示录：没有梦想比贫穷更可怕［EB/OL］. 腾讯科技. http：//tech. qq. com/a/20130105/000123. htm.

③ Ensley，M. D.，& Amason，A C. Entrepreneurial Team Heterogeneity and the Moderating Effects of Environmental Volatility and Team Tenure on New Venture Performance［EB/OL］. http：//fusionmx. babson. edu/entrep/fer/papers99/XXVII/XXVII _ A/XXVII _ A. html.

吸纳相似性还是互补性团队成员最终取决于创业者所考虑的维度。在知识、技术和经验方面，互补性是非常重要的，为了取得成功，新企业必须获取丰富的和有价值的人力资源；而在动机、沟通便利方面，相似性也是有利的，有助于形成良好的人际关系。[①]

3. 同质性与异质性

创业之初，创业者往往会理性分析创业所缺乏的必要资源和能力，将组建创业团队视为弥补资源和能力的手段，目的是整合优质资源助推创业成功，结果导致互补型为主的创业团队。另一方面，很多创业团队是由兄弟姐妹、儿时的玩伴、同学或无话不谈的朋友组成，他们并未考虑资源互补，而是基于共同的兴趣和理想、相似的经历与背景，志同道合、意气相投，走到一起。

一般而言，遵循理性分析组建的创业团队平均规模更大，团队成员之间因强调技能互补而异质性更强，但由于彼此之间熟悉程度较低，沟通和交流需要更加谨慎；因意气相投而组建的创业团队，强调物以类聚而更具同质性，由于彼此熟透了解，沟通和交流更加顺畅。

实践中很难说究竟依据哪种逻辑组建的创业团队更好。通常，按照恩斯利的研究，如果创业机会蕴含的不确定性较高，价值创造潜力较大，往往也意味着创业过程中面临的任务越复杂，越具有挑战性，此时采用理性分析逻辑组建的创业团队可能会更好地应对创业过程中的障碍与风险；而如果创业机会蕴含的不确定性较低，价值创造潜力一般，这种情况下创业团队成员之间的团结协作和信任感更加关键，此时采用非理性逻辑组建的创业团队更可能成功。例如，在服装、零售、餐饮等传统产业，夫妻店、兄弟店、父子店比比皆是。[②]

四、创业团队的管理技巧和策略

创业是基于对理想的追求，来自一股激情的支撑，但随着时间流逝，企业逐渐成长，权力分配、理念分歧、利益冲突等问题就会浮出水面，创业团队只有高度重视并妥善解决这些问题，才能确保团队的稳定。

1. 发挥多样性优势设置好团队组织架构

互补型创业团队成员的多样性往往带来团队成员在个性、特长上很大的差异，也使得团队管理要承受巨大压力。如果团队成员间没有顺畅的沟通渠道，缺乏有效的沟通与协调，就会难以达成一致的目标，导致严重的后果。团队领袖在组织和管理团队时，应当努力掌握和提高沟通与协调能力，善于倾听不同意见，求同存异，减少分歧和矛盾。

组织也是一种重要资源。从人力资源管理的角度来看，建立优势互补的创业团队，设置好团队组织架构是保持创业团队稳定的关键。对于遵循理性逻辑组建的创业团队，创业者可对分工协作和决策程序作出明文规定，明确责权利，落实责任，避免相互扯皮、推诿。管理的重点在于沟通和协调、培养信任感、成员特长的整合，以利益为中心形成团队

① 张玉利．创业管理．3 版［M］．北京：机械工业出版社，2013.
② 张玉利．创业管理．2 版［M］．北京：机械工业出版社，2011.

凝聚力，以信任为中心促进团队沟通等；对于遵循非理性逻辑组建的创业团队，分工要适当，因人授权、按权担责，避免过度集权、决策一致性倾向，管理的重点在于更多地整合外部资源。创业者应当注意吸纳并培养具有不同专长的核心员工，聘用外部专业顾问，增强团队的互补性等。

2. 打造团队精神

团队精神，一般是指经过精心培育而逐步形成的并为团队全体成员认同的思想境界、价值取向和主导意识。团队精神是企业的精神支柱，是凝聚团队成员的无形的共同信念和精神力量，是创业成功的基石。为打造团队精神，需要做到：

（1）确立创业团队认可的共同愿景和创业目标。愿景和目标的设立要切实可行，依靠大家共同规划和设计，使之成为团队成员的共同信念和精神力量，使团队成员有强烈的归属感与一体感，自觉地把自己的前途与团队的命运联系在一起，这也是未来企业文化的核心内容。

（2）建立以人为本的管理机制。坚持以人为本，就要充分尊重人、爱护人、关心人，借助激励机制的构建，让每个成员充分参与管理、共同决策，求同存异、荣辱与共，强化团队成员的责任感，激发员工的献身精神和忠诚度。

（3）建设学习型团队。学习型团队是为完成共同的创业目标，共享信息和其他资源，在学习中实践、在实践中不断学习的组织。学习和创新是团队精神培育与企业发展的不懈动力。市场环境瞬息万变，创业过程中面临太多的变数和风险，危机和忧患意识促使团队成员必须不断学习和思考，并分享新知识、新技术、新思想，以加快知识更新，研究和解决新问题、新情况，从而适应变化，规避潜在的风险，达到企业生存和长期发展的目的。

3. 优化团队运作机制

（1）优化创业团队决策机制。一是要坚持控制权与决策权的统一。所有权的分配本质上是对公司控制权的分配，实践表明，股权比例最大的团队成员如果不拥有公司的控制权，在创业初期的风险会非常大，因为该成员极有可能挑战决策者的决策权威，进而引发团队矛盾和冲突。二是既要保证大股东对公司的控制权，又要发挥团队集体智慧。可采取大股东“一票否决制”，即一项提议，就算所有其他股东都同意，但只要大股东不同意，就可以否决这项提议。当然，其他股东不同意，而大股东同意，他也只能投一张赞成票，因为这项提议必须经 2/3 股东同意才能通过。

（2）优化创业团队激励机制。俗话说：“亲兄弟，明算账。”创业之初，凡涉及责权利等问题，都应先说明白讲清楚，不能感情用事，不能一人说了算，更不能避而不谈。必须以契约形式明确团队成员的权利与利益分配机制（包括增资扩股、融资和退出机制等），写入公司章程，这是创业团队长期稳定的制度保障。在实际操作中，依据出资额确定股权分配比例是常见的做法，但对于没有投入资金却持有关键技术的团队成员，则需要谨慎考虑技术的商业价值，在资金和技术之间做出合理的权衡；此外，从企业长远发展考虑，还应给未来进入公司的优秀人才预留部分股权。

（3）优化创业团队分配机制。利益分配要公平、公正，切实体现出贡献越大报酬越高，但贡献应当以团队成员在整个创业过程中的表现，而不是某一阶段的业绩为依据。此外，不同类型的员工对于利益的诉求不尽相同，因此企业的报酬体系不仅包括诸如股权、工资、奖金等金钱报酬，还应包括个人成长机会和提高相关技能等非金钱激励。每个团队成员所看重的利益因素并不相同，这取决于个人的价值观、奋斗目标和抱负。有些成员将物质追求放在第一位，有些则希望能够获得荣誉、发展机会、能力提高等其他利益。因此，团队的领导者应当加强与成员的沟通交流，针对各成员的利益诉求采取恰当的方式，并能够根据团队成员的期望适时调整，这是有效激励的重要前提。

五、创业团队角色配置与行为策略

1. 创业团队的工作岗位与角色类型

创业团队成员必须亲力亲为企业管理的全部职能性工作，这就要求团队成员每人至少承担一项职能性管理工作。

（1）从管理功能角度看，创业团队通常有五类基本工作岗位：领导、生产、销售、研发及财务。这五类基本岗位具有密切关联与交互的性质，是创业团队不可或缺的职能性工作组合。

（2）从组织行为角度看，创业团队的成员又可分为组织、动议、监督、执行及设计等五类角色。这五类角色是互补的，组成了功能相对完备的团队组织。

组织角色在创业团队中起着重要作用，他负责组织团队的各类活动，协调团队行为，防止团队成员产生冲突，维护创业团队一致性的目标，是帮助增强团队凝聚力、提高团队士气的指挥者。

动议角色是团队中富有开拓精神、创新意识较强的成员，能提出创新性建议，并为了争取社会的支持与认可做出多方面努力。

监督角色思想较为保守，具有较高的风险意识并能科学理性地考虑面临的风险与机遇，通常会监督团队成员的行为，劝阻过分冒险而得不偿失的创业行动。

执行角色即创业团队中负责实施团队决议的成员，这类成员应性格稳重、踏实，坚决执行团队决策，并随时针对可能面临的风险采取补救措施。

设计角色具备发散性思维，具有较强的创新意识，能熟练运用自己的专业知识提出可行性方案或建议，供其他成员参考。

2. 团队成员的角色与岗位配置

关于创业团队成员应如何进行合理分工与岗位配置，学者们做了大量研究。

谢科范等人（2010）提出了创业团队角色与岗位配置的七维度因素分析理论。[①] 七维度因素是指创新意识、守则意识、风险意识、道德心、责任心、表达能力及决断力等七个因素，可概括为“三意识＋二心＋二力”。该理论从意识、性情、自我效能等三个方面对创业团队成员进行角色特征分析，继而探讨团队工作岗位配置。七维度因素的强度可用强、中偏强、中、中偏弱、弱等五个指标表示，根据对创业团队成员七维度因素的评价与分析，就可以确定每个成员的角色属性，进而可考虑工作岗位的恰当配置（如表3-3所示）。

---

① 谢科范，吴倩，张诗雨．基于七维度分析的创业团队岗位配置与角色补位［J］．管理世界，2010（1）．

表 3-3　　基于七维度分析的创业团队成员特征识别

团队角色	岗位配置	创新意识	守则意识	风险意识	道德心	责任心	表达力	决断力
组织角色	领导	强	强	强	强	强	强	强
动议角色	销售	中偏强	中	中偏强	中偏强	中	强	中
监督角色	财务	中偏弱	强	强	强	强	中偏强	中
执行角色	生产	中偏弱	中偏强	中偏弱	中偏强	强	中偏弱	中偏弱
设计角色	研发	强	中	中偏弱	中偏强	中	中偏弱	中

资料来源：谢科范，等．基于七维度分析的创业团队岗位配置与角色补位［J］．管理世界，2010（1）．

（1）组织角色适合领导岗位。这类成员原则性强，守则意识较强，道德心与责任心较强，有英雄主义思想；具有冒险精神，敢为敢闯，能凝聚团队；决断力较强，善于革新，可担任公司领导。

（2）动议角色适合销售岗位。这类成员明理，礼貌热情，淳朴轻财，道德心较强；富有开拓精神，创新意识强，创造力较高；能言善辩，但缺乏冷静，不宜进行决策工作，可谋企业销售公关之位。

（3）监督角色适合财务岗位。这类成员恪守信用，守则意识较强；不喜权势，诚实敦厚，是值得信赖的人物；擅长思考，知识全面，善于整合各种资源，具有全局观念；具有较高的诚信度，行事稳重且谨慎，可谋企业财务之位。

（4）执行角色适合生产岗位。这类成员为人正直，守则意识较强，对权威性规则具有较强的顺从心理；具有较强道德心，对企业忠诚，可谋企业生产之位。

（5）设计角色适合研发岗位。这类成员聪明多智，思维发散，具有较强的创新意识；个性随和、谦虚，办事谨慎，可谋企业研发之位。

3. 角色缺失情况下的岗位配置策略

五类角色组成的创业团队是较为完整的创业团队组合模式，这种组合模式通过角色互补和相互监督达到团队的平衡有序，并能促进创业团队的稳定与高效。但实际的创业团队并非恰好由五类角色组成，同时，数量低于5人的创业团队非常普遍。对于5人以下的创业团队，空缺的岗位可以由其他角色成员填补，最终达到平衡，这个原理又称为“角色补位”。

（1）4人创业团队的角色补位。鉴于组织角色即领导者的重要性，必须保留组织角色的位置。

动议角色缺失。可由组织角色代替。由七维度特征识别分析可知，动议角色富有激情，性格开朗，与监督角色和设计角色的稳重踏实性格较为不合；而销售角色具有很强的开拓精神，与执行角色在性格上的顺从不符。而组织角色（领导者）在各方面表现出色，能够接任动议角色的销售职位。这类创业团队组合侧重产品的研发与试制，适合作为科技型创业企业的早期模式。

执行角色缺失。可由组织角色与设计角色代替。由七维度特征识别分析可知，执行角色的性格较稳重，与动议角色的性急、缺乏冷静不容；监督角色需要对执行角色进行监督，故监督角色不可或缺。因此，除组织角色（领导者）可以补其缺位外，设计角色能够代替执行角色在生产过程中采取更多的创新举措，如流程重构、研发成果产品化等。这类创业团队组合侧重产品的开发与销售，适合生产外包的创新型创业。

设计角色缺失。可由组织角色与执行角色代替。由七维度特征识别分析可知，设计角色的随和个性与动议角色的急躁个性不容；设计角色具有较强的创新思维，而监督角色的创新力明显不够。因此，组织角色鼎新革故的创新能力可为产品设计所用，执行角色的耿直稳重能使设计角色在研发过程中不偏离实际。这类创业团队组合侧重产品的生产与销售，适合经营型创业企业。

监督角色缺失。可由组织角色代替。监督角色的稳重谨慎与动议角色的开放性格不合；执行角色与设计角色也不能够代替监督角色的职位。因此，当监督角色缺失时，只能由各维度因素都很优秀的组织角色代替，但前提是组织角色应当掌握监督角色的专业知识和技能。这类创业团队组合侧重产品从研发到销售的整个流程，将财务纳入领导范畴，适合作为实业型创业企业的早期模式。

(2) 3人创业团队的角色补位。3人组成的创业团队大多存在于早期的创业企业或者小微型创业企业。这类创业团队通常是一人身兼数职，对于团队成员的专业技术水平、个人能力等方面有更高的要求。3人创业团队必须满足创业企业快速发展的某些重要目标与要求，比如生产研发要求、市场推广要求等。3人创业团队的角色补位一般有如下两种类型。

生产研发型创业团队。这类团队将现阶段的主要目标放在企业所拥有的创新性产品、技术成果或服务上，团队工作的重点是不断完善或革新企业的产品或服务。因此，基于生产研发型创业团队的3人组合可以是：组织角色、动议角色、执行角色；组织角色、动议角色、设计角色；组织角色、监督角色、执行角色；组织角色、监督角色、设计角色。

市场推广型创业团队。这类团队将现阶段的主要目标放在企业所拥有产品的市场推广上，团队人员与外界环境的接触较为密切，其主要工作是挖掘市场需求、销售产品、开拓社会关系网络等。因此，基于市场推广型创业团队的3人组合可以是：组织角色、动议角色、监督角色；动议角色、监督角色、执行角色；动议角色、监督角色、设计角色；动议角色、执行角色、设计角色。

(3) 2人创业团队的角色补位。在现实中，2人组成的创业团队不太稳定。2人创业团队可以是同质型组合也可以是异质性组合，即团队成员要么性格相投，要么性格互补。在职责上实行分工，以充分发挥各自的优势。因此，2人创业团队的角色补位更加灵活多变。

实际上，科学合理的角色属性搭配比创业团队成员人数更为重要。不同的创业团队有不同的创业目标，处于不同的环境，需要选择合适的团队成员选择并合理地分工，只有这样，才能有效提高团队绩效和创业成功率。

案例3-14　　创业五兄弟：团队创造奇迹

腾讯公司自创立以来飞速发展，创造了奇迹：从当年只有由5条电话线和8台电脑组成的局域网，到今天为4亿注册用户提供基于QQ的各种通信服务，成为全球市值名列第三位的创新型互联网企业；从当初只是5个人的创业团队，以50万元创业起步，只有一间10多平方米的办公室，到今天拥有高190多米、建筑面积8.8万平方米的腾讯大厦，

2013 年实现总收入 604.37 亿元，净利润 191.94 亿元。腾讯创造奇迹靠的是团队。

1998 年秋天，马化腾与同学张志东合资注册了深圳腾讯计算机系统有限公司。之后又吸纳了三位股东：曾李青、许晨晔、陈一丹。这五个创始人的 QQ 号据说是从 10001 到 10005。为避免彼此争夺权力，马化腾在创立腾讯之初就和四个伙伴约定：各展所长、各管一摊。马化腾是 CEO（首席执行官），张志东是 CTO（首席技术官），曾李青是 COO（首席运营官），许晨晔是 CIO（首席信息官），陈一丹是 CAO（首席行政官）。

直到 2005 年，这五个人的创始团队还基本保持这样的合作阵形，不离不弃。如今，其中四个人仍在公司一线，只有 COO 曾李青挂着终身顾问的虚职退休。

在企业迅速壮大的过程中，要保持创始人团队的稳定合作极其不容易。工程师出身的马化腾从一开始对于团队合作的理性设计功不可没。

从股份构成上来看。五个人一共凑了 50 万元，其中马化腾出资 23.75 万元，占了 47.5%的股份；张志东出了 10 万元，占 20%；曾李青出了 6.25 万元，占 12.5%；其他两个人各出 5 万元，各占 10%。

虽然主要资金都由马化腾所出，他却自愿把所占的股份降到一半以下。“他们的总和比我多一点点，不要形成一种垄断、独裁的局面。”同时，他自己又一定要出主要的资金，占大股。“如果没有一个主心骨，股份大家平分，到时候也肯定会出问题，同样完蛋。”

保持稳定的另一个关键因素是，团队成员的合理组合。

据《中国互联网史》作者林军回忆：“马化腾非常聪明，但非常固执，注重用户体验，愿意从普通用户的角度去看产品。张志东是非常活跃、对技术很沉迷的一个人。马化腾技术上也非常好，但是他的长处是能够把很多事情简单化，而张志东更善于把一件事情做到完美。”

许晨晔和马化腾、张志东同为深圳大学计算机系的同学，他是一个非常随和、有自己的观点但不轻易表达的人，是有名的“好好先生”。而陈一丹是马化腾在深圳中学时的同学，后来也就读深圳大学，他十分严谨，同时又是一个非常张扬的人，他能在不同的状态下激起大家的热情。

如果说其他几位合作者都只是“搭档级人物”的话，只有曾李青是腾讯五个创始人中最好玩、最开放、最具激情和感召力的一个，与温和的马化腾、爱好技术的张志东相比，是个另类。他有大开大合的性格，比马化腾更具攻击性，更像拿主意的人。不过或许正是这一点，导致他最早脱离团队，单独创业。

后来，马化腾在接受多家媒体的联合采访时承认，他最开始也考虑过和张志东、曾李青三个人均分股份的方式，但最后还是采取了五人创业团队根据分工占据不同的股份结构的策略。即便是后来有人想加钱、占更大的股份，马化腾说不行，“根据我对你能力的判断，你不适合拿更多的股份”。因为在马化腾看来，未来的潜力要和应有的股份匹配，不匹配就要出问题。如果股份多的不干事，干事的股份又少，矛盾就会发生。

当然，经过几次稀释，最后他们在公司上市时所持有的股份比例只有当初的 1/3，但即便是这样，他们每个人的身价都达到了数十亿元，是一个皆大欢喜的结局。

可以说，在中国的民营企业中，能够像马化腾这样，选择性格不同、各有特长的人组成一个创业团队，并在成功开拓局面后依旧保持着长期默契合作的很少见。而马化腾的成功之处就在于，从一开始就很好地设计了创业团队的责权利——能力越大，责任越大，权力越大，收益也就越大。

资料来源：根据樊力．马化腾：打开腾讯［J］．商界，2011（7）改编．

六、创业团队的社会责任

1. 企业社会责任的概念和内容

企业社会责任（corporate social responsibility，CSR）是指企业在创造利润、对股东承担法律责任的同时，还要承担对员工、消费者、社区和环境的责任。

近年来，有关社会责任的思想广为流行，《财富》和《福布斯》等商业杂志在对企业排名时都增加了“社会责任”标准，可见国际社会对企业社会责任的重视。

进入21世纪以来，我国开始关注企业社会责任。《公司法》第五条明确规定：公司从事经营活动，必须遵守法律、行政法规，遵守社会公德、商业道德，诚实守信，接受政府和社会公众的监督，承担社会责任。2008年，国务院国有资产监督管理委员会发布《关于中央企业履行社会责任的指导意见》，这是明确我国企业社会责任的第一份正式文件。

社会学家卡罗尔（Carroll，1979）提出了企业社会责任的四层次框架模型：第一层次即最基本的层次是经济责任；第二层次是法律责任；第三层次是伦理责任；第四层次是企业自行裁判的责任，也是最高层次的责任。①

2. 创业团队如何承担社会责任

惠普创始人戴维·帕卡德曾提出：“一个企业对社会的责任远远比对股东的责任重要。”这位亿万富翁住在一栋简朴的房子里，却为许多大学和公益基金会捐款。

马云也强调：办企业的目的就在于承担社会责任，为社会创造价值。社会责任不该是一个空的概念，也不单纯局限于慈善、捐款，而是与企业的价值观、用人机制、商业模式等息息相关。让员工快乐工作成长，让用户得到满意服务，让社会感觉到我们存在的价值，这才是阿里巴巴的社会责任感所在，至于捐钱和社会回报，那是水到渠成的事。

无数事实和案例表明，缺乏社会责任感、损害公众利益的企业注定是长不大、走不远的。创业团队要想成功创业、有所作为，必须摆正企业与社会的关系，自觉履行社会责任。

（1）树立和强化全员社会责任意识。创业团队必须学习和了解社会责任相关知识，增强全员社会责任意识，正确处理好股东、客户、员工及其他利益相关者之间的利益关系，不仅要对股东负责，对员工负责，还要对客户、供应商负责，对自然环境负责，对社会经济的可持续发展负责。要将承诺和履行社会责任的内容明确写进公司章程，使之成为团队共识，并落实到每个成员实实在在的自觉行动之中。

（2）承担并履行经济责任。创业团队在为客户、合作伙伴、利益相关者创造价值的同

---

① Carroll，A. B. A three-dimensional conceptual model of corporate social performance［J］. *The Academy of Management Review*，1979（4）：497－505.

时，应当努力实现企业利润最大化，诚信经营、确保质量、善待员工，在不断提高员工薪酬和福利待遇的同时，努力实现企业稳定、可持续地发展。

（3）承担并履行法律责任。目前，我国一些企业在创业过程中存在大股东侵犯小股东的利益、侵害员工基本权益、污染环境、破坏生态、生产假冒伪劣产品、坑害消费者等问题。要健康发展，企业必须自觉遵纪守法，合法经营，信守承诺，全面履行合同义务，不断打造企业新的竞争优势。

（4）积极承担社会公益责任。创业企业应当努力像其他自然人或企业一样，在慈善、教育、环保和文化等方面做一些力所能及的事情，因为整个社会环境的改善最终会给社会每一位成员（包括创业企业）带来好处。

事实上，创业团队履行社会责任并不意味着只是付出。企业履行社会责任与经济绩效之间存在正相关关系。首先，企业对内部员工承担责任，会促进员工努力工作，为企业创造更多的价值，这是激励机制的体现。其次，企业对外部社会承担责任，热情支持公益事业，形成良好的口碑，是对企业信誉和社会形象的投资，不仅有助于改善发展环境，而且会对企业的发展产生强劲的支持作用，有利于企业经营绩效的持久提升。

因此，企业履行社会责任首先关乎企业自身的发展。

案例 3－15　　红豆集团的选择

“为什么在这里吃冷馒头，不去食堂吃饭？”

“食堂太贵了，吃这个便宜。”

“你常常这样吃吗？”

“是的，我要把钱省下来寄回家。”

这是 2005 年江苏红豆集团总裁周海江和一名普通员工的一次对话。当时周海江下车间，正好看到几名员工在茶水间吃自带的馒头和咸菜。这些工人都来自农村，家境贫寒，他们自带馒头咸菜，为的是多省点钱寄回家，或是给弟弟妹妹读书，或是给父母接济家用。

这件事对周海江的冲击很大。不久后，红豆集团就推出了对所有一线生产员工给予包吃包住待遇的政策。

这些年来，红豆集团每年投入 8 000 多万元为所有外来员工提供免费吃住，并不断提高他们的收入，让员工共享企业发展成果；企业还投入 4 000 多万元，建造了 12 幢员工宿舍楼、夫妻楼，房间配备电视、卫生间等，设备齐全，每幢宿舍楼可容近 1 000 人居住。目前，10 000 多名外来员工已经喜迁新居。

在红豆，一线员工也有奔头。车间评选星级员工，每个等级都有不同的补贴，车间组长、检验员、车间主任等管理层人员都是从三星级员工中选拔出来的。企业还把星级员工照片贴在宣传栏上，增强他们的荣誉感。培训是给员工最好的福利，红豆投资 8 000 多万元，成立了培训中心，专门对员工进行免费培训。与此同时，努力营造公平科学的选人用人机制，鼓励以能力赢得岗位，以岗位获得高薪。对待一线的“三星级”员工，分期分批选送上大学，根据需要优先提拔，随之不断增加其个人收入。

股权开放是周海江的一大创新，也是红豆集团的一大秘密武器。实行股份制，让员工参股，提高员工对企业的关切度，真正调动员工的积极性。目前红豆有800多名员工参股。

此外，红豆主动承担企业外部责任。在周海江的领导下，集团通过发展红豆杉项目，为新农村建设提供产业支撑，促进农村人口持续增收；资助当地村镇建设，通过项目转移支持经济欠发达地区；不断优化产品结构，单位产值所消耗的能源逐年下降；把100多家工厂集中起来，节省土地资源；建设污水处理厂，不仅负责集团内的废水处理，而且解决了当地一些小型企业的废水处理问题。

周海江始终倡导乐善好施、扶危济困的传统美德。为支持大学生就业、创业，2009年7月红豆集团向中国青年就业创业基金会捐款1 000万元；在无锡市、锡山区“情暖万家”活动中，红豆认捐2 500万元，建立慈善资金，帮助弱势群体；2010年4月，玉树地震后，红豆先后捐款捐物400多万元；2010年10月，周海江个人又向聚源、映秀、北川三所中学各捐100万元，设立“七一红豆奖学金”。近几年，红豆集团向社会捐款捐物超3亿元。

资料来源：根据江南红轩．红豆的“文化力”[N]．无锡日报，2012-06-15改编．

全面履行社会责任，红豆集团获得了社会的广泛认同和赞誉，促进了企业跨越式发展。近年来，企业已经从创业初单一的生产针织服装、年产值20多万元的乡镇民营小企业，发展为涉及服装、轮胎、生物制药和房地产四大产业的国际化大集团；从缺乏科技人才、创新能力的乡镇小企业，蜕变为科研实力业内数一数二、年销售额达351亿元的国家级高新技术企业集团。

本章小结

创业者是赋予资源以创造财富的人，狭义的创业者是指参与创业活动的核心人员。一个人通过适当的学习和实践经验的积累，在具备了一些基本的创业技能和素质后完全有可能成功创业。

创业者素质是创业者主体通过学习和实践而形成和发展起来的，具有内在、本质的及相对稳定的身心要素的整体系统。创业者可以通过创业教育培养和提高创业素质和能力，大多数创业能力可以通过后天培养习得。

创业动机是引发个体从事创业活动，并使活动朝着创业目标方向发展，激励和引导个体为实现创业成功而行动的内在动力。创业者选择创业的动机受诸多直接和间接因素的影响。

创业团队是由两个以上具有一定利益关系、共同承担创建新企业责任的人组建形成的工作团队。创业团队是团队而不是群体。与个体创业相比较，团队创业具有多方面的优势，对创业成功起着举足轻重的作用。

依据不同逻辑组建创业团队既可能带来优势，也可能带来障碍，对后续创业活动会产生潜在影响。组建创业团队，在知识、技能和经验方面应主要关注互补性，在个人特性和动机方面则应考虑相似性。

创业团队领袖是创业团队的灵魂，是团队力量的协调者和整合者。创业团队管理的重点就是在维持团队稳定的前提下发挥团队多样性优势。根据对创业团队成员七维度因素的评价与分析，可以确定每个成员的角色属性，进而考虑团队内管理岗位的恰当配置。

企业社会责任是指企业在创造利润、对股东承担法律责任的同时，还要承担对员工、消费者、社区和环境的责任。企业社会责任主要包括企业经济责任、法律责任和社会公益责任。事实表明，创业团队履行社会责任并不意味着只是付出，履行社会责任与企业经济绩效之间存在正相关关系。

关键术语

创业者　创业者基本素质　创业者能力　创业动机　创业团队　团队精神　社会责任

思考题

1. 简述创业者的概念。创业者应当具备哪些品质？
2. 哪些素质为成功创业者所特有？为什么说诚信是创业者首要的品质？
3. 什么是创业动机？产生创业动机的驱动因素有哪些？
4. 简述创业团队组建的策略及其后续影响。
5. 如何加强创业团队管理？如何根据团队成员角色类型配置工作岗位？
6. 什么是企业社会责任？创业团队为什么要承担社会责任，如何承担社会责任？

进一步的阅读材料

1. ［美］杰弗里・蒂蒙斯，小斯蒂芬・斯皮内利．创业学（第六版）［M］．北京：人民邮电出版社，2005.

2. 冯仑．野蛮生长［M］．北京：中信出版社，2007.

第4章

创业机会

本章要点

- 创意、商业机会与创业机会
- 创业机会的特征、类型与来源
- 影响机会识别的关键因素
- 识别创业机会的过程和技巧
- 创业机会的评价与选择

引例

善抓机遇：4年创收上亿元的大学生

北京力美广告公司CEO舒义仅用4年时间，就在互联网广告市场里斩获1.2亿元资产。

创业起步在校园

2003年，舒义考进四川师范大学后便在生活的压力之下开始创业。他最早是在校园摆地摊卖盗版英语字典维持生计。一本字典进价30元，卖75元，舒义找了一个女生帮他卖，她提15元，他自己挣30元。舒义先在自己的母校卖，后来扩大到四川音乐学院、成都电子科技大学等学校，赚了3万多元。

“那个时候3万多元对我是什么概念啊，以前我连4 000元学费都交不起。卖完字典后，我还想卖点其他的，于是卖MP3，后来帮别人配电脑，配一台电脑200元。这时，我开始研究电脑。我是农村孩子，上大学之后才开始接触电脑。”

之后，舒义迷上了互联网。他在网上偶然看到一个叫Edwyn的美国人要到中国创业。舒义看了Edwyn的博客之后就给他写邮件，说自己想做互联网，能不能跟他见一面。没想到Edwyn欣然应允，两个人就在成都一个地方见了面，由此舒义正式进入互联网行业。

舒义先创建了“四川大学生网”，帮大学生找兼职的工作、找朋友、社交等。网站发行会员卡，一张卡卖20块钱。一年小打小闹下来，也有几万元的收入，可是随后舒义的创业败走麦城。由于网站无法实现持续盈利，到2006年他已欠下2万元，发不出8名员工的工资，舒义硬着头皮四处去借钱，找人投资。

一次与一位投资人的见面让舒义深受打击。当他拿着计划书忐忑地坐到对方面前时，这位40多岁的投资人跷着二郎腿坐在沙发上说："我凭什么借钱给你？你进过几次五星级酒店？"眼里满是不屑。舒义回答道："虽然我现在没你成功，没你有钱，但我在40岁之前一定会比你成功！"

2006年底对舒义来说是段刻骨铭心的日子，他说自己当时拮据到兜里只剩下7元钱，并且负债2万元，只得关掉网站，首次创业宣告失败。

为了还债，他只得去一家公司打工，领1 600元月薪，日子捉襟见肘。半年后，一直没有放弃在互联网上寻找机会的舒义，盯上了地方网站广告代理，成立了力美互动广告有限公司。

机会从腾讯代理开始

机会总是留给有准备的人。2007年腾讯准备在成都开办地方网站——大成网，正在寻找广告代理人。舒义意识到，这是力美必须拿下的一个大客户。但腾讯的条件是先交16万元保证金，而当时舒义还没有还清债务。徘徊许久的舒义想出了一个办法，他找到腾讯西南区的区域总监，提出免费为腾讯做成都地方网站的外包。依靠这个条件，腾讯免除了其第一年的保证金。当年，腾讯给力美的业绩指标是160万元，而舒义的业绩是1 100万元。他赚了500万元，收获了第一桶金。

接下来，舒义代理了腾讯在武汉、重庆等地的地方网站的广告，赚了2 000多万元。"在那之后我有点膨胀，买车买房，刚开始买了一辆CRV，开得不过瘾又买了辆牧马人，后来又买了一套房，花了100多万元。我妈妈都不信，二十四五岁的人可以有几千万身家。"

闲暇之余，舒义到处去参加各种会议，和业内人士聊天，学习新东西，吸收新信息。2009年，媒体开始聚焦安卓手机和iPhone手机。舒义开始关注这个市场，给他留下深刻印象的是摩根士丹利的一份关于知识革命周期的报道。报告认为：1990—2000年是个人电脑时代，2000—2010年是互联网时代，2010—2020年是移动互联网时代。在这条信息的指引下，他把目光聚焦于移动互联网领域，决定北上成立北京力美广告公司，主营移动互联网营销业务。

疯狂扩张

到达北京后，力美把国内规模互联网站作为自己的客户群体，以近乎疯狂的速度扩张Wap网站广告代理业务。2010年的总销售额为5 000万元，2011年的实际销售额达到了1亿元。"我们在2012年的销售预期是3个亿。"舒义说，"现在所有的移动媒体上，Wap在移动终端上流量最大，产生收入最多，而就这一领域的广告代理商而言，我们绝对是全国第一。"舒义说，现在力美单月收入可以达到2 000万元，一些较大媒体的代理权已经基本上被力美买断。

目前，舒义个人的身价已达几个亿。2011年《财富》杂志"中国40位40岁以下商界精英"评选活动中，舒义的名字赫然在列，当时他只有26岁。但舒义说：

"在没有变现之前，一起都是浮云。"面对未来，他自信满满。

分析：舒义创业从校园起步，历经多种创业实践历练，尽管磕磕绊绊，甚至失败、负债，但始终关注并不断发现市场机会。创业实践使舒义积累了经验，增长了才干，练就了识别创业机会的独特眼光、超强的胆识和百折不挠的创业精神，终于东山再起，创造了惊人的业绩。

资料来源：舒义．擅抓机会 4 年折腾出上亿［EB/OL］．阿里巴巴创业网．http：//info.1688.com/detail/1023056147.html.

第 1 节　创业机会识别

创业活动的实质是创业者识别、开发与利用创业机会的行为过程，通过这一过程，创业者将资源转化为能为市场带来新价值的产品和服务。

创业机会识别作为创业活动的初始阶段和核心环节，对于新创企业起步与发展至关重要。创业机会识别源于创意的产生。

一、创意与机会

1. 创意

创意（create new meanings）是创造意识或创新意识的简称。创业创意则是具有创业指向，同时具有创新性或原创性的想法或概念。

创意的核心是创造性思维，其突出的标志是具有新颖性、独特性。创造性思维往往带有随机性和突发性，因此又常被称为"灵感"。

灵感的出现以长期的辛勤劳动与科学思考为前提，没有知识和实践经验的积累，根本不可能有任何灵感的产生。因此，创意来源于生活的积累。创意的新颖性、独特性要求创意者深入思考，努力实践，全面涉猎多学科知识，提高知识素养和思维能力，日积月累，厚积薄发。

创意是否具有商业价值存在不确定性。好的创意应当具备新颖性、实用性和价值性，即能够付诸实施，并能给消费者带来真正的价值，但创意是否具备价值需要通过市场检验。

案例 4-1　　"帮忙网站"——源自生活的创意

"建一个帮忙网站，当你需要别人帮助时，对我们发出求助信息，然后我们会把在你周边两三公里范围内能帮助你的人告诉你。"这是邱祥龙创业团队的创意。

目前，邱祥龙的公司已得到美国硅谷一家天使投资的支持。

1988 年出生的邱祥龙毕业于南京师范大学计算机专业。他每天都与网络打交道，但有一天晚上，网络突然不能连接，这可怎么办？他随即打电话给提供服务的机构寻求帮助，但得到的是“已下班了，最快明天可以派人维修”这样令人失望的结果。

“类似的麻烦很多，当你突然需要帮忙的时候，不一定能马上得到帮助，比如对方第二天来维修，可是你要上班，不可能坐在家里干等。有没有什么方法让周边的商家和邻居迅速知道你的需求，然后有能力帮助你的人及时联系，使问题得到最快的解决。”这个念头犹如一枚火花，瞬间在邱祥龙的脑海里绽放光芒：“对呀，我可以自主开发一个帮忙网站。”

说干就干，邱祥龙把自己的想法告诉了身边的朋友，支持者不少，但愿意参与的寥寥无几。就在这小小的火花快熄灭的时候，他幸运地碰到了另外两个有着同样想法的朋友——居柳、张俊诚，三人一拍即合，很快就开发出了服务交易平台。

创业初期，什么都缺，尤其是缺钱。2011 年 6 月，邱祥龙直接上百度搜索天使投资找资金，当时搜到美国硅谷一家天使投资，但搜到的仅是办公电话，无法找到负责人。邱祥龙发现，这家投资公司曾投资过 12 家企业，但是这些企业的规模都很大，打电话过去多是客服接的，于是他就给这 12 家企业都发了邮件，希望对方能提供投资公司老板的电话。“12 家中终于有一家回复了，给了我投资公司老板的电话，我就给他打了电话。他约我到上海见面，一见面就问我是怎么找到他的、需要多少钱、打算做多久。我很坦白地告诉了他。对于创业成功的可能性，我表示一两年内可能会亏掉他的钱，但我是把这个当成一辈子的事业去做的。”

让邱祥龙受宠若惊的是，一个月后，美国硅谷的这家天使投资就把资金投给了他。“这笔钱够我支撑一年半，让我解决了创业初期的资金难题。”如今，邱祥龙的创业团队已经有 10 人。邱祥龙说，目前已经有近 200 人成为其客户，虽然没赚到多少钱，但已经有不少人知道了这个网站。

资料来源：项凤华．“你需要帮助，我们告诉你找谁”[N]．现代快报，2011 - 12 - 26.

但凡具有商业价值的创意，尤其是具有重大价值的创意，往往能够点石成金，激发创业活动，催生出高成长性企业，甚至创造出全新的产业，极大地推动社会进步，并获得巨大经济效益。比如，迪士尼围绕米老鼠这一动画形象，开发出动画、玩具、娱乐、旅游、餐饮、影视等相关产业链，带来诸多创业机会，仅米老鼠形象的授权使用，一年的收入就高达 47 亿美元。

案例 4 - 2　　迪士尼的卡通创意

当年，年轻的美术设计师迪士尼因为经济拮据，与太太租住在一间破陋的屋子里。无论白天黑夜，都有成群结队的老鼠在房间里上蹿下跳，劳累的迪士尼夫妇也常借由老鼠的滑稽动作慰藉心情。

一天，因付不起房租，他们被房东赶了出去。穷困潦倒的年轻夫妇只好来到公园，坐在长椅上暂度时光。太阳开始西沉，夜幕即将降临，迪士尼夫妇几乎感到穷途末路了。这时，从迪士尼的行李包里忽然伸出一个小脑袋，原来，那是他平时最喜欢逗弄的一只老鼠，想不到这个小动物也有点人情味，跟着他们一起离开了公寓。迪士尼望着老鼠那滑稽的面孔，脑海里忽然冒出一个前所未有的创意，他惊喜地叫了起来："对啦，世上像我们这样的穷人一定不少，他们也得有自己的快乐，让可爱的老鼠去逗他们开心吧。"

第二天，迪士尼便开始了别出心裁的创作，不久，一个活泼可爱的"米老鼠"卡通形象来到人间，一家公司的老板慧眼识珠，特邀迪士尼合作制作米老鼠卡通连环画和电影。

迪士尼靠"米老鼠"开始了自己的创业生涯。

资料来源：根据征服命运［J］．学苑创造，2008（12）整理．

2. 机会

创业是建立在机会（opportunity）基础之上的，机会的发现是创业的基础和前提。Kirzner（1979）对机会的定义具有代表性：机会就是未明确的市场需求或未得到充分利用的资源和能力。

对于机会究竟是客观存在的还是主观创造出来的，学术上尚存争议。但可以肯定的是：（1）机会总是存在的。一种需求得到满足，另一种需求又会产生；一类机会消失了，另一类机会又会出现。（2）大多数机会不会显而易见，需要发现和挖掘。因为显而易见的机会往往被过度开发利用而过早丧失价值。

创业领域所讨论的机会主要指商业机会或创业机会。

二、商业机会与创业机会

1. 商业机会

清华大学雷家骕教授认为，商业机会是指实现某种商业盈利目的的可行的突破口、切入点、环境、条件等。

商业机会是创业行为的起点。一个人只有在发现商业机会后，才可能进一步考虑能否配置到必要的资源以及如何利用这个商业机会去盈利，进而开始创业。对于创业者而言，真正的商业机会比资金、团队的智慧、才能或可获得的资源更为重要。"创业研究之父"蒂蒙斯教授就认为，创业过程始于商业机会，而不是资金、战略、网络、团队或商业计划。

一个好的创意未必就是一个好的商业机会。例如，你应用一项新技术发明了一个非常有创意的产品，但是市场可能并不需要它；一个创意听起来可能不错，但是在市场上没有竞争力，或不具备必要的资源；一个有创意的产品有市场需求，但是需求量不足以收回成本。这些情形下的创意都不值得考虑。事实上，新产品的开发有超过80%都是以失败告终的，很多的创意听起来很好，但是经受不住市场的考验。如何将一个不错的想法或创意转化成一个商业机会？一个简单的答案就是，有市场需求且收入超过成本，能够获得利润。

2. 创业机会

创业机会属于商业机会的范畴，是一类特殊的商业机会。奥地利经济学派认为，创业机会与商业机会的根本区别在于利润或价值创造潜力的差异，创业机会作为独特的商业机会具有创造超额经济利润的潜力，一般的商业机会则只可能改善现有的利润水平。把握一般的商业机会当然可以带来回报，但把握创业机会往往风险更大，相应的回报也更高。

简言之，创业机会是具有商业价值的创意，是一类特殊的商业机会。

三、创业机会的特征与类型

1. 创业机会的特征

蒂蒙斯在《21 世纪创业》中提出了好的创业机会的四个特征[①]：第一，它很吸引顾客；第二，它能在你的商业环境中行得通；第三，它必须在“机会之窗”存续期间被实施（“机会之窗”是指创意被推广到市场上所花费的时间，若竞争者已经有了同样的想法并把产品推向市场，那么“机会之窗”也就关闭了）；第四，必须有必要的资源（人、财、物、信息、时间）和技能才能创立业务。

2. 创业机会的类型

（1）根据创业机会的来源，分为技术机会、市场机会和政策机会三类。

1）技术机会。即技术变化带来的创业机会，主要源自新的科技突破和社会科技进步。通常，技术上的任何变化或既有技术的新组合都可能给创业者带来某种商业机会。历史上每次划时代的创新科技成果往往都是通过创业进入市场，进而催生出一个或若干庞大的产业部门，为社会带来巨额财富。

2）市场机会。即市场变化产生的创业机会。一般而言，主要有以下四类情况：市场上出现了与经济发展阶段有关的新需求；当期市场供给缺陷产生新的商业机会；先进国家（或地区）产业转移带来的市场机会；从中外比较中寻找差距，差距中往往隐含着某种商机。

案例 4-3　　市场机会总是青睐有准备的人

2003 年，陈斯毅进入无锡职业技术学院学习计算机网络。然而，在校园里热闹的地摊边，经常会出现陈斯毅的身影。课余闲暇，“不务正业”的他和朋友合伙卖袜子，并由此挖到了人生的第一桶金。

2006 年大学毕业后，陈斯毅就有了创业的念头，但考虑到自己的阅历不足，他决定还是先到社会上锻炼一番，学习并积累经验。

他的第一份工作是在无锡新网咨询有限公司从事销售工作。入职不久，他就给自己制定了一个目标——两年之内成为市场部经理。从最基础的电话拜访起步，到后来负责项目

---

① Timmons，J. A，New Venture Creation：Entrepreneurship for the 21th Century［M］. 5th edition. McGraw-Hill，1999.

的洽谈、方案的协商、工程施工、项目监督等工作，随着业绩的显著提升，陈斯毅如愿升任市场部经理。2008 年底，他又应聘到无锡灵瑞科技有限公司，从事弱电系统工程和网络产品的销售及技术服务等工作。

职场历练帮助发现市场需求

有了在两家公司任职、从事三年销售工作的经历，陈斯毅不仅得到了许多关于弱电系统工程和网络产品技术服务行业的宝贵经验，而且积累了一定的人脉关系。他很庆幸当初所做的选择，并强烈感受到，自己的创业梦想不再遥不可及。

迅速成长起来的陈斯毅敏锐地察觉到，无锡新区的众多企业需要进行弱电系统及网络工程的建设和维护，这个市场非常诱人。2009 年底，陈斯毅毫不犹豫地走上了自主创业的道路，创办了无锡卓远网络科技有限公司。

"我创业并不是为了钱，而是为了丰富自己的人生，在创业中学习。此外，在无锡我有很多同学，我希望能建立一个良好的平台，把大家聚集起来，共同发展。"陈斯毅说。

从办公场所的租赁、装修，办公设备的购置，到公司的注册申请、税务登记以及营业执照的办理，事无巨细，都需要陈斯毅亲自打理。公司现有的 8 名工作人员，都是他从学弟学妹中精心挑选的。陈斯毅说，自己当年也是一名普普通通的大学毕业生，现在自己有能力为学弟学妹们提供就业岗位，就会尽量给予他们锻炼自己的机会。在口头鼓励之余，陈斯毅经常亲自给学弟学妹当辅导老师，教导和培训他们。

创业机会需要不断开拓

喜欢健身、跑步、打球的陈斯毅现在几乎没有空余时间，公司的运营和发展成了他生活的重心。"开公司不能只是卖卖电脑、修理配件、维护系统。系统集成的涵盖面很大，比如电话网络、综合布线、监控系统、闭路电视系统、报警系统、考勤系统、广播系统等，从低端到高端，这一块的工程我们都可以做。此外，为了提供更完善的服务，我们还承接了一些企业的 IT 外包服务，例如在新区，我们承诺客户一小时内上门服务。服务第一，质量第一，是我们永远的追求。高质量的系统解决方案服务是我们赢得客户的关键。"陈斯毅爽朗地说。现在公司已为无锡、溧水、南通、常熟、宜兴、江阴等地的 30 多家企业提供 IT 包年服务。

2011 年初，陈斯毅的公司成立仅一年时间，营业额就达到了百万元。陈斯毅说，自己的事业才刚刚起步，今后公司的业务发展将侧重于物联网相关项目，加强对新技术和新知识的应用，不断拓宽公司的业务面，也将秉持服务和质量第一的原则，把公司做强做大。

资料来源：江苏省高校招生就业指导服务中心．激情年华——江苏 75 位大学生创业纪实［M］．南京：江苏教育出版社，2011.

3）政策机会。即政府政策变化带给创业者的创业机会。随着经济发展、社会变革、科技进步等，政府必然要不断调整自己的政策以适应社会发展，而政府政策的变化必然给社会带来大量新的创业机会。

案例 4-4　下岗女工从《政府工作报告》中找到创业机会

郭蕴青 17 岁做纺织女工，36 岁时失业。作为南京第一批合同制工人，失业意味着解除劳动合同，只得到不多的经济补偿。她下岗失业后在家带孩子，最关心的就是央视的“新闻联播”，更关注的则是每年春季全国人民代表大会后发布的《政府工作报告》。

当年的《政府工作报告》中提到：要把我国从一个农业大国建设成现代化工业强国。“建设工业强国，制造业是根本。”这触动了敏感的郭蕴青。她的丈夫谭维耕是机械技术员。有段时间，丈夫常常很晚才回家，原来是被他的徒弟请到自己的私营工厂解决技术难题。“与其帮别人干，不如自己干！”2005 年，郭蕴青与丈夫商量后注册了自己的公司，当时她的全部家当只有 3 万元，又借来几万元才买了 3 台机械设备。公司的第一笔业务是以 0.68 元/件的单价加工螺丝，如今，公司拥有军品和民品两大业务，生意红红火火。

创业要顺势而作，观察政府，研究政策，顺应发展。

资料来源：根据吕杰，王卫庭，董婉愉．她从〈政府工作报告〉中找创业机会［N］．扬子晚报，2012-02-21 整理．

（2）根据目的—手段关系的明确程度，分为识别型机会、发现型机会和创造型机会三类（见表 4-1）。

表 4-1　根据目的—手段关系明确程度的机会分类

手段＼目的	明确	不明确
明确	识别型机会	发现型机会
不明确	发现型机会	创造型机会

目的是指创业主体在观念上事先建立的创业活动的未来结果或目标，手段则是指实现创业目的的方法和途径。借助一定的手段才能实现一定的目的，这是人类活动的一个基本特点。

1）识别型机会。指市场中的目的—手段关系十分明显的机会。比如当市场明显供不应求或根本无法满足需求时，人们已经察觉到问题的存在，并且解决此类问题的手段也很明确，创业者就可通过目的—手段关系的有效连接来辨别出机会。一般来说，识别型机会多处于供需尚未均衡的市场，例如，在我国改革开放之初，这类机会就非常多，无须复杂的辨识过程，满足市场需求的手段对创新程度要求不高，只要拥有一定的资源就可以进入市场获利，“倒爷”成为这一阶段主要的创业者与此有关。

2）发现型机会。指当目的或手段其中之一的状况未知时，等待创业者去发掘的机会。比如，一项技术被开发出来，但尚未实现产品的商业化转化，此时就需要创业者通过不断尝试来挖掘潜在的市场机会。

静电复印技术的发明就是个典型的例子。美国人切斯特·卡尔逊 1938 年就首次成功地试制出第一个静电复印图像，开启了人类发明复印机的创举。但在随后的几年时间里，卡尔逊被包括 IBM 和通用电气在内的 20 多家公司拒绝，这些大企业根本不相信在已经拥有碳素复写纸的市场上，笨重复杂的复印机还能有什么价值。直到 1947 年，哈罗德公司（今天的施乐公司）才决定投资研发卡尔逊的发明专利。1960 年 3 月，哈罗德公司正式推出 900 公斤重的 914 型复印机，迅速被市场接受。1968 年，施乐公司的年销售额达到 11 亿美元，成为美国历史上第一家依靠一项技术在 10 年之内收入达到 10 亿美元的公司。IBM 的前总裁小沃森在总结一生的得失时说，他一生最大的失误就是没有投资卡尔逊的复印机。

如今，我国市场需求饱和，竞争压力增大，识别型机会锐减，发现型创业机会最为常见，全国每年有大量的科技成果束之高阁、未能进行市场转化就是明证。这个阶段的创业不仅需要勇气和投机心理，还需要理性分析市场环境、寻找市场空缺，只有这样才可能创造出有价值的市场机会。

3）创造型机会。指目的和手段皆不明朗的机会，因此创业者要比他人更具先见之明，这种机会的开发难度非常大，但往往能为创业者带来巨额利润。可以预言，随着科学技术的迅猛发展、市场供过于求的加剧，未来社会创造型创业机会将占据主导地位。要通过创新目的—手段关系，深层次发掘和引导市场需求，带动新兴产业的发展和产业结构升级，不仅需要创业者的创造性资源整合能力与敏锐的洞察力，更需要创业者的创新思维与智慧。

四、创业机会的来源

关于创业机会的来源，理论界尚未达成共识。蒂蒙斯认为，创业机会主要是来自改变、混乱或者不连续的状况。① 德鲁克提出了机会的七种来源：意外之事；不协调；程序需要；产业和市场结构；人口变化；认知、意义和情绪上的变化；新知识。② 美国著名创业学教授谢恩（Scott Shane）提出了产生创业机会的四种变革：技术变革、政治和制度变革、社会和人口结构变革与产业结构变革。③ 可见，创业机会主要来源于一定的市场需求变化。

结合我国国情，现阶段中国的创业机会主要源自需求问题、环境变化、创造发明、竞争和新知识、新技术的产生五个方面。④

1. 需求问题

创业的根本目的是满足顾客需求，顾客需求在没有得到满足前就是问题。寻找创业机会的一个重要途径是发现和体会自己与他人在需求方面的问题或生活中的难处，因为新需求的出现以及需求方式的改变往往产生新的问题，创业者可能会从中找到富有价值的创业机会。

---

① ［美］蒂蒙斯．战略与商业机会［M］．北京：华夏出版社，2002.

② ［美］彼得·德鲁克．创新与企业家精神［M］．北京：机械工业出版社，2007.

③ 张玉利．创业管理．2 版［M］．北京：机械工业出版社，2011.

④ 徐本亮．发现你身边创业机会的五大来源［N］．解放日报，2010-04-22.

案例 4-5　　五笔字型与王码公司

承载着五千年中华文明的汉字，在电脑时代遇到了历史性的挑战。如果汉字无法进入26个键位的电子计算机，就难以适应信息时代，汉字就有可能被淘汰。

20世纪70年代初，名不见经传的青年王永民决心在茫茫的汉字汪洋中奋勇开拓，他以《现代汉语词典》为研究对象，将其中的12 000多个汉字逐字拆分，反复琢磨，终于在汉字输入技术上获得突破。

1983年"五笔字型"终于突破了汉字电脑化的瓶颈，在国内引起轰动，被新华社评价为不亚于活字印刷术的伟大发明。1998年，王永民推出98版五笔字型输入法，提出了世界上第一个汉字键盘输入的全面解决方案，获得了中、美、英三国专利，微软、IBM、卡西欧、日立等20多家公司先后购买了专利使用权，联合国总部也在使用王码五笔字型技术。王永民被誉为"把中国带入信息时代的人"。

1998年，王永民创办了王码公司，经营五笔字型汉卡。五笔字型汉卡给王永民创造了可观的经济效益。在那个年代，王码公司一年的纯利润就达到上千万元。

资料来源：根据颜煦之．世界富豪故事100篇［M］．南京：江苏少年儿童出版社，1999改编．

2. 环境变化

创业机会潜伏在市场环境中，由市场环境变化所创造。环境变化了，市场需求、市场结构必然发生变化，从而给各行各业带来商机。因此，环境变化是创业机会的重要来源。

彼得·德鲁克认为，创业者是那些能"寻找变化，积极反应，并把它当作机会充分利用起来的人"。

案例 4-6　　两厘米的商机

2001年7月，国内外媒体开始报道欧元即将于2002年元旦流通的消息。这个消息对大多数中国人来说仅仅是新闻，而浙江海宁的一位商人却在竞争激烈的市场中捕捉到了机会。

通过研究，他发现统一的新版欧元比原先欧洲的纸币长了两厘米，正是这小小的两厘米，将导致原来的钱包装不下新欧元。这个重要的信息带来了挣钱的机会，他马上和欧洲商人联系，按照新尺寸做了1万个钱包，结果大受欢迎。

后来每天的产量超过1万个，仍无法满足市场需求。等到欧元在欧盟正式流通时，欧洲已经有200多万人使用了来自中国浙江海宁的钱包。

耐人寻味的是，有记者同时去采访上海几家著名的箱包票夹生产销售企业，得到的回答是，不知道新欧元的尺寸。

资料来源：邓汉慧．从多变的市场环境中找到商机［N］．中国青年报，2013-11-25．

中国正处于经济社会发展的转型期，无论是政治制度、社会和人口结构还是产业结构，都在发生持续而深刻的变革，从这个意义上讲，中国的创业机会远比发达国家多，这也是近年来外国投资者纷纷到中国投资、大批海外留学人员矢志回国创业的基本动因。

3. **创造发明**

创造发明提供了新产品、新服务，更好地满足顾客需求，同时也带来了创业机会。

在人类社会发展史上，每次重大的发明创造都引起产业结构的重大变革，产生无数的创业机会。200多年前，蒸汽机推动了第一次工业革命，催生了众多产业部门；100多年前的第二次工业革命中诞生了发电机、内燃机、汽车、电话机等一批革命性创新产品，引发了全球性创业高潮；20世纪50年代之后，半导体、计算机、集成电路、互联网等发明创造将人类带入崭新的信息时代，开创了许多新的产业部门。即使你不能发明新的东西，但如果能成为销售、推广或服务于新产品、新服务或新技术的人，也可能发现无限商机。

案例4-7　由自主研发到高科技创业的中专生

电脑USB接口芯片、有线电视机顶盒接收信号的芯片、单位网络设置内网和外网的隔离卡芯片、税控机芯片等过去需要依赖进口，目前大多被南京一家企业的产品所取代。这家企业就是位于中国（南京）软件谷的江苏沁恒股份有限公司。

2004年王春华来宁创办高科技企业，仅过了4年，公司就在软件谷买下25亩地，建设研发大楼。之后又开始建设二期工程，新大楼竣工后，两幢大楼的总面积达到3万平方米。

王春华1995年毕业于江苏省城镇建设学校，毕业后留校工作不久，就跳槽到常州一家电子公司从事软硬件开发，研发出多款银行卡刷卡机和密码键盘。2000年，他基于自己的研发成果在常州创办了一家计算机公司，这一创业经历为他来南京创业做了铺垫。

接受记者采访时，王春华说，南京是创业的福地，“沁恒创业成功，靠的是自主研发，创出自主品牌”。

王春华只有中专学历，但其作风极具个性：尽管上一年沁恒的销售收入超亿元，公司名下购买了奔驰、宝马、奥迪等名车，王春华却依然骑自行车上班。“名车是给客户坐的。”王春华说，“我从家里到公司只有十几分钟路程，骑车挺好，绿色又环保。”

2012年王春华入选“南京市321人才计划”首批科技创业家，并获得100万元的创业启动扶持资金。

资料来源：吕宁丰．“中专生”王春华在宁创办高科技企业［N］．南京日报，2012-04-03.

---

4. **竞争**

如果你能弥补竞争对手的缺陷和不足，也将带来新的创业机会。看看你周围的公司，你能比它们更快、更可靠、更低价地提供产品或服务吗？你能做得更好吗？若能，你也许就找到了机会。

案例 4-8　竞争对手眼里的华为

我曾经在一家刚进入中国的外企工作，正好和华为在传输设备领域竞争，大家都鼓足了劲要占领华为等公司的市场，认为我们第一个拿到信产部入网许可证，产品比它要好很多，而价格相当，没有理由输给华为。

当初我们的预定目标是区域销售额达到 1 亿元，虽说数字不是很大，但对于一个刚刚成立的公司来说已经是一个非常大的挑战。可惜一年的时间过去了，我们只签了一单 30 多万元的合同，办事处也随之解散，并不是我们几个销售员不努力，回头想想有太多失败的原因。

（1）虽然拿到了信产部许可证，但是省级许可证没有拿到，这就意味着电信、网通、移动、联通没有办法采购我们的设备，只有铁通可以，但是其需求太小。

（2）公司影响力太小，只有 1/10 的客户听说过我们公司。

（3）延续性建设差，运营商拥有华为、中兴、烽火等公司的设备，它们的技术人员不愿意再学习另一品牌的技术和配置。

（4）市场调研工作做得太少。要学习国外大公司，请咨询公司做市场调研。

我后来在一家集成公司工作，以前销售的是思科公司的设备，现在已经完全转向华为的产品，不是因为华为的产品价格低，更不是因为华为的设备性能优越（至今我坚信路由器、交换机只有思科的最好，其他公司与之差距较大）。关键在于，华为的利润丰厚，客户认可程度越来越高，导致原先思科的金牌、银牌代理商都转而做华为的产品。

华为现在可以说是遍地开花，除国内市场外，更是打入了欧洲、北美等国际市场，这些都是中国同行没有料到的。有谁能想到中国竟然有公司会在高科技的通信行业闯入欧洲和北美呢？但是华为做到了，华为通过和 3. com 公司合作打开了国际市场。

我承认华为在产品研发上的巨资投入是成功的重要原因，但最重要的是它打动了另外一个“客户”，这个“客户”就是代理商。

举个数通产品的例子，原来的思科代理商纷纷倒向华为，这无形中给华为带来了众多销售队伍，思科则面临越来越多的竞争对手，焉能不败？思科太牛了，在代理商身上下的工夫少；华为则不一样，拉拢了一大批代理商。华为推出代理商的金牌、银牌、三星、四星认定，许多代理商争先恐后去申请，技术人员也积极考虑拿 HCSE、HCTE（华为资格认证）证书。华为学习了思科的一些做法，但青出于蓝胜于蓝。

华为还有一点比较厉害的就是员工队伍。外企注重人性化，员工福利非常好，出差住五星级酒店，打车报销；华为的员工可就比不上了，省内出差住宿标准不足 200 元，每天补助 50 元，不够思科员工一个零头。但是华为的销售员每天都加班到深夜，为公司创造了巨额利润。

华为员工的压力是所有通信厂商中最大的，所以干劲也最足。他们身上有点老一辈革命者的作风，不怕苦不怕累，当然待遇也不菲，这样的队伍是最可怕的。

所以，我总结华为的成功来自三点：在产品研发上投入巨额资金；有一支庞大的销售队伍；最重要的一点，有良好的代理商政策。

资料来源：根据于阳．竞争对手眼里的华为［J］．IT 时代周刊，2005（19）整理．

5. **新知识、新技术的产生**

新知识、新技术的出现改变了企业间的竞争手段和模式，也使得拥有新知识、新技术的人成功地发现和利用机会的能力大大提高，从而使得创业机会激增。比如，近年来，移动互联网、3D 打印、云计算、纳米技术等新技术带来无限的创业机会。

案例 4－9　20 秒充满一部手机的“超级充电器”

据英国《每日邮报》报道，在美国凤凰城举行的 2013 年度英特尔国际科学工程大奖赛上，来自加利福尼亚州萨拉托加市林布鲁克中学的 18 岁印度裔女中学生伊莎·卡瑞凭借自己发明的神奇充电器获得了 5 万美元大奖。这种“超级电容器”规格很小，据称仅需 20 秒左右就可以充满一部手机，且能长时间保存电量，让充电设备的使用时间更长。

目前卡瑞只在发光二极管上运用过该充电器，但她预见未来这一发明将可以用于手机、汽车或任何使用重复充电电池的设备。热爱纳米化学的卡瑞在这一发明上充分运用了纳米技术，保证其迷你规格，且能够循环使用上万次，是普通充电电池的 10 倍以上。卡瑞在接受采访时表示：“我的手机总是会因为电量不足而关机。”正是这种烦恼成为她研究充电技术的动机。

卡瑞补充说：“这种超级充电装置很小，而且很灵活柔韧，可以用在服装或织物等当中。从这些方面来说，它比电池拥有更多不同的应用和优点。”卡瑞小小年纪就取得这么了不起的成就，解决了不少跨国公司都在研究的技术难题，这不仅为相关产业领域提供了大量的创业机会，而且给她自己带来了很多的机遇。

据悉，卡瑞已被美国著名学府哈佛大学录取，当年 9 月将前往哈佛就读，继续她的科学研究。谷歌公司也正就卡瑞所采用的技术与她积极接触，双方有望展开紧密合作。

资料来源：杨文．美国女生发明超级充电器　20 秒便可充满一部手机［EB/OL］．新浪新闻中心．http：//news. sina. com. cn/w/2013－05－20/143527174522. shtml.

五、影响创业机会识别的关键因素

识别和选择合适的创业机会是创业者最重要的能力。识别创业机会受到历史经验等多种因素的影响，因为从本质上讲，机会识别是一种主观色彩浓厚的行为过程。

根据现有的文献研究，影响机会识别的关键因素主要集中在创业者的先前经验、认知因素、社会关系网络和创造性等四个方面。

1. **先前经验**

创业者的先前经验是识别机会的认知基础，先前经验的积累受创业者过去的工作经历、创业经历以及所接受的教育培训等方面的影响。

Shane（2000）指出，个体先前工作经验中所积累的顾客问题知识、市场服务方式知识、市场知识造就了创业者的“知识走廊”，导致创业者在面对同样的机会信息时，解读出的往往是与其先前知识密切关联的机会。①

不少研究表明，实践经验丰富的创业者掌握了有关市场、产品、资源等的有价值信息，因而强化了其发现创业机会的能力。西格尔等人（Siegel et al.）对宾夕法尼亚州的大约 1 600 家新企业的调查发现，创业团队是否拥有在新企业所处行业的工作经验，是区分高成长性和低成长性的唯一因素。研究发现，85%以上的网络创业团队成员有创业经验，属于二次创业，而且他们的业绩普遍好于先前没有创业和工作经验的创业团队。②

案例 4-10 高职院校 90 后创业富豪

“2009 中国大学创业富豪榜”上榜的唯一 90 后创业富豪是丁仕源。2010 年，丁仕源又入选“2010 中国大学创业富豪榜”，拥有的财富已经高达 1 200 万元，成为中国 90 后创业领跑者（排名第 50 位）。

丁仕源，生于 1990 年，2008 年考入深圳职业技术信息学院，2009 年正式注册成立深圳市丁叮文化产业发展有限公司。白天，他是深圳职业技术信息学院大一学生，课余闲暇时间，他开着自己的车往返于学校与公司之间，不停变换着学生与总经理的双重角色。

据悉，丁仕源有着“富二代”的身份，却并不是靠殷实的家业铺路，直到 18 岁时，他才得到了父母的支持。

专家认为，丁仕源更早地进入了创业准备及实践过程，因而尽管年轻，却已经积累和掌握了较为丰富的创业实践经验。

12 岁小学刚毕业，丁仕源已利用业余时间学习了新闻、营销、心理学等课程，并学习创业办文化公司，成为千名模特的经纪人；

14 岁担任服装报记者、广告客户主管、总编助理；

16 岁进军娱乐圈，多次成功策划执行大型文体活动及世界选美赛事；

17 岁担任多家文化传播公司总经理、策划总监等职务；

18 岁开创丁叮文化产业发展有限公司，并担任法人代表及执行董事兼总经理，创办全国高校联盟——创亿社；

19 岁成为“2009 年中国大学创业富豪榜”唯一一名 90 后；

20 岁获深圳龙岗区青年创业大赛银奖，广东省“挑战杯”创业大赛金奖。

资料来源：周逸梅．中国大学创业富豪榜出炉 人均财富近 2 600 万元［N］．京华时报，2009-06-30.

① Shane S. Prior. Knowledge and the Discovery of Entrepreneurial Opportunities［J］. *Organization Science*，2000（4）：448-469.

② 胡桂兰，梅强，朱永跃．创业团队对创业绩效的影响研究——基于 78 个网络创业团队的调查分析［J］．科技管理研究，2010（6）．

2. 认知因素

诸如创业意识、创业警觉性、创新思维等认知因素本身就是创业能力的重要组成部分，是个体识别创业机会的重要前提。

Shane（2000）认为，创业机会的发现取决于两个必要条件：第一，个体获取承载创业机会的信息；第二，个体合理解读这些信息并识别其中蕴含的价值。要合理解读信息并识别其中蕴含的价值，必然取决于创业者的认知因素。

创业的认知因素通常是由商机、资源、组织、管理、风险和创业警觉性等一系列相关因素的结构化知识所组成。创业者的创业认知因素一旦建立结构化知识，就成为他学习新创业知识和感知市场信息的极为重要的能量或基础，从而促进创业者的创业警觉性与洞察力，使其能更敏锐地感知到市场的变化，并迅速洞察这种变化所带来的商业价值。显然，一个在某领域拥有更多知识的人，对于该领域的机会会比其他人更为警觉和敏感。

案例 4-11　　塑胶花带来的市场机遇

1950 年夏，李嘉诚向亲友借了 5 万港元，加上自己的全部积蓄 7 000 港元，正式创办长江塑胶厂。

一天，李嘉诚翻阅英文版《塑胶》杂志，看到一则不太引人注意的小消息，说意大利某家塑胶公司设计出一种塑胶花，即将投放欧美市场。李嘉诚立刻意识到，战后经济复苏时期，人们对物质生活将有更高的要求，而塑胶花价格低廉，美观大方，正合时宜，于是决意投产。

李嘉诚率先在香港推出的塑胶花，迅速成为热销产品，很快打入香港和东南亚市场。同年年底，欧美市场对塑胶花的需求也愈来愈大，长江塑胶厂的订单成倍增长。

到 1964 年，塑胶花为李嘉诚赚得数千万港元的利润，赢得了创业的第一桶金。

资料来源：根据苏广东．“超人”李嘉诚 [J]．公关世界，2006（2）整理．

3. 社会关系网络

社会关系网络不仅提供了孕育创意的土壤，而且其深度和广度也会影响机会识别。

张玉利等人（2008）通过调查问卷的实证分析认为，社会交往面广、交往对象趋于多样化、与高社会地位个体之间关系密切的创业者更容易发现创新性更强的机会。而创业者先前经验调节着上述影响机制，与经验匮乏的创业者相比，经验丰富的创业者更容易从高密度的网络结构中发现创新性更强的机会。①

创业者的社会关系网络是其在长期生活中积累的人脉，这些人脉会提供许多重要信息和资源，创业者往往在社会交往过程中获得承载机会的信息并发现创业机会。

在社会关系网络中，按照关系的亲疏远近，大致可划分为强关系与弱关系。强关系以

① 张玉利，等．社会资本、先前经验与创业机会 [J]．管理世界，2008（7）．

频繁、较强的相互作用为特色，形成于配偶、亲属和密友之间；弱关系以较少、较弱的相互作用为特色，形成于同事、同学和一般朋友之间。研究显示，创业者通过弱关系比通过强关系更可能获得新的商业创意，因为强关系主要形成于具有相似意识的个人之间，往往会强化个人已见和观念；而在弱关系中，个人之间的意识存在较大差异，因此往往能从不同的侧面听到不同的见解，从更多渠道获得激发全新创意的信息。[①]

4. 创造性

认知过程需要产生创意、激发创造力。面对市场需求和环境变化，创业者需要以独具匠心的思维方式寻求具有新颖性和实用性的解决方案，以从中识别和把握创业机会。从这个意义上讲，机会识别是一个不断反复的创造性思维过程，创造性思维在创业机会的识别和开发方面起到重要的作用。

案例 4－12　　软银孙正义：创造性成就大业

伴随着阿里巴巴 2014 年 9 月 19 日在纽约证券交易所上市钟声的响起，孙正义及软银公司的财富急剧增值。14 年前，孙正义的软银在当时名不见经传的阿里巴巴身上投入 2 000万美元，如今，这笔股份估值约 580 亿美元。由此，这位身高仅 1.5 米左右的韩裔日本人，有望成为新的日本首富。

心怀梦想的有志青年

大学三年级时，孙正义这样规划他的“人生 50 年蓝图”：“30 岁以前，要成就自己的事业，光宗耀祖；40 岁以前，要拥有至少 1 000 亿日元的资产；50 岁之前，要做出一番惊天动地的伟业；60 岁之前，事业成功；70 岁之前，把事业交给下一任接班人。”

投身发明与创业

孙正义的开拓精神、创造性在他的早年就显露无遗。

1957 年 8 月 11 日，孙正义出生于日本佐贺县鸟栖市。孙家祖先原来从中国迁移到韩国，到孙正义祖父一代，又从韩国的大邱迁至日本九州。童年的一天，孙正义兴高采烈地从幼稚园往家走。有日本小孩跟在身后喊：“讨厌，朝鲜人！”从那一天起，孙正义就意识到，作为一个移民，他不能在这片土地上获得认同。只有离开这片土地，功成名就再回来，才能获得认同的“通行证”。

16 岁时，他只身去美国读高中。19 岁时，他发明了有声电子翻译机。当时还是夏普中央研究所所长、被誉为“日本电子产业之父”的佐佐木正看中了这项发明，向孙正义支付了 4 000 万日元的专利合同资金，让他进一步开发德语版、法语版的翻译软件。合同金额总计达 1 亿日元，按照汇率折算，这是一份价值“100 万美元的合约”，孙正义收获了有生以来的第一桶金。

与此同时，他在加州大学伯克利分校学习经济学和计算机科学，于 1980 年获得学士学位。与高中生涯一样，他在学习的同时保持着创业的激情，成立了一家名为“Unison World”的调研公司，并在当年以 200 万美元出售给合伙人。

① 张玉利．创业管理．3 版［M］．北京：机械工业出版社，2013.

创立软银

1981 年孙正义回到日本，成立 Unison World（日本）公司，用一年半的时间对 40 个行业进行市场调查，寻找适合自己投入一生的事业。这份调查报告高 34 公分，有 10 公尺宽。同时，孙正义在福冈市南部的大野成立了软银公司，从事的是个人电脑用的软件的流通买卖，当时的资本只有 1 000 万日元。那时公司的屋顶只是一层镀锌铁皮，屋里一个装苹果的箱子当做演讲台，孙正义就是站在这个“讲台”上，饱含激情地对他仅有的两个员工说道：“公司营业额 5 年要达到 100 亿日元，10 年要达到 500 亿日元。”

就在这一年，孙正义看到了计算机时代的发展趋势。1981 年 9 月，一年一度的家电、电子业界展览会在大阪市举行。孙正义从 1 000 万日元中拿出 800 万投入这次展览会。进入展会的孙正义一举租下了规模与松下、索尼公司一样大小的展区。孙正义的展区被参观者挤得水泄不通，火爆程度超出了他之前的预想，虽然这次展会上的交易额只有 30 万日元，但“日本软银”这个名字却因此一炮而红。

不过，现实并非一帆风顺。1982 年他创办了杂志 *Oh！PC* 和 *Oh！MZ*，两个月后退货堆积如山；1984 年，他创办了购物指南杂志 *TAG*，终因销售不佳停办，前后负债共计 10 亿日元。

商场挫折让这位具有前瞻眼光的商业领袖果敢地抛弃了旧世界，决意闯入互联网这片新天地。

投资互联网

1988 年 7 月，孙正义建立起软银（美国）公司。当时局域网等网络产业在日本还未兴起，在孙正义看来，这样的局域网也一定会在日本扩展开来。1991 年软银引进网威系统产品，开创日本市场，同时吸引迪士尼入股，到 1994 年，网威系统年营收达 1.3 亿美元。

由于美国是这一波互联网浪潮的发源地，而日本比较落后，因此孙正义极富远见地跑到美国去投资了大批互联网公司，当时手上持有的公司的财富甚至一度超过比尔·盖茨。在美国赚到钱后，孙正义再次杀回日本，成立雅虎（日本）公司，软银控股 51%，雅虎（日本）成为日本最大的搜索引擎和门户网站。

此后，孙正义又大量投资比日本更落后的中国、印度市场的互联网公司，软银“金手指”点中的中国企业包括 UT 斯达康、新浪、网易、携程、分众传媒、阿里巴巴、当当、淘宝网、博客中国、千橡集团等，当然，还有更多被软银点中的公司尚未浮出水面。孙正义还在印度投资了 inmobi（全球第二大移动广告公司）等公司。

21 世纪前十年，中国互联网产业无限繁荣，孙正义正是这个繁荣产业最大的受益者与股东。

资料来源：正道．软银孙正义：互联网投资的“时间旅行者”[N]．21 世纪经济报道，2014-09-22.

六、识别创业机会的过程和技巧

Lindsay and Craig（2002）将创业机会识别过程分为机会搜寻、机会评价和机会识别三个阶段。

在初始的创意形成后，创业者还需要搜集更多的信息去论证创意的可行性，以从中挑选出切实可行、能够创造较高价值、在现有技术条件下可开发的创业机会。

创业机会识别是创业者与外部环境反复互动的过程（见图 4－1）。

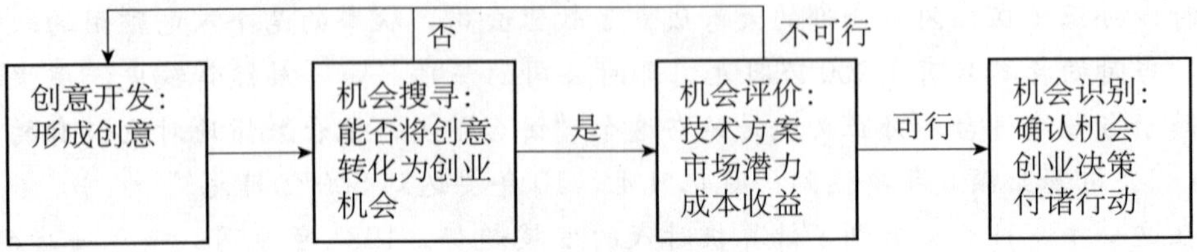

图 4－1　创业机会识别过程

创业机会识别有一定技巧，应当关注如下“关节点”。

1. 国家经济发展和转型会带来商机

创业者一定要眼界开阔，关注并研究国家宏观经济政策、经济转型和行业发展态势，这是大势。国家鼓励发展什么，限制发展什么，行业未来发展趋势如何，都与创业机会密切相关。

比如，根据我国国民经济和社会发展“十二五”规划纲要，循环经济、绿色制造业将在未来五年内大有可为，因此，这些领域蕴含了大量的创业机会，有待创业者发掘。又如，国家近年来放宽准入，鼓励民间资本进入铁路、市政、教育、金融等领域，创业者可以放手在这些产业中发掘金矿。

2. 市场环境变化孕育商机

变化蕴藏商机。许多创业机会产生于不断变化的市场环境，环境变化将带来产业结构的调整、消费结构的升级、思想观念的转变、政府政策的变革、市场利率的波动，等等。例如，在国有企业民营化的过程中，创业者可以在交通、电信、能源等产业中发掘创业机会；循环经济、绿色制造的理念将改变传统的生产和消费模式，带来节能减排、废物回收、材料更新、循环利用等领域的创业机会；移动互联网、3D 打印技术、云计算等高新技术的出现，必将引发新一轮产业革命。这些变化必然引发甚至创造出全新的创业机会，需要创业者凭着敏锐的嗅觉去发现和识别。

3. 整合资源可以创造无限商机

创新性地整合资源，不仅可以创造出新的价值，还可以创造出无尽的商机。Kirzner（1997）认为，机会是一种通过对资源的创造性整合，满足市场及客户的需求的渠道。

案例 4－13　　美特斯邦威：资源整合创造“新神话”

美特斯邦威是温州农民周成建于 1995 年创立的一家民营企业。令人诧异的是，这家休闲服装公司自己既不生产一件成衣，也不销售衣服，它的成功从何而来？答案是基于资源高效整合的“虚拟经营”。

通常服装行业的高价值环节在于品牌、研发、销售环节，而低价值环节在于生产、原料供应环节。在资源有限的情况下，美特斯邦威将资源和精力放在高价值的品牌和研发上。在生产采购上，则充分整合利用社会资源和国内闲置的生产能力，在广东、上海、江苏等地签约300多家生产厂家为公司定牌生产，形成年产系列休闲服近5 000万件的强大生产基地。

在销售上，利用品牌效应吸引加盟商加盟，拓展连锁专卖网络，形成3 000多家加盟店的规模。公司通过内外部网络和电子商务平台，以及完整的一、二、三、四线城市布局，有效地实施了全国市场的渠道整合、货品整合和营销整合。

凭借高效的资源整合、全新的商业模式，美特斯邦威创造了新财富“神话”。

资料来源：根据钱经．美特斯邦威周成建：身价百亿的裁缝不好当［EB/OL］．网上轻纺城．www.QFC.cn，2012-09-14改编．

4. **科技发展催生商机**

世界产业发展历史告诉我们，几乎每一个新兴产业的形成和发展，都是技术创新的结果。技术创新、产业转型、产品升级换代，都会带来前所未有的创业机会，创业者如果能够及时了解最新的科技发展动态，紧跟产业发展和技术创新的步伐，即使你不发明新的东西，也会从其推广、应用、销售、维护、开发、咨询等项服务中开发出全新的市场机会。

1995年，马云作为翻译陪同杭州市一个考察团访美。正是这次美国之行，让马云第一次接触了互联网，敏锐的直觉告诉他：“它肯定会影响整个世界，而中国还没有。”既不懂网络也不会电脑的马云当即决定：回国创业，做互联网！由此拉开了创办阿里巴巴的序幕。

5. **市场“空缺”隐含商机**

市场的“缺口”或“边角”往往蕴含了大量被人们忽略而未被满足的市场需求，充分开发利用这些机会空间，另辟蹊径、人无我有、人有我新，就一定能够在竞争中出奇制胜。

案例4-14　　创业市场空缺成就“我爱我家”

“我爱我家”的创始人陈早春自1995年起在上海帮老外租房买房，发现了一个市场空缺：老洋房投资。上海有很多老洋房，他承租过来后按照外国人的喜好重新装修，改造成住宅出租，这个创业机会为陈早春带来了丰厚的回报。

直到今天仍被业界称为传奇的是他接手华山路上的李鸿章私家花园“丁香花园”，据说他装修后再转租，带来了不低于2 000万元的收入。

2005年，陈早春以20亿元的资产位列国内《福布斯》富豪榜第70名，成为业界的“黑马”。从复旦大学毕业时两袖清风到亿万富豪，陈早春只用了十年时间。

资料来源：朱俊飞．陈早春：做中国富豪的“生活教练”［J］．职业，2008（8）．

6. 解决问题过程中发掘商机

问题往往隐含了被巧妙掩饰的商业机会。许多创业者都是从发现问题开始，在解决问题的过程中，找到满足消费者需求、能为消费者创造价值的方案，捕捉到极具市场前景的商机。

多年前，海尔总裁张瑞敏到四川出差时听说海尔洗衣机销售受阻，原因是当地农民常用洗衣机洗地瓜，排水口一堵农民就不愿意用了。于是，海尔集团就根据当地农民的需要开发出一种排水管口粗大、既可以洗衣又可以洗地瓜的洗衣机。这种洗衣机生产出来后，大受欢迎，畅销西南农村市场。

案例 4－15　　“牛仔裤”诞生的启示

美国“牛仔大王”李维斯的故事多年来为人们津津乐道。

19 世纪 50 年代，李维斯像许多年轻人一样，带着发财梦前往美国西部淘金。快到淘金地点的时候，一条大河挡住了所有淘金者的去路，很多人怨声载道，有的打道回府，有的绕道而行。李维斯这时突然想到了一个赚钱的点子——摆渡，于是用自己仅有的钱租了一条船，摆渡淘金者。由于淘金心切，淘金者都愿以高价乘船过河，他也赚到了第一桶金。此后，他把船退掉，也前往西部淘金。

来到西部，李维斯通过自己的努力找到了一个金矿。有一天，来了几个大汉，对他说：“小个子，你明天不用来了，这个地盘属于我们了。”李维斯据理力争，但最后被痛打一顿，因为那时美国西部没有法律，解决问题靠的是武力和拳头。无奈之下，他只好灰溜溜地离开。他好不容易找到另一处合适的地方，又被人打了一顿后轰走。刚到西部没多久，他就多次受到同样的欺辱。

李维斯突然又想到了一个挣钱的办法。那时西部缺水，由于采矿者出汗多，饮用水紧张，于是李维斯做了一辆水车来卖水，卖水的生意非常好，一段时间下来就赚了不少钱。但好景不长，很多人都仿效李维斯来卖水，这样很快生意就被瓜分了。

李维斯就想，再这样继续下去也不是长久之计，于是他开始冥思苦想，结果又想到了一个赚钱的好办法。

西部淘金的人成天跪地采矿，裤子的膝盖部分容易磨破，而矿区有许多丢弃的帆布帐篷，他就把这些旧帐篷收集起来洗干净，做成裤子销售，“牛仔裤”就这样诞生了。这种裤子样式大方、布料厚实、结实耐磨，大受欢迎。于是，李维斯索性创立了一家专门生产帆布工装裤的公司，从此一发不可收拾，最终成为举世闻名的“牛仔大王”，创造了世界牛仔服著名品牌“Levi′s”。

李维斯将问题变商机，最终开创了自己的事业，实现了财富梦想。

资料来源：根据李英华．LEVI′S——世界牛仔裤之父［N］．河南日报，2006－06－28 整理．

---

7. 分析竞争对手缺陷寻觅商机

分析研究竞争对手，从中寻找其产品或服务的弱点，若能有效弥补其缺陷和不足，在激烈的竞争中胜出，就很可能从中找到宝贵的创业机会。

案例 4-16　　分析竞争对手缺陷找到出路

1984 年，刚接手乡镇小轧钢厂担任厂长的沈文荣就面临危机：仅周边乡镇的小轧钢厂就有 30 多家，竞争惨烈。

经过调研分析，沈文荣发现市场急需窗框钢，众多小轧钢厂规模质量上不去、做不了，而大企业又不屑一顾。于是，沈文荣的第一个重大决策就是收缩产品线，将窗框钢作为主导产品。

仅凭这一个产品，就在国内市场占据了 3/5 的份额，为钢厂的发展赚取了第一桶金。

资料来源：根据魏珍妮．钢痴沈文荣：就喜欢摆弄钢铁［N］．中国产经新闻报，2009-05-21 整理．

第 2 节　创业机会评价

创业机会评价是有关创业机会识别和选择的一个十分重要的环节。可以说，选对了创业项目，就意味着创业成功了一半。因此，对于创业机会的评价，必须慎重并采取科学的方法。

一般而言，可以从产品、技术、市场与效益等几大方面进行创业机会评价。要指出的是，创业者一般不会列举太多评价指标，创业之初机会比较模糊，很多指标无法准确地估算，所以创业者大多凭借自己的先前经验、商业敏感抓住几个重要指标进行分析，更多的是主观判断而不是科学分析。

一、有价值的创业机会的基本特征

有价值的创业机会具有真实性、可行性、时效性、价值性等基本特征。

（1）真实性。只有具备真实的市场需求，才能对创业者和顾客都产生吸引力。

（2）可行性。创业者要具备资源、能力、法律等必备条件。

（3）时效性。创业机会的时效性也就是通常所说的“机会窗口”——机会的大小、机会存在的时间跨度。机会窗口的长度和宽度决定着创业者进入的时机。创业者应当把握好进入时机：机会窗口开启时机会成长的速度加快，此时进入是蓝海；随着时间推移，机会窗口逐渐关闭，市场竞争激烈，一般不要进入该领域。

（4）价值性。蒂蒙斯等人认为，好的机会要有需求旺盛的市场和丰厚的利润。显然，创业者在承担风险和投入资源之后，应当能带来丰厚的回报和收益。

二、个人与创业机会的匹配

创业活动是创业者与创业机会的结合，影响创业机会识别的因素既有主观因素，也有客观因素。由于创业者个性特质的差异，更由于各个创业者所面临的创业环境和资源约束条件不同，即使创业者发现了机会，也并不意味着可以创业，更不意味着成功就在眼前，因为并非所有机会都适合每个人。只有创业者和创业机会之间存在恰当的匹配关系，创业活动才最可能发生，也才最可能取得成功。

判断创业机会是否适合自己的主要依据在于机会特征与个人特质的匹配。

1. 个人特质与机会特征"两阶段"匹配理论

张爱丽（2009）借鉴前人的众多研究成果，提出个人特质和机会特征的"两阶段"匹配理论，为创业机会的识别过程提供了有价值的参考（见图4-2）。

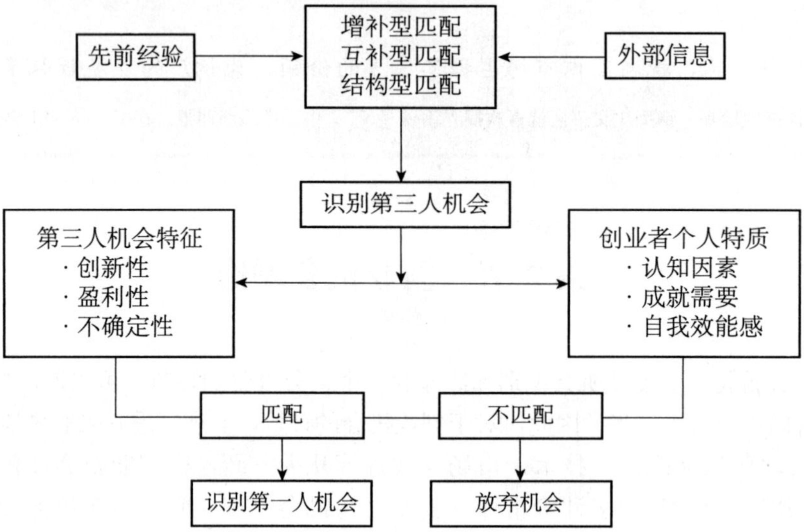

图4-2 基于个人特质与机会特征匹配的创业机会识别模型框架

资料来源：张爱丽．试析个人因素与机会因素的匹配对创业机会识别的作用［J］．外国经济与管理，2009（10）．

（1）识别第三人机会阶段。在此阶段，判断第三人机会是否在广泛意义上属于有利的商业机会。第三人机会是指对于某些市场主体而言感知到的某种潜在机会。创业者依据先前经验和认知因素，对外部信息进行搜集、分析和甄别，通过增补型匹配、互补型匹配和结构型匹配三种方式，识别出第三人机会。

增补型匹配是指有关顾客的信息与创业者所掌握的知识相同或相似，或者有关技术的信息与创业者所掌握的技术知识相同或相似，从而能产生增补知识的效果，这种匹配会增强创业者的创业意图。互补型匹配是指个人因素或机会因素能在一定程度上改善创业环境或者补充创业环境所缺少的东西，从而产生知识互补的效果。比如，创业者掌握了有关顾客需求的先前经验，外部环境提供了某种新技术的信息，如果这种新技术信息恰好能用来满足创业者发现的顾客需求，那么，创业者先前掌握的关于顾客问题的知识与外部环境提供的关于新技术的信息就属于互补型匹配。结构型匹配是指已知某种知识（如某种技术或服务适合应用于某类顾客），通过推理、类比等方式，把这种知识关系应用于改进新的、潜在的或实际的顾客需求与创业者所拥有的知识、技术和服务方法或新技术之间的匹配，显然有助于创业者启发灵感、拓宽创业机会识别渠道。

（2）识别第一人机会阶段。在此阶段，考察对于特定的创业者来说，第一人机会是否有价值。第一人机会是指对于创业者本人而言有价值的机会。

创业者在考察创业机会时会重点考察机会特征中的盈利性和不确定性，而机会的创新性与机会的盈利性和不确定性密切相关；此外，创业者个人的认知因素、成就需要、自我效能感被认为是最重要的个人特质。① 因此，在识别出第三人机会的基础上，若该机会的创新性、盈利性和不确定性程度，能与特定创业者个人特质中的认知因素、成就需要和自我效能感相匹配，创业者就可能感知和识别出第一人机会。如果两者不能匹配，那么创业者就会放弃第三人机会。

2. 机会识别的关键要素

创业机会是否适合自己，主要依据机会特征与个人特质是否匹配来判断，这至少应当从个人经验、社会关系网络和经济状况三方面要素来评价。②

（1）个体能否感知到创业机会的存在，取决于他们是否拥有先前经验和特定知识去甄别外部信息，这也意味着掌握特定领域的知识对识别创业机会至关重要。创业者必须对相关产业和领域有深刻的认识和理解，显然，经验丰富或有创业经历的创业者因积累和掌握了洞察信息、了解行情、发现机会的隐性知识，更容易识别出特定领域新的创业机会。

（2）社会关系网络在创业过程中起着重要作用。创业者往往在社会交往过程中获得承载机会的信息并发现创业机会。此外，社会关系网络对于创业者获得资源、实现创业目标有着重要的影响，创业者就是不断通过社会网络把各种资源有效整合在一起来最终达成创业目标的；社会关系网络对于创业者还能起到必要的情感和心理支持，这种支持往往是创业者走向成功的关键因素。

（3）创业者的经济状况主要是指创业者的机会成本。机会成本指创业者如果不去创业，而是从事其他工作所能获得的收益，或因创业而放弃现有的工作所造成的损失。从经济学角度看，理性的创业者具有经济人的本性：趋利避害，追求利益最大化。当创业机会的价值潜力或预期收益大大高于机会成本时，创业者就会作出创业决策。

事实上，创业决策是创业者与创业机会相比较与匹配的结果，这种匹配不可能完美无缺。创业本身是一项高风险活动，因此即便创业者识别出创业机会，是否决定创业依然由主观因素决定。

三、创业机会评价的特殊性

尽管已对创业机会评价构建了许多定性、定量的评价体系和模型，但机会的识别与把握依然一半是科学，一半是艺术。这是因为，创业机会评价具有多方面的特殊性。

1. 机会信息的不对称性

创业者在创业机会的解读上通常面临信息不对称问题。一方面，好的创业机会的识别涉及更多的知识、信息、资源、社会关系网络等，要求创业者具有丰富的工作经验和社会阅历、广博的知识结构和广泛的社会关系网络、创新性思维和前瞻性眼光，但创业者往往由于知识结构、

---

① Ajzen, I. Theory of planned behavior [J]. *Organizational Behavior and Human Decision Process*, 1991, 50 (2): 179-211.

② 李家华，等. 创业基础［M］. 北京：北京师范大学出版社，2013.

工作经验、个人特质和资源禀赋方面的差异和局限性，难以达到准确判断特定创业机会的要求；另一方面，机会信息本身又往往是模糊的、不具体的、不精确的，尤其是那些可能孕育出新市场甚至新产业的创业机会，其市场前景往往是创业者朦胧的预估和初始判断。

2. 创业环境的不确定性

随着经济全球化、信息化和科学技术的迅猛发展，今天的创业者面对的是一个更加复杂多变、不确定的市场环境，而且往往机会创造价值的潜力越大、科技含量越高，环境的不确定性就越大，信息也就越不对称，创业者就越难作出全面、准确的评价，因而创业机会评价本身的风险很高。当然，环境的不确定性并非只有消极作用，它会提供开创新事业的诸多机会，创业正是对环境不确定性的回应，这也往往进一步催生大量新的不确定性机会。

3. 创业者的有限理性

有限理性（bounded rationality）的概念最初是阿罗（Arrow）提出的，他认为有限理性是指人的行为“是有意识的理性，但这种理性又是有限的”。

首先，有限理性与创业环境的不确定性密切相关。人们对环境的预测能力和认识能力是有限的，人不可能无所不知。其次，创业者的个人特质尤其是性格特征、认知因素、职业兴趣存在很大差异，即便是面对同一机会，不同的创业者也会表现出不同的看法、给出不同的评价。此外，由于受到情境的影响，创业者对机会的评价在很大程度上依靠以往经验、直觉推断或偏见等。在复杂情境下，一个人不可能获得所有的信息来作出合理的决定，因此，人们只具有有限的理性。此时，创业者的冒险精神、创造性起着关键性作用。

研究表明，创业机会识别与评价还受到创业者性别、创业团队、地域差异等多种因素的影响。

可见，对创业机会的识别与评价因人而异、因地而异、因环境而异。在机会评价过程中，创业者必须客观分析个人特质、职业兴趣和能力特长，考虑个人是否与相应的机会特征相匹配，依托自身的优势选择机会、整合资源、创造满足需求的方式，从而使有价值的创意成为可能的创业机会。

四、创业机会评价的技巧和策略

适于特定个体创业的机会并不是很多，存在“机会选择漏斗”，即在众多机会中，经过一层层筛选，最终可能只有很少的机会适合自己创业。尽管创业机会评价有风险，但创业者若能掌握机会评价的一些技巧和策略，许多悲剧或许可以避免，创业成功率也会因此大幅提升。

按照创业机会识别的“两阶段”匹配理论，通常应当先判断机会的价值特征，以评判该机会是否值得追求；其次，再从个体角度评价该创业机会是否真正适合创业者自己，能否实现个人和社会的价值创造。

（一）评价机会的价值特征：重点关注机会的价值创造潜力

创业机会的评价方法有多种，分为定性评价和定量评价两大类。创业机会评价有利于应对并化解环境不确定性，应重点关注机会的价值创造潜力。

下面介绍两种有代表性的评价方法。

1. 蒂蒙斯的创业机会评价框架

蒂蒙斯 1999 年提出了包括 8 项一级指标、53 项二级指标的评价指标体系，几乎涵盖了其他理论涉及的所有内容，包括行业和市场、经济因素、收获条件、竞争优势、管理团队、致命缺陷、个人标准、理想与现实的战略差异等方面，被认为是目前最全面的创业机会评价指标体系（见表 4－2）。①

表 4－2　蒂蒙斯的创业机会评价框架

行业和市场	（1）市场容易识别，可以带来持续收入。 （2）顾客可以接受产品或服务，并愿意为此付费。 （3）产品的附加价值高。 （4）产品对市场的影响力大。 （5）将要开发的产品生命长久。 （6）项目所在的行业是新兴行业，竞争不激烈。 （7）市场规模大，销售潜力达到 1 000 万美元到 10 亿美元。 （8）市场成长率为 30%～50%，甚至更高。 （9）现有厂商的生产能力几乎完全饱和。 （10）在 5 年内能占据市场的领导地位，市场占有率达到 20%以上。 （11）拥有低成本的供应商，具有成本优势。
经济因素	（12）达到盈亏平衡点所需的时间为 1.5～2 年。 （13）盈亏平衡点不会逐渐提高。 （14）投资回报率在 25%以上。 （15）项目对资金的要求不是很高，能够获得融资。 （16）销售额的年增长率高于 15%。 （17）有良好的现金流量，能占到销售额的 20%～30%。 （18）能获得持久的毛利，毛利率要达到 40%以上。 （19）能获得持久的税后利润，税后利润率要超过 10%。 （20）资产集中程度低。 （21）运营资金不多，需求量是逐渐增加的。 （22）研发工作对资金的要求不高。
收获条件	（23）项目带来的附加价值具有较高的战略意义。 （24）存在现有的或可预料的退出方式。 （25）资本市场环境有利，可以实现资本的流动。
竞争优势	（26）固定成本和可变成本低。 （27）对成本、价格和销售的控制较高。 （28）已经获得或可以获得对专利所有权的保护。 （29）竞争对手尚未觉醒，竞争较弱。 （30）拥有专利或具有某种独占性。 （31）拥有发展良好的网络关系，容易获得合同。 （32）拥有杰出的关键人员和管理团队。
管理团队	（33）创业者团队是优秀管理者的组合。 （34）行业和技术经验达到了本行业的最高水平。 （35）管理团队的正直廉洁程度能达到最高水准。 （36）管理团队知道自己缺乏哪方面的知识。

① Timmons，J. A. New Venture Creation：Entrepreneurship for the 21th Century［M］. 5th edition. McGraw-Hill，1999.

续前表

致命缺陷	（37）不存在任何致命缺陷。
个人标准	（38）个人目标与创业活动相符。 （39）创业者可以做到在有限的风险下实现成功。 （40）创业者能接受薪酬减少等损失。 （41）创业者创业是因为渴望这种生活方式，而不只是为了赚大钱。 （42）创业者可以承受适度的风险。 （43）创业者在压力下状态依然良好。
理想与现实的战略差异	（44）理想与现实情况相吻合。 （45）管理团队已经是最好的。 （46）在客户服务管理方面有很好的服务理念。 （47）所创立的事业顺应时代潮流。 （48）所采取的技术具有突破性，不存在许多替代品或竞争对手。 （49）具备灵活的适应能力，能快速地进行取舍。 （50）始终在寻找新的机会。 （51）定价与市场领先者几乎持平。 （52）能够获得销售渠道，或已经拥有现成的网络。 （53）能够允许失败。

蒂蒙斯创业机会评价体系的缺点也比较明显（林嵩，2007）：一是指标多而全，主次不够清晰，实践中在对创业机会进评价时，很难做到对各个方面的指标进行量化来设置权重、实现综合评分的效果；二是各维度划分不尽合理，存在交叉重叠，这也在一定程度上影响了机会评价指标的有效性；三是该评价体系主要是基于风险投资商的风险投资标准建立的，这与创业者的标准还存在一定的差异，风险投资商的标准更具有主观性，而创业者的标准更具有客观性。

2. 刘常勇的创业机会评价框架

我国台湾的创业学教授刘常勇（2002）归纳的创业机会评价框架比较简单，具有一定代表性（见表 4-3）。①

表 4-3　　刘常勇的创业机会评价框架

市场评价	（1）是否具有市场定位、专注于具体顾客需求、能为顾客带来新的价值。 （2）依据波特的五力竞争模型进行创业机会的市场结构评价。 （3）分析创业机会所面临的市场规模的大小。 （4）评价创业机会的市场渗透力。 （5）预测可能取得的市场占有率。 （6）分析产品成本结构。
回报评价	（7）税后利润至少高于 5%。 （8）达到盈亏平衡的时间应该在 2 年以内，如果超过 3 年还不能实现盈亏平衡，则这样的创业机会是没有价值的。 （9）投资回报率应高于 25%。 （10）资本需求量较低。 （11）毛利率应该高于 40%。 （12）能否创造新企业在市场上的战略价值。 （13）资本市场的活跃程度。 （14）退出和获得回报的难易程度。

① 刘常勇．创业管理的 12 堂课［M］．北京：中信出版社，2002.

需要强调的是，常规的市场研究方法不一定完全适用于创业机会评价，尤其是原创性创业机会的评价。创业者应当根据需要，选择若干要素来判断创业机会的价值特征。

（二）评价创业者个体特质：客观分析自身的职业兴趣和能力特长

创业机会的评价显然关系到创业者未来职业生涯的选择与决策。因此，关于人的个性特质与职业性质相一致的理论——“人职匹配理论”具有借鉴价值。

人职匹配理论的基本思想是，个体差异是普遍存在的，每一个个体都有自己的个性特征，而每一种职业由于其工作性质、环境、条件、方式不同，对工作者的能力、知识、技能、性格、气质、心理素质等有不同的要求。进行创业决策时，应当根据一个人的个性特质来选择与之对应的职业种类，即进行人职匹配。如果匹配得好，则个人特质与职业环境协调一致，工作效率和创业成功的可能性就会大幅提高；反之，则工作效率和成功的可能性就会很低。

美国职业心理学家霍兰德（Holland，1973）在《职业决策》一书中描述了六种基本人格类型，占主导地位的人格类型可以为个体选择专业、职业及工作环境提供方向。[①]

1. **实际型**（realistic）

这种类型的人喜欢有规则的具体劳动和需要基本操作技能的工作，缺乏社交能力，不适应社会性质的职业。典型的职业类型：各类工程技术工作、农业工作；通常需要一定体力，需要运用工具或操作机械。主要职业：工程师、技术员；机械操作或维修安装工人、木工、电工、鞋匠等；司机；测绘员、描图员；农民、牧民、渔民，等等。

2. **研究型**（investigative）

这种类型的人具有聪明、理性、好奇、看重精确性、爱批评人等人格特征，但缺乏领导才能。典型的职业类型：智力的、抽象的、分析性的、独立的定向任务之类研究性质的工作。主要职业：自然科学和社会科学方面的研究人员、专家、教师；化学、冶金、电子、无线电、电视、飞机等方面的工程师、技术人员；飞行驾驶员、计算机操作人员；等等。

3. **艺术型**（artistic）

这种类型的人具有想象力丰富、冲动、凭直觉、无秩序、情绪化、理想化、有创意、不重实际等人格特征，喜欢艺术性质的职业和环境，不擅长具体事务性工作。典型的职业类型：各种艺术创造工作。主要职业：演员、歌唱家、作曲家、乐队指挥、导演、艺术类编导、教师；诗人、小说家、剧作家、文学艺术方面的评论员；广播节目的主持人、编辑；画家、书法家、摄影家、雕刻家；艺术、家具、珠宝、房屋装饰等行业的设计师，等等。

4. **社会型**（social）

这种类型的人具有合作、友善、助人、负责任、圆滑、善社交、善言谈、洞察力强等人格特征，喜欢社会交往，关心社会问题，有教导别人的能力。典型的职业类型：医疗服务、教育服务、生活服务等。主要职业：医护人员；教育工作者，如教师、教育行政人

---

① 李燕．从外烁到内生：霍兰德创业型人格理论对高校创业教育的启示［J］．济南大学学报，2010（4）．

员；社会工作者，如咨询人员、公关人员；衣食住行服务行业的经理、管理人员和服务人员；福利事业工作人员，等等。

5. **创业型**（enterprising）

这种类型的人具有喜欢冒险和竞争、精力充沛、善于表达、乐观积极、有野心、有冲劲等人格特征。他们的社交能力强，是协调沟通的高手；工作上表现出强烈的野心，希望拥有权力、受人注意并成为团体中的领导者；做事有组织、有计划，喜欢立即采取行动，领导他人达成工作目标，获取利益；重视政治与经济上的成就，缺乏科研能力，不喜欢花太多的时间做科学研究。典型的职业类型：销售、管理、法律、政治等方面的工作。主要职业：销售人员、管理人员、律师、政治家等。

6. **传统型**（conventional）

这种类型的人具有顺从、谨慎、保守、实际、稳重、有效率等人格特征，喜欢有系统、有条理的工作。典型的职业类型：各类文件档案、图书资料、统计报表等相关的工作。主要职业：办公室人员、文秘、人事工作者、统计人员、审计人员、会计、出纳、行政助理、打字员；图书管理员、保管员；交通、旅游、外贸、税务方面的工作人员；邮递员，等等。

霍兰德用一个六边形简明地描述了六种人格类型之间的关系（见图 4－3）。每一种类型与其他类型之间存在不同的关系，大体可分为三类。

（1）相邻关系。属于这种关系的两种类型的个体之间共同点较多，如实际型（R）和研究型（I）的人都缺乏人际交往能力，这两种职业环境中也都较少有机会与人接触。

（2）相隔关系。如实际型（R）和艺术型（A）就属于这种关系，其个体之间的共同点比相邻关系少。

（3）相对关系。六边形上处于对角位置的类型即为相对关系。相对关系的人格类型很少有共同点，因此，同一个人同时对处于相对关系的两种职业环境都兴趣浓厚的情况较为少见。

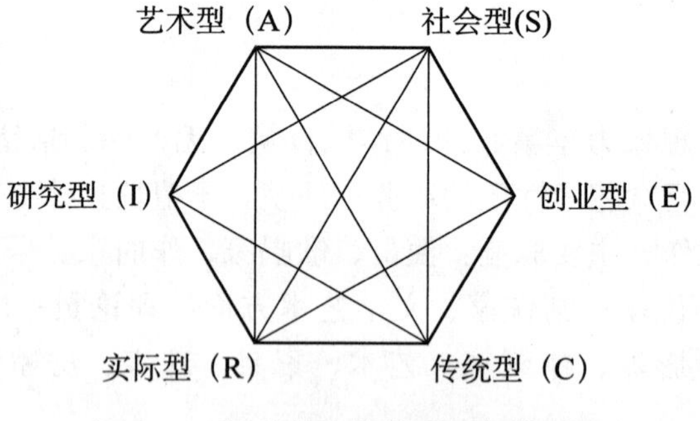

图 4－3 霍兰德人格类型六角模型图

根据霍兰德的人格类型理论，一个人在与其人格类型相一致的环境中工作，容易得到乐趣和内在满足，最有可能充分发挥自己的才能。但在选择职业时，个体并非一定要选择与自己兴趣完全对应的职业环境。一是因为个体本身通常是多种兴趣类型的综合体，单一类型显著突出的情况不多，因此评价个体的兴趣类型时常以其在六大类型中得分居前三位的类型组合而成；二是因为影响职业选择的因素是多方面的，不完全依据兴趣类型，还要参照社会的职业需求及获得职业的现实可能性；三是人格类型并非一成不变，它是人在遗传素质的基础上，通过活动、兴趣、能力、气质四者不断交互作用的结果，是先天和后天交互作用的结果。因此，寻求相邻职业环境甚至相隔职业环境的个体并不鲜见，在这类环境中，个体需要逐渐适应工作环境。但如果个体寻找的是相对的职业环境，则意味着所进入的是与自我兴趣完全不同的职业环境，工作起来可能难以适应，或者在工作时很难感受到快乐，甚至可能会很痛苦。

因此，在选择职业时，首先需要通过一定的测评手段与方法来确定个体的人格类型，然后寻找与之相匹配的职业种类。霍兰德编制了一套《职业自我探索量表》（The Self-Directed Search，SDS）来配合其理论的应用。

评价特定创业机会时，创业者也应当考虑人职匹配问题，在与个性气质完全不同、不合适的领域创业，其成功的可能性将大打折扣。

案例 4－17　工作环境压抑个性：省级机关公务员辞职创业

来自泗洪的农家孩子刘锐，1992 年毕业于南京大学信息化管理专业，分配到某省级机关，一干就是 10 年。工作 10 年后，他辞职创业，成立及时雨净水设备公司。记者采访他时，明显感受到他身上浓郁的书生气；当他讲述自己创业的坎坷过程时，又不断地透出一股子执拗劲。

刘锐当年在机关的工作与专业有关，做的是统计工作。一间办公室、几个同事，这么小的天地，每天清闲得令人憋闷。因为谨记“祸从口出”的国训，他平时说话声音都不敢抬高，到后来，谨小慎微到说话时别人已听不清……工作环境严重压抑了他的个性，要么继续低声下气地适应，要么果断地高声拒绝这样的环境！

缜密地思考后，他选择离开，自己创业。刘锐读高中时就有创业的念头，他是自己可以当家做主的人，有事业心、有主见，也能创造可观的经济效益。

不料，他这个决定被父母、岳父母、老婆、朋友全面否决：“你一个农村孩子，能在省城大机关工作，这容易吗？别人想讨这个金饭碗都想不来，你却自己砸了！”父母警告他别想着挣大钱，安心过普通人的日子吧。

好在刘锐能吃苦，也有毅力。几年打拼下来，他已经挣到了第一桶金。再回到从前待过 10 年的机关，老同事纷纷说他变了——说话高喉大嗓，颇有自信。

刘锐告诉记者，他最自豪的就是现在能自己当家做主，活得轻松自在。

资料来源：董婉愉，王卫庭．创业后，说话嗓门高了［N］．扬子晚报，2010－09－06.

（三）充分借助外脑

进行机会评价，切忌创业者独断专行，应尽可能多地听取专家的意见。这类专家应当符合以下条件：（1）有创办企业的经历；（2）至少具有 5～10 年以上企业决策层管理经验。只有这样，他们才能识别出各种商业机会，并具备创造性的预见能力和捕捉商机的能力。

本章小结

创业机会识别作为创业活动的初始阶段和核心环节，对于新创企业起步与发展至关重要。创业机会识别源于创意的产生。创业创意是具有创业指向，同时具有创新性或原创性的想法或概念。创意是否具有商业价值存在不确定性。

机会是未明确的市场需求或未得到充分利用的资源或能力。创业机会是具有商业价值的创意，表现为特定的组合关系，有价值的创业机会具有价值性、可行性、时效性等基本特征。

创业机会主要来源于一定的市场需求变化，没有变化就没有创业机会。识别创业机会受到历史经验等多种因素的影响，主要集中在创业者的先前经验、认知因素、社会关系网络和创造性等几个方面。

创业机会识别过程分为机会搜寻、机会评价和机会识别三个阶段。创业机会识别是创业者与外部环境反复互动并将创意进行转变的过程，判断创业机会是否适合创业者的主要依据在于机会特征与个人特质的匹配。

机会评价有利于应对并化解环境不确定性，常规的市场研究方法不一定完全适用于创业机会评价，尤其是原创性创业机会的评价。

关键术语

创意　商业机会　创业机会　先前经验　认知因素　社会关系网络　创业机会识别　创业机会评价　个人与创业机会匹配　人职匹配

思考题

1. 试述机会和创意的概念，创业机会和商业机会有何异同？
2. 有价值的创业机会有何特征？
3. 试述创业机会的一般来源，举例说明身边可能的创业机会。
4. 谈谈识别创业机会的影响因素和一般过程。
5. 如何判断某个创业机会是否适合自己？

进一步的阅读资料

1. ［美］斯科特·A. 谢恩．寻找创业沃土［M］．北京：中国人民大学出版社，2005.

2. ［美］杰里米·里夫金．零成本社会［M］．北京：中信出版社，2014.

第 5 章

创业资源整合

本章要点

- 创业资源的内涵与种类
- 社会资本、资金、技术及专业人才在创业中的作用
- 影响创业资源获取的因素，创业资源获取的途径与技能
- 创业融资渠道与策略选择，创业所需资金的测算
- 创业资源的开发整合与有限资源的创造性利用

引例

一元钱打造一条街

他破产了，口袋里的一元钱及回家的一张车票是他当时全部的财产。“再见了！深圳……”一句告别的话还没说完，他已泪流满面。“我不能就这样走。”在跨入车门的那一瞬间，他退了回来，撕碎了车票。

在火车站，听着来往旅客天南地北的方言，他突发奇想，用一元钱在一家小店买了一支儿童彩笔和 4 个红塔山的包装盒。在火车站出口，他举起一张牌子，上书“出租接站牌（1 元）”。当晚他不仅吃到了一碗加州牛肉面，而且口袋里还剩下 18 元。

5 个月后，接站牌由 4 个包装盒发展成为 40 块锰钢做成的可调式“迎宾牌”，火车站附近有了他的一间工作室。

3 月的深圳，春光明媚，各地的草莓纷纷上市。10 元一斤的草莓，第一天卖不掉，第二天只能卖 5 元，第三天就没人要了。此时他来到近郊的一个农场，用出租“迎宾牌”挣来的 1 万元，购买了 3 万个花盆。第二年春天，当别人把摘下的草莓运到城里时，他栽着草莓的花盆也进了城。不到半个月，3 万盆草莓销售一空，他第一次领略了由 1 万元变成 30 万元的滋味。

1995 年，深圳海关拍卖一批无主货物，有 1 万只全是左脚的耐克皮鞋，无人竞标，他成了唯一的竞标人并以极低的拍卖价买下。1996 年，在蛇口海关已存放了

1年的无主货——1万只右脚的耐克皮鞋急着处理，他得到消息，以残次旧货价格拉出海关。

这次无关税贸易使他作为商业奇才跃上香港一商业杂志的封面。现在他已成为欧美13家服饰公司的亚洲总代理，正在力主把深圳的一条街变成步行街，因为在这条街上有他12个店铺。

分析：资源不在拥有多少，关键在于能否用创新的思维方式，去开发与整合外部充裕的资源。1元钱能打造出一条街来，可是很多人认为1元钱只能买一杯水。也许正是这种认识上的差别，使世界上产生了富翁和乞丐。

资料来源：刘燕敏．最后的一元钱［J］．视野，2008（10）．

第1节　创业资源

创业资源和创业机会是研究创业问题的两个重要方面。创业资源是成功创业不可或缺的物质基础。

不同的创业活动具有不同的创业资源需求。大量的研究也探讨了不同创业资源对创业绩效的影响。

一、企业资源的内涵与种类

1. 资源的定义

《辞海》上关于资源的定义是：生产资料和生活资料的天然来源。

经济学把为了创造物质财富而投入生产活动的一切要素通称为资源，即指一般意义上的商业资源。包括人力资源、物力资源、财力资源、信息资源、时间资源等，其中，人力资源是一切资源中最宝贵的资源，是第一资源。

近年来，人们研究新创企业资源问题的重要理论依据之一是资源基础理论（resource-based theory，RBT）。英国管理学家彭罗斯（Penrose，1959）在《企业成长理论》一书中提出，企业是由一系列具有不同用途的资源相联结的集合体。企业的竞争优势来源于企业拥有和控制的有价值的、稀缺的、难以模仿并不可替代的异质性资源。

资源基础理论主要代表人物巴尼（Barney，1991）对企业资源的定义是："企业控制的能够使一个企业制定和执行提高其效率和效益的战略的所有资产、能力、组织流程、企业属性、信息、知识等。"

2. 创业资源的内涵

巴尼（Barney，1986，1991）认为，创业资源是指企业在创业的整个过程中先后投入和使用的企业内外各种有形和无形的资源总和。

我国学者也对创业资源给出了定义：

林强和林嵩（2003，2005）认为，创业资源是指创业企业创立以及成长过程中所需的各种生产要素和支撑条件，包括企业资产、资金、知识、信息、网络等有形和无形的资源。①

参见蔡莉、尹苗苗和柳青（2009）认为，企业创建时所拥有的资源包括人力资源、财务资源、物质资源（含技术资源）和社会网络资源等。②

张斌（2011）认为，创业资源是指新创企业在创造价值过程中所需的有形与无形资产，具体包括创业人才、创业资本、创业机会等。③

综上所述，创业资源是指创业者在创业过程中所投入和运用的各种生产要素和支撑条件的总和，包括有形与无形的资产，诸如创业人才、创业资本、创业机会、创业技术和创业管理等。

3. 创业资源的种类

对创业资源的分类有多种角度。

（1）按照资源的存在形态分类。

1）有形资源（实体资源）。有形资源是指可见的、能量化的资产，主要包括创业者的固定资产和金融资产。固定资产主要包括房屋、土地、机器设备、原材料、运输工具等资产；金融资产主要指创业者的存款、筹资和借贷。

2）无形资源（虚拟资源）。无形资源是指能创造价值，但不具有独立实物形态的资源。无形资源可分为两类：技术资源和商誉资源，包括技巧、知识、信息、关系、文化、品牌、管理、声誉及能力等。

有形资源与无形资源相比，有形资源越用越少，边际效应递减；无形资源不会越用越少，且边际效应递增。无形资源更具价值创造的潜力，往往是撬动有形资源的重要杠杆，能够为创业者带来无可比拟的竞争优势。

3）人才资源。管理学大师彼得·德鲁克在1954年出版的《管理的实践》（*The Practice of Management*）这部经典著作中，首次在管理学领域阐释了"人力资源"概念的含义："人力资源——完整的人——是所有可用资源中最有生产力、最有用处、最为多产的资源。"人力资源包括创业者或创业团队及其雇员的知识、能力、经验以及个人社会关系网络，它涵盖了每个个体的判断力、洞察力、创造力以及视野和才智，甚至包括社交技能和社会关系。

人才资源则是指在创业过程中对商机识别、价值创造起重要作用，甚至创造了超额价值的人力资源，是人力资源中的精英，因而是人力资本。由于人力资本的重要性，它被经济学家纳入经济增长的内生变量，是企业极其重要的战略资源，会为企业带来持久竞争优势。

（2）按照资源重要性程度分类。

1）必备资源。指创业者必须自己拥有或借助外力能够支配的创业资源，主要包括资

---

① 林嵩．创业资源的获取与整合——创业过程的一个解读视角［J］．经济问题探索，2007（6）．

② 蔡莉，尹苗苗．新创企业学习能力、资源整合方式对企业绩效的影响研究［J］．管理世界，2009（10）：1-10．

③ 张斌．基于资源及交易成本分析的创业企业发展坐标研究［J］．科技创业月刊，2011（2）．

金、场地、人才和产品等资源。

2）支撑资源。指处于创业者直接控制范围之外，但可以通过开发、组织、联合甚至租赁而获取的资源，包括营销渠道和关系网络。

3）外围资源。指创业者身处其中就能感受或享受到的资源，是一种不受创业者主观控制的、外在的公有性资源，包括创业环境、政府创业政策、社会创业文化和市场信息等。表5-1对这三类资源作了汇总。

表5-1　创业资源的类型与来源

资源类型	资源名称	资源内容和来源
必备资源	资金资源	亲戚朋友的借款；政策性低息贷款；各类政策资助与扶持的创业基金或科技基金；风险投资资金；天使投资资金等
	场地资源	自有产权的房屋场地；可租借到的房屋场地；科技园区或工业园区提供的低价场地；各类孵化器或创业园提供的廉租房屋场地等
	人才资源	创业者自身；创业团队成员；可以聘请到的管理、营销人才；专家顾问团队；招聘的合格员工等
	产品资源	具有自主知识产权的产品；创新性产品；他人产品的地区总代理；具有市场前景的产品等
支撑资源	营销渠道	自有的营销网络；可以使用或租借的营销渠道；营销渠道的效率与效果是否与产品生产能力匹配等
	关系网络	个人关系网络，如亲朋好友、老师同学、战友同事等；社会关系网络，如创业之前的同事、业务伙伴，可以进行利益共享与交换的群体；具有弱连接的间接社会关系等
外围资源	创业环境	地区经济发展水平；是否有创业辅导机构、创业融资机构、创业培训与学习条件；政府对创业的态度；区域自然条件等
	创业政策	税收优惠及减免政策；工商注册支持政策；行业准入政策；创业扶持政策；确保创业者利益的政策等
	创业文化	地区生活习惯；人们对待冒险的态度、对创业行为的看法，地域文化与思维方式；人们对财富与安逸的追求等
	市场信息	是否具有发达的网络系统；市场的开放性、安全性与公平性；信息共享的程度；行业协会与市场组织等

资料来源：杨梅英，熊飞．创业管理概论［M］．北京：机械工业出版社，2008.

二、创业资源与一般商业资源的异同

创业资源是商业资源，但并非所有的商业资源都是创业资源，只有能为创业者开发利用的资源才是创业资源。一般商业资源是指经济学意义上的资源，创业资源作为商业资源的一种，当然具有商业资源的普遍特征，比如，两者都具有稀缺性和价值性，两者都涵盖了有形资源、无形资源与人才资源。

但资源的通用性无法使企业获得高水平绩效和持续的竞争优势，也无法实现创业企业的成长。创业资源更多地表现为无形资源，一般商业资源则更多地表现为有形资源，创业资源区别于一般商业资源的最主要特征在于它的外部性、异质性，以及能实现新效用和创造新价值。

1. 创业资源的外部性

创业资源大多为外部资源。新创企业普遍资源短缺，创业者往往只拥有少量的资源，甚至是白手起家。因此，创业者获取资源的有效途径就是使外部资源内部化，特别是对于关键性创业资源，要能够设法有效地获取或整合。“不求所有，但求所用”，成功的创业者大多是资源整合的高手，创造性地整合资源是他们成功的关键因素之一。

2. 创业资源的异质性

资源基础理论认为企业的竞争优势源于企业拥有的异质性资源（Jay Barney，1991；Prahalad and Hamel，1990）。资源的异质性是指其具有价值性、稀缺性、难以模仿性和不可替代性，这些构成了企业竞争优势的内生来源。包括创业者本身及其在创业过程中形成的有特色的创意、创业精神、愿景目标、创业动力、机会洞察力、灵敏与灵活的决策、独创性和远见等，都属于这类具有异质性和固定性的创业资源（Barney，1991）。

Markt and Casson（1982）指出，创业者就是为了协调稀缺资源而实施判断性决策的人。企业内部拥有的那些异质性资源和能力是新企业成长的重要原因。①

秦志华、刘传友（2011）认为，创业活动的意义在于通过异质性资源的优化配置，为社会提供具有新使用价值的产品服务，从而促进价值的增值。②

创业资源的异质性还影响着新创企业资源获取的方式和渠道。陈寒松、朱晓红（2012）提出，新创企业所拥有的异质性资源影响着企业资源获取的方式和渠道，异质性资源的获取对创业绩效的提升有积极影响，可促进企业形成可持续竞争优势。③

由此可见，创业过程可以看作异质性资源整合的过程。

3. 创业资源能实现新效用和创造新价值

按照资源基础理论，生产经营活动依赖资源，资源价值来源于资源属性的效用，而资源效用不是一成不变的东西，新的效用会在社会活动中不断被发现（Foss & Klein，2005；Foss，Foss，Klein & Klein，2007）。

对于同样的资源，具有独到眼光的创业者往往能看到他人未能发现的不同效用，从而产生不同的期望，作出不同的投入产出判断，这就是知识分散性。知识分散性使得部分敏锐的创业者能在复杂多变、信息有限、时间紧迫的创业过程中，从使用价值出发而不是从市场价格出发，甚至可以通过比市场平均价格更低的价格获取具有重要使用价值的创业资源，再按自身发现的新效用对所获资源进行开发利用，实现产品或服务的新功能，从而产生超出一般商业资源的新价值甚至超额利润的效果。这种发现和实现资源新效用的过程，就是创业活动的本质（Sarasvathy and Dew，2007）。

---

① Casson，M. The Entrepreneur：An Economic Theory [M]. Barnes & Noble Books，1982.

② 秦志华，刘传友. 基于异质性资源整合的创业资源获取 [J]. 中国人民大学学报，2011（6）.

③ 陈寒松，朱晓红. 新创企业异质性资源、资源获取与创业绩效关系研究 [J]. 企业管理研究，2012（3）.

案例 5-1 **从路边摊到辣椒王国**

她没有上过一天学，就连自己的名字都是儿子成人后手把手教她写的。她乐善好施，尽管自己的生活充满艰辛，却常接济附近一所学校的一名贫困生，感激之下，学生叫她“干妈”。久而久之，周围的人也都亲切地叫她“老干妈”。她白手起家，在短短的6年间，创办了一家资产达13亿元的私营大企业！她就是贵阳南明老干妈风味食品有限责任公司的董事长陶华碧。她的名字也许不为人熟知，但提起她的“老干妈麻辣酱”，却几乎家喻户晓。

由于家里贫穷，陶华碧没读过一天书。为了生存，她很小就去打工、摆地摊。1989年，陶华碧用省吃俭用积攒下来的一点钱，以及捡来的半截砖和油毛毡石棉瓦，搭起了能摆下两张小桌的“实惠饭店”。饭店的生意红红火火，她免费赠送的豆豉辣椒、香辣菜等调味品成为吸引顾客的“秘密武器”。不过，这对于陶华碧同样也是一个秘密，直到有一天，客人吃完饭后，要求买一些调味品带回去。

这件事对陶华碧的触动很大。机敏的她一下就看准了麻辣酱的潜力，从此开始潜心研究。经过几年的反复试制，她制作的麻辣酱风味更加独特。陶华碧开始了第二次经营扩张，白天开饭店，晚上在店里用玻璃瓶包装豆豉辣椒，一直忙到凌晨4点。只睡两个小时，她早上6点就又起床开门营业。豆豉辣椒越卖越好，1996年7月，陶华碧借南明区云关村委会的两间房子，办起了食品加工厂，专门生产辣椒调味品，定名为“老干妈麻辣酱”。1997年8月，“贵阳南明老干妈风味食品有限责任公司”正式挂牌，到2000年末，只用了3年半的时间，“老干妈”公司就迅速壮大，员工增加到1 200人，产值近3亿元，上缴国家税收4 315万元。如今，“老干妈”公司已进入中国私营企业50强。

由于香辣结合、口味独特，“老干妈”系列产品已经覆盖全国各地，并远销美国、澳大利亚、新西兰等20多个国家和地区，一举改变了辣椒产品局限于嗜辣地区的传统。

贵州地区毫不起眼、再普通不过的辣椒、豆豉、菜籽油等农产品，在陶华碧的手中大放异彩，创造出了超额经济利润，充分体现出资源开发利用的魅力，“老干妈”品牌效应又助推这种独特风味的麻辣酱走出中国，走向世界。

资料来源：根据王宁，聂毅．从路边摊到辣椒王国——老干妈陶华碧的传奇人生［J］．大陆桥视野，2005（9）改编．

三、社会资本、资金、技术及专业人才在创业中的作用

1. 社会资本在创业中的作用

“社会资本”最初由经济学的“资本”概念演变而来。1980年，法国社会学家皮埃尔·布迪厄（Pierre Bourdieu）在《社会科学研究》杂志上发表了《社会资本随笔》一文，正式提出了“社会资本”（social capital）这一概念。

社会资本是基于人际和社会关系网络而形成的资源，包括规范、信任和网络等形式。[①] Nahapiet and Ghoshal（1998）指出，社会资本存在于个人所拥有的关系网络中，是个体能够通过这些关系网络获得的现实资源和潜在资源的总和。[②]

张玉利等人（2008）的实证研究表明，社会交际广、交际对象趋于多样化、与高社会地位个体之间的关系密切的创业者更容易发现创新性更强的机会。[③] 章丽萍等人（2008）提出，创业者的社会资本不仅提高了创业者机会识别能力，而且是市场机制的有效补充和替代，弥补了创业者资源匮乏。[④]

可见，社会资本主要表现为个人所拥有的社会关系网络，在创业过程中能够提供市场信息和市场机会，并有助于提高创业者机会识别能力，还可弥补创业者资源匮乏，增加创业成功的可能性。

2. 资金在创业中的作用

巧妇难为无米之炊。创业需要资金，无论是有形资源、无形资源还是人力资源的构建与拥有都需要资金的投入，否则，创业只能是纸上谈兵。绝大多数创业者往往由于缺乏资金而在创业之初陷入困境。

创业之前，创业者必须结合创业计划，合理确定资本结构与资金需求数量，并切实筹集到所需的资金，才可能正式开始创业。一般而言，产生创业资金需求的原因与资金的用途如表5-2所示。从表中可见，如果某一环节的资金不到位，即便是再伟大的创业事业也会面临断炊的风险，而如果创业企业在盈利之前就花光了所有的资本，即资金链断裂，就意味着创业中断，即便其产品再新颖、市场前景再好，也无济于事。

表5-2　产生创业资金需求的原因与资金的用途

产生时间	产生资金需求的原因	资金的用途
企业成立前	设立登记	相关权证的办理，营业执照的审批及登记
	场地、门面	生产场地、销售门面的考察与租赁，甚至车位的购买或租赁
	办公条件	办公场所的租赁、装修，办公物资、器材的购置
企业成立后	现金流	生产销售之前产生的现金流，如原材料、零部件、技术设备的购买，产品/服务开发，员工招聘/培训等
	生产设备设施	生产/运输/库存设施、原材料的购置、使用、维护
	产品和市场开发	产品/服务前期的开发、市场推广，涉及渠道、品牌、广告等

清华大学中国创业研究中心与中央电视台七套联合发布的《2008—2009年度中国百姓创业致富调查报告》显示，大学生群体创业失败的主要原因是缺乏资金，许多试图创业的大学生在有了好的创业意向后都因资金问题而最终被迫放弃。《中国青年报》2013年的调查显示，在校大学生创业失败的主要原因是缺乏资金，占受访者的45.2%；其次是经验欠缺，占19%；再次是个人能力问题，占12%；其他原因依次为合伙人关系破

① 陈柳钦．社会资本及其主要理论研究观点综述［J］．东方论坛，2007（3）．

② Nahapiet，Ghoshal. Social Capital，Intellectual Capital，and the Organizational Advantage［J］. *Academy of Management Review*，1998，23（2）：242-266.

③ 张玉利，杨俊，任兵．社会资本、先前经验与创业机会——一个交互效应模型及其启示［J］．管理世界，2008（7）：91-102.

④ 章丽萍，刘小丽．创业者社会资本对创业活动的作用机理［J］．中外企业家，2008（12）．

裂（8.3%）、经济大环境影响（8.3%）、家庭因素（3.6%）、法律问题（3.6%）。[①]

可见，资金在创业过程中具有不可或缺的重要作用。

3. 技术在创业中的作用

创业资源中的技术资源指的是技术资产及技术开发能力。

技术资产包括诀窍、专利等，技术开发能力是企业知识和技能的总和。[②] 创业技术资源决定了创业产品或服务的市场竞争力和获利能力，因而是创业企业生存和发展的基石。

Barney（1991）首次提出，构建企业竞争优势的资源有四个特征：价值、稀缺、难以模仿与难以替代。技术是能够构建企业竞争优势的重要资源之一。[③] Teece（1998）认为，对高科技新创企业而言，技术是其战略性资源。[④] 创业初期，在创业资金需求基本满足的情况下，创业技术是最关键的资源。

技术资源与人力资源的区别在于，人力资源存在于个人身上，随着员工的流动会流失；技术资源则大多与物质资源相结合，可以通过法律手段加以保护，形成组织的无形资产。

4. 专业人才在创业中的作用

尽管技术是关键，但技术是由专门人才掌握的。知识经济时代，人才是经济和社会发展的第一资源。在科技迅猛发展、全球化竞争日益激烈的背景下，任何技术都可能落伍，任何资源都可能被取代，技术、产品竞争的实质就是人才的竞争，只有人才资源是任何时代都不能缺少的，人才是企业创立、创新和持续发展的基础，也是企业永葆活力的坚强后盾。

因此，专业人才是创业企业的根本，是创业企业最重要的人力资本，高素质专业人才的获取和开发是新创企业可持续成长的关键。

国内外无数事实证明，一个杰出的专业人才可以造就一个伟大的企业，甚至催生一个新兴产业的发展。比如，苹果的乔布斯、微软的比尔·盖茨、谷歌的布林和佩奇、Facebook的马克·扎克伯格，联想的柳传志、腾讯的马化腾、百度的李彦宏、比亚迪的王传福，等等。由有技术背景的创始人主导或者参与创业并获得成功的企业比比皆是。

因此，对于创业团队而言，拥有可靠的、有技术背景的团队成员非常重要；对于创业企业而言，吸纳并培养一大批忠诚可靠的优秀专业技术人才更加重要。

四、影响创业资源获取的因素

影响创业资源获取的首要因素是创业者自身的素质和能力，尤其是创业者的创业导向、资源禀赋、资源整合能力。

---

① 陶涛，王晓艺．八成在校创业者认为交际能力最重要［N］．中国青年报，2013-07-22.

② 王旭，朱秀梅．创业动机、机会开发与资源整合关系实证研究［J］．科研管理，2010（9）．

③ Barney，J. Firm resources and sustained competitive advantage［J］．*Journal of Management*，17（1）：99-120.

④ Teece，D. J. Capturing value from knowledge assets：The new economy，markets for know-how，and intangible assets［J］．*California Management Review*，1998，40（3）：55-79.

1. 创业导向

创业导向是指创业者在经营、实践和决策的过程中所采取的勇于创新、承担风险、抢先行动、主动竞争和追求机会的一种态度或愿意。李雪灵（2010）提出："创业导向是指企业如何整合利用组织的现有资源，如何识别并把握市场机会，如何利用新产品占领市场，体现了企业的一种长期发展战略。"

创业精神侧重静态的组成，创业导向则强调如何行动，是创业精神的动态表现过程。具有创业导向的创业者和企业能够自主行动，积极创新，勇于承担风险，面对竞争先于对手采取行动，面对市场机会超前行动。创业者应当注重创业导向的培育和实施，以不断激励企业追求机会，驱使企业寻求与整合资源，并持续创造财富。

2. 资源禀赋

资源禀赋是指创业者所具有的与创业相关的自身素质及外在关系的总和，主要包括创业者的社会资本、经济资本和人力资本，它们能够为创业行为和新创企业的生存与成长提供有价值的资源，尤其是创业者的社会关系网络，对于创业资源的获取具有特别重要的意义。

大量文献强调了企业家资源禀赋在创业过程中的重要作用，认为企业家资源禀赋是创业行为过程的关键资源，甚至在一定程度上决定新创企业的资源构成特征（Morris，1998）。杨俊和张玉利（2004）认为，企业家创业时并非一无所有，企业家创业前的资源禀赋构成其创业的资源基础，创业行为实质上更多地具有理性成分，是企业家创新、冒险精神与理性决策的交织过程，表现为企业家在获取创业资源与应对环境不确定性过程中所体现的科学性。①

3. 资源整合能力

创业者不仅要有敏锐的识别商机的头脑，还要有善于整合资源的能力，只有这样才能在市场竞争中占有优势，进而取得成功。马鸿佳（2008）提出，新创企业资源整合能力是指在创业过程中以人为载体，在资源整合过程中所表现出的对资源的识别、获取、配置和利用的主体能力。

创业资源在未整合之前大多是零散的、一般性的商业资源，要发挥其最大的效用，将之转化为竞争优势，为企业创造新的价值，就需要创造性地发现资源的新效用，并运用科学方法对多种资源进行优化配置，通过资源整合实现其价值创新，发挥"1＋1＞2"的放大效应。

如果关键性创业资源是在复杂的社会关系网络中发展形成的，就会更难被模仿和复制，从而成为企业的一种有利于获得持久竞争优势的核心能力。因此，资源整合能力决定创业资源向组织能力转化的效率，影响企业的战略决策，并最终影响创业绩效。谷宏、王建中（2011）提出，创业资源是新企业创建和成长发展的基础，资源整合伴随整个创业过程，创业者需要对创业资源进行整合与优化，以增强新创企业的竞争优势，从而促进创业成功。②

---

① 杨俊，张玉利．基于企业家资源禀赋的创业行为过程分析［J］．外国经济与管理，2004（2）．

② 谷宏，王建中．资源整合能力对创业过程的影响研究［J］．中国集体经济，2011（9）．

资源整合能力在创业的各个阶段都发挥着极其重要的作用。在创业起步阶段，资源整合能力影响并决定了创业者对创业机会的识别、评估与开发，同时对创业者能否摆脱资源约束产生影响；生存与成长阶段是新创企业的快速发展期，这一阶段新创企业需要筹措更多的资源（特别是资金）来满足自身的发展，创业者资源整合能力会对新创企业成长过程中的战略决策与运营能力产生重要影响，资源整合的深度与广度将保障组织运作的持续性与稳定性，进而影响创业绩效。

4. 外部环境和政府政策支持

Gartner（1985）认为创业环境由资源的可获得性、周边的大学及科研机构、政府的干预及人们的创业态度等因素组成。[①] 蔡莉等人（2007）的研究表明，创业活跃程度的一个重要决定因素是创业的环境。创业环境与创业活跃程度呈很强的正相关关系，创业企业与创业环境有着密切的关系，而这种关系的核心是创业企业资源的需求和创业环境资源的供给所具有的有机联系。[②]

创业环境的承载主体主要包括大学及科研机构、关联企业、融资机构、中介机构及政府。事实上，创业水平和创业资源的获取受外部环境因素（尤其是政府的法规政策）的影响极大。创业环境好的地方一般会呈现较高的创业活动水平，而政府创业政策作为创业环境的重要内容是直接影响一个国家和地区创业活动水平的重要手段。比如，近年来我国的创业活动出现一轮又一轮高潮，就是政府政策发生变化的结果；浙江、苏南、广东等地的创业活动踊跃还和良好的区域性创业环境密切相关。

清华大学创业研究中心 2014 年公布的最新《全球创业观察中国报告》指出：中国的早期创业指数（TEA）虽然名列前茅，但是中国的创业环境在纳入全球创业观察范围的 69 个国家和地区中排第 36 位，居中游水平。与排在前面的瑞士、芬兰、美国、新加坡等国家相比，我国还有相当大的差距。[③]

对于创业者/创业团队而言，尽管创业资源的获取需要良好的外部环境，但在一定时期内、既定的外部环境中，创业企业应及时调整自身战略和策略，主动适应环境，并积极地创造适合自身需要的和谐环境。

五、获取创业资源的途径与技能

1. 获取创业资源的途径

创业资源的获取无非来自两个方面，一是自有资源；二是外部资源。相应地，获取创业资源的途径包括市场途径和非市场途径。

（1）自有资源。主要指创业者/团队自身拥有的可用于创业的资金、技术、创业机会信息、营销网络、物质资源或管理才能、管理组织等。自有资源特别是隐性知识资源需要

---

① Gartner，W. B. A conceptual framework for describing the phenomenon of new venture creation [J]. *The Academy of Management Review*，1985，10 (4)：696-709.

② 蔡莉，崔启国，史琳．创业环境研究框架［J］．吉林大学社会科学学报，2007（1）．

③ 曹乐溪．《全球创业观察中国报告：创业环境与政策》发布［EB/OL］．中央政府门户网站．www. gov. cn，2014-01-18.

通过内部培育开发，企业通过非市场途径在内部开发无形资产、培训员工以及促进内部学习等，以获取有益的资源。

（2）外部资源。包括亲朋好友、同学、同事、商务伙伴或其他投资者的社会关系及其资源，或者能够借用的外部的人、财、空间、设备或其他原材料等。外部资源的获取主要通过市场途径，包括购买、租赁或者合作的方式，从供应商和合作伙伴那里获取所需资源，也通过提供未来的服务、机会等换取相关资源。

有时，外部资源的获取或使用并不复杂，比如，利用社会团体或政府部门提供的资助计划、基金或优惠政策等。秦志华、刘传友（2011）提出，获取创业资源的实质是从资源所有者手中获取资源使用权。如何展示商业创意的价值，使资源所有者从中看到自己可能获得的回报，是获取创业资源必须解决的问题。如果创业者发现的资源配置方式不仅对自己有用，而且对资源所有者也有利，那么当资源配置方式的创新只有创业者才能实现时，就为创业资源的无偿获取提供了可能。[①] 谷歌的搜索引擎就是最好的例子。互联网上的门户网站所有权归网络公司，但使用权无偿提供给了网民，许多创业者通过这样的方式无偿获取了大量有价值的信息资源，由此大大提高了资源配置效用。

获取创业资源的关键在于软实力。无形资源往往是撬动有形资源的重要杠杆。

2. 获取创业资源的技能

（1）识人与用人技能。创业者必须善于识人和敢于用人，这是事业成功千古不变的真谛。善于识人不是“相马”，而是在“赛马”中识别人才；敢于用人则要打破常规，打破条条框框，唯才是举，唯业绩和贡献是举。

汉高祖刘邦曾这样评价自己：“运筹帷幄之中，决胜千里之外，吾不如子房（张良）；镇国家，抚百姓，给饷馈，不绝粮道，吾不如萧何；连百万之众，战必胜，攻必取，吾不如韩信。三者皆人杰，吾能用之，此吾所以取天下者也。”

少年时代家境极度贫困、成功创业后成为 20 世纪初美国钢铁大王的卡耐基，其墓碑上刻了这样一句话：“这里长眠着一位善于同才干高于自己的人一道工作的强人。”这昭示我们，创业者只有敢于和善于使用人才，才会干出业绩，才能有所作为。

创业资源的获取显然和用人技能密切相关。比如，起用理财高手，必然带来更多的融资渠道和成本管理的新思路；吸纳营销新秀，必能拓展产品/服务市场，挖掘客户资源；重用优秀专业人才，不仅能开启技术、工艺或产品/服务的新局面，而且能在选址、材料采购、技术选型、设备购置和质量管理方面提高水平。

（2）合作技能。要获取创业资源，首先要找到可以提供资源的对象。对此，一种办法是找到少数拥有丰富资源者，如政府、银行、大公司等，创业者在这方面往往没有优势；另一种办法是尽量多找潜在的资源提供者。

商业活动强调利益，要获取资源，需要认真分析潜在资源提供者所关心的利益。一旦不同诉求的组织或个人之间存在共同利益，或能够建立起紧密的利益联系，就会成为利益相关者。利益相关者应当合作，努力实现双赢甚至共赢。合作总要有一个开始，在没有合

① 秦志华，刘传友．基于异质性资源整合的创业资源获取［J］．中国人民大学学报，2011（6）．

作基础的前提下，一开始就想实现双赢并不容易。

老洛克菲勒有这样一句名言：建立在商业基础上的友谊永远比建立在友谊基础上的商业更重要。经济全球化的重要特征是资源的全球性流动，如果“不求所有，但求所用”，合作可以突破空间、组织和制度等方面的限制，从而在更广的范围内开展，这也是创业活动活跃的重要原因。创业者应当有创新的思维，同时要兼顾各方面利益，通过多种方式合作以实现共赢。

（3）沟通技能。沟通非常重要，具有较强的沟通能力是创业者成功获取资源的关键因素。有两个数字可以直观地反映沟通的重要性，即两个70%：第一个70%是指创业者将70%的时间用于沟通。开会、谈判、协商、拜访投资者或走访客户等是最常见的沟通形式，撰写计划书和各类文字材料实际上是书面沟通方式，对外的各种联络也是沟通的表现形式，管理者大约有70%的时间花在各种形式的沟通上。第二个70%是指企业中70%的问题是由于沟通障碍引起的。比如，创业企业常见的效率低下、执行力差、领导力不强、人际纷争等问题，归根到底都与沟通能力欠缺有关。

人与人之间最宝贵的是真诚、信任和尊重，其桥梁就是沟通。创业企业的资源获取，在很大程度上就是通过企业与内外部的沟通来实现的。与外部的沟通，主要包括与投资者、银行、政府部门、媒体、业界、客户、供应商等建立联系，取得对方的信任，与对方达成共识或合作，强化创业者社会网络，争取多方的支持或帮助，取得一个共赢的结果；在企业内部，通过有效的沟通，凝聚员工，聚合自有资源，以降低内部冲突，提升整个企业的绩效。

（4）发挥杠杆效应的技能。无形资源往往是撬动有形资源的重要杠杆。发挥资源的杠杆效应是指创业者掌握充分发挥这种撬动作用的技能，以尽可能少的投入获取尽可能多的收益。

资源的杠杆效应应当体现在以下方面：能比别人更长时间地使用资源；更充分地利用别人没有意识到的资源；利用他人或其他企业的资源来达到自己的创业目的；用一种资源补足另一种资源，产生更高的复合价值；利用一种资源撬动和获得其他资源。杠杆可以是资金杠杆，可以是资产杠杆，可以是时间杠杆，也可以是品牌形象杠杆，还可以是公共关系杠杆。①

创业者不应被当前控制或支配的资源所限制，成功的创业者应当善于利用关键资源（特别是无形资源）的杠杆效应撬动多种资源。用人技能实际上是杠杆技能的一个特例。例如，企业的人力资本会直接作用于资源获取，有相关行业经验和创业经验的创业者能够更快地整合资源，更快地识别和抓住市场机会。此外，创业者/创业团队的社会资本能撬动信息、商机、市场、客户、资金等重要创业资源；技术诀窍、商标、品牌能带来企业核心竞争力的提升，撬动产品市场、企业信誉、融资渠道、客户资源，使企业的盈利大幅提高；企业文化、诚信建设、社会责任能撬动融资机构，以及供应链上下游的供应商、批发零售商乃至终端用户。

（5）信息获取与利用技能。包括信息需求识别及表述、信息检索及获取、信息评价及

---

① 张玉利．创业管理．3版［M］．北京：机械工业出版社，2013．

处理、信息整合及学习、信息利用与开发等。掌握并善用信息技能，对于创业者把握商机、获取创业资源、作出创业决策、推动企业成长十分重要。

在全球金融危机中，一些企业就是因为对金融信息的反应迟钝而遭受了灭顶之灾，不少创业者则是因为及时获取并利用了有价值的信息而创业成功。

知识经济时代，掌握并善用信息和网络技术不仅能使创业者摆脱烦琐的文件和纸上作业，摆脱让人焦头烂额的具体事务，轻松地对企业产品的库存、销售、业绩、市场占有量、竞争对手的情况、顾客对企业产品的反馈信息等进行及时控制，而且可以充分利用员工的创造性劳动和技术专长，对信息和数据作出正确的判断，使其成为企业的决策资源。

第2节 创业融资

创业融资是创业管理的关键内容，在企业成长的不同阶段具有不同的侧重点和要求。

创业者面临的最大问题是什么？共青团中央2011年7月公布的一项调查数据显示：2010年全国本科毕业生中，自主创业的比例仅占0.9%，与国外大学生10%～20%的创业率差距巨大。原因何在？据有关调查，80.1%的大学生认为“缺乏启动资金”是创业最大的障碍。①

一、创业融资分析

1. 创业融资难的原因

不确定性和信息不对称是创业融资难的关键影响因素。

（1）不确定性。根据清华大学中国创业研究中心GEM（全球创业观察）项目的研究成果，市场变化大是中国创业环境的重要特征。市场变化大，一方面意味着有更多的创业机会，另一方面则意味着创业活动本身面临非常大的不确定性，因而创业过程中存在诸多风险。由于创业环境的不确定性、创业机会与创业企业的复杂性，创业者、创业团队与创业投资者的能力与实力的有限性，以及创业者缺乏创办新企业的经验等因素，创业企业的不确定性比既有企业的不确定性要高得多，必然存在创业活动偏离预期目标的可能性，从而造成不良后果。

（2）信息不对称。一般而言，创业者比投资者对于创业项目、自身能力、创新水平与市场前景更加了解，处于信息优势地位。与创业者相比，投资者处于信息劣势地位。银行惜贷说到底是为了规避风险，而风险的根源就是信息不对称。因信息不对称而在融资上造成的问题可能发生在两个阶段：交易之前和交易之后。

在交易之前，信息不对称造成的问题会导致逆向选择。金融市场上的逆向选择指的

① 阳大胜，彭强，梁开竹．大学生创业“融资难”原因与风险管理对策［J］．当代经济，2012（3）．

是，贷款者和借款者之间存在信息不对称，即有关借款者的信誉、担保条件、项目的风险与收益等，借款者比贷款者知道得更多，具有信息优势。这种优势使得贷款者在借贷市场上处于不利地位，为了消除不利影响，贷款者只能根据自己所掌握的借款者过去的信息来设定贷款条件，而不是根据风险程度的高低确定利率。这样，就会对那些高于平均条件的优良借款者不利，令其退出借贷市场。随着这一情形的不断出现，借贷市场上借款者的整体素质就会下降，而那些最可能造成信贷风险的借款者常常是那些团队素质不高、技术上有缺陷、市场前景不明朗的企业，它们可能因为使各种数据和资料看起来漂亮而获得投资。相反，真正优秀、未来收益高的企业可能因未做好这方面工作而丧失投资机会。这就是逆向选择问题。

道德风险是在交易之后由信息不对称造成的问题。金融市场上的道德风险指的是，获得投资的创业者往往既是大股东又是经营管理者，他们有可能侵害投资者的利益，如改变资金用途、关联交易、稀释股权、给自己确定过高的报酬、从事使贷款难以归还的高风险投资或者故意逃废债务等，而投资者对创业者的行为难以监控。由于创业企业的信息基本是内部化的，信息不对称比既有企业更加严重，通过一般渠道很难获得有关创业企业的信息，因而道德风险加大了贷款的风险，导致贷款者宁可不放贷款，这就造成了银行对创业企业的惜贷。

此外，创业企业缺少甚至没有资产和有效抵押物，无法进行抵押；创业企业自身信用不足，在寻找贷款和外源性资本时很难向金融机构提供证明其信用水平的信息，而社会担保体系又不健全；在创业期中小企业内部治理结构不健全，经营具有高风险，企业逃废银行债务的行为时有发生，更加剧了贷款难。

商务部提供的数据显示，中国企业每年因信用缺失导致直接和间接经济损失高达6 000亿元，其中因产品质量低劣造成的各种损失达到2 000亿元。[①] 占全国企业极大比例的中小企业的信用不足问题尤为突出，在创业期中小企业难以利用商业信用等其他方式解决融资问题。

2. 创业融资过程

（1）做好融资前准备。市场经济是法制经济，更是信用经济、诚信经济。良好的信用会给银行留下好的印象，从而能比较顺利地获得贷款，不良信誉或信用等级偏低则会导致很难获得甚至得不到银行的贷款支持。

构筑信用体系包括创业企业信用与创业者个人信用两个方面。

大多数创业企业经营范围较广，风险高，权益资金少，对贷款具有需求急、频率高、额度小、风险大、成本高的特点，加大了融资的复杂性和融资成本。加之创业企业内部控制制度不健全，财务报告随意性大，透明度不高，信用等级偏低，经营业绩不稳定，易受经营环境的影响，亦加大了经营风险。创业企业要摆脱融资困境，首先应当从自身建设着手，建立明晰的产权制度，提高经营管理水平，加强信用建设，增加企业的透明度，着力提升企业形象和信誉，以得到外部机构的认可。

---

① 阮煜琳．中国企业每年因信用缺失经济损失高达 6 000 亿元［EB/OL］．中国新闻网．http：//www. chinanews. com/cj/2011/07-17/3187923. shtml.

诚实守信对于创业者个人更加重要。古人云："人无信不立"，这是创业者应当牢记的基本道德标准。市场经济条件下，个人诚信是无形资产，它能有效拓展获取各项资源的渠道。在发达国家，个人信用记录早已是市场经济的基石，尽管我国个人信用制度才刚刚开始建立，但创业之初，创业者资本金通常来自家人、亲朋好友与同事、同学，如果创业者不守信，口碑差、缺信誉，个人信用将大打折扣，再想融资必然十分困难。因此，创业者必须"诚信做人，踏实做事"，持之以恒，培养良好的信用意识和信誉形象。

此外，创业者需要广泛搭建人脉网，与现实和潜在的资金提供者建立并发展良好的融资关系。创业者必须明白，企业与资金提供者是长久的合作伙伴，因此，必须注重发展与银行的关系，不能丧失自己在银行的信誉；注重发展与天使投资人、风险投资家的良好关系，让投资者保持投资热情，增加其投资额或延长投资时间；还要注重发展与其他资金提供者（如政府机构、供应商、大公司、购买企业股票的投资者等）的良好关系。

(2) 计算创业所需资金。任何创业都是需要本钱的，不可能"空手套白狼"。因此，在筹集资金之前，要运用科学的方法测算出创业所需的资金量。

(3) 撰写创业计划书。创业计划书是创业全过程的纲领性文件，是对企业全面的战略设计和现实指导。创业企业要获得风险投资的支持，就必须撰写好创业计划书。这既有助于通盘考虑创业启动阶段所需的资金量，对于获得风险投资支持也有不可替代的作用。

(4) 选择融资方式与融资渠道。创业融资方式可分为股权融资和债权融资。股权融资也叫权益融资，即创业者用未来企业的部分股权换取创业融资，股权投资者成为企业的部分所有者，即股东。债权融资对于创业者来说主要是商业信贷，通过向商业银行贷款获得资金，而银行对贷出的款项要求必须按期还本付息。

一般来说，不管是新创立公司还是既有公司，如果创业者不想过度分散自己的股权却又想获得充足的运营资金，则不仅需要股权融资，还需要债权融资。

融资渠道可分为内源式（内部）融资和外源式（外部）融资。内源式融资主要指创业者本人通过原始积累或家庭、亲朋好友支持取得资金，一般无须花费融资费用；外源式融资是通过向外部资金拥有者融资来获得的，如银行贷款、风险投资等，外部融资要花费融资费用。融资渠道还可分为直接融资和间接融资。直接融资是指创业者不经过银行等金融机构，而直接与资本供应者协商借贷或直接发行股票、债券等筹集资本的活动，直接实现资本的转移；间接融资则指创业者借助银行等金融机构进行融资的方式，银行等金融机构发挥金融中介作用预先聚集资本，再提供给有资本需求的企业。

创业者应当首先根据创业计划详细制定融资方案，以便对企业创办和正常运行所需的资金有统筹的、较为长远的考虑。其次，综合考虑各类融资的可得性、与企业的适合度及融资成本等因素，选择好融资方式与融资渠道。最后，着手与潜在的投资者联系，展开融资谈判，以努力获取创业所需资金。

二、创业所需资金的测算

正确测算创业所需资金有利于确定筹资数额，降低资金成本。

从办理营业执照起，各项支出“花钱似流水”。新创企业投入运营之后，为了保证公司在启动阶段业务运转顺利，在公司经营达到收支平衡之前，创业者必须准备足够的资金以免资金链断裂，造成创业中途失败；但融资过多又会造成资金闲置，产生机会成本。因此，创业者必须慎重、科学地测算创业资金。

创业所需资金包括投资资金和营运资金。

（一）投资资金的测算

对创业投资资金进行估算，需要丰富的企业管理经验以及对市场行情的充分了解。为了较为准确地估算出创业投资资金，需要分类列表，越详细越好。一个聪明的办法就是集思广益，先列出所需要的一切——从有形的商品（如场地、库存、设备和固定设施）到专业的服务（如装潢、广告和法律事务等），分门别类，然后逐项测算创业启动所需支付的费用。

范围：包括新创企业开业之前的固定资产、流动资金以及开办费等项投入（见表 5－3 所示的例子）。

表 5－3　某打印店创业投资资金估算表

类别	项目	数量	单价（元）	金额（元）
固定资产	房屋装修改造	2 间	10 700	21 400
	复印打印一体机	1 台	8 000	8 000
	激光打印机	1 台	2 700	2 700
	彩色喷墨打印机	1 台	1 600	1 600
	电脑	3 台	1 200	3 600
	裁纸刀	1 把	120	120
	工作台	1 张	300	300
	办公桌	2 张	120	240
	工作椅	4 张	50	200
	电话机	1 台	100	100
	小计			38 260
流动资金	物业管理费		80/月	240
	纸张、墨盒等耗材		3 224.55/月	9 673.65
	创业者工资（2 人）		2 000/月人	12 000
	聘用员工工资（1 人）		1 500/月人	4 500
	兼职人员工资（1 人）		600/月人	1 800
	水电费		120/月	360
	保险费		20/月	60
	社会保险费（公司部分）		720/月人	6 480
	维修费		30/月	90
	市场营销和宣传费用		230/月	690

续前表

类别	项目	数量	单价（元）	金额（元）
流动资金	电话和宽带费		130/月	390
	治安卫生费		20/月	60
	小计			36 343.65
开办费	登记注册和营业执照费			200
	市场调查、咨询费			300
	培训费、技术资料费			100
	小计			600
	合计			75 203.65

注：①该创业项目获得创业园区提供的免费使用 1 年的场地，故未计算房屋租赁费；
②该项目预计 3 个月内能实现盈亏平衡，故流动资金按 3 个月计算。

类别：固定资产项包括场地、建筑、设备（企业所需的机器、工具、工作设施、车辆、办公家具、装潢装修等）；开业之前的流动资金项包括办公用品、员工工资、业务开拓费、广告费、物业费、水电费、电话费等；开办费项包括金额较大的培训费、加盟费、技术转让费等。其中，固定资产及开办费若数额较大要考虑其长期性，不能依靠短期资金解决，以免日后陷入拆东墙补西墙的困境。

（二）营运资金的测算

1. 营运资金的含义

营运资金是指新创企业开业后到盈亏平衡前，为保证日常正常运转所必不可少的周转资金。广义的营运资金又称总营运资本，是指一个企业投放在流动资产上的资金，具体包括现金、有价证券、应收账款、存货等占用的资金；狭义的营运资金是指某时点内企业的流动资产与流动负债的差额。流动资金通常在一个运营周期内就可收回，可以通过短期资金解决，一般至少要准备企业开办头 6 个月所需的流动资金。运营资金的估算需要依据企业未来的销售收入、成本和利润情况来确定。

2. 营运资金的测算步骤

（1）测算新创企业的营业收入。测算营业收入是制定财务计划、编制预计财务报表的基础，新创企业无既往销售业绩可供参照，只能依据市场调查、销售人员意见、专家建议，甚至同类创业企业的销售量，来预测月度、季度乃至年度的销售量，再根据定价估算出营业收入。

（2）编制预计利润表。利润表又称为损益表，是反映企业在一定时期内经营成果的会计动态报表。该表以“收入－费用＝利润”的会计方程式为理论依据，把企业在某一期间的所有收入、成本、费用进行对比，从而计算出该期的营业利润和净利润。一般而言，创业企业在实现收支平衡之前，应当按月编制预计利润；在达到收支平衡之后，可以按季度、半年或者年度编制。以表 5－3 中的打印店为例，若该店拟于 2015 年 3 月开业，3—12 月的成本与预计利润见表 5－4。

表 5－4 中，可根据销售预测、业务规模对销售收入进行测算，根据市场调查和创业计划书中的营销组合策略对销售费用进行估算，根据计划的企业业务规模对经营过程中可

表 5-4 **成本与预计利润表** 单位：元

项目 \ 月份		3	4	5	6	7	8	9	10	11	12
销售收入	含税销售收入	6 955.00	8 281.52	10 014.08	14 538.60	24 640.20	10 403.20	14 929.80	14 579.00	18 984.60	34 329.40
	增值税	202.57	241.21	291.67	423.45	717.68	303.01	434.85	424.63	552.95	999.89
	不含税销售收入	6 752.43	8 040.31	9 722.41	14 115.15	23 922.52	10 100.19	14 494.95	14 154.37	18 431.65	33 329.51
成本	墨盒等耗材	2 010	2 010	2 010	2 010	2 010	2 010	2 010	2 010	2 010	2 010
	黑白纸张	493.50	579.00	748.50	1 138.50	1 723.50	913.50	1 288.50	1 093.50	1 303.50	2 038.50
	彩色打印纸	48.00	48.60	59.40	93.00	141.00	36.00	69.00	75.00	108.00	147.00
	工资	6 100	6 100	6 100	6 100	6 100	6 100	6 100	6 100	6 100	6 100
	物业管理及治安费	100	100	100	100	100	100	100	100	100	100
	营销和促销	230	230	230	230	230	230	230	230	230	230
	折旧和分摊	446.09	446.09	446.09	446.09	446.09	446.09	446.09	446.09	446.09	446.09
	水电、电话、宽带费	250	250	250	250	250	250	250	250	250	250
	保险费	20	20	20	20	20	20	20	20	20	20
	维修费	30	30	30	30	30	30	30	30	30	30
	总成本	9 727.59	9 813.69	9 993.99	10 417.59	11 050.59	10 135.59	10 543.59	10 354.59	10 597.59	11 371.59
附加税费		24.31	28.95	35.00	50.81	86.12	36.36	52.18	50.96	66.35	119.99
利润		−2 999.47	−1 802.32	−306.58	3 646.75	12 785.81	−71.76	3 899.18	3 748.82	7 767.71	21 837.93
企业所得税		0	0	0	364.67	1 278.58	0	389.92	374.88	776.77	2 183.79
企业净利润		−2 999.47	−1 802.32	−306.58	3 282.08	11 507.23	−71.76	3 509.26	3 373.94	6 990.94	19 654.14

备注：利润＝含税销售收入－增值税及附加税费－总成本

应纳营改增税额＝月销售额×3%

应纳城市维护建设税和教育费附加、地方教育费附加＝应纳营改增税额×（7%＋3%＋2%）

应纳企业所得税额＝企业年利润×10%（如：南京税收政策规定，南京地区小微企业所得税税率减免至10%。本地有限责任公司所得税按季度预缴，上季度如果有亏损可在下季度弥补。）

能的各项管理费用进行估算，根据预计选择的融资渠道和相应的融资成本对财务费用进行估算，根据行业的税费标准对可能的营业税费、所得税进行估算，这样就可计算出每个会计期间的营业收入、利润总额和净利润。

（3）编制预计资产负债表。资产负债表亦称财务状况表，是反映企业在一定时期内全部资产、负债和所有者权益的财务报表，是企业经营活动的静态体现。资产负债表根据“资产＝负债＋所有者权益”这一会计方程式，依照一定的分类标准和要求编制而成，是会计上重要的财务报表，其最重要的功用在于确切反映了企业的营运状况和企业需要外部融资的数额（见表 5－5）。

表 5－5　　预计资产负债表　　单位：元

资产	1	2	3	4	…	*n*	负债及所有者权益	1	2	3	4	…	*n*
流动资产							流动负债						
货币资金							短期借款						
应收账款							应付款项						
存货							应交税费						
其他流动资产							其他应付款						
流动资产合计							流动负债合计						
非流动资产							非流动负债						
固定资产							长期借款						
无形资产							其他非流动负债						
非流动资产合计							非流动负债合计						
							负债合计						
							所有者权益						
							实收资本						
							未分配利润						
							所有者权益合计						
资产总计							负债和所有者权益总计						
外部融资额＝资产总计－负债和所有者权益总计													

资料来源：李宗民．会计学原理［M］．北京：中国电力出版社，2009.

案例 5－2　“挑战杯”创业计划大赛金奖作品中的投资与财务分析部分

一、投资分析

1.1　股本结构与规模

盛旦科技股份有限公司注册资本 800 万元。股本结构和规模如表 5－6 所示。

表 5－6　　股本结构和规模

股本规模＼股本来源	风险投资	盛旦公司	
		技术入股	资金入股
金额	520 万元	180 万元	100 万元
比例	65.0%	22.5%	12.5%

股本结构中，盛旦公司技术及资金入股占总股本的35%，对于其余65%的注册资金，我们希望能引进一家或几家风险投资公司参股。22.5%的技术入股比例虽略高于常规的20%，但从目前国内各高科技企业股本现状看，仍符合国家政策，具有可操作性。

1.2 资金来源

公司成立初期共筹集资金720万元。其中，风险投资520万元，盛旦公司投资100万元，短期借款100万元（金融机构1年期借款，利率5.85%），用作流动资金；在公司运营的第2～第4年，我们将在此基础上增加100万～200万元的短期借款，以改善现金流动状况并达到较合理的资产负债比。

1.3 成本与费用

资金主要用于购建生产性固定资产（155万元），以及生产中所需的直接原材料、直接人工、制造费用及其他各类期间费用（565万元）。明细如下：购置固定资产155万元；原材料60万元；水电费用10万元；流动资金155万元；厂房租金30万元；人员工资40万元。第1年初期市场调研和市场开拓150万元，第2年120万元。

5年内成本费用估算如表5-7所示。

表5-7 5年内成本费用估算表 单位：万元

项目	第1年	第2年	第3年	第4年	第5年
固定资产折旧	15.5	15.5	15.5	15.5	15.5
厂房租金	30	30	30	30	30
水电费	10	10.8	11.7	12.6	13.6
人员工资	40	44	48.4	52.2	58.6
市场开拓	150	157.5	45	341.4	910
研发费用	9.4	11.3	28.9	85.3	227.5

年内费用列支如下：水电费用按每年增长8%，人员工资按每年增长10%预估；第1年初期市场调研和市场开拓150万元左右，第2年为157.5万元；其后每年销售费用测算为销售额的20%，研发费用为每年销售额的5%。

1.4 投资效益分析

(1) 净现值。银行短期借款（1年期）利率为5.85%，考虑到目前资金成本较低，以及资金的机会成本和投资的风险性等因素，i取12%（下同）。

$$\text{NPV}=\sum (CI-CO)_t\ (1+i_0)^{-t}=875.91$$ [①]

式中，CI为现金流入；CO为现金流出；$(CI-CO)_t$为第t年净现金流量；i_0为基准折现率。

NPV为875.91万元，远大于零。计算期内盈利能力很好，投资方案可行。

(2) 内含报酬率。根据现金流量表计算内含报酬率：

$$\text{NPV (IRR)}=\sum (CI-CO)_t\ (1+\text{IRR})^{-t}=0$$ [②]

① NPV为净现值，指投资项目投入使用后的净现金流量，按资本成本或企业要求达到的报酬率折算为现值，减去初始投资以后的余额。当净现值大于或等于零时，项目可行；当净现值为负时，项目不可行．

② IRR为内部收益率，IRR指项目实施后预期未来税后净现值流量的现值与初始投资相等的贴现率，即使得项目的净现值NPV等于零的贴现率。内部收益率大于企业要求的收益率时接受，小于时则拒绝．

IRR＝50.09％

内含报酬率达到50.09％，远高于资金成本率5％。主要是因为本产品优质低价，使得销售利润率较高，而且，前5年内市场增长性很好。

(3) 盈亏平衡分析。公司在第1、第2年由于市场尚未开发成熟而未达到保本点，从第3年开始均大大超过预期。

二、财务分析

2.1 主要财务假设

公司设在上海市浦东张江高科技园区，经有关部门认定为高新技术企业，享受“两年免征所得税”的税收优惠政策。即自公司开始盈利之日起两年内免征所得税，正常税率为15％。

考虑到目前通货膨胀的经济形势，公司的存货控制采用后进先出的方法。机器设备使用寿命为10年，期末无残值，按直线折旧法计算。公司自盈利之年起以净利润的30％分红。

2.2 利润表

以5年为期限预测（下同），利润表见表5-8。

表5-8 利润表 单位：万元

项目	第1年	第2年	第3年	第4年	第5年
一、产品销售收入	187.50	225.00	577.50	1 705.20	4 550.00
减：销售成本	45.00	54.00	165.00	487.20	1 560.00
二、产品销售利润	142.50	171.00	412.50	1 218.00	2 990.00
减：销售费用	150.00	157.50	45.00	341.04	910.00
管理费用	40.00	55.25	77.27	81.08	286.10
财务费用	5.85	5.85	11.70	11.70	0.00
三、利润总额	－53.35	－47.60	278.53	784.19	1 793.90
减：所得税	0.00	0.00	0.00	0.00	269.09
四、净利润	－53.35	－47.60	278.53	784.19	1 524.81

2.3 现金流量表

现金流量表见表5-9。

表5-9 现金流量表 单位：万元

项目	第1年	第2年	第3年	第4年	第5年
一、经营活动产生的现金流量					
会计利润	(53.35)	(47.60)	317.71	879.56	1 524.82
加：应付账款增加额	9.00	1.80	22.20	64.44	214.56
折旧	15.50	15.50	15.50	15.50	15.50
摊销	18.00	18.00	18.00	18.00	18.00
财务费用	5.85	5.85	11.70	11.70	0.00
减：应收账款增加额	9.38	1.88	19.69	60.41	136.15
经营活动产生的现金流量净额	(14.38)	(8.33)	365.43	928.79	1 636.73
二、投资活动产生的现金流量					
购建固定资产所支付的现金	155.00				
投资活动产生的现金流量净额	(155.00)				

续前表

	第1年	第2年	第3年	第4年	第5年
三、筹资活动产生的现金流量					
吸收权益性投资所收到的现金	620.00	0.00	0.00	0.00	0.00
借款所收到的现金	100.00	100.00	200.00	200.00	0.00
现金流入小计	720.00	100.00	200.00	200.00	0.00
偿还借款所支付的现金		100.00	100.00	200.00	200.00
偿付利息所支付的现金	5.85	5.85	11.70	11.70	0.00
偿付股利所支付的现金	0.00	0.00	81.56	235.26	457.44
现金流出小计	(5.85)	(105.85)	(207.01)	(475.57)	(657.44)
筹资活动产生的现金流量净额	714.15	(5.85)	3.58	(275.57)	(657.44)
四、现金及现金等价物净增加额	544.78	(14.18)	358.41	653.22	979.28

2.4 资产负债表

资产负债表见表5-10。

表5-10 **资产负债表** 单位：万元

资产	第1年	第2年	第3年	第4年	第5年
流动资产：					
货币资金	544.78	530.60	889.01	1 542.23	2 521.51
应收账款	9.38	11.25	30.94	91.35	227.50
存款	53.35	100.95	100.95	100.95	100.95
流动资产合计	607.50	642.80	1 020.90	1 734.53	2 849.96
固定资产：					
固定资产原值	155.00	155.00	155.00	155.00	155.00
减：累计折旧	15.50	31.00	46.50	62.00	77.50
固定资产净值	139.50	124.00	108.50	93.00	77.50
无形资产：	180.00	180.00	180.00	180.00	180.00
减：累计摊销	18.00	36.00	54.00	72.00	90.00
无形资产净值	162.00	144.00	126.00	108.00	90.00
资产合计	909.00	9 108.00	1 255.40	1 935.53	3 017.46
负债及权益					
流动负债					
应付账款	9.00	10.80	33.00	97.44	312.00
短期借款	100.00	100.00	200.00	200.00	0.00
负债合计	109.00	110.80	233.00	297.44	312.00
所有者权益：					
实收资本	800.00	800.00	800.00	800.00	800.00
盈余公积	0.00	0.00	0.00	0.00	0.00
未分配利润	0.00	0.00	222.40	838.09	1 905.46
所有者权益总计	800.00	800.00	1 022.40	1 638.09	2 705.46
负债及所有者权益总计	909.00	9 180.00	1 255.40	1 935.53	3 017.46

注：无形资产按10年摊销，无残值。

资料来源：第四届“挑战杯”全国大学生创业计划竞赛金奖作品：上海盛旦科技股份有限公司商业计划书中的投资与财务分析［EB/OL］. 百度文库. http：//wenku. baidu. com/view/6983485e3b3567ec102d8ac9. html.

三、创业融资渠道

创业融资不只是一个技术问题，还是一个社会问题，应在建立个人信用、积累社会资本、撰写创业计划、测算不同阶段的资金需求量等方面做好准备。创业融资的主要渠道包括私人资本融资、机构融资和知识产权融资等。

（一）私人资本融资

创业企业具有的融资劣势，使创业者难以通过传统的融资方式如银行贷款、发行债券等获得资金，所以私人资本成为创业融资的主要组成部分。

私人资本融资包括自我融资、亲朋好友融资和天使投资。

1. 自我融资

自我融资是指创业者将自己的部分甚至全部积蓄投入到新企业创办之中。创业者应当将自有资金的大部分投入新创企业，这是因为：一方面，创业是捕捉商业机会、创造价值甚至超额利润的过程，创业者投入尽可能多的资金，就可以在新创企业中持有较多的股份，创业成功后有望获得较高的创业回报；另一方面，自我融资是一种有效的承诺和自我激励，它以实际行动告诉团队成员和其他投资者，创业者对自己认定的创业机会、对自己创建的企业充满信心，因而可以增加团队成员的信心和投资者投资的可能性。

自我融资的缺点是融资金额非常有限，因此不是创业资金的根本解决方案。

案例5-3　　将结婚费用拿来创业的徐寅

徐寅2008年毕业于南京邮电大学通信工程专业。读书时，这个无锡小伙子就喜欢逛商场，寻觅名品打折机会。他想，如果能提前知道哪家商场有打折名品就好了，于是萌发一个念头：自己可以创建这样的专业网站，把所有实时打折信息整合后提供给消费者。

为了锻炼自己的市场运营能力，他在汽车4S店里做营销，第一个月就攀升到团队的第一；他又去商场卖东西，了解顾客的心理。3年后，他觉得自己做好了创业准备，于是说服父母把给自己结婚的钱拿出来创业，并向父母承诺，挣不到钱就不结婚。2011年，他在南京租房子，注册了摩客网（www.mallog.com.cn），利用微信公众平台向网民推销名品信息，利润来自商家的回报。

功夫不负有心人，公司的业务很有起色，南京市各主要商场3 000个销售名品的柜台都与网站建立了实时数据对接，消费者只要打开摩客网输入文字或语言播报关注的品牌，立即可以获得各商场柜台的折扣信息及优惠活动截止日期，图文并茂，目前每天平均有200人次的点击消费。摩客网与高德地图紧密合作，精准地为顾客和商家服务，今后还将针对消费者的需求创造新的商机。

徐寅是一个自觉的有准备的创业者，他敢于把结婚的钱投入创业，表明他对自己和事业充满信心，又能通过多次职场历练，提升自己适应并创造市场的能力。他的网站今天的成长力，预示着下一步企业的创新力。

资料来源：董婉愉．他说服父母将结婚费用拿来创业［EB/OL］．大学生创业网．http：//www.studentboss.com/html/news/2013-05-14/132581_1.htm.

2. 亲朋好友融资

家人和亲戚、朋友一般都是创业者理想的贷款人，许多成功创业人士在创业初期都向家人或朋友借过资金。根据统计，家人和朋友是创业者开办新企业所用资金的第二种来源（第一种为自有资金）。绝大多数创业者靠私人借款创建企业，因为专业的投资机构往往出于对投资项目高额回报的考虑，只对那些有可能高速成长的企业投资，所以能够获得专业机构投资的创业者为数很少，即使在创业投资非常活跃的美国硅谷，创业者也常常先靠私人借款来开始最初的创业。

向亲朋好友融资的优点是快速、灵活，投资者自我激励和约束大。但现实中的主要问题是：相当多创业者缺乏私人借款的能力和渠道，所筹措的资金量也难以满足创业企业快速发展的资金需求。

向亲朋好友融资应当注意以下几点：

（1）亲兄弟，明算账。无论你是从家人还是从朋友那里借款，都要打借条，写明借款的时间、地点、数目与承诺。在承诺中，你可以参照当时的银行利息，写明你的还本付息计划。由于中国的传统习惯，过去人们这么做总是觉得“生分”，破坏家人的亲情和朋友之间的友情，其实这是一种错误的观念。一方面，项目本身就存在风险；另一方面，没有一个人愿意把自己的钱毫无理由地放在别人的腰包里。此外，你若向家人和朋友借了钱而不支付利息，实际上是在剥夺别人的财富。

（2）如实说明借款原因。在借款之前，你应当向家人或亲戚朋友如实地说明你的创业项目与经营状况，包括投资额度、预期收益与存在的风险，然后把你的资金状况和缺口告诉他们，看看他们是否愿意将钱借给你，不要让家人或亲戚朋友陷入尴尬的境地。如果你获得了他们的支持和贷款，要注意让他们不断地获得你经营状况的真实信息，尽可能地避免他们对你产生不信任。更重要的是要切实履行承诺，保障债权人利益，减少不必要的纠纷。

在你向亲朋好友借款的过程中，如果有人对你的创业项目产生了很大的兴趣，而且对此充满信心，愿意合作经营，此时，你应该向他们说清楚，合作经营可以取得股权，其收益可能远远大于他们将自己的钱借给你而获得的利息，但一旦经营失败，所要承担的风险也要远远高于他们将钱借给你的风险。不管怎样，只要你的项目选得好，而且他们很信赖你的能力，相信自己的判断力，那么通过入股方式来筹集资金也是完全可能的。

3. 天使投资

天使投资（angel investment）是指自由投资者或非正式机构对具有专门技术或独特概念的原创项目或小型初创企业进行一次性的前期投资。天使投资实际上是风险投资的一种特殊形式，是最早介入高风险、高收益的初创企业的外部资金。

天使投资具有如下特征：

(1) 天使投资的金额一般较小，而且是一次性投入，它对风险企业的审查也并不严格，更多的是基于投资人的主观判断或者个人的好恶决定。通常天使投资是由一个人投资，并且是见好就收，是个体的或者小型的商业行为。

(2) 很多天使投资人本身就是企业家，了解创业者面对的难处，是初创企业的最佳融资对象。例如在硅谷，相当多的天使投资者是那些成功创业的企业家、创业投资家或者大公司的高层管理者，他们不仅拥有一定的财富，而且有经营理财或者技术方面的特长，对市场、技术有敏锐的洞察力，了解创业企业的发展规律。

(3) 天使投资人不但可以带来资金，而且可以带来关系网络。如果他们是知名人士，还可提高公司的信誉。天使投资往往是一种参与性投资，也称为增值型投资。投资后，天使投资人往往积极参与所投企业的战略决策和战略设计，为该企业提供咨询服务，帮助该企业招聘管理人员、协助公关、设计退出渠道和组织企业退出，等等。

一般而言，一个公司从初创到进入稳定成长期，需要三轮投资。第一轮投资大多是来自个人的天使投资，作为公司的启动资金；第二轮投资往往会有风险投资机构进入，为产品的市场化注入资金；最后一轮则基本是上市前的融资，来自大型风险投资机构或私募基金。

案例5-4　　精明投资的大学教授

很多美国大学教授并不富裕，事实上，从来没有大学全职教授能够仅靠自己教书匠的薪酬成为亿万富翁，然而身为美国斯坦福大学计算机科学教授的切里顿的财富高达13亿美元。据悉，他在最近一期的《福布斯》全球富豪排行榜上名列第960位，当仁不让地堪称全世界最有钱的“全职大学教授”。尽管美国还有好几个挂着大学教授头衔的亿万富翁身家超过了切里顿，但他们大多充当着兼职或“客座教授”的角色，只是抽空偶尔到大学给学生上课。

支持多名大学生创业，利润回报丰厚

不可思议的是，切里顿不是靠教书匠的薪酬，而是靠对斯坦福大学寻求创业的学生进行“精明投资”才奇迹般地赚到他的亿万财富的。据悉，切里顿除了自己创办科技公司外，还慷慨地借钱帮助自己十分看好的斯坦福大学学生进行创业，对他们新创办的科技公司大胆投资。在过去的10多年里，切里顿从自己口袋中至少掏出了5 000万美元，投资了17家由斯坦福大学毕业生或他的同事创办的科技公司，其中包括美国虚拟化软件开发商VMware公司和云计算设备公司阿里斯塔网络公司等，这些公司后来大多成为美国的科技新贵，也给切里顿带来了超过13亿美元的股权资产！

教书之余自己也创业

切里顿教授的第一桶金来自他和斯坦福大学德国博士留学生安迪·贝赫托尔谢姆共同投资创办的花岗岩系统公司，该公司专门研究生产以太网交换机产品。花岗岩系统公司在1996年被美国思科公司以2.2亿美元的价格收购，切里顿摇身变成了一名亿万富翁。切里顿后来投资的另一家科技公司被美国太阳微系统公司以1.2亿美元的价格收购，他的财富再次迅速增加。

最具远见卓识的一次投资

在过去的这些年里，美国斯坦福大学的许多学生经常会到切里顿教授的办公室，希望从他那里寻求智慧，或者如果可能的话从他那里得到创业资金。在切里顿的所有“精明投资”中，最具远见卓识的一次投资当数在1998年给两名斯坦福大学博士生拉里·佩奇和谢尔盖·布林签了一张10万美元的支票，佩奇和布林随后拿这笔钱创办了著名的谷歌公司，切里顿当年10万美元的“微薄投资”，如今已使他拥有超过10亿美元的谷歌股份，14年的投资收益高达1万倍。

据悉，当年，佩奇和布林希望创建萌芽中的谷歌公司，囊中羞涩的他们四处募集创业资金，尽管切里顿教授不是他们的导师，但身为斯坦福大学博士生的佩奇和布林仍在1998年8月来到切里顿教授的家，希望他能成为谷歌公司的投资人。

当切里顿教授和陪同佩奇、布林来到他家“募资”的贝赫托尔谢姆仔细聆听了两个人对其搜索引擎算法的介绍后，立即就发现了这个搜索引擎的精妙之处，切里顿教授慷慨地向他们投资了10万美元。然而当时，美国雅虎公司和Excite公司都将谷歌开发的算法拒之门外，拒绝对谷歌进行投资，也因此错过巨大的发展机会。

1998年9月4日，佩奇和布林拿着从切里顿教授和他的合伙人贝赫托尔谢姆那里募集来的资金正式创办了谷歌公司。

资料来源：根据欧弟．最有钱全职教授财富13亿美元［N］．深圳特区报，2012-12-10整理．

我国的天使投资发展得还不充分，尚处于婴儿期，但近年来中国天使投资人这个群体增速惊人，从2011年开始的以移动互联网创业为标志的新一波创业高潮，吸引了更多有条件的人加入中国天使投资行业。除了沈南鹏、朱敏、李开复、雷军、周鸿祎等近年来为人熟知的天使投资人外，在新东方徐小平、腾讯曾李青等的带动下，目前国内成功的民营企业家正逐渐成为天使投资的主力军，一批活跃在南方几省的“富二代”投资人也加入进来。统计表明，近年来，国内单笔天使投资金额平均为100万～300万元。

（二）机构融资

1. 商业银行贷款

在中国，中国工商银行、中国农业银行等大型商业银行，中国光大银行、民生银行等中小型商业银行，以及各级农村信用社是创业者获得银行贷款的重要来源。

商业银行不提供股权资本，主要提供短期贷款，但也提供中长期贷款和抵押贷款。目前，我国商业银行推出的个人经营类贷款对于创业者非常适合，包括个人生产经营贷款、个人创业贷款、个人助业贷款、个人小型设备贷款、个人周转性流动资金贷款等类型。由于初创企业的风险大、信用低，商业银行在发放贷款的时候，通常要求创业者提供担保，包括抵押、质押和第三人保证。

在我国，个人向银行申请贷款是一件难度较大的事情，需要提供以下一些材料：经营说明及经营策略、管理能力综合评价、资本要求、个人经济状况、融资计划与现金流量表、投资报告书、贷款申请书等。

除了这些相关材料，银行信贷人员通常还会向申请者提出一些问题，对此申请者要有一定的心理准备。例如：你需要多少钱？你想用这笔钱做什么？为什么这笔贷款有利于你的创业经营？你为什么不自己备足资金来做这件事？你什么时候能偿还这笔贷款？怎样偿还这笔贷款？假如你的经营方案实现不了怎么办？对于这些问题，回答的时候不要想当然，一定要通过你的回答让银行对你的经营、你的能力有充分的了解，对你产生信任。

2. 担保机构融资

担保机构融资是指企业根据合同约定，由依法设立的担保机构以保证的方式为债务人提供担保，在债务人不能依约履行债务时，由担保机构承担合同约定的偿还责任，从而保障银行债权实现的一种金融支持方式。

担保机构主要解决中小企业融资难题。1993年11月，由财政部和国家经济贸易委员会联合组建中国经济技术投资担保公司，并于1994年3月正式投入运营，由此拉开中国担保行业发展的序幕。2003年，《中华人民共和国中小企业促进法》颁布，鼓励各种担保机构为中小企业提供信用担保。2012年5月，财政部、工业和信息化部出台《中小企业信用担保管理办法》，推进了信用担保机构的规范化。

目前我国信用担保机构大致有四种类型：(1) 商业性担保机构：由企业和个人出资组建，以营利为目的，完全市场化运作，风险高，融资难。(2) 互助性担保机构：由多家企业共同出资成立，主要为出资企业提供融资担保服务，服务于特定的社区和产业，难以扩大服务范围。(3) 政策性担保机构：一般由各级政府出资设立，为国有独资或控股、参股，通常不以营利为目的，但是政府干预过多，效率不高。(4) 混合型担保机构：一般由政府、大型民营企业、小企业以及个人共同出资组建，以商业营利为目的。

担保公司的服务对象是中小企业，特别是民营创业企业。大企业的融资渠道较多，自己拥有抵押物或担保单位，无须找专业担保公司。

在通过担保融资时要了解以下方面：

(1) 担保融资的程序。有担保需求的企业应首先选择担保公司并提出担保申请，担保公司对申请企业进行调查后，会要求企业提供反担保。(通常情况下，企业提供的反担保可以是一个组合，既有财产反担保，也可能有个人反担保、股权反担保。大多数情况下，担保公司会要求大股东提供个人反担保。) 经审批同意后，企业就可按正常程序向商业银行申请贷款，由担保公司提供担保。

(2) 担保融资的条件。担保公司对客户的一般要求是：在行业内具有比较优势（只要能领先别人一步就行）；健康、稳健、诚信，有持续经营能力，有还本付息能力。

(3) 担保融资注意事项。担保公司是经营信用的企业，它所面临的风险中，最突出、最不可控的是企业的信用风险，因此担保公司非常看重企业及其老板以往的信用记录。所以，创业者应当未雨绸缪，在创业起步时就要注重诚信建设和企业声誉，并尽早同担保公司建立联系，加强沟通，增进了解，积累信用资料，一旦有担保需求，就可以大大缩短担保公司的工作时间，不至于耽误企业的商机。

案例 5-5 担保公司助力长兴酒家经营更上一层楼

长兴酒家是一家经营得不错的酒楼，打算扩大规模，亟须贷款融资，但向商业银行借款无门，向担保公司申请担保却无法提供可靠的反担保。

担保公司经仔细调查后发现，酒家老板在经营餐饮企业方面确实有独到之处，而且老板本人的社会信用非常好，对还款很有信心，愿意接受担保公司的任何反担保条件。担保公司为此特地设计出一套反担保方案，其中最为关键的是，把酒家的注册资本从原来的50万元增加到500万元，担保公司占90%的股份，双方约定，如果该公司不能到期还款，则担保公司代偿后行使大股东的权利；如果按时还款，则担保公司把股权转让给该公司老板。

长兴酒家顺利地从银行获得所需贷款，规模扩大后，生意更加兴隆。

资料来源：根据杨晓凌．中小企业如何获得担保融资［EB/OL］．中国管理传播网．http：//manage.org.cn/article/200511/19948.html 整理．

对于那些申请贷款金额太小（如10万元、20万元）的企业，即使担保公司同意担保，银行考虑到其业务成本与收益不相称，也可能不会受理这种业务。因此，贷款金额在50万元以下的企业，建议向城市商业银行、信用社申请，或者以个人贷款的方式向银行申请。

3. 政府创业扶持基金

近年来，各级政府越来越重视对中小企业、创业企业的扶持，制定了多种优惠政策。创业者应当努力争取政府创业扶持基金的支持和帮助。由政府主导的创业扶持基金不但能为企业带来现金流，更是企业壮大无形资产的利器。

政府创业扶持基金主要包括科技创新基金、政府创业基金、专项基金和地方性优惠政策，如税收优惠、财政补贴、贷款援助等。

（1）科技创新基金。目前，中国以及世界很多国家和地区都有政府对科技创新创业的支持基金计划。在我国，科技型中小企业技术创新基金是1999年经国务院批准，科技部、财政部共同管理的一项政府专项基金，专门用于扶持和引导科技型中小企业技术创新活动。它主要通过无偿资助、贷款贴息和资本金注入等方式，对在创业初期商业性资金进入尚不具备条件、最需要政府支持的各种所有制类型的科技型中小企业的技术创新项目或为中小企业技术创新活动服务的公共服务平台给予资金支持。

（2）政府创业基金和优惠政策。据财政部信息，2009年开始实施的新兴产业创投计划，采取中央财政参股创业投资基金的方式，投资早中期、初创期创新型中小企业，旨在分担创新创业风险，增强创新创业投资者的信心，推动战略性新兴产业发展。截至目前，中央财政已累计安排资金91亿元，吸引带动地方政府、社会资金427亿元，共设立190支创业投资基金，投资了大量创新型创业企业。[①]

---

① 杨亮．49支创业投资基金今年设立［N］．光明日报，2014-08-12.

除了国家级创业扶持基金外，各省市地方政府为了增强区域竞争力，不断采取各种方式扶持科技含量高的产业或者优势产业，相继设立了一些政府创业基金，不过这类基金往往对于创业者身份有着严格的限制，比如大学生科技创业基金、留学归国人员创业基金、博士后创业基金等。

此外，近年来从中央到地方出台了很多扶持创业的优惠政策。最近有媒体对 22 个省 124 个地级市的创业扶持政策进行了梳理调查，结果显示：至少有 81 个城市在转发中央创业扶持政策的基础上拟定了本地细则，并公布在官方网站上；23 个城市有具体条款涉及提供优惠的创业办公场所，35 个城市拟定了优秀创业者的奖励办法。[①] 创业者应该积极主动地去了解和利用这些扶持政策。

案例 5－6　　南京推出“大学生创业七策”

作为全国唯一的科技体制综合改革试点城市，南京近年来相继推出一系列人才新政。其中最具影响力的是 2012 年“五四”前夕出台的《关于实施万名青年大学生创业计划的意见》（以下简称“大学生创业七策”），明确从资金、场地、投融资等七个方面为青年大学生创业提供扶持，所有“大专以上文化的大学生和海外留学人员”毕业五年内创业都可享受该政策，扶持对象包括所有在宁和来宁创业的大学生。

“大学生创业七策”规定：每年遴选 200 个可行性和预期成功率较高的优秀的大学生创业项目，每个给予 10 万～20 万元一次性资助；其中，遴选出 20 个科技含量高、潜在经济与社会效益及市场前景好的特别优秀的创业项目，每个给予 50 万元一次性资助。

此外，大学生在宁的初始创业项目，经评估具有可行性的，均可申请创业小额担保贷款和贴息；从事个体经营和合伙创业的，最高可分别申请 10 万元、50 万元的小额担保贷款；微利项目财政给予全额贴息，非微利项目财政贴息 50%；鼓励青年大学生以创业项目为平台，争取专项资金支持和社会风险投资，按照单个创业项目所争取资金或融资总额的 10%，给予无偿配套支持（最高不超过 10 万元）。

资料来源：任采文．南京：打造创新创业的城市名片［N］．南京日报，2012－07－19．

（3）政府专项基金。政府专项基金主要用于支持中小企业创业与发展。主要包括：设立于 1999 年的科技型中小企业技术创新基金，设立于 2000 年的中小企业国际市场开拓资金，设立于 2001 年的农业科技成果转化资金，设立于 2003 年的中小企业服务体系专项补助资金，设立于 2004 年的中小企业发展专项资金和中小企业平台式服务体系专项补助资金，等等。

4. 风险投资

风险投资（venture capital，VC）也叫创业投资，是指在创业企业发展初期投入风险资本，待其发育相对成熟后，通过市场退出机制将所投入的资本由股权形态转化为资金形

---

① 周洪双．青年创业如何攻坚？［N］．光明日报，2014－12－03．

态，以收回投资取得高额风险收益。

由于高新技术企业与传统企业相比更具高成长性，因此风险投资往往把高新技术产业作为主要投资对象。在美国，70%以上的创业资本投资于高新技术领域，解决了高新技术产业化过程的“瓶颈”——资金缺口。美国的创业投资培育造就了一大批世界级著名企业，如苹果、微软、惠普、英特尔、网景、雅虎、数字设备、联邦快递、Facebook 等，也造就了一大批创业企业家，如史蒂夫·乔布斯、比尔·盖茨、安迪·葛罗夫、马克·扎克伯格等，他们都成长为世界 IT 业佼佼者，为企业和社会创造了惊人的财富。

英国前首相撒切尔夫人曾感慨：“欧洲在高技术方面落后于美国，并不是由于技术落后，而是由于欧洲的风险投资落后美国数十年。”

案例 5-7　　雅虎的第一笔风险投资

1995 年的一个夜晚，在斯坦福大学留校从事研究工作的杨致远和费罗翻着《韦氏词典》，为他们的网站起名。取自杨致远的姓的“Ya”让他们突然间想到了 Yahoo 这一字母组合，于是就有了“Yahoo!”。

初闯商海的杨致远和费罗一方面累得苦不堪言，另一方面为突如其来的成功欣喜若狂。他们发现历史赋予的难得机会终于到来了：网景公司的导航器测试版刚刚发行，HotWired 也开通了网络广告站点，通过网络赚钱的时机开始成熟。

聪明的杨致远认识到，必须自己制定一个周密的商业计划，通过广告盈利。杨致远找到自己的老同学布拉狄，他此时正在哈佛商学院读书。他们借鉴 HotWired 公司发布广告盈利的经验，迅速起草了一份商业计划，然后带着这份计划书到处寻找风险投资者。

他们一边维护日益膨胀的网络资源，一边寻找商机，每天只睡 4 小时。

杨致远找到了红杉资本公司（Sequoia），它是硅谷最负盛名的风险投资公司，曾向苹果、Atari（视频游戏业的领袖）、奥拉克（大型数据库供应商）、思科等公司投资。但红杉公司的莫里兹（Mike Moritz）起初有些犹豫，因为雅虎实在太与众不同了，与网景的情况还不一样，雅虎只在网上提供服务，而且是免费的，其商业潜力在哪里呢？

至今，莫里兹回忆起 1995 年 1 月到雅虎办公室的情形还津津乐道：“那里真的可以说是一片狼藉。比萨饼盒扔得满地都是，高尔夫球棒随随便便搁在角落里，电话机扔在地板上，整个屋子里连把椅子都没有，满屋子黑乎乎的。我觉得杨致远和费罗大概连白天黑夜都分不清了。”

不过，莫里兹并没有被吓跑，杨致远和费罗最终使他相信，“这几个小子的确有眼力，抢先占据了网上的有利位置，如果发展顺利，其战略优势十分明显”。1995 年 4 月红杉投资雅虎近 200 万美元。它是雅虎的首家风险资本投资者，也是唯一的风险资本投资者。

现在，红杉的这笔投资已升值到了 34 亿美元。

资料来源：根据杜雁．杨致远美国最年轻的华人首富［J］．成功，2000（1）改编．

中国的风险投资起步于 20 世纪 80 年代。近年来，中国的风险投资事业呈现出强劲的增长态势，投资于中国市场的高回报率使中国成为全球资本关注的战略要地。根据中投顾问《2013—2017年中国风险投资行业投资分析及前景预测报告》，2011年中国企业共获得了60亿美元的风险资本股权融资，同比增长8%，在按国别进行的排名中，中国位列第二。[①] 与以往扎堆投资互联网行业不同，目前新一轮VC投资潮热衷传统项目，教育培训、餐饮连锁、清洁技术、汽车后市场等都是投资热点。传统行业一旦形成连锁品牌，很容易形成整体效应，而且像连锁餐饮、酒店等行业在中国市场前景广阔，成长性好且回报非常稳定，受到风投青睐是必然的。

风险投资是典型的股权融资形式，与其他股权融资方式不同，风险投资更看重企业发展的未来，因而对投资项目的考察是所有投资方式中最为客观和严格的。对中小企业而言，风险投资为企业长远发展提供了市场化的资金支持，降低了创业者所承担的风险。要获得风险资本的支持，创业者需要直接向风险投资机构申请或通过从事此类业务的中介机构来获取，同时，创业项目应当有良好的盈利预期和市场前景、包装好的商业计划书、优秀的创业团队。

一般而言，无论选择天使投资还是风险投资，比较恰当的股权结构是：创业者和他的团队拥有相对多数的股权比例，天使投资人与风险投资人拥有次之的股权比例，最后再邀请策略性企业投资人参与剩余股权的认购。这样的股权结构最有利于创业者创业精神的发挥，尤其能使创业投入与创业利益最紧密地结合，创业成功的概率也比较大。

案例5-8　阿里巴巴创业初期的三轮融资

第一轮融资：天使投资500万美元

阿里巴巴接触风险投资商源于马云发现了“千里马”，用对了一个关键人物——蔡崇信。蔡崇信是阿里巴巴现任CFO，来自中国台湾，获美国耶鲁大学法学硕士后在华尔街当了四年律师，然后被银瑞达公司（InvestorAB）派往亚洲负责整个亚洲的风险投资，1999年在同马云接触之后决定加入阿里巴巴，为此他放弃了当时已经高达百万美元的年薪。

蔡崇信在华尔街的人脉开始发挥作用，1999年10月，马云私募到手第一笔天使投资500万美元，这是由高盛公司牵头，联合美国、亚洲、欧洲一流的基金公司如汇亚、银瑞达、新加坡科技发展基金进行的。蔡崇信本人也作为投资者进入了公司董事会。

第二轮融资：风险投资2 500万美元

在阿里巴巴的第二轮融资中，软银介入，并在此后不断地支持马云，使得阿里巴巴步步为营，走到今天。

马云结识软银公司的创始人孙正义纯属偶然。2000年10月，摩根士丹利（亚洲）公司资深分析师古塔给马云发来一封电子邮件，称有个人“想和你见一面，这个人对你一定有用”。此人正是孙正义。在这次会面中，来自软银、摩根士丹利以及国内众多互联网企业的CEO均在座——有人为融资而来，有人为投资而来。由于前来面谈融资事宜的企业

① 马遥，等. 2013—2017年中国风险投资行业投资分析及前景预测报告［EB/OL］. 中国投资咨询网. http://www.ocn.com.cn/reports/2006223fengxiantouzi.htm.

太多，孙正义只给每个人20分钟时间阐述公司业务规模、商业模式和发展目标。但马云只讲了6分钟不到，孙正义就从会议室那头走过来说："我决定投资你的公司。"

当年底，马云为阿里巴巴引进了第二笔资金2 500万美元，这笔资金来自软银、富达、汇亚资金等六家公司，其中软银投入2 000万美元，阿里巴巴管理团队仍绝对控股。

第三轮融资：风险投资8 200万美元

2004年2月，阿里巴巴完成了第三轮融资，募集到8 200万美元，其中软银出资6 000万美元。这笔资金来自四家风险投资公司，其中包括软银、富达创业投资部、寰慧投资和TDF。

三轮融资过后，阿里巴巴的持股结构改变为：马云及其团队占47%，软银占20%，富达占18%，其他几家股东占15%。三轮融资合计1.12亿美元，但始终没有改变阿里巴巴大股东的地位。

资料来源：史金洋．改变阿里巴巴命运的三次融资［EB/OL］．中华投资网．http：//www.tz333.com/html/info/20128/141111.shtml，2008-06-27.

（三）知识产权融资

知识产权融资，即用知识产权进行质押贷款或作价入股获取融资。

近年来，国家相继出台了一系列政策法规鼓励知识产权质押融资。《中华人民共和国担保法》第七十五条对知识产权的质押进行了明确规定；2007年颁布的《中华人民共和国物权法》再次强调专利权、商标权、著作权中的财产权可以作为质押标的，向银行申请融资；2008年7月实施的《中华人民共和国科技进步法》中提出，"国家鼓励金融机构开展知识产权质押业务，鼓励和引导金融机构在信贷方面支持科学技术应用和高新技术产业发展"。2009年1月，国家知识产权局确定了北京海淀区、广东佛山市等六地的知识产权局作为国内首批知识产权质押融资试点单位，要求试点单位运用知识产权质押贴息、扶持中介服务等手段，积极促进企业的知识产权融资。

根据国家知识产权局公布的数据，2013年知识产权金融服务工作取得积极成效。全年专利权质押金额达254亿元，比上年增长80%。从2008年开展知识产权质押融资试点工作以来，专利权质押金额累计达到638亿元，年均增长112%。①

现阶段，我国知识产权融资方式主要有质押贷款、作价入股、知产引资、融资租赁等。

（1）质押贷款。是指企业或个人以合法拥有的专利权、商标权、著作权中的财产权经评估后作为质押物，向银行申请融资。

（2）作价入股与知产引资。是指合法拥有知识产权的企业或者个人，通过知识产权的价值评估后，以具有自主知识产权并能带来丰厚回报的潜力项目，吸引合作第三

① 知识产权局．2013年专利权质押金额比上年增长80%［EB/OL］．中央政府门户网站．www.gov.cn.2014-01-07.

方投资，企业通过出让股权换取第三方资金，或与拥有资金的第三方机构合作创立新公司，使得拥有知识产权的企业或者个人获得企业股权；也指企业股东或者法人将自主拥有的专利/专有技术等，通过知识产权的价值评估后，转让给企业，从而增加其持有的股权。

（3）融资租赁。与传统行业中的设备融资租赁类似，在知识产权租赁期间，承租方获得知识产权的除所有权外的全部权利，包括各类使用权和排他的诉讼权。租赁期满，若知识产权尚未超出其有效期，根据承租方与出租方的合同约定，确定知识产权所有权的归属。知识产权的融资租赁、知识产权资产的证券化等在中国内地属于尚未开拓的全新融资方式。

事实说明，优质的知识产权并不仅仅是一张证书，更可能是一个可行的融资途径。

四、创业融资的策略选择

创业融资不只是一个技术问题，还是一个社会问题，应从建立个人信用、积累社会资本、撰写创业计划、测算不同阶段的资金需求量等方面做好准备。

1. 创业不同阶段的融资渠道

创业企业融资具有阶段性特征。创业企业完整的财务生命周期主要由不同的业务发展阶段组成，即种子期、创立期、成长早期、快速成长期和成熟期。在不同的阶段，创业企业基于不同的业务重点有不同的资金需求。因为创业企业主要采取的是一种商机驱动型财务模式，蒂蒙斯将其描述成“商机引导并驱动了商业战略，然后又驱动了财务需求、财务来源、交易结构以及财务战略”。

在不同阶段，由于直接驱动力量不同，企业的财务需求各不相同，企业所面对的可获得的财务资源也呈现出很大的差异。在种子期和创立期，个人积蓄和家庭、朋友融资是最主要的资金来源，创业者无法得到更多的股权融资，很难满足企业进一步发展的需要。当企业处于成长早期时，成功的商业计划书吸引风险资本的介入，加上公司最初有内部积累，使公司的融资渠道有所扩展。当公司进入快速成长期时，相对于受驱动的财务需求，原有资金规模仍然显得过小，但企业快速成长会吸引更多的风险投资和证券投资。

随着企业进一步发展，创业企业往往把公开上市作为一个较为彻底的解决方案，在有创业板市场的经济环境中，在此阶段上市意味着正好利用资本市场来丰富企业可利用的财务资源，以满足创业企业高成长的资金需求。在创业板上市，不仅是创业企业进一步发展成为成熟企业的重要渠道，而且能满足参与创业的资金（如风险投资）退出的要求。

因此，在不同的创业发展阶段，创业企业具有不同的特征，面临的风险各不相同，可供使用的融资渠道也不尽相同，如图 5－1 所示。

图 5－1 显示的是创业企业在不同发展阶段通常可能选择的融资渠道，不排除个别创业企业在某些发展阶段有其他融资渠道。例如，天使投资人可能在企业成长的种子期就投资于创业企业，创业者、家庭、朋友的资金也有可能在企业成长的其他阶段继续投资于创

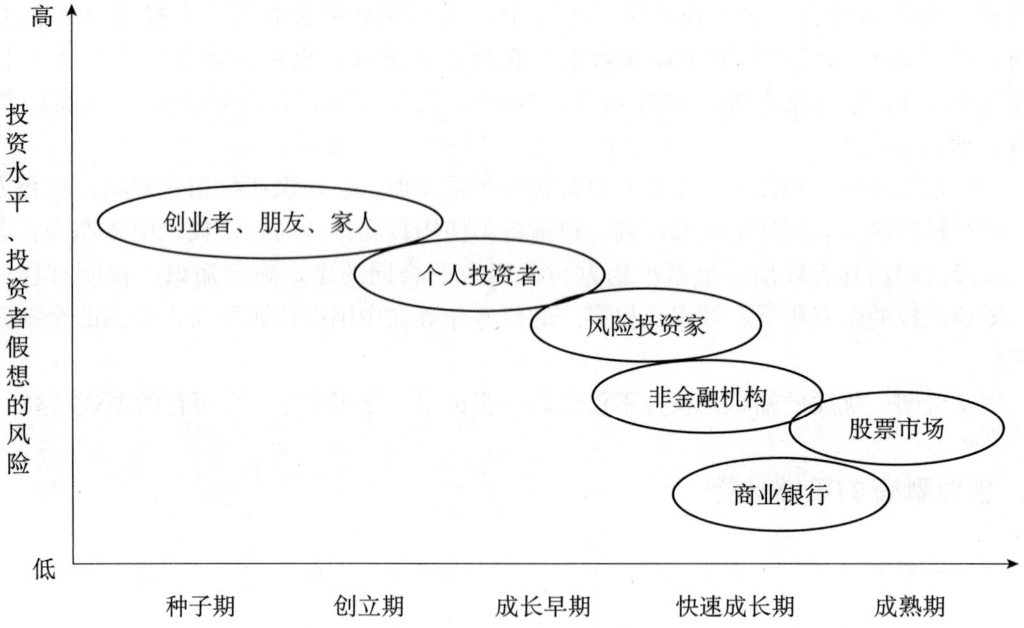

图 5-1 创业企业发展过程中的资金提供者

资料来源：联合国中小企业技术网中国门户．

业企业。

图 5-2 展示的亚马逊网站的创业融资历程也充分说明了这一点。在创业企业的不同发展阶段，可供使用的融资渠道是不同的。创业者在选择不同的融资渠道时，应该衡量自己企业的特点、优势和对资金提供者的吸引力，考虑不同融资方式对企业融资量、筹集资金所需时间、融资成本的影响。

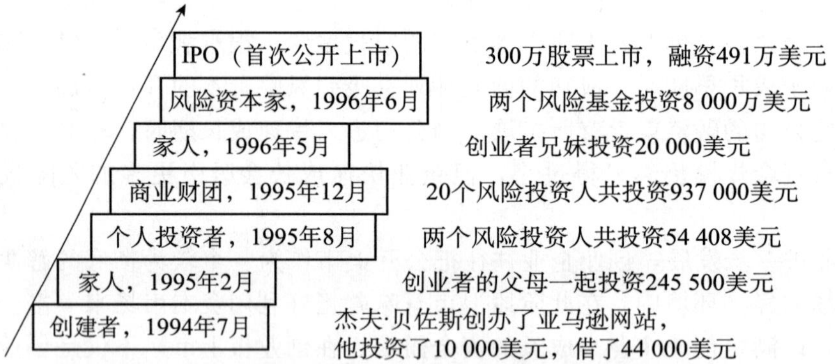

图 5-2 亚马逊网站在创业发展不同阶段的资金来源

资料来源：联合国中小企业技术网中国门户．

2. 融资结构的均衡

创业融资结构安排中最重要的内容是如何均衡股权融资与债权融资。

债权融资与股权融资各有优缺点。债权融资的优点主要体现为：只要按期偿还贷款，贷方就无权过问公司的未来及其发展方向；贷款的支付金额是可以事先预测的——它不会改变公司的命运。其缺点主要体现为：如果借方不能按时偿还贷款，贷方可以迫使公司破产；为了清算债务，贷方可以拿走独资所有者或合伙企业中合伙人的房子及其他财产用来抵债。

股权融资的优点主要体现为：股权融资往往数额大、成本低，如果公司没有利润，投资者甚至没有利润可供分享；投资者不能迫使公司破产；投资者对公司的兴盛与否更加关心，所以经常会向公司提供一些有益的建议和有价值的合同。其缺点主要体现为：股权融资伴随企业控制权和所有权丧失问题。股权融资对于投资者而言风险更大，因此投资者通常要求插手公司的经营，并要求获取比债权人更丰厚的回报，这就会直接影响企业的近期效益与长远发展（见表 5 - 11）。

表 5 - 11　　股权融资和债权融资的比较

融资类型		优点	缺点
股权融资	使用个人存款	独享全部利润 减少债务数额 失败的风险转化为成功的动力	可能损失自己的现金资产 需要个人有较大付出 丧失将存款用于其他投资的机会收益
	向亲友借款	可筹集较多的资金 分散财务风险	需让出部分利润或部分所有权 可能干扰正常的经营管理
	合伙企业	宽松的现金来源 较小的压力和制约	有私人关系破裂的风险 可能增加企业运作的复杂性
	有限责任公司	可筹集较大量的资金 分散财务风险 降低法律风险 降低税负	让出部分利润 让出企业部分所有权和控制权
	获得风险投资	帮助小企业 有利于寻求贷款	只关注资本增值
债权融资	各种形式借款	比较容易获得 企业所有权和控制权得以维护 可选择有利的时间归还 可以节约自有资金 借款成本可在税前列支 通货膨胀实际上降低了借款成本	借款必须按期还本付息，这对于开始运营的初创企业可能十分困难 要承担未来利润不足以偿还利息的风险 可能导致滥用和浪费资金 让他人了解财务和其他一些保密信息 贷款机构可能会附加限制条款，如要求提供抵押物

资料来源：刘国新，等．创业风险管理［M］．武汉：武汉理工大学出版社，2004.

（1）创业融资顺序的选择。融资顺序如下：首先是内源融资，然后是外源融资；而在外源融资中，首先是债务融资，然后是股权融资。一般而言，在小企业起步时期，外部债务融资优于外部股权融资，因为债务融资可以有效减少外部所有权和控制、逆向选择等问题。此时，企业除了有少量的风险资本外，其股权资本的大部分来自业主、创业团队的其他成员以及家族和好友。但是，当企业需要大规模融资时，外部股权融资就显得极其重要了。

（2）融资对企业控制权的影响。财务杠杆和财务风险是企业在筹措资金时通常需要考虑的重要问题，同时又是一种两难问题：企业既要尽可能加大债权资本在企业资本总额中的比重，以充分享受财务杠杆利益，又要避免由于债权资本在企业资本总额中所占比重过大，给企业带来财务风险。

严重依赖债权融资的公司常被称为“高杠杆公司”。高杠杆意味着债权融资比例高，这种高杠杆只有在企业经营状况良好、收益稳定的情况下才能奏效。创业企业的过度杠杆（负债）融资比成熟企业的过度杠杆融资更加危险，这是因为创业企业对市场因素的变化更敏感。

但是，采用股权融资就意味着企业控制权和所有权的部分丧失。有时，这不仅直接影响到企业生产经营的自主性、独立性，导致企业利润分流、原有股东的利益遭受巨大损失，还可能影响到企业的近期效益与长远发展，过度依赖股权融资甚至可能导致公司所有者的垮台。

例如，苹果的史蒂夫·乔布斯、爱多的胡志标、新浪的王志东等都曾为企业的控制权而痛苦。乔布斯因为丧失控制权而被赶出苹果董事会；胡志标为争夺企业的控制权而沦为阶下囚，其一手创办的爱多最终宣告破产。2001 年的新浪王志东事件，是中国较早期的创业者控制权争夺事件：2000 年 4 月，新浪在美国纳斯达克上市，上市后新浪的股权日益分散，身为 CEO 兼总裁的王志东从最初持股 21%不断稀释到 6%，最终失去对公司的控制。2001 年 6 月 1 日，新浪董事会以一票弃权、四票赞同免去王志东的职务。王志东败走新浪后，不得不开始第三次创业。

案例 5－9　乔布斯的一次致命错误

过度依赖股权融资可能会导致公司所有者垮台。苹果公司的创始人之一史蒂夫·乔布斯就曾犯了这样一个致命错误。

当初，史蒂夫·乔布斯和伙伴史蒂夫·沃兹尼亚克创业时都是两手空空的年轻人，他们无法采取负债融资的方式，为了筹集资金只好卖出公司的大量股权。

到 20 世纪 80 年代中期，苹果公司已经非常成功，乔布斯雇用了百事总执行官约翰·斯卡利（John Scully），让他接任苹果公司的首席执行官。但斯卡利发现，他无法约束傲慢且专制的乔布斯，所以，他决定让乔布斯离开。斯卡利开始向苹果公司的董事会游说，使他们相信乔布斯开始对公司产生分裂影响。

1985 年 5 月，斯卡利联合董事会针对乔布斯进行投票，由于投票的多少和股东拥有的股份有一定关系，而乔布斯并不掌握足够多的股票来对抗斯卡利，因此在投票中失败了。

刚刚过完 30 岁生日的乔布斯被赶出了自己亲手创办的苹果公司。

资料来源：王咏刚，周虹．乔布斯传：神一样的传奇［M］．上海：上海财经大学出版社，2011.

可见，在考虑融资的代价时，只考虑成本是不够的。当然，在某些特殊情况下，也不能一味固守控制权不放。比如，一个急需资金、濒临破产的小型高科技企业，在面对某风险投资公司拟投入巨额资金，但要求较大比例控股权的情形时，一般应该从长计议，在股权方面做出适当让步。

第3节 创业资源管理

一、不同类型资源的开发

创业资源开发涉及资源的获取和整合。在非常不确定的环境中，创业者必须时刻关注市场上有价值的资源，当某种资源十分稀缺时，企业就应通过一定手段获取，并与内部相关资源整合后加以开发利用，从而为企业带来竞争优势，这就是企业开发资源的初衷。

Brush，Greene and Hart（2001）阐述了创业资源获取的策略：创业者可以通过工具性资源（财务资源、人力资源等）获得生产性资源（物质资源、技术资源等），可以通过无形资源（社会资源、人力资源等）获得有形资源（财务资源、物质资源、技术资源等）。

Domenico，Haugh and Tracey（2010）基于文献总结了创业者获取资源的策略：

（1）通过社会网络（social networks）和创业者角色获得知识、信息和物质资源；

（2）以更具经济性的步步为营（bootstrapping）方式获得不被创业者所有或控制的资源；

（3）利用更为理性的手段导向（effectuation）方式获得不确定环境中的资源；

（4）采用创造性拼凑（bricolage）的方式获得手边零碎的资源。[①]

上述四种方式对创业者都具有重要意义，可满足新创企业在资源有限的条件下对资源的需求，为创业者获取资源提供良好的理论基础和实践指导。

只有通过优化整合，使各种获取的资源通过一定的方式进行恰当的匹配与组合，才可能形成竞争对手无法模仿的竞争优势，这就是创业资源的开发利用。

开发创业资源是有效利用创业资源的重要途径，表现为一些独特的创业行为。由于创业者和创业团队开发资源的能力和经验都相对薄弱，因此资源开发不仅需要量力而行，更需要创造性地获取、整合和利用。

（一）内部创业资源开发

内部创业资源主要包括企业内部的土地、财、物等有形资产和技术、品牌、商标、专利等无形资产。开发的最根本目标是更有效地优化配置和使用这些资源，因此可以把内部创业资源开发形象地比喻为“内部挖潜”。

内部创业资源开发主要包括：在企业内部开发新的技术；通过培训使员工知识更新技能提高；通过营销策划提升企业知名度，获得更多的市场份额，扩大销量，以增加资金积累；通过培育和构建有特色的企业文化，培育全员的创业精神，提升内聚力等。由于无形资源往往是撬动有形资源的重要杠杆，下面重点讨论人力资源和无形资源开发。

1. 人力资源开发

人力资源开发的目标：一是通过开发活动提高员工的素质与技能；二是增强员工的活

---

① Domenico，D. H.，Haugh，H. Tracey，P. Social Bricolage：Theorizing Social Value Creation in Social Enterprise［J］. *Entrepreneurship Theory and Practice*，2010（4）：681－703.

力或积极性。

（1）首先要改变传统观念。根据美国经济学家舒尔茨（Schultz）的人力资本理论，人力资本投资的收益率要远远高于物力资本投资的收益率，因此应当将人力资源看作一种动态的、可发展的投资升值的资本，看作第一资源和可持续发展的动力，加强对人力资源开发的认识，通过科学合理地开发人力资源，把人力资源优势变成真正的企业竞争优势。

（2）采用科学方法招聘、选拔、培养、使用人才。企业人才竞争的关键是人才是否为“真才”，“真才”的获取建立在人才的科学招聘、选拔基础之上。除了要广纳各类人才为企业所用外，对于现有的员工队伍，还必须根据实际情况建立科学规范的人才培训制度，采用灵活多样的教育培训手段，多层次地开发人力资源。

（3）建立完善的激励机制。优秀人才的培养与成长需要投入大量的资金、人力和物力，且需要一定的周期，一旦优秀人才资源流失，必然影响企业长远发展。为此，企业必须创造良好的条件，建立完善的激励机制，调动人才的积极性，努力做到人尽其才、才尽其用，切实尊重和爱护优秀人才，最大限度地为他们提供施展才华的广阔空间，使优秀人才转化为企业的人力资本，使之成为企业价值创造和创新的核心。

2. 无形资源开发

无形资源是撬动有形资源的重要杠杆。无形资源的开发主要包括技术、品牌、管理、企业文化、商标、专利等的开发。

（1）技术开发。主要是指技术、产品或工艺创新。企业应当建立技术研发部门，加大对研发队伍和技术创新的投入，大力推进产品创新、服务创新、知识创新、管理创新、技术工艺创新、生产方式和流程创新，不断提高产品质量，开发新的产品，提供新的服务，创造新的市场价值。

（2）品牌开发。品牌是企业拥有的最大的无形资产，是企业增加收入的核心要素，是市场竞争优势的代表，创业者必须高度重视创建和开发自主品牌。品牌要得到消费者的认同，需要长期的建设过程，在这一过程中，要始终把产品/服务的品质和质量放在首位，在产品/服务的品质、样式、商标、工艺、服务等方面独树一帜。

（3）企业制度建设。创业企业要想长期可持续发展，没有制度的保证，只靠创业者个人的魅力是难以实现的。现代企业制度的建设与完善是一项长期任务，要从创立之日起就开始考虑构建适应市场经济和本企业特点的有关组织机构、企业章程、经营范围、规模、方式、流程、岗位职责和利益分配等的一整套企业制度，并随着企业的成长不断调整完善。

（4）企业文化建设。企业文化是企业发展过程中逐步形成和培育起来的具有自身特色的企业精神、发展战略、经营思想和管理理念，是企业员工普遍认同的价值观、企业道德观及行为规范。优秀的企业文化对内有激励、凝聚、规范和引导的作用，可增强员工对企业的归属感，减少“内耗”，减少人才等无形资产的流失；对外则有辐射功能和品牌功能，可通过各种渠道（宣传、交往等）对社会产生影响，展现公司文化内涵和提升企业形象。

（5）企业专利与商标的开发。必须对企业的核心技术申请基本专利，围绕基本专利构筑严密的外围专利网，实施专利交叉许可战略；制定商标战略时，应尽量同时用商标权和专利权来保护自己的商标设计，使用组合商标，注册相近似的商标，保护好驰名商标。

（二）外部创业资源开发

1. 人脉资源开发

人脉资源开发就是创业者人脉的构建和利用。在美国，有一句流行语："一个人能否成功，不在于你知道什么，而在于你认识谁。"在高速发展的知识经济时代，人脉已成为创业的重要支持体系。

法国亿而富（Total Fina Elf）前总裁每年都定下目标，要与1 000个人交换名片，并与其中的200个人保持联络，与其中的50个人成为朋友。

其实，职业和事业上的贵人就在身边，关键是要有人脉资源开发的意识，用心寻找，用心经营。

（1）人脉资源规划。

首先，要弄清创业和事业的人脉资源需求。你目前的创业进展得顺利吗？如果顺利，是谁给了你最有力的支持和帮助？今后你还要得到什么样的支持？如果不顺利，原因是什么？假如不是你的能力问题，那么，是谁没有给你最有力的支持？他们为什么没有帮助你？为了实现近期的创业目标，你需要哪些人脉资源的鼎力相助？为了实现长远的创业目标，你还要开发哪些潜在的人脉资源？

其次，制定人脉资源规划。第一，人脉资源的结构要科学合理，比如，性别结构、年龄结构、行业结构、学历与知识素养结构、高低层次结构、内外结构、现在和未来的结构等。人脉结构太单一会导致人脉资源的质量不高。第二，人脉资源要兼顾事业和生活的需要，要平衡物质和精神方面的需要，重视心智方面的需要。第三，注意人脉资源的深度、广度和关联度。人脉的深度即人脉关系纵向延伸的情况，达到了什么级别；人脉的广度即人脉关系横向延伸的情况，范围（区域与行业）有多广；人脉的关联度指人脉关系与个人所从事行业的相关性。要善于利用朋友的朋友或他人的介绍等去拓展人脉资源，从长远考虑，千万不要有人脉"近视症"，需要关注成长性和延伸空间。

（2）人脉资源拓展。人脉资源拓展主要有熟人介绍、参与社团、利用网络等途径。

熟人介绍。美国人力资源管理协会与《华尔街日报》共同针对人力资源主管与求职者所进行的一项调查显示，95%的人力资源主管（或求职者）通过人脉关系找到了适合的人才（或工作），而且61%的人力资源主管及78%的求职者认为，这是最有效的方式。所以，根据自己的人脉规划，可以列出需要开发的人脉对象所在的领域，然后请求你现在的人脉支持者帮助寻找或介绍你所希望认识的人脉目标，创造机会采取行动。

参与社团。想要扩展人脉，扩大交友范围，借助团队的力量很重要，即通过社团活动来经营人际关系。在社团活动中，人与人的交往更加顺畅，能在自然状态下与他人建立互动关系，有助于建立情感和信任，扩展自己的人脉网络。参加某个社团组织，如果能谋到一个组织者的角色，就会得到一个服务他人的机会，自然就增加了与他人联系、交流并增进了解的机会，人脉之路也就自然而然不断延伸。

利用网络。网络是便捷有效的人脉通道。由于网上交流不设防，能对对方的价值观、兴趣爱好等有比较透彻的了解，因此往往能了解真实的需求和想法，更重要的是能扩大自己的朋友圈，使人脉资源的延伸取得突破性进展。

（3）人脉资源经营。人脉是一种资源和资本，是一个人终身受用的无形资产和潜在财富，因此需要经营和细心呵护。经营人脉资源应遵循以下原则①：

互惠原则。利人利己是一种双赢的人际关系模式，以品格为基础，要求交往者诚信、成熟、豁达。

诚实守信原则。在人际交往中，人们都喜欢与诚实、爽直、表里如一的人打交道，因此，在人际交往中应切记诚实守信的原则。墨子说："言必信，行必果。"孔子说："与朋友交，言而有信。"信用是处理人际关系的必守信条。

分享原则。分享是一种最好的建立人脉网络的方式，世界上有两种东西越分享越多：一是智慧、知识；二是人脉、关系。

坚持原则。不轻言放弃的人，才会有屡败屡战的坚定信念，从而赢得更多成功的机遇。只有坚持辛勤耕耘人脉的沃土，才能构建广袤的人脉网络，成就大业。

用"心"原则。在人脉资源的经营中，需要精心地梳理，细心地呵护，耐心地期待。只有以心换心，才能用诚心、真心、爱心换来心心相印的人脉效果。可根据不同层次的人脉资源，确定相应的联系、拜访、聚会等方式。但是，在常规的节假日或对方的特殊日子（比如生日），你不妨打一个问候的电话、发一条祝福的短信或送一张精致的贺卡（或电子贺卡）。

"二八"原则。又称帕累托法则、帕累托定律。19 世纪末 20 世纪初，意大利经济学家帕累托提出，在任何事物中，最重要的、起决定性作用的只占其中一小部分，约 20%；其余 80%尽管占多数，却是次要的、非决定性的。经营人脉资源也是如此。也许对你一生的前途命运起重大影响和决定作用的，就是那么几个重要人物，甚至只是一个人。所以，不能平均使用时间、精力和资源，必须区别对待，对会影响或可能影响我们前途和命运的 20%的重要人物重点关注，在他们身上投入 80%的时间、精力和资源。

2. 客户资源开发

（1）开发客户的渠道。包括亲朋同事渠道、网络渠道、展会渠道、媒体渠道、商会渠道、通信渠道等。

亲朋同事渠道：通过亲属、朋友介绍或同事引荐，比较可靠，但需要自己去跟进；网络渠道：网上寻找自己的潜在客户，从朋友做起，建立诚信，适时联络，主动出击；展会渠道：直接面对客户，对客户有大致的了解，抓住客户的机会比较多，可以认识潜在客户，同时还可以多了解产品及市场动态；媒体渠道：从黄页、报纸、电视、广告等各类媒体上搜寻客户资源；商会渠道：通过当地商会联系客户；通信渠道：通过电话、传真或邮件的方式联络客户。

（2）开发客户的方法。创业者可以通过优惠待遇、"二八"原则、中心开花、顺藤摸瓜、找准机会、提升价值等方法开拓新客户。

优惠待遇。新创企业可以通过价格优惠（如低价、扣点）、信用支持、延伸服务等，

① 自由飞翔．经营人脉资源的六大原则［EB/OL］．新浪博客．http://blog.sina.com.cn/s/blog_41780b7701015ubz.html，2012-08-28.

吸引客户与企业建立交易关系。但在初期阶段客户关系非常脆弱，客户对企业还不太信任，基本上还处于考察阶段，企业稍有不慎就可能导致花费很大精力构建起来的关系毁于一旦。因此，企业要维持与客户更稳定长久的关系或者进一步获得更大份额，需要兼顾组织利益与个人利益、组织信任与个人信任，多角度、全方位地建立与客户的良好关系。合作的目的是双赢，要让有意向的客户知道与企业合作能获得更大、更长久、更稳定的收益。

"二八"原则。对所掌握的客户信息进行分类，对少数重点客户上门推销、登门拜访、重点挖掘，对大多数一般客户则不必如此。

中心开花。如果你攻克了行业中有影响力的客户，其他新客户可能会更容易接纳你。比如，开发新客户的过程中，业务员往往被问及公司与哪些客户合作过，新客户希望通过了解公司已拥有的客户判断公司的实力。而且，有些准客户就是要找那些为知名品牌公司供货的企业作为自己的供应商。在这种情况下，有可能客户会主动打来电话。

顺藤摸瓜。通过老客户介绍新客户，这是一种连锁介绍法。让老客户帮助你介绍新客户，就可以顺藤摸瓜，找到行业内更多的新客户。关键在于，要让老客户对你信任和满意，这样他才会乐意向你推荐新客户。

找准机会，寻找最佳切入点。大部分情况下，你想争取的客户已经有固定的供应商了，将潜在客户发展成为正式客户通常很难一蹴而就，销售人员往往需要等待合适的切入机会。机会可能包括新产品上市、年度供应商评估、客户内部人员变动、目前供应商的产品质量和服务存在问题、与目前供应商的关系恶化、需要降低成本，等等。即便你已经与客户的关键人物建立了良好关系，同时产品和服务也能够满足客户的要求，正式的进入往往还是需要一个机会。

提升价值。实现个性化增值是提升客户价值的最佳切入点，因为个性化不易被模仿，有利于保持竞争优势。可提供比目前供应商更出色的产品/服务，引入比目前供应商更具竞争力的产品或服务，满足目前供应商无法满足的个人需求。

二、有限资源的创造性利用

获取的资源不利用，等于没有资源；获取的资源没有得到恰当的利用，资源开发的能力与效率就会降低，企业的优势将难以持久，企业的竞争力将被削弱。资源利用是企业资源开发的最终目标，只有创造性地配置和利用了企业获得的资源，企业的核心能力才能形成，企业才能够发展和成长。

1. 创造性拼凑

贝克和纳尔逊（Baker and Nelson）将"创造性拼凑"定义为：为了解决新问题或利用新机会，整合手头现有的资源行事。[①]

他们曾拜访 40 家独立的中小企业，进行了 757 小时的调查和 167 次访谈，发现与总是在压力下运营的同行相比，一些企业能够在拥有很少资源的情况下运营并成长。他们挑

① 王晓文，张玉利，李凯．创业资源整合的战略选择和实现手段［J］．经济管理，2009（1）．

选出20家特别的企业和9家对照企业进行了为期两年的跟踪研究，发现拼凑能够很好地描述创业者利用资源的行为特点。[①]

创造性拼凑有三个关键要素：手边的已有资源，用于新目的，将就使用。

（1）手边的已有资源。创业者通常利用身边能够找到的一切资源进行创业活动，有些资源对他人来说也许是无用的、废弃的，但创业者可以通过自己的独有经验和技巧，加以整合创造。例如，很多高新技术企业的创业者并不是专业科班出身，可能是出于兴趣或其他原因，对某个领域的技术略知一二，却据此敏锐地发现了机会，并迅速实现了相关资源的整合。很多创业者都是拼凑高手，通过加入一些新元素，与已有的元素重新组合，在资源利用方面进行创新、优化配置，带来意想不到的惊喜。

（2）用于新目的。拼凑的另一个重要特点是为了其他目的重新整合已有资源。拼凑者善于用发现的眼光，洞悉身边各种资源的属性，将它们整合起来用于新目的，创造出资源新的使用价值。这种整合很多时候甚至不是事前仔细计划好的，而往往是具体情况具体分析、“摸着石头过河”的产物，正是这种机会不确定性和创业资源能够实现新效用、创造新价值的特性，考验着创业者的资源获取与整合能力。

（3）将就使用。拼凑的载体往往是手边的一些“零碎”资源，出于时间和成本的考虑，这种先天不足从一开始就注定拼凑出的东西品质有限，只能将就使用。资源的这种利用通常和次优方案联系在一起，也许不太合适、不完整、略显混杂、效率低、有很多缺陷，需要多次尝试和改进才能基本满足创业的需要，但它在某种程度上是创业者唯一的理性选择，甚至是创新性的选择。拼凑有时就是在一个个不完美中逐步蜕变出辉煌的。

2. 步步为营

在资源匮乏的情况下，创业者分多个阶段投入资源并在每个阶段投入最有限的资源，这种做法称为“步步为营”[②]。这种方法不仅适合创业型小企业，而且适合高成长企业。

步步为营的策略首先表现为节俭，设法降低资源的使用量，降低管理成本。但过分强调降低成本，会影响产品和服务质量，甚至会制约企业发展。比如，为了降本增效，有的创业企业盗用别人的知识产权、偷税漏税、偷排“三废”、偷工减料甚至以次充好，这样的创业活动尽管在短期内可能会赚取利润，但肯定难以持久发展。所以，需要“有原则地保持节俭”。

步步为营的策略还表现为自力更生，最大限度地降低对外部融资的依赖，充分发挥企业内部资源的潜力，使经营风险最小化，实现创业者对所创事业所有权的有效掌控。步步为营是创业者在资源受限的情况下实现创业目标的有效途径，更是在有限资源的约束下获取满意收益的方法。事实上，步步为营往往是创业者自发的甚至是迫不得已的选择，对创业企业生存与成长尤其重要。

3. 发挥资源杠杆效应

杠杆效应即以尽可能少的资源投入获得尽可能多的收益。尽管存在资源约束，但成功

---

① 龙丹，田新．资源约束下的成功之道——创造性拼凑［J］．企业管理，2009（5）．

② 张玉利．创业者如何整合资源？［J］．中外管理，2011（6）．

的创业者善于利用关键资源的杠杆效应，撬动和获得外部资源来实现自己的创业目的，或者用一种资源补足另一种资源，产生更高的复合价值。其实，大公司也不是一味地积累资源，它们更擅长资源互换，进行资源更新和结构调整，积累战略性资源，这是创业者需要学习的经验。

对创业者来说，最合适的杠杆就是创业者自己的人力资本和社会资本等非物质资源。人力资本由一般人力资本与特殊人力资本构成，一般人力资本包括教育背景、以往的工作经验及个性品质特征等；特殊人力资本则包括产业人力资本（与特定产业相关的知识、技能和经验）与创业人力资本（如先前的创业经验或创业背景）。调查显示，特殊人力资本会直接作用于资源获取，有产业相关经验和先前创业经验的创业者能够更快地整合资源，更快地实施市场交易行为。而一般人力资本使创业者具有知识、技能、资格认证、名誉等资源，也提供了同窗、校友、老师以及其他连带的社会资本。

容易产生杠杆效应的是创业者的社会资本。社会资本存在于社会结构之中，是嵌入、来自并体现在个体关系网络之中的真实或潜在社会资源的总和，它有助于个体开展目的性行动，并为个体带来行为优势。个人关系网络为创业者提供了丰富的市场和商业信息，从而有助于提升创业者对特定商业机会的认识与把握，使创业者更容易识别出常规商业活动中难以发现的顾客需求，进而更容易获得财务和物质资源——这正是其杠杆作用所在。

4. 设置合理利益机制

资源通常与利益相关，创业者之所以能够从家庭成员那里获得支持，原因在于家庭成员不仅是利益相关者，更是利益整体。既然资源与利益相关，创业者在整合资源时就一定要设计好有助于资源整合的利益机制，借助利益机制把潜在的、非直接的资源提供者整合起来，借力发展。因此，整合资源需要关注有利益关系的组织或个人，尽可能多地找到利益相关者。同时，分析清楚这些组织或个体与自己以及自己想做的事情有何利益关系。利益关系越强、越直接，整合资源的可能性就越大，这是资源整合的基本前提。

利益相关者之间的利益关系有时是直接的，有时是间接的；有时是显性的，有性是隐性的；有时甚至需要在没有关系的情况下创造出来。另外，存在利益关系并不意味着能够实现资源整合，还需要找到或发展共同的利益，或者说利益共同点。为此，识别出利益相关者后，逐一分析每一个利益相关者所关注的利益诉求非常重要，多数情况下，将相对弱的利益关系变强，更有利于资源整合。

然而，有了共同的利益或利益共同点，并不意味着可以顺利实现资源整合。资源整合需要多方面的合作，切实的合作需要对能够实现的预期提供保障，这就要求寻找和设计出多方共赢的机制。对于在长期合作中获益、彼此建立起信任关系的伙伴，共赢的机制已经形成，进一步合作并不难。但在首次合作时，建立共赢机制尤其需要智慧，创业者要让对方看到潜在的收益，为了获取收益而愿意投入资源。因此，创业者在设计共赢机制时，既要帮助对方扩大收益，也要帮助对方降低风险，降低风险本身也是扩大收益。在此基础上，需要考虑如何建立稳定的信任关系，并加以维护、管理，这就是价值维护。

案例5-10　希望集团创业之初：从拼凑、将就到共赢

临近1983年农历除夕，四川省新津县顺江乡古家村一间茅草顶的小屋里，召开了一次将决定整个家族命运的方桌会议，会议的主角是刘家四个同胞兄弟——老大刘永言、老二刘永行、老三陈育新（刘永美）、老四刘永好。

刘家的家庭会议开了三天三夜，最后大家通过了一项特别决议：脱下“公服”当专业户。四兄弟决定创建一个良种鸡场，把外地种鸡引进来孵化成小鸡卖给农民，然后回购本地农民的种蛋，再孵化成小鸡出售。以此为契机，把贫困的新津县变成良种鸡的养殖县。

对于当时月工资只有三四十元的四兄弟而言，创业资金成为一大难题。他们首先想到向银行申请贷款1 000元，但结果是当头一盆冷水，银行根本不搭理他们！在当时，国家对私营企业贷款没有先例，相关政策直到10年之后的1992年才出台。

此时，母亲为他们拿出了自己辛辛苦苦积攒的一点积蓄，但这远远不够。大家决定破釜沉舟，把自己的家当变卖了——刘永言把自己的一块电子手表卖给了厂里一位新来的实习生，腿脚不便的刘永行甚至把自己代步的一辆永久牌自行车也卖了……就这样，大家好不容易凑足了1 000元。

这点钱对于创业来说仍捉襟见肘，兄弟们必须小心翼翼地安排这点资金。没有场地，陈育新就把自己的住房改造成了育雏室；没有孵化箱，他们就到货摊上收购废钢材，然后到工厂租用工具自己来做，即便是大年三十的晚上，他们四兄弟仍在一起用废铁桶做孵化器；良种场需要用铁丝来做墙体材料，刘永好就跑到成都的一些建筑工地，找了一大抱废铁丝回来；他们甚至连一把剪刀都舍不得买，而是找了两块废钢自己制造；他们用秤称水泥、用斗量沙子来计算建筑材料的比例，尽可能不浪费一点点材料……

后来良种场扩大，需要建造新的厂房，刘永好专门从成都买回一拖拉机的旧砖。由于道路狭窄，拖拉机无法进村，旧砖被卸到了两公里之外。几个农民兄弟来帮忙，大家手抱肩扛，愣是把一车砖给搬了进来。

等良种场建立起来后，种鸡蛋的收购成了一个难题。当时，国家恰好进口了一批良种鸡，分给成都周边各个县的农贸公司，每个公司大概有十几只，这些良种鸡又被分散到各个农户家里。刘家兄弟听说后，决定找到这些农户，用比市场高一倍的价格收购这些良种鸡孵出的鸡蛋。

收购很辛苦，刘家兄弟每天都要骑上自行车，带一个筐子，到方圆几十公里甚至上百公里的地方去寻找这些良种鸡蛋。一次，刘永好收购了200多个蛋，回家的时候已经是夜晚10点多，在途经一处田坎时，一只狗突然窜了出来，扑到刘永好脚后跟上狠狠咬了一口，刘永好疼痛难忍从车上摔了下来，他一天的辛苦成果也全部打碎。等他拿着仅剩的一枚鸡蛋回到家里时，已是凌晨6点多了。

陈育新在良种场的工作很顺利，孵化出来的小鸡供不应求。刘永言认为，良种场想要大量孵化，必须采用电孵的方法。为了大哥这句话，刘永行在家里忙开了。他自告奋勇地买了些零件回来，又把家里的碗柜做成了孵化器。

为了节省成本，刘永行买的是处理的电子器件，第一次试验时，稳压器居然冒起了

烟，幸亏及时切断了电源。第二次电孵试验，由于刘永行日夜奔波太过疲倦，在孵化前一晚居然睡着了，结果因为夜里电压过高又把继电器烧坏了，马上要出壳的小鸡全部被烧死。

等刘永行一睁眼，虽然看到的是满眼烧死的已有绒毛的小鸡，但他仍然十分高兴，因为他知道自己快成功了。1983 年 9 月，在反复试验失败后，刘永行设计制作的孵化箱终于成功了。看着第一批电孵小鸡出壳，35 岁的刘永行高兴得像个小孩子一样。

辛苦劳动终于换来了丰硕成果——到 1983 年底，兄弟们一盘点，这一年育新良种场孵鸡 5 万只，孵鹌鹑 1 万只，并带出了 11 个专业户，挣到了创业的第一桶金。

到了 1986 年，育新良种场已经年产鹌鹑 15 万只，鹌鹑蛋不仅贩卖到国内各个城市，而且有老外的订单。"那时候，我们成了全国鹌鹑蛋批发中心，我们已经把鹌鹑养到了所能达到的最大目标。在我们的带动下，整个新津县有 1/3 的农户养鹌鹑，最高峰的时候全县养了 1 000 万只鹌鹑，比号称世界鹌鹑大国的德、法、日还要多，我们是当之无愧的世界鹌鹑大王和世界鹌鹑蛋大王。"

1986 年，刘家四兄弟决定用一个充满美好前景的词来重新命名自己的养殖场——"希望"。

资料来源：根据张小平．刘永行刘永好首富长青［M］．北京：中央编译出版社，2010 改编．

三、创业资源开发过程

在日益变化的动态市场中，企业要想保持竞争优势，必须不断地获取资源并对其进行开发，创业资源的开发与整合贯穿整个创业过程。

王旭、朱秀梅（2010）将资源开发方式分为三种，即技术驱动型、资金驱动型和人力资本驱动型。以三种资源中一种相对充裕且优先获取的资源为核心和驱动力，来带动其他两种资源向新创企业聚集。[①]

针对传统的资源管理理论的不足之处，Sirmon，Hitt and Ireland（2005）建立了一个动态环境中资源开发整合的理论模型，将创业资源开发过程分解为资源识别、资源获取、资源整合和资源利用四个环节，并深入揭示创业环境、创业网络与资源开发之间的动态作用。[②] 下面简要介绍这四个环节。[③]

1. 资源识别

资源识别为资源获取和利用奠定了基础。资源识别是指创业者根据自身资源禀赋，对创业所需资源进行分析确认，并最终确定企业所需资源的过程，它是资源开发的起点。创

---

① 王旭，朱秀梅．创业动机、机会开发与资源整合关系实证研究［J］．科研管理，2010（9）．

② Sirmon D. G.，Hitt M. A.，Ireland R. D. Managing firm resources in dynamic environments to create value: Looking inside the black box［J］. *Academy of Management Review*，2005，in press.

③ 蔡莉，葛宝山，朱秀梅，费宇鹏，柳青．基于资源视角的创业研究框架构建［J］．中国工业经济，2007（11）．

业者尤其要关注自身已有的资源及创业所需的资源之间的缺口，特别是知识资源和社会资源，然后识别潜在的资源或资源供应商。

2. 资源获取

资源获取是指在确认并识别资源的基础上，获取或支配所需资源使之为创业企业服务的过程。新创企业主要通过内部培育和外部购买方式获取资源，在创业的早期阶段，应当充分利用已有的知识资源、社会资源和组织资源等无形资源，去撬动财务与物质资源，从而获得有形资源。企业还可以利用自身的信息优势来获取价值更高的知识资源，运用社会网络获取外部资源，通过企业之间的联盟还可以帮助企业获取互补性资源。

3. 资源整合

资源整合是指企业在获取了必要的资源之后，对资源进行优化配置，使资源互相匹配、相互补充，以产生新的使用价值的过程。资源整合是资源开发过程的中心环节，整合资源的关键在于能否有效提升原有产品/服务的价值或创造出新的价值，以进一步形成具有价值创造潜力的能力集合，获得独特竞争优势。

纵观中国和国外著名企业家，无一不是资源整合的高手。海尔集团的张瑞敏就提出："企业最重要的是利用多少科技资源，而不是拥有多少科技资源，企业要具备整合各种科技资源为自己所用的能力，整合力即竞争力。"

在蒙牛创业初期，显性的资源几乎一无所有，即没有资金、奶源、厂房、销售渠道，后来牛根生和他的团队利用自己在伊利创建的人脉资源、信誉资源以及内部团队的智力资源，通过这些隐性资源把各种显性资源一一整合起来，实现了企业的快速增长。牛根生曾说，蒙牛企业文化中有"四个98%"：资源的98%是整合，品牌的98%是文化，经营的98%是人性，矛盾的98%是误会。在这里，第一个98%就是资源整合，可见资源整合在蒙牛创业过程中的重要性。

4. 资源利用

资源利用是指对所获取的资源进行优化配置形成能力集合后，将其运用于为顾客、为合作伙伴创造价值，同时为企业所有者创造财富的过程。这是资源开发过程的最后环节，是企业资源的价值实现过程。

资源利用也是一个学习过程，资源利用的潜力蕴含在公司人力资本的技术和潜在知识当中，公司只有拥有符合顾客需要和保持当前竞争优势的能力，及时识别并抓住创业机会，整合到必需的创业资源中，才能为顾客、合作伙伴和企业自身创造出价值，使创业的最终目标得以实现。

本章小结

企业的竞争优势来源于企业拥有或控制的有价值的、稀缺的、难以模仿且不可替代的异质性资源。不同的创业活动具有不同的创业资源需求。

创业资源包括有形资源和无形资源，无形资源是撬动有形资源的重要杠杆。

创业资源与一般商业资源的差异在于：创业资源是经由创业者开发利用而具有新效用、能获得新价值甚至超额利润、具有异质性的商业资源。

创业资源的获取途径包括市场途径和非市场途径。影响创业资源获取的首要因素是创业者自身的素质和能力，尤其是创业者的资源禀赋、资源整合能力和信息获取能力。创业资源获取的关键往往在于软实力。

创业融资是创业管理的关键内容，正确测算创业所需资金有利于确定筹资金额，降低资金成本。创业不同阶段对融资的需求是不同的，融资结构安排中最重要的是如何均衡股权融资与债权融资，同时要合理确定融资规模和融资期限。创业融资的主要渠道包括自我融资、亲朋好友融资、天使投资、风险投资、商业银行贷款、担保机构融资和政府创业扶持基金等。创业融资不只是一个技术问题，还是一个社会问题，应从建立个人信用、积累社会资本等方面做好准备。

大多数创业者难以整合到充足的创业资源，因此对于有限的资源需要创造性利用，包括创造性拼凑、步步为营、发挥资源杠杆效应和设置合理利益机制。

开发与整合创业资源是有效利用创业资源的重要途径，表现为一些独特的创业行为。创业资源开发的过程可分为资源识别、资源获取、资源整合和资源利用四个环节，由于创业者和创业团队开发资源的能力和经验都相对薄弱，因此资源开发不仅需要量力而行，更需要创造性地获取、整合和开发利用。

关键术语

创业资源　异质性资源　社会资本　创业导向　资源禀赋　创业融资　天使投资　风险投资　股权融资　债权融资　资源整合　资源开发　资源利用

思考题

1. 试述创业资源的内涵及种类。
2. 谈谈创业资源与一般商业资源的异同。
3. 为什么说融资难，创业企业融资更难？
4. 简述创业融资的主要渠道和选择策略。
5. 开发创业资源为何表现为独特的创业行为？如何创造性地利用创业资源？

进一步的阅读材料

1. ［美］康沃尔．步步为营：白手起家之道［M］．北京：机械工业出版社，2009.

2. Jay Barney. Firm Resources and Sustained Competitive Advantage ［J］. *Journal of Management*，1991，Vol. 17，No. 1：99－120. ①

① 有中文翻译版本，可查阅百度文库，http：//wenku. baidu. com/view/35244dd5c1c708a1284a4441.

第 6 章

商业模式

本章要点

- 商业模式的概念、本质与商业战略的关系
- 商业模式因果关系链条的分解
- 设计商业模式的逻辑和方法
- 商业模式创新

引例

9平方米包子铺：朴实的商业模式实现千万营收

四个年轻人放弃体面的高薪工作，开了一家常人看不上眼的9平方米的包子铺，启动成本不到3万元。这件事情引发了媒体关注，湖南卫视曾想为其拍纪录片，《人民日报》亦在头版发文表示鼓励。

卖包子的青年们

2013年4月的一个夜晚，郭立恒、程栋、韩俊、袁青蔚在一个路边摊小聚，待业半年的郭立恒说想开一家包子铺，并邀请他们三人入伙。这并不是他第一次向好友提及此事，在前半年，他们每个月都会聚会，谈论创业。不同的是，这一次他郑重其事地拿出一份包子铺计划书摆到大家面前。这份计划书赢得了这三人的认可，觥筹交错间最终拍板。随后，这三人陆续辞职。在过去的三年里，他们都在武汉一家知名的面粉公司供职，每人每年的销售额可达到1 000万元，平均年薪10万元左右。

当创业决定被正式提上议事日程后，四个人分头行动。程栋是武汉人，对武汉三镇较为熟悉，成为店面选址的不二人选；韩俊负责招聘大师傅，他通过网络或者跑到门店和人闲聊，套取店里师傅的信息；产品方面则交给了袁青尉，由于之前的工作经历，他对武汉各大粮油市场十分熟悉，拥有很多老客户，希望借此拿到最精良实惠的货物。郭立恒是决策者，除了门面选址和师傅招聘，还要忙于办理各种开店手续。

45 天后，每人各出资 2 万元，总投资 8 万元，“蒸好 7”试验店开张。

严苛的管理

四人合伙具有严格的管理机制。在工作管理条例中明确写着：上班时间不许玩任何影音游戏。迟到一次罚半个月工资（当时每个合伙人的工资为 1 000 元），迟到第二次开除，并清算个人全部股本，为此，他们还建立了一套完善的股东退出机制。工作时间不许发生争吵，所有人必须服从郭立恒的意见，如有异议，可申请公议，公议自申请后在两个工作日内完成。在这个会议上股东可畅所欲言，采取举手投票方式表决，郭立恒一人拥有两票，其他三人分别持有一票，按少数服从多数原则做出最终决定。

相对于合伙人的严苛管理，对待店内的三名员工——1 个大师傅、1 个中工、1 个学徒，管理则人性化十足。郭立恒仔细研究了“甘其食模式”，并力求改进。

用朴实的商业模式做出品牌

“他们的机制设计和对商业模式的慎重，绝对不是一个小作坊的做派。”一个对“蒸好 7”有所了解的咨询管理公司经理说，具体到实际操作中，郭立恒对自己的要求是踏踏实实、步步为营。对于如何将第一个试验店做出品牌来，他们极其慎重。事实上，包子并不是复杂的产品，从工业标准化角度来考量，包子的可控性很强。“蒸好 7”包子的选料在参照他人的基础上自成体系，大到肉的选择，小到葱这种配料的选用，都十分讲究。“我们只选用全国排名前二的五花肉，注意是前二，绝对不是前三。”郭立恒特别强调。袁青蔚每天凌晨四点准时去菜场挑选最新鲜的葱。对于用量最大的面粉，他们选择了为统一、康师傅、仟吉这样的大客户供货的供应商，该公司的研发总监已准备为其生产定制面粉。

虽然选料上乘，但在成本上郭立恒等人十分“计较”，在计算成本模型时，精细到每个包子用盐几克，包子的重量误差是正负 2 克。尽管如此精打细算，开业两个月，“蒸好 7”的盈利微乎其微。做包子的倪师傅说，一般情况下，若只算原材料成本，一个牛肉包子的毛利润可以达到 50%，而他们一个牛肉包子的毛利润却不足 20%。郭立恒等人不在乎，对他们而言，试验店的意义在于品牌立足。质优、味美、价廉，最朴实的商业模式为顾客创造了价值，带来了实实在在的回报——顾客盈门，供不应求。

在四个人的创业蓝图中，包子只是一个开端，未来他们会开发系列产品：“有一个叫得响的牌子后，其他新品才能实现盈利。”他们计划今年在武汉开 5 家门店，明年 20 家，三年达到 100 家。更进一步的设想是，把包子铺变成电商，靠物流配送赚钱。

分析：创业不仅要有好创意，还需要设计好管理机制和商业模式，踏踏实实做品牌。朴实的商业模式，只要能为客户创造价值，就一定会有市场回报，这对于众多传统产业领域的创业者具有重要的启迪。

资料来源：根据马秀莲．卖包子的青年们 [J]．鄂商，2013 (9) 整理．

第1节　商业模式概述

管理学大师彼得·德鲁克曾说："当今企业之间的竞争，不是产品之间的竞争，而是商业模式之间的竞争。"时代华纳前CEO迈克尔·邓恩认为："在经营企业的过程中，商业模式比高技术更重要，因为前者是企业能够立足的先决条件。"

沃尔玛是开杂货店的，可口可乐是卖汽水的，微软是卖软件的，苏宁是卖家用电器的，小肥羊是开火锅店的，这些企业创业、成长与成功说明了什么？无非说明了一个道理：无论是高科技还是低科技创业企业，都能成功。关键在于找到适合自己的商业模式，并把商业模式的盈利能力发挥到极致。事实证明，许多创业企业的成功，并不在于项目的科技水平有多高，而在于开发出一套适合自己的、独特而有效的商业模式。

清华大学中国创业研究中心的调查显示，当今中国创业企业的失败，23%是因为战略的失误，28%是因为执行的问题，49%则是因为没有找到适合自己的持续盈利的商业模式。① 因此，在进行创业机会的识别与论证之后，创业者必须思考和设计出切实可行、有效的商业模式。

一、商业模式的定义和本质

1. 商业模式的定义

20世纪90年代以来，随着以互联网为代表的新经济的崛起，"商业模式"作为一个术语，迅速得到管理学界和企业界的关注。依时间先后，商业模式有早期的经济类、中期的运营类和近期的价值类三类定义。②

早期的经济类定义将商业模式看作企业的盈利模式（Morris，2005），即指企业创造利润的逻辑；中期的运营类定义认为商业模式是一种结构设置，以便企业能够通过内部流程和基础结构设计来创造价值（Morris，2005）；2005年后的价值类定义认为，商业模式是指企业如何向顾客传递价值，并从中获取收益（Teece，2010）。商业模式的定义的演化过程表明，对商业模式的研究重心已从早期关注财务和利润最终转向关注战略和价值。

可见，商业模式是以价值创造为核心，描述企业如何创造价值、传递价值和获取价值的基本原理。③

2. 商业模式的本质

（1）商业模式是企业价值创造的模式，本质上是若干因素构成的一组盈利逻辑关系的链条。企业通过对价值发现、价值创造、价值维护和价值获取四个方面的要素进行设计，运用要素之间的不同组合方式形成了不同的商业模式（见图6-1）。

---

① 纪永英．创新的盈利模式［M］．北京：机械工业出版社，2009.

② 王雪冬，董大海．商业模式的学科属性和定位问题探讨与未来研究展望［J］．外国经济与管理，2012（3）．

③ 亚历山大·奥斯特瓦德，伊夫·皮尼厄．商业模式新生代［M］．北京：机械工业出版社，2011.

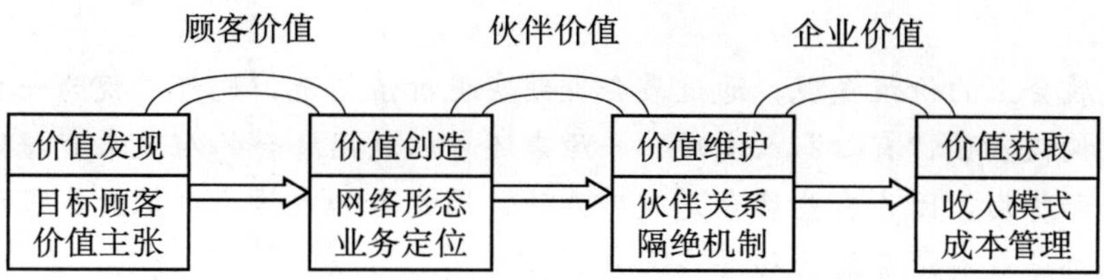

图 6-1　商业模式构成因素及价值创造关系

资料来源：原磊．商业模式体系重构［J］．中国工业经济，2007（6）．

价值发现是价值创造的来源，它是指寻找目标客户并充分满足其需求，从而为客户创造显著的价值。其关键要素包括目标顾客、价值主张（所要解决的某个重要问题，或目标客户的某个重要需求）。

价值创造是指明确业务定位，并为有效提供和实现价值构建合作关系网络，其关键要素包括网络形态、业务定位。

价值维护的关键要素包括伙伴关系与隔绝机制两部分。伙伴关系指企业与价值网络合作伙伴在相互信任的基础上，双方或多方在价值创造活动中采取的共担风险、共享利益的长期合作关系。隔绝机制则指如何隔绝破坏者和模仿者，使价值创造活动免受外来因素的侵蚀和伤害。

价值获取是指通过各种收入流来获取所创造的财富，即企业如何将盈利“赚到手”，这是企业生存的条件和奋斗的目标。其关键要素包括收入模式和成本管理。

上述四要素构成的逻辑关系链条，从理论上解释了商业模式创造价值、实现持续盈利的因果关系。

（2）商业模式是通过顾客、伙伴、企业的合作而创造价值的，包括顾客价值、伙伴价值和企业价值。其中，顾客价值是基础，伙伴价值是支撑，企业价值是目标。

案例 6-1　展会上的价值发现

我经常去各种展会，但是很多参加展会的人并不能在展会上赚到什么钱！

我们都知道，展会吸引两类顾客，一类是消费者，一类是投资商。消费者是想了解一个展会的产品，买一些有用的东西；而投资商是以寻找合作项目为目的，他们并不一定要买东西。这是两种不同的目标客户！

有意思的是，有些展会以招商为主要目的，没想到消费者的人流很大，而以消费者作为目标客户的商家却很少，这就存在商机。

我前两年就关注过一个朋友，他不断在各地的展会上赚钱，每一次展会为期 1 周到 10 天，一个小的展位要交租金 1 500～5 000 元，他最初是租一个来做，没想到生意非常好。今年我又碰到他，他自己一个人就租了 3 个展位，我跟他聊了半个小时，观察他的生意情况，他的老婆在应付顾客，几乎是在不停地卖货！

现在才是展会开始的第二天，他已经销出不少货了，马上就要补货过来！

我知道这一次他至少可以多赚几万元，此人一年仅在展会上小打小闹就赚到 15 万～

20 万元。

这就是展会上的价值发现，通过展会直销实现价值创造，也可以视为一种借力。这样的机会只能被极少数“有心”人发现——原来还可以利用展会的人流来直接赚钱。他不需要前期宣传和费用，因为有些展会是政府办的，影响力和宣传力度很大，吸引了来自全国的人，而且都是最有消费能力的潜在客户。

我离开他的展位后，还发现了另一个展位在出租转让，就好奇地过去问了一下老板，老板说他只需要租 3 天，但交了 10 天的费用，花了 2 000 元！现在还可用 7 天，租金只要 600 元。

我就想，如果找到产品资源，直接去展会找一些转租展位或者找人合租一个展位，在展会上销售，这是一个回报快、风险低的生意！

资料来源：价值 10 万元的杠杆借力案例：发掘一个利用展会的赚钱高手［EB/OL］. http：//blog. sina. cn/dpool/blog/s/blog _ c20e1d440101rfjx. html.

二、商业模式与商业战略的关系

商业模式与商业战略之间存在有机关联，是一种互补关系。

1. 商业模式与商业战略的联系

商业模式正在成为企业竞争优势的关键来源，影响并决定着企业的创业过程和商业战略的选择。

商业模式是商业战略形成的基础，商业战略是基于商业模式的行为选择。创业团队首先要设计好商业模式，以求生存和发展；在市场上站稳脚跟后，应制定恰当的战略，以培育和提升竞争优势，实现企业的创业目标。

2. 商业模式与商业战略的区别

（1）商业模式是面向现实的，以价值创造为核心；商业战略则是面向未来的，更多地关注外部环境变化和竞争优势。

（2）商业模式是企业创造价值的结构系统，着眼于企业、消费者、供应商、股东等利益相关者如何实现共赢；商业战略则是在企业价值创造的基础上，着眼于规划一条从创业机会、资源整合通向创业目标的道路，主要包含目标体系和战略实施。

（3）一般来说，在某个阶段，企业只有一个商业模式，但可能同时存在多个战略。商业模式作为企业价值创造的基础总是存在的，不管它是否为企业有意设计；企业战略则不会永远存在。比如，捕捉商业机会的初创企业未必有战略，却一定要有商业模式。但企业遇到环境重大变化需要采取行动时，则必须有战略。[①] 可见，就重要性而言，商业模式居首，商业战略次之。在商业模式趋同的情况下，战略核心能力决定企业成败；而在环境相同、资源相近的情况下，竞争胜负取决于商业模式。

例如，近年来在市场环境相同、资源相近、竞争激烈的中国餐饮行业，“海底捞”、

① 吕延杰. 商业模式与企业战略的关系与相互作用［J］. 经济研究导刊，2011（18）.

“外婆家”凭借其深层次满足顾客需求的创新商业模式赢得了竞争优势；在民营汽车企业竞争激烈、商业模式趋同的背景下，比亚迪依靠其电池研发与生产的战略核心能力在新能源汽车领域独占鳌头，奇瑞、吉利汽车公司则坚持实施自主创新战略，形成了强大的自主研发能力，引领中国汽车制造业技术创新大潮。

在沃尔玛创业之初，美国已经有不少商家采取了连锁折扣零售这种商业模式，与其他商家不同的是，沃尔玛不是将店址选在繁华的市中心，简单复制已有的商业模式，而是将店址选在郊区或偏僻的小镇，将目标客户锁定中低收入消费者群体，通过价值发现环节的突破带动商业模式创新；同时，致力于物流、管理等价值创造环节的低成本运营战略，构筑核心战略优势，双管齐下获得了巨大的成功。

这些成功案例为我们提供了有益启示。

三、商业模式因果关系链条的分解

根据对商业模式本质的讨论，我们知道商业模式是由价值发现、价值创造、价值维护和价值获取四个要素构成的一组盈利逻辑关系的链条，这与企业价值链理论是一致的。

1. 价值链理论

价值链理论是哈佛大学商学院教授迈克尔·波特于1985年提出的。波特认为，企业的价值创造是通过一系列活动构成的。从原材料采购到生产制造和分销，直至到达最终用户手中，这些互不相同但又相互关联的生产经营活动，构成了一个创造价值的动态过程，即价值链。

价值链在经济活动中无处不在，上下游关联的企业之间存在行业价值链，企业内部各业务单元的联系构成了企业内部价值链。企业内部价值链由基础活动和辅助活动构成，基础活动涉及企业运营生产、市场销售、进料物流、发货物流、售后服务；辅助活动涉及人力资源管理、财务、计划、研发、采购等。

企业资源是有限的，要想实现价值最大化，企业需要将有限的资源进行合理的分配。波特的价值链理论为企业资源配置和构建商业模式指明了方向。

2. 基于价值链分析角度：商业模式因果关系链条的分解

从价值链分析的角度看，商业模式的本质内涵就是反映企业价值创造的逻辑（曾楚宏、朱仁宏和李孔岳，2008）。即商业模式是为企业创造价值的模式，是特定企业在特定时段价值链的实现形式。

基于价值链分析角度，商业模式因果关系链条可依价值要素分解如下：

（1）价值发现是起点。创业者通过分析找到未被满足的市场需求或发现新的市场机会，明确未来的目标客户和客户需求，即面向哪些顾客，提供什么样的产品或服务等，这就是价值发现。这是商业模式设计的起点，也是价值主张的关键基础。

（2）价值创造是主线。从企业实际出发，以核心能力为基础整合企业内外部资源，围绕利益相关者和价值链上下游伙伴构建价值网络，巧妙配置创业资源以使之最优化利用，确保价值创造能得到全面落实。

(3) 价值维护是保障。在创造顾客价值的基础上，要为股东及合作伙伴等利益相关者创造价值，就必须得到价值链伙伴的有效支持。通过正式和非正式的制度安排，明确企业与合作伙伴之间的资源交换、信息交流、利益分配等方面的关系，以维持价值网络参与者之间的长期合作关系；同时，还必须设置好“模仿障碍”和保护机制，以防范竞争者掠夺企业的目标客户，保护企业的利润不被竞争者侵蚀。

(4) 价值获取是终极目的。通过制定产品/服务营销策略，确立企业获取利润的方式——解决好包括“凭什么收费”“对谁收费”“怎么收费”在内的收入模式问题，同时要对经营活动中产生的成本进行严格的管理和控制，确保企业持续盈利。建立或提高企业持续盈利能力是构建任何商业模式的终极目标。

进行企业价值链分析，显然有助于创业者审视一个产品或服务的价值创造过程，依据自身优势和资源禀赋，选择并确立在价值链中的地位和角色，使创业企业能够集中精力进行高附加值的价值创造活动；对价值链的分析和重整，有利于创业者开发创业机会、构建高效商业模式。

3. 价值链和商业模式的异同

(1) 价值链和商业模式都是体现企业价值创造的逻辑。商业模式着眼于企业创造价值的静态结构系统，是企业价值创造的具体的、现实的模式，是特定企业在特定时段内价值链的实现形式；价值链则注重企业创造价值的动态过程，体现在更为广泛的一系列生产经营活动之中。

(2) 价值链和商业模式的出发点有差异。价值链分析主要用于企业战略管理，注重企业内部环境的分析，以充分了解企业现有的优势和劣势，构筑企业长远、可持续的竞争优势；另一个重要功能是用于成本管理，以对企业各项经营活动进行恰当的战略选择，如自制、合作或外包等，以降低成本，优化企业价值活动。商业模式的构建则主要用于指导企业当前具体的经营活动，既包括企业持续获取利润、提高内部经营绩效，也包括开拓外部市场。

(3) 价值链和商业模式的适用性存在差异。通常，价值链分析对于成熟企业更为适用，因为成熟企业中的价值活动体现得非常清晰，价值链分析需要对价值活动划分得十分精细。而在创业企业中，许多价值活动特别是辅助活动甚至尚未发生，比如，新创企业可能没有计划、研发、人力资源管理等在成熟企业中常见的职能部门，因此，价值活动在新创企业内部很难全面、清晰地观察到，直接套用企业价值链分析的方法对于新创企业并不可行。可见，新创企业可能无法应用价值链分析方法，但一定要有商业模式。

第2节 商业模式的设计和创新

一、商业模式设计的思路与方法

创业者识别出创业机会之后，就需要设计切实可行、独特有效的商业模式。

1. 商业模式设计的思路

德鲁克在《管理实践》一书中指出，企业的目的在于创造客户，为客户提供产品或者服务，而不是利润的最大化。企业生存的唯一理由就是实现和创造客户价值，在这个过程中，利润是其必然的副产品。可见，企业获得持续盈利的能力源于对客户价值的不懈追求！这就是设计商业模式的基本思路。

设计商业模式时，应该以满足客户需求为立足点和出发点，从创业者现有的资源以及市场竞争的实际情况出发，以发现价值、创造价值、传递价值和获取最大化的价值为目标。至于企业盈利，则是客户价值最大化之后的必然产物，并且企业盈利的多少与创造的客户价值、伙伴价值的大小成正比。

从价值链的角度设计商业模式，可以依据价值发现、价值创造、价值维护和价值获取四个要素分为四个阶段深入思考。

商业模式设计是分解企业价值链条和价值要素的过程，涉及要素的新组合关系或新要素的增加。商业模式设计又是创业机会开发环节的一个不断试错、修正和反复的过程。

2. 商业模式设计的方法

商业模式的设计方法主要有参照法、相关分析法和关键因素法。[①]

（1）参照法。参照法是商业模式设计的一种有效方法。该方法是以国内外商业模式作为参照，根据本企业的有关商业权变因素（如环境、战略、技术、规模等）的不同特点进行调整，确定企业商业模式设计的方向。

许多企业的商业模式设计都是通过参照法进行的，如腾讯参照新浪等建立门户网站；易趣模仿了 eBay；当当网是国内最早复制亚马逊商业模式的企业；此后，卓越网则基本复制了亚马逊和当当网的商业模式，等等。采用参照法进行商业模式设计时一定要在借鉴的基础上，根据自身的情况加以调整和改进，创新地探索符合本企业特点的商业模式。

（2）相关分析法。相关分析法是在分析某个问题或因素时，将与之相关的其他问题或因素进行对比，分析其相互关系或相关程度的一种分析方法。相关分析法需要根据影响因素与商业模式一一对应来确定企业的商业模式。利用相关分析法，可以找出相关因素之间规律性的联系，研究如何降低成本达到创造价值的目的。

比如，亚马逊通过分析传统书店，在网上开办电子书店；eBay 的网上拍卖也来自对传统拍卖方式的分析对比，采用网络手段为超过 1.35 亿注册用户提供服务，消费者很方便地从 eBay 购买或销售成千上万的产品，从芭比娃娃到二手车，eBay 的商业模式把原来不可能实现的交易变成了现实。

（3）关键因素法。关键因素法是以关键因素为依据来确定商业模式设计的方法。商业模式中存在多个影响设计目标实现的变量，其中若干因素是关键的和主要的（即成功变量）。通过对关键成功因素的识别，找出实现目标所需的关键因素集合，确定商业模式设计的优先次序。

关键因素法通常有五个步骤：1）确定商业模式设计的目标；2）识别所有的关键因素，分析影响商业模式的各种因素及其子因素；3）确定商业模式设计中不同阶段的关键

---

① 纪慧生，陆强，王红卫．商业模式设计方法、过程与分析工具［J］．中央财经大学学报，2010（7）．

因素；4）明确各关键因素的性能指标和评估标准；5）制定商业模式的实施计划。

二、商业模式创新的逻辑与方法

商业模式的创新近年来在全球商业界引起前所未有的重视。一项针对 IBM 分布在全球的 765 名公司和部门经理的调查表明，他们中已有近 1/3 把商业模式创新放在最优先的地位。而且相对于那些更看重传统的技术、产品或工艺创新的人来说，他们在过去 5 年中经营利润的增长率更高。①

任何特定的商业模式都不会是一成不变的，市场的变化（新技术、竞争者、竞争规则等）将使得现有的商业模式过时或企业盈利能力下降，依据环境变化持续不断地进行商业模式创新是每个追求长期成功的企业的必由之路。

1. 商业模式创新的逻辑

根据商业模式设计的思路，企业获得持续盈利的能力来自对客户价值的不懈追求。因此，商业模式创新应当能有效提升客户价值或创造出新的客户价值——客户价值创新和企业价值创新的逻辑就是商业模式创新的逻辑。

对商业模式创新，我们可以遵循以下逻辑思路。②

第一步，你的客户是谁。这是一个关乎企业战略定位的问题。以手机行业为例，如果你的主要竞争对手定位于智能手机的高端用户，你就可定位于对智能手机有强烈需求但支付能力明显不足的学生群体或职场新人，那么目标客户新的定位就构成了企业商业模式的创新。把企业的目标市场/目标客户定位于当前竞争者并未重视或者客户需求并未得到有效满足的某一细分市场，是商业模式创新的一种基本手段。

第二步，你向客户提供何种价值。这是一个关乎客户价值主张的问题。为了吸引规模更大的、更具商业价值的客户群体，企业必须推出新的客户价值主张。这些价值主张附着于企业的产品、服务或解决方案等载体，其逻辑出发点是客户的独特需求。任何企业要想长期生存发展，必须能够有效满足一定数量客户的市场需求。这是上一问题的自然延伸，是识别商业模式创新的基础性问题。

第三步，你是如何创造这些价值的。这是一个关乎企业价值创造方式的运营模式问题。某手机制造商出售只有基本功能的手机，同时建立在线商店供消费者下载个性化的应用程序，为手机购买者创造了独特的使用价值；某农产品龙头企业采取公司加农户的模式来组织农产品生产；某工业品生产企业将其主要零部件全部采用代工模式来确保供应；某律师事务所采用合伙制来为目标客户提供法律服务；某出版社采用众包的形式来写作并出版一本畅销书，等等。这些创造价值的方式都可以归纳为企业的运营模式。与前两个有关企业商业模式的基础性问题相比，该问题已经触及商业模式的核心。

第四步，你是如何成功交付这些价值的。这是一个关于企业营销模式的问题。成功交付企业创造的价值，意味着找到目标客户，劝说客户购买并将产品、服务或解决方案交付

---

① 荆浩，陈静，贾建锋．创业板中小企业商业模式创新效率评价［J］．商业研究，2010（11）．

② 申海波．企业商业模式创新的识别与评价［N］．光明日报，2014-08-28．

给客户。某手机制造商通过社会化媒体经营客户群、促使大量客户参与互动并采取饥饿营销的策略，旨在找到客户并劝其购买，就是一种创新的营销模式；某电动汽车生产企业摒弃传统汽车制造商的 4S 店销售网络而全面采用网上直销的模式，旨在高效地将价值交付给客户，也是一种全新的营销模式。当然，对于某些连锁企业（例如连锁的餐饮企业），由于创造价值部分或全部在连锁店内进行，因此该连锁商业模式既是一种运营模式，也是一种营销模式。营销模式与运营模式一样，都属于商业模式的核心问题。

第五步，你是如何获取收入并持续经营的。这是一个关乎企业价值获取/盈利模式的问题。盈利模式并不等同于营销模式，价值交付也并不意味着完全或者同时收回成本并实现盈利。某打印机生产企业以成本价销售打印机，却靠后期销售专门为该打印机设计的耗材来盈利；某服装企业在网上免费向消费者赠送衣物，却靠快递公司的返利来弥补成本并实现盈利。关于价值获取/盈利模式的关键要素包括成本控制、收入模式等，在成本控制和收入模式上任何独特的制度安排都可以被描述为企业商业模式创新。价值获取/盈利模式是企业商业模式的终极问题，任何商业模式创新都必须能够建立或提高企业持续盈利的能力。

上述商业模式创新的逻辑思路，其实涵盖了商业模式价值发现、价值创造、价值维护和价值获取全部本质要素。企业在对现有商业模式进行创新时，一是要看其在上述五个步骤上做了哪些变革——可能仅对一个步骤实施了变革，也可能对五个步骤实施了变革。通常认为，同时对多个步骤进行创新的力度要大于仅对一个步骤进行创新的力度；二是看其在某一具体步骤上的创新对其现行做法的改变程度。我们也有理由认为，对某一方面进行颠覆性创新和仅对该方面进行细微的改良相比，前者的商业模式创新力度要大得多。

2. 商业模式创新的方法

商业模式创新意味着企业发掘出新的市场需求、创造出新的消费群体、开发出新的产品或提供新的服务、创造出新的盈利模式。

商业模式创新并非为了创新而创新，评价商业模式创新，根本上是要看企业的核心竞争能力、资源掌控能力和持续盈利能力是否得到显著提升。其中，核心竞争能力、资源掌控能力是商业模式创新评价的过程性指标，其终极指标仍然是企业的持续盈利能力。

根据商业模式创新的逻辑思路，我们可以通过内外部价值链条或价值要素的“点”“线”“面”的突破或新组合来实现商业模式的创新。

（1）“点”的突破与创新。指价值链条上一个或几个价值要素的创新，包括增加新要素或者要素间实现新的组合。

比如，商业模式创新的五步逻辑思路中提出：第一步，你的客户是谁；第二步，你向客户提供何种价值。这本质上都是对商业模式基本要素中的价值发现要素进行重新思考和创新突破，有可能带来整个商业模式的创新。

案例 6-2　沃尔玛：目标客户创新带来全新商业模式

20 世纪五六十年代，以西尔斯、凯马特为代表的大多数美国零售商都将目标瞄准大中城市的中高收入阶层，而忽略小城镇的中低收入阶层。沃尔玛洞察到中低收入阶层未得到满足的巨大需求，选择以中低收入者为其目标客户群。尽管中低收入消费者没有能力消费高档商品，但对于价格低廉、消费需求弹性小的生活必需品，他们的购买力不容忽视。

沃尔玛获得巨大成功的最主要的原因正是沃尔玛选择了收入较低、被其他零售商忽视的中低收入消费者为其目标消费群体，并针对目标消费群体拟定了一系列价值创造和价值获取的新方式。

比如，为建立先进的物流配送系统，早在 80 年代初，沃尔玛就花费几亿美元买下一颗通信卫星，建立了集电子信息系统、卫星通信系统和电子数据交换系统于一体的先进信息处理系统，将制造商、物流商和全球几千家门店都纳入信息系统，构建了全新的价值网络。沃尔玛所有的大型连锁超市都采取低价经营策略，与众不同之处在于，它想尽一切办法从进货渠道、分销方式以及营销费用、行政开支等各方面节省资金。严格控制费用支出是沃尔玛做到成本最低、价格最便宜的关键因素，创新的价值获取方式使沃尔玛实现了价格比其他商店更便宜的承诺。

“天天平价”的商业模式最终成就了沃尔玛的辉煌。

资料来源：根据沃尔玛公司（沃尔玛成功之道）［EB/OL］. 智库百科 . http：//wiki. mbalib. com/wiki 整理 .

案例 6-3 阿里巴巴：免费入网却获得巨额盈利

阿里巴巴和其他电子商务创业企业一样，运用的是网络技术，它之所以高速成长并取得巨大盈利，原因在于以价值发现和价值获取环节上的创新突破，创造高效的商业模式。

在创业之初，不同于其他的网络企业，阿里巴巴采用免费入网的方式为用户提供充满现代商业气息、丰富实用的海量信息。阿里巴巴的会员多数为中小企业，免费会员制是针对目标客户的创新之举，是吸引广大中小企业的最主要因素，在市场竞争日趋复杂激烈的情况下，中小企业当然不肯错过这个成本低廉的平台，纷纷利用网上市场来寻觅商机。大大小小的企业活跃于网上市场，反过来又为阿里巴巴带来了各类供需信息，壮大了网上交易平台。21 世纪初，阿里巴巴每月的页面浏览量就超过 4 500 万，信息库中买卖类商业机会信息达 50 万条，每天新增买卖信息超过 3 000 条，每月有超过 30 万个询盘，平均每条买卖信息会得到 4 个反馈。

在为客户免费提供最大化价值的同时，阿里巴巴也获取了尽可能多的企业信息，建立在这一基础之上的企业信用认证，为产品相对过剩的中国中小企业提供了竞争优势，进而为阿里巴巴创造了巨额利润。此外，阿里巴巴通过多种增值服务为会员提供优质的市场服务，增值服务显然创造并丰富了价值内容，增强了网上交易市场的服务功能，同时又使得网站能有多种方式实现直接丰厚的盈利。

资料来源：根据盈利客 . 阿里巴巴盈利模式分析［EB/OL］. http：//blog. sina. com. cn/s/blog _ 4cef89bf0100chzu. html 整理 .

现实中许多未被满足的独特需求往往潜藏在客户的内心深处，对价值发现要素重新深入分析，发现并设法满足这些独特需求，往往就能寻找到商业模式创新的灵感。

案例 6－4　　海底捞：花较少的钱买到星级服务

海底捞是从街边麻辣烫创业起步的。1994 年，张勇在四川省简阳市开了第一家海底捞火锅店，2007 年 4 月，四川省简阳市海底捞餐饮有限责任公司正式成立。目前，海底捞在全国拥有 1 万余名员工，50 多家直营分店，连续多年保持快速增长态势。

海底捞的产品并无高科技含量，也极易模仿，然而消费者却纷至沓来。深层次、全方位满足顾客潜在的需求是其快速发展的根本原因。

餐厅排队等候，原本是一个令人难耐的过程，海底捞却将之变成了一种愉悦的体验：手持号码等待就餐的顾客一边观望屏幕上打出的座位信息，一边接过免费的水果、饮料、零食，不会饿肚子；如果是一大帮朋友在等待，服务员还会主动送上扑克牌、跳棋之类的桌面游戏供大家打发时间；趁等候的时间可到餐厅上网区浏览网页；还可以享受免费的美甲、擦皮鞋。待客人坐定点餐的时候，围裙、热毛巾已经一一送到眼前。服务员还会细心地为长发的女士递上皮筋和发夹，以免头发垂落到食物里；戴眼镜的客人则会得到擦镜布，以免热气模糊镜片；服务员看到你把手机放在台面上，会不声不响地拿来小塑料袋装好，以防沾上油污…… 这就是海底捞的粉丝们所享受的“花较少的钱买到星级服务”的全过程。

毫无疑问，这样贴身又贴心的“超值服务”，是商家在价值发现环节上为消费者创造的超额价值，同时，商家也获得了丰厚的回报。

资料来源：根据黄铁鹰．海底捞最大的创新：海式大家庭［J］．中国企业家，2011（2）整理．

在价值网络的编结方式上也有很多创新点。知识经济时代，以合作网络为主要特征的系统价值链创新业已成为越来越重要的一种形态，往往构成企业核心竞争力的基础。通过增加新要素或形成要素间新的组合结构关系，改善内部基础价值链或外部合作网络，就可以设计出很多新的商业模式。

腾讯创业之初，市场上同类型的即时通信产品有数十款，技术含量不高，准入门槛低，竞争激烈。由于腾讯根本无法向用户收费，因此价值获取要素的缺失让其找不到盈利之门，生存难以为继。最初，创始团队成员只能靠替电信运营商做一些短期项目来贴补，后来甚至动起了出售公司的念头。因为此前，QQ 的模仿对象——同样没有商业模式的 ICQ 已经被 AOL 以 4 亿美元收购。2000 年 12 月，中国移动推出的“移动梦网”为 IT 行业提供了历史机遇，已经拥有庞大用户基数的腾讯，迅速与运营商达成“二八分账”（运营商 20%，腾讯 80%）的协议，独家提供手机上的即时聊天服务（手机 QQ)，解决了价值获取方式问题，赚到了真金白银，实现了业务高速增长。

（2）“线”的拆分重构。指对自身基础价值链延长或缩短，或者通过拆分重构创新商业模式。包括：1）价值链的延展：诸如前向一体化、后向一体化、上下游伙伴战略合作等；2）价值链的缩短：指对企业基础性价值活动进行分拆、剥离、外包，使企业价值链缩短，减少价值活动，只保留那些具有核心竞争力且难以被模仿的价值活动，并在此基础上对相关利益者尤其是伙伴关系进行重新整合，形成有效的价值网络，以大大提升企业的核心竞争力；3）价值链延展与缩短相结合的拆分重构方式。

（3）“面”上融合与创新。指不同产业价值链间的交叉、融合与整合重构引发的商业模式创新。商业模式创新需要打破传统的企业、行业边界，吸收外部资源参与创新活动，以客户为中心，以合作共赢的理念来建立各种价值网络。近年来，传统商业模式与新型商业模式融合，越来越多的企业跨行业进行价值链条分解与重构，打破行业界限，将其他行业的商业模式引入本行业价值链，这有利于企业整合外部资源，掌握关键资源与关键能力，在整条产业链上居于主导地位，大大提升企业的核心竞争力。

例如，近年来制造业与服务业融合已经成为现代产业发展的主流趋势，也是推动全球产业升级的主要驱动力。制造业和服务业的行业边界日趋模糊，先进制造业在大力发展生产性服务业，而服务业产业链逐步向制造业延伸，制造业服务化与服务业制造化相向发展，使得产业价值链重构为一条既包含制造业价值链增值环节，又包含服务业价值链增值环节的融合型产业价值链，实现了价值链整体效益的倍增，具有更广阔的利润空间和增长潜力。这对于推动经济结构战略性调整，促进制造业转型升级，加快服务业发展都具有重要意义。

案例 6-5　　突破行业边界的价值链重构

对于曾荣登“2008 年度中国最佳商业模式”榜首的苏宁电器，专家们的评价是：“零售商借助商业养地产，同时通过房产开发为自己提供网点铺面以降低租金价格上涨压力。”这就是家电零售商突破行业边界进入房地产业，通过对价值链关键环节的跨界整合创新，取得持久竞争优势的典型例子。

苏宁置业是苏宁旗下大型房地产开发集团，专注于高端综合地产开发建设，开发范围涉及商业地产、住宅地产、旅游地产、科技地产及物流工业地产五大领域。根据 2020 远景规划，苏宁计划建成 300 个电器旗舰店、50 个大型购物中心、100 个高星级酒店和 60 个物流基地，成为全国高端综合商业地产行业的领袖企业。

无独有偶，麦当劳的前总裁克罗克曾明确表示：麦当劳是做房地产的。他说：“如果我不做房地产，仅仅做快餐，麦当劳早就关门倒闭了。”奥妙在于，麦当劳做房地产不是独立的经营项目，而是与做快餐密切结合。麦当劳在西方是采取特许经营的方式，首先把一个精心考察过的店铺租下来，租期 20 年，跟房东谈好了 20 年租金不变，然后吸引加盟商，把这个店铺再租给加盟商，并向每个加盟商加收 20%的租金，以后根据这个地产升值的情况，进行相应的递增。所以，克罗克认为他赚的是地产的钱，而不是快餐的钱。麦当劳通过“以快餐吆喝，以地产盈利”的商业模式使门店在全球遍地开花。

资料来源：根据刘畅．苏宁电器欲跻身地产物流巨头 [N]．新闻晨报，2010-09-01 等整理．

（4）综合式商业模式创新。指在更大范围内、更深层次上通过对企业内外部价值链的点、线、面的综合性整合创新，或系统动力机制创新等方式创新商业模式。

技术创新在产业演进过程中起到关键作用，技术创新是产业演进的动力，也是商业模式系统动力机制创新的重要途径。近年来，最具潜力的技术创新当属云计算、移动互联网和3D打印等，这些新技术能提供诸多崭新的用户价值，一旦成熟并实现商业化，将从技术的角度为众多企业商业模式创新提供全新的途径和手段。

案例6-6　技术创新为商业模式带来新契机

互联网的出现为当年众多企业商业模式创新提供了契机。

亚马逊公司作为一个完全基于互联网的企业，开创了全新的图书销售商业模式；凭借iPod以及iTunes在线商店，苹果公司创造了一个全新的商业模式，成为在线音乐市场的主导力量；马云基于互联网创建阿里巴巴，为中国广大中小企业提供了一个全新的电子商务交易平台，众多风险投资商给予了充分的肯定，认为这种B2B商业模式是继雅虎的门户网站商业模式、亚马逊的B2C商业模式和eBay的C2C商业模式之后，世界互联网的第四种商业模式。

技术创新催生了新的商业模式，促使一批企业迅速成长为行业中的领袖。

资料来源：根据付志勇．向外国学习商业模式［EB/OL］．网易财经．http：//money.163.com/10/0916/10/6GMPMR3900253G87.html，2010-09-16整理．

本章小结

当今企业之间的竞争，不是产品之间的竞争，而是商业模式之间的竞争。

商业模式是以价值创造为核心，描述企业如何创造价值、传递价值和获取价值的结构系统。商业模式是商业战略形成的基础，商业战略是基于商业模式的行为选择。创业团队首先应当设计好商业模式，以求生存和发展；在市场上站稳脚跟后，应制定恰当的战略，以培育和提升竞争优势，实现企业的创业目标。

商业模式是由价值发现、价值创造、价值维护和价值获取四个要素构成的一组盈利逻辑关系的链条，其本质和企业价值链相一致。商业模式的价值要素之间的不同组合方式形成了不同的商业模式。

商业模式设计是创业机会开发环节的一个不断试错、修正和反复的过程，也是分解企业价值链条和价值要素的过程。商业模式设计的方法主要有参照法、相关分析法和关键因素法。

任何特定的商业模式都不是一成不变的，依据环境变化持续不断地进行商业模式创新是每个追求长期成功的企业的必由之路。客户价值创造是商业模式创新的逻辑，商业模式涉及的所有活动均包含在产业价值链中，为此，企业可以通过内外部价值链条和价值要素，从“点”“线”“面”突破与创新，或者通过这些要素的新组合等方式来实现商业模式创新。

关键术语

商业模式　价值要素　价值发现　价值匹配　价值维护　价值获取　客户价值　伙伴价值　企业价值　商业战略　价值链因果关系链条

思考题

1. 如何理解“当今企业之间的竞争，不是产品之间的竞争，而是商业模式之间的竞争”这句话，能否举例说明？

2. 试述商业模式的概念和本质。

3. 谈谈商业战略与商业模式之间的关系。

4. 商业模式由哪些价值要素构成，它们如何形成盈利关系的链条？

5. 设计商业模式的思路是什么？如何从价值链角度进行商业链条？

进一步的阅读材料

1. ［瑞士］亚历山大·奥斯特瓦德，伊夫·皮尼厄．商业模式新生代［M］．北京：机械工业出版社，2011.

2. 钱志新．新商业模式［M］．南京：南京大学出版社，2008.

第 7 章

创业计划

本章要点

- 创业计划内容和创业计划书的基本结构
- 市场调查的内容和方法
- 创业构想的研讨
- 创业计划书的撰写和展示技巧

引例

大学生刘伯敏的两个 20 万

大一时，他就在一次全国性创业大赛上拿到大奖，获得 20 万元奖金；大二时，不甘寂寞的他“真刀真枪”地创业，成立了自己的公司，并在半年内赚到 20 万元。这位“创业达人”就是南京卓远文化传播有限公司总经理，南京工程学院经济管理学院大三学生刘伯敏。

一到假期就打工，高中开始不再向父母要钱

“我家在甘肃陇西的大山里，父亲做了 20 多年代课老师，现在每个月才 300 元工资，母亲种田，家里收入太低了。”刘伯敏告诉记者，要上学就得自己挣钱。上初中时他就帮着母亲卖水果，过年期间他还卖烟花爆竹补贴家用。

“上高中后我跟三叔学了电焊，打工挣钱，那之后我再没跟父母要过钱。”刘伯敏每逢暑假就跟三叔一起去内蒙古打工。“要坐 16 个小时火车，夏天在高空干活，汗像水一样往下淌，还经常因为做得不够好被工头训斥。”刘伯敏回忆道。

他不怕苦，最难接受的是被拖欠工资。辛苦一个暑假能挣 3 000 元，包工头就是不给。刘伯敏那时就下决心，将来一定要自己创业。

创业大赛比拼卖饮料，赢了 20 万元奖金

进了大学后，刘伯敏一直在留意各种机会进行创业。2010 年 9 月，“红冠杯”全国大学生创业大赛的宣传跳入他的视线，内容是帮红冠饮料设计营销方案，然后实战营销。他决定组织团队参加。

“那次比赛，各地有100多所高校参加，比了整整一年。”刘伯敏组织的“珠风”团队采用饥饿营销法抢占市场，也就是先不拿出产品，而是向消费者灌输产品的各种好处、优点，让消费者对产品产生期待和好感。

“当时一家南京企业要在中秋给员工发福利，我就主动找到老总，向他讲了这种饮料的功效和好处，老总被我们说动了，决定团购。我当时心里很高兴，但坚持饥饿营销，表示没有这么多货。直到最后才‘勉为其难’地卖给他100箱。”刘伯敏说。

饥饿营销帮助他们的团队赢得了销售1 368箱饮料的好成绩。他们还主打爱心牌，在营销的同时积极募捐，把筹集到的资金捐给希望小学，这一举动给评委会留下深刻印象。结果，“珠风”团队一举拿下了全国亚军，并获得20万元奖金。

开办会员制的创业培训班，带动更多大学生创业

这次胜利让刘伯敏创业的信心大增。大二一开学，怀揣着20万元奖金，在学校免费提供的场地，刘伯敏的卓远文化传播有限公司开张了。

“经过创业大赛的磨炼，我们的团队积累了一些经验，但也并非一帆风顺。”刘伯敏说，刚开始，帮一家通信公司做套餐推广，没想到推销通信产品和推销饮料完全是两回事，忙活了几个月，连承诺通信公司的业务量都没有完成，结果“颗粒无收”。

经过调研，刘伯敏对公司的业务重新进行了定位，开拓与大学生相关的创业培训、网络营销等。

“我发现，大学生对好的创业培训很感兴趣，而且现在就业压力大，如果把这两者结合起来，肯定有市场。”刘伯敏说，他请来了全国知名的创业导师团队，在给学生培训的同时，还给他们提供实践机会，让优秀学员到企业实习。培训班采用会员制，今年上半年才办了一期免费试听和两期正式课程，就招来了100多位会员，为公司带来了数万元的收入。

“加上为电信、上海后大学时代等公司做的校园营销策划与推广，今年上半年，公司盈利达到了20万元。”刘伯敏还透露，前不久刚与一家公司签了一笔大单，为其即将推出的门户网站做高校的宣传推广，如果顺利的话，今年下半年公司盈利将实现翻番。

分析：参加创业大赛是获取创业实践经验的重要途径，尤其是通过撰写创业计划书和进行市场调研，能磨炼识别市场机会的能力，理性梳理自己的创业思路，更广泛地学习、借鉴他人的创业经验，为自己今后“真刀真枪”地创业积累经验、打下基础。但参加创业大赛获奖并不代表实际创业就能一帆风顺。刘伯敏的创业经历告诉我们，真实的创业必须瞄准市场真实的需求，对公司的业务要重新定位，努力调动多方资源来开拓市场。

资料来源：曹都，文莉，谈洁，吴正楠．大一参加创业大赛赢了20万　大二开公司半年又赚了20万[N]．南京日报，2012-10-03.

第 1 节　创业计划概述

创业计划（又称商业计划）是一种书面文件，它阐述了创业者的创业创意、愿景，以及创意与愿景如何转化为一家营利性企业。事实上，创业计划已被视为创业者实施创业的一种重要工具。创业动态跟踪调查项目针对多个国家创业者进行的大规模调查显示，制定创业计划已是创业者在创业时必须完成的 23 项关键活动之一。

一、创业计划的作用

当创业者有了创意，识别出创业机会，明确了创业目标，在产品/服务、资金、市场、人脉等各方面已经具备一定的条件或已经累积了相当实力，此时，往往需要撰写一份完整的创业计划书。

创业计划书是创业的行动导向和路线图，既为创业者行动提供指导和规划，也为创业者与外界沟通、寻求帮助提供基本依据，因而对于创业成功具有十分重要的作用。主要体现为：

1. 是投资者投资决策的重要参考

创业计划书的首要作用就是筹集资金。尽管创业始于创意而不是资源，但当创业者的创业意愿和能力很强，捕捉的创业机会又具有很高的潜在价值时，资金缺乏往往成为创业过程中的最大瓶颈。创业计划书涵盖了投资者所需的各种信息，是投资者对创业项目决策投资的重要参考；此外，创业计划书还能帮助创业者寻求其他资源要素，包括网罗高素质的人才，构建核心创业团队。

2. 是创业企业发展的总纲要

创业计划需要阐明新创企业在未来要达成的目标，以及如何达成这些目标。当创业者将自己的创意、市场前景、企业发展规划以创业计划书的形式表现出来，有助于创业者客观分析和识别创业机会，理性地确立自己的创业目标、理清创业思路，更为重要的是，确保整个创业团队（包括新的、潜在的成员）分享与认同组织目标。

3. 可增强创业项目的可行性

创业计划重在分析和介绍如何把可行的、有价值的市场机会转化为盈利的产品和服务，因而不仅在技术方面和商业模式方面对创业项目进行翔实说明，而且在管理团队、经营战略、投资者回报方式和企业的产品/服务、营销、生产、财务、风险分析等各个方面对创业项目进行全面的分析，有利于厘清业务概念、明确近期目标和发展思路，增强创业项目的可行性。

二、创业计划的内容

创业计划的内容涉及企业的发展目标、商业模式、竞争能力、市场分析等，具体包括：

（1）创业描述。是对创业企业相关事宜的总体介绍。包括新创企业的名称、形式与创业者、创业团队简介、产品或服务介绍、公司的宗旨和目标、公司的发展规划和策略。

（2）营销策划。主要包括市场分析：产品或服务目标市场、本公司市场地位、市场细分和特征、市场需求预测、主要竞争对手分析、公司竞争策略等；销售计划：说明未来的主要销售策略、营销团队、销售方式与渠道、促销和广告、价格策略等。

（3）运营计划。描述如何开发、生产、销售新产品或服务，包括厂址选择、设备购置、原材料供应、生产方式、制造流程、产品包装、成本测算、生产计划等内容。

（4）财务计划。包括资金需求量、融资方式、资金使用规划、预估的营业收入与支出、投资的退出方式（公开上市，股票回购，出售、兼并或合并）。

（5）组织与管理。主要说明企业的组织结构及其关键岗位、相关人员背景。包括企业的组织结构、管理团队的基本资料，企业的薪酬结构、人才需求和培训计划，以及对主要风险的估计与应对策略分析等。

三、创业计划书的基本结构

完整的创业计划书一般包括封面、目录、执行摘要/执行概要、正文和附录等（如图7－1所示）：

1. 封面

包括公司名称、地址以及主要联系人姓名、联系方式等。

2. 目录

概括了创业计划书的各主要部分的内容。

3. 执行摘要/执行概要

执行摘要/执行概要浓缩了创业计划书的精华。它涵盖了创业计划全部关键点，简明扼要精练，投资者能在最短的时间内评审计划并作出判断。执行摘要一般包括以下内容：产品和服务、市场大小和增长机会、竞争优势、商业模式、执行团队、财务计划、资金需求与融资方案、获得回报的方式等。执行摘要应尽量展现创意的独特性、产品/服务的市场潜力及创业者/团队的优势和亮点。

4. 正文

正文内容包括公司介绍，涉及产品或服务、市场分析、竞争分析、管理团队、投资说明、研发计划、生产经营计划、市场营销计划、人力资源计划、财务分析、风险分析、退出策略等。

5. 附录

支持上述信息的文件资料。如详细的财务计划、管理层简历、销售手册、产品图纸、专利证书等，以及其他需要进一步说明或提供佐证的事实材料。

四、市场调查的内容和方法

准备创业计划的过程实质上是收集信息的过程，是分析并预测环境进而化解未来不确

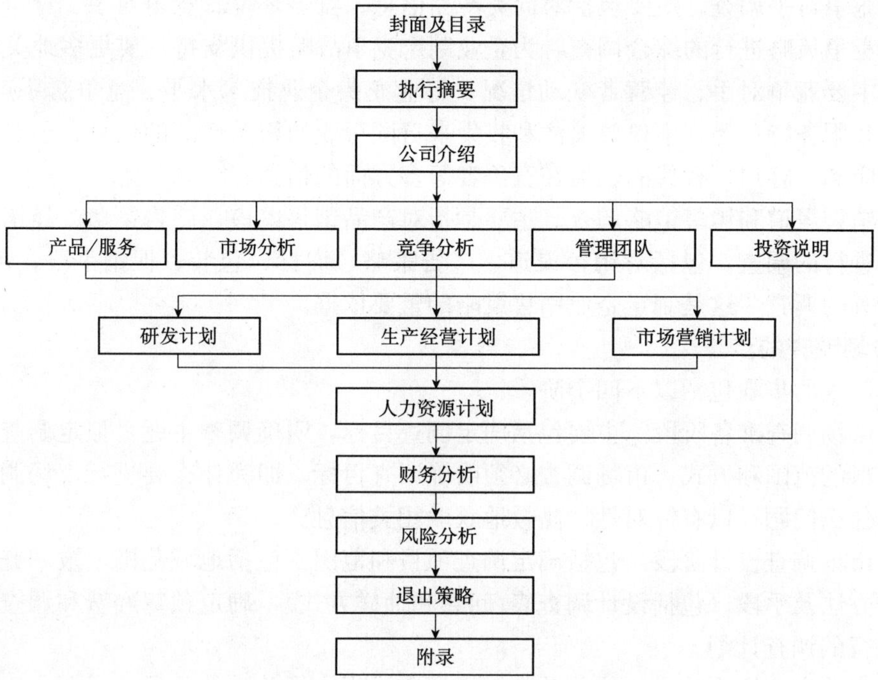

图 7-1　创业计划书的基本结构

定性的过程。

市场调查是掌握市场原始信息即一手信息的最基本方法。市场调查是指运用科学的方法，系统地收集、记录、整理有关市场信息和资料，分析市场情况，把握市场现状及其发展趋势，为创业计划提供客观可靠的资料和数据的过程。

1. 市场调查的内容

市场调查的内容很多，主要包括四个方面：

(1) 市场环境调查。指为发现和利用市场提供的各种机会开展的调查，包括：宏观经济体制和政策、经济发展水平、社会文化人口环境、政治和法律环境的调查；中观行业环境调查，如行业历史、现状与趋势，市场范围与规模、行业集中度、行业进入与退出壁垒，行业平均盈利水平、行业技术创新、研发动态；市场基本状况的调查，如市场规范、总体需求量、市场的动向；销售可能性调查，包括现有和潜在用户的人数及需求量、市场需求变化趋势、同行业的市场占有率等。

(2) 市场需求调查。通常情况下获得市场需求信息的最好办法就是去接触潜在的顾客和销售商，了解现有市场的需求和趋势。在调研市场需求时一定要花些时间同潜在顾客接触，至少找到几个你所构思的产品或服务的潜在顾客，至少有一个是你未来的产品或服务的分销商。借助分销商，你能将自己的产品或服务推向目标市场。

要调查现有和潜在的顾客数量，了解他们愿意为产品或服务支付的价格、购买同类产品的时间周期等；还要对顾客的购买动机、购买行为模式、购买过程等方面进行调查，包括顾客意愿、消费需求、消费习惯、销售渠道、扩大销售的可能性和具体途径等。

（3）竞争对手调查。主要包括对同类产品信息、竞争环境、竞争对手、竞争态势、竞争目标和竞争策略进行的综合调查，为企业制定竞争战略提供支持。要更多地关注行业竞争信息、主要竞争对手、经营者变动情况、行业龙头企业技术水平、竞争对手产品品种、质量标准和服务特色等，不仅要关注和收集来自同行业的相关产品的信息，还要关注和收集来自供应商、客户、替代品、潜在竞争者等多方面的信息。

（4）销售渠道和销售策略调查。主要是指对产品销售渠道、广告策略、经销商及产品销售策略进行的调查。包括对销售渠道、广告策略、商标、包装、促销手段、价格策略、产品设计等的调查，这是制定企业销售策略的重要依据。

2. 市场调查的步骤

市场调查的步骤包括以下四个阶段：

（1）市场调查准备阶段。主要包括确定调查目标，明确调查主题，拟定调查项目，确定收集资料的范围和方式。市场调查必须明确调查目标，即为什么要进行市场调查，调查中要了解什么问题，以有针对性、高效地获取相关信息。

（2）市场调查设计阶段。包括确定调查项目和范围（包括地域范围、被调查者范围），选择调查方法及手段（包括设计调查表/问卷和抽样方式），确定预算经费和调查期限，制定切实可行的调查计划。

（3）正式实施调查阶段。这是整个市场调查过程中最关键的阶段，对调查工作能否满足准确、及时、完整及节约等基本要求有直接的影响。包括调查力量的组织（调查人员选聘、培训），调查实施（按计划中规定的时间、地点及方法实地收集有关资料），调查监督管理（包括对调查的绩效评价：比较成本、比较回收率、比较问卷的利用率等）。

（4）撰写调查报告阶段。重在报告调查结果，从中得出调查结论。报告一般由引言、正文、结论及附件四个部分组成。基本内容包括开展调查的目的、被调查单位基本情况、所调查问题的事实材料、调查分析过程的说明及调查的结论和建议等。

3. 市场调查的方法

市场调查收集原始信息的方法主要有观察法、询问法、抽样法、实验法等。

（1）观察法。观察法是指收集信息的工作人员凭借自己的感官和各种记录工具，深入现场，在被观察者未察觉的情况下，直接观察和记录被观察者的行为，以收集市场信息的一种方法。观察法的优点是可以实地实时记录市场现象，能够获得直接、具体、生动的材料，具有可靠性高、简便易行、灵活性强等优点。比如，可口可乐的总裁在来我国参加经济高峰会议期间，亲自逛上海的大街小巷和商场——这就是在用观察法进行调研。

观察法主要应用于城市集贸市场调查、商品库存调查、消费者需求调查、商场经营环境调查、产品质量调查、广告调查等领域。

案例 7-1　　注重精细观察的商场密探

帕科·昂得希尔是著名的商业密探，他所在的公司叫恩维罗塞尔市场调查公司。

昂得希尔通常的做法是坐在商店对面，悄悄观察来往的行人。而此时，在商店里他的属下正在努力工作，跟踪在商品架前徘徊的顾客。他们的目的是要找出影响商店生意的因素，了解顾客走进商店以后如何行动，以及为什么许多顾客在对商品进行长时间挑选后还是失望地离开。他们通过自己的工作给商店提出了实际的改进建议。

比如，一家主要是青少年光顾的音像商店，通过调查发现磁带放得过高，孩子们拿不到。昂得希尔建议商店把商品放在较低的位置，结果销售量大增。再比如，一家叫伍尔沃思的公司发现商店的后半部分的销售额远远低于其他部分，昂得希尔通过观察和拍摄现场解开了这个谜：在销售高峰期，收银台前顾客排着长长的队伍，一直延伸到商店的另一端，妨碍了顾客从商店的前部走到后部，针对这一情况，商店专门安排了结账区，结果商店后半部分的销售额迅速增长。

资料来源：商业密探：帕科·昂得希尔［EB/OL］. 调查方法案例库. http：//www.docin.com/p-380434465.html.

（2）询问法。这是最为常见的市场调研方法。调查人员将事先拟订的调查表或提纲以当面、书面或电话的方式向被调查者提问，由此获取被调查者或消费者的动机、意向、态度等方面的信息。这是市场调查中最基本的方法，主要分为面谈调查、电话调查、问卷调查等。它们各有优缺点：面谈调查能直接听取对方的意见，如召集座谈会，富有灵活性，但成本较高，结果容易受调查人员技术水平的影响；电话调查速度快，成本最低，但只限于在有电话的用户中调查，且用户往往不愿意回答；问卷调查可以弥补以上缺点，由调查人员设计好问卷，采取多种灵活方式交给被调查人员，通常有信函邮寄问卷、传真问卷、网络问卷、报刊问卷和实地问卷等形式。问卷调查速度快，成本低，但回收率低，被调查者配合程度低，问卷内容的设计是关键。

问卷设计得好坏，在很大程度上决定着调查问卷的回收率、有效率，甚至关系到市场调查活动的成败。

问卷设计的主要步骤：第一步，根据调查目的，确定所需的信息资料，然后在此基础上进行问题的设计与选择。第二步，确定问题的顺序。一般将简单的、容易回答的问题放在前面，逐渐加大难度。问题的排列要有关联、合乎逻辑，便于答卷人合作并产生兴趣。第三步，进行问卷的测试与修改。在问卷用于实地调查以前，先初选一些调查对象进行测试，根据发现的问题进行修改、补充和完善。

问卷的结构：问卷通常由三部分组成，即前言、主体内容和结束语。问卷前言主要是对调查目的、意义及填表要求等的说明，包括问卷标题、调查说明及填表要求。前言部分的文字须简明易懂，能激发被调查者的兴趣。问卷主体关系到市场调查所要收集的主要信息，它由一个个问题及相应的选项组成。通过主体部分问题的设计和被调查者的答复，市场调查者可以对被调查者的个人基本情况及其对某一特定事物的态度、意见倾向以及行为有较充分的了解。问卷结束语主要表明对被调查者合作的感谢，记录下调查人员姓名、调查时间、调查地点等。结束语要简短明了，有的问卷也可以省略这部分。

问卷设计注意事项：首先，文字要表达准确，不应使答卷人有模糊认识。如调查商品消费情况时，“您通常喜爱选购什么样的鞋?”这一问句的表达就不准确，因为对于“通常”“什么样”，不同的人有不同的理解，回答各异，难以获得准确的信息。如果改为具体的问题：“您外出旅游时，会选购什么品牌的旅游鞋?”就不会产生歧义。其次，问卷要避免使用引导性语句。如设计问卷时，“××品牌的旅游鞋质优价廉，您是否准备选购?”这样的问题容易使答卷人由于引导得出肯定性的结论或对问题反感，不能反映消费者对商品的真实态度和真正的购买意愿，产生的结论缺乏客观性。再次，问卷问句的设计要有艺术性，避免对答卷人产生刺激而影响合作。最后，问卷不要提不易回答的问题，比如涉及答卷人的心理、习惯和个人隐私的问题，即使将这些问题列入问卷也不易得到真实结果。遇有这类问题，如果实在回避不了，可列出档次区间或用间接的方法提问。比如调查个人收入，如果直接询问，不易得到准确结果，而划分出不同的档次区间供选择，效果就会较好。

案例 7-2　　卡西欧公司的销售调查卡

卡西欧公司的市场调查主要通过销售调查卡进行。其卡片只有明信片大小，但考虑周密，设计细致，调查栏目中各类内容应有尽有。

第一栏是对购买者的调查。其中包括性别、年龄、职业，分类十分细致。

第二栏是对使用者的调查。如使用者是购买者本人、家庭成员还是其他人。每一类人员中又按年龄、性别细分。

第三栏是购买方法的调查。如是个人购买、团体购买还是赠送。

第四栏是对如何知道该产品的调查。如是看见商店橱窗布置、报刊广告、电视广告，还是朋友告知、看见他人使用，等等。

第五栏是对为什么选中该产品的调查。所列答案有：操作方便、音色优美、功能齐全、价格便宜、商店的介绍、朋友的推荐、孩子的要求，等等。

第六栏是对使用后感受的调查。如是非常满意、一般、比较满意还是不满意。

另外几栏分别对机器的性能、购买者所拥有的乐器、学习乐器的方法和时间、所喜爱的音乐、希望有哪些功能等方面作了详尽的调查。

这为企业提高产品质量、改进经营方式、开拓新市场提供了可靠依据。

资料来源：根据袁秀珍．国外名企市场调查妙策［J］．经营管理者，2002（8）整理．

（3）抽样法。抽样调查是从总体中抽取一部分样本进行考察和分析，通过部分去推断整体的一种调查方法。根据抽取样本的方式，可以分为概率抽样（亦称随机抽样）和非概率抽样两类。一般只把概率抽样称为抽样调查，非概率抽样是采用主观（非随机）的方法从总体中抽取样本，常称为重点调查或典型调查。

概率抽样依据概率论和数理统计原理从调查对象中随机抽取样本，通过样本的数量关系对总体特征作出估计和判断。随机抽样涉及三个基本问题：抽样单位、抽样方式和样本数目。

抽样单位是指总体中所有被调查的对象或范围。例如，消费者调查的抽样单位可能是某地（省、市、县、乡）所有消费者家庭等。抽样方式因研究目的不同而有所不同，探索性研究采用非概率抽样即可。若要对总体进行正确的定量估计，则必须使用随机抽样，使总体中每一成员被抽中的机会均等，并使总体中的次数分布与样本分布相适应。样本数目的确定是关键，有多种计算公式，涉及对精确性的要求（置信度）、总体的异质程度、抽样方式及调查者经费、精力和时间的限制。实际工作中应该综合考虑，只要达到要求就可以了。

（4）实验法。是指市场调研者在受控制的条件下对所研究对象的一个或多个因素进行操纵，来观察市场现象在这些因素影响下的变动情况，它是因果关系调研中经常使用的一种行之有效的方法。实验法具体分为实验室实验、现场实验（实际市场实验法）和模拟实验（模拟市场调查法）。

实验法主要用于：产品价格实验，产品质量、品种、规格、花色、款式、包装等实验，市场饱和程度、广告效果实验，等等。

近年来，随着计算机技术的发展和互联网的普及，新兴的网络调研信息方法（又称网上市场调研或联机市场调研）成为企业获取信息的重要手段，这对于人力、时间、精力有限的创业者无疑提供了一个新的调研途径。

第 2 节　创业计划的撰写与展示

一、研讨创业构想

创业构想是指针对特定的新技术或创意，在明确个人创业目的、正确评价个人创业意愿和创业能力的基础上，谋划创业投入、创业目标的过程。创业构想与创业机会的筛选都是准创业者设立新企业前必须做好的功课。要精心准备一份旨在将创意转化为营利性企业的商业计划书，要着重考虑以下方面：

1. 研讨产品与服务

你的产品或服务如何针对顾客真正的需要解决他们面临的实际问题？你将如何销售自己的产品或服务？你的收入来自何处？产品或服务的销售额预计有多大？如何创造这些销售额？

为让创业构想能在以后发挥良好的作用，创业者需要发挥群体智慧（如亲朋好友、准创业伙伴、创业咨询机构，特别是有关专家学者、成功创业者等的智慧），向有见地的相关人士请教，虚心听取他们的意见和建议。要借助群体智慧对产品/服务的可行性、产业/目标市场的可行性、组织的可行性、财务的可行性等进行全面分析，以使创业构想切实可行。

2. 分析行业与目标市场

为了未来的产品/服务能打开销路，必须对计划中的投产行业进行分析。有吸引力的行业应当具备如下特征：（1）新兴产业，而非传统产业；（2）处于行业生命周期早期阶段，而非后期阶段；（3）行业分散化，而非结构集中；（4）行业正在成长，而非收缩；（5）出售顾客“必定要买”的产品或服务，而非“可能想买”的产品或服务；（6）行业空间不拥挤；（7）具有较高营业利润，不依赖关键原材料（如汽油、面粉）的历史低价来维持盈利。①

目标市场是通过市场细分后，企业准备以相应的产品和服务满足其特定需要的一个或几个子市场。为什么顾客要从你这里购买而不是从其他竞争者那里购买？你的产品/服务如何

① 布鲁斯·R. 巴林格，R. 杜安·爱尔兰. 创业管理：成功创建新企业［M］. 北京：机械工业出版社，2010.

优于其他竞争者？显然，一个好的产品/服务必须能够包含某种能满足特定市场需求的新颖特征，且该特征至少应当是目前市场上尚未出现的，同时对于创业者而言又是有益的。

3. 组建创业团队

在知识经济时代，单打独斗的创业肯定是不可取的。当你有了进入市场的产品或服务的创意时，仅仅有了一个点子，更重要的任务是建立起一个创业团队，在技术、市场、融资等各个方面拥有志同道合的合作伙伴，只有这样才能够成功。

物色最初的创业团队人选，最好选择你熟透的、对创业项目有激情的亲朋好友或同事同学，这样才能有共同语言和目标。人数不在多，每个人不一定都有很强的能力，关键要能凝聚起来，尤其是个性和能力最好互补。把自己的想法、创业机会和创业目标如实告诉可能加入团队的人员，让他们参与创业构想的研讨，这有利于集思广益、开拓思路。但创意属商业机密，研讨中应当把握好分寸，注意有所保留。

创业团队在早期就应当考虑组织管理和建章立制。一般经过一段时间的磨合，创业团队都会经历一个痛苦的“洗牌”过程，或许有人不能认同企业理念，或许有人另谋高就，或许有人不称职。创业初期团队成员变更是正常的，但也会带来一些问题。为了企业的生存和发展必须坚持一种理念：制度面前人人平等。公司不是私人的，是大家的，不能顾及私情，要出于公心。能否坚持这种理念，决定了能否正确有效地管理好团队。

4. 研讨创业资源

正式创业之前必须获取相关资源，否则创业就成了无米之炊。关于资源的研讨应当集中于能否获得必备的资源以启动和维持创业初期生产和销售活动的正常开展。创业资源研讨的重点是融资计划，要考虑：创业启动资金的测算是否科学、准确？通过何种渠道筹集资金？能否筹集到所需的启动资金？鉴于创业过程中的风险和不确定因素，筹集的资金量应当比测算的启动资金高出一定的比例。如果创业项目需要较多的资金，可选择风险投资，此时就需要考虑持有公司股份的比例问题。此外，要尽可能选择能同甘共苦的风险投资人，处理好与投资人关系，要尽可能选择有较大影响力的风险投资商，以便借助他们的经验和实力。

其他资源还包括设备、场地、技术、知识、信息等有形与无形资产，创业之初企业不可能同时获得所需的各种资源，只要具备基本的、必需的资源即可。此外，某些资源不一定非要自己拥有，只要能够掌握支配权和控制权即可。

5. 寻找商业模式

在对创业机会研讨论证后，必须考虑怎样将创意转化为能够创造价值并能为公司带来持续盈利的商业模式。一家公司存在的基础就是创造价值并获取盈利，从企业的角度来讲，就必须形成一套有效的商业模式，既要能为客户创造价值，又要能为企业带来持续的盈利，还要能为股东带来丰厚回报。

6. 确立创业目标与创业期限

盈利是创业者重要的创业目标，但不是唯一的目标。创业本身应当有理念和理想，这往往会催生很多产品或服务的创意，引发创业的冲动。创业期限是指从创业启动到新企业开始持续稳定地获得盈利的时间，由于市场是不断变化和发展的，创业期限过长会导致风险过大，专家建议，创业最好以两年期为限。

二、分析创业可能遇到的问题和困难

创业不可能一蹴而就，绝不可能仅凭头脑发热、一时冲动实现。在创业构想过程中必须对创业可能遇到的问题和困难有充分估计，宁可事先对问题和困难考虑得多些，对风险考虑得细致些，并在此基础上思考和制定相应的对策。在创业构想过程中，不妨同时进行一些具体的考察与市场调研，这不仅能够锻炼你的能力，开阔创业思路，提供客观准确的信息，更能丰富和完善你的构想，并为下阶段撰写创业计划书积累资料、提供素材。要知道，坐在家里冥思苦想可不是好办法。

根据成功创业者的经验，创业启动后会遇到很多问题和困难，其中主要的问题和困难在于项目和资金。

1. 项目问题和困难

显然，创业应选择既适合自己又符合市场需求，同时启动资金少、入行门槛低、符合大众消费观念等的项目。但实际上许多创业者在选择项目时往往犯同一个毛病：只关注市场，而忽视了自身的能力与优势分析。许多创业者看中一个市场，觉得有机会，创意也很好，就急于进入这个领域创业。一些创业者坦言："我对目前创业的行业一窍不通，但是坚信这个领域会有很大前途！"这正是创业中途夭折的重要原因之一。创业者在有了好的创意后，一定要先分析自身的特点和优势，再判断该创业项目与自身特质是否吻合。

创业之初，顾客数量或销量可能没有当初想象的那么好，此时，需要重新检验顾客群定位是否准确，检查产品或服务的质量是否过关，分析宣传或促销方式是否合适，还要查看价格的竞争优势和市场环境因素的变化等，以采取恰当的营销策略。

2. 资金问题和困难

融资难，如果初创公司选错了投资者，创业之路就会难上加难。乔布斯被自己一手创办的公司董事会赶走就是一个惨痛的教训，但创业者又不得不在获得创业起步所需的资金与保持企业控制权之间作出权衡。

在起步阶段，天使投资人或许是最好的选择。天使投资人是个人（或个体组成的团体），他们投入的钱尽管不足以满足较大规模的资金需要，但往往带有较强的感情色彩，更容易被说服。天使投资的融资程序既简单又迅捷，没有风险投资那样复杂烦琐的决策程序，参与公司事务的程度也不尽相同，一些投资人认为应该积极参与，一些投资人则喜欢当甩手掌柜，但不管是什么情况，你都能从他们的建议和经验中获益。

假如你的企业具有做大的潜力，知道自己需要多轮投资，那么尽早与风险资本家建立关系是有价值的。但风险资本家几乎总是希望把自己的治理团队植入公司，与天使投资人相比，创业者可能会丧失很大一部分控制权。

自创业起步到公司开始盈利，是创业关键生存期，具有很大的不确定性，许多创业者熬不过这个时期，因现金流中断或资金链断裂而失败。在创业构想过程中必须充分考虑这个因素，并在融资上有应急预案。

3. 经验问题和困难

经验不足，缺乏从职业角度整合资源、开拓市场、实施管理的能力，也是创业失败的主要原因之一。比如，20 世纪末引人注目的大学生创业企业中，视美乐公司曾获得上海一百 500 万元风险投资，易得方舟公司由全国大学生创业大赛金奖获得者创办，天行健公司拥有荣获首届中国专利博览会金奖的高杆喷雾器和防撬锁两项专利，这些创业项目不可谓不好、科技含量不可谓不高，也获得了相当数额的风险投资，却都因为缺乏经验和人脉而很快宣告失败。因此，在进行创业构想时应当充分考虑这些因素，创业者需要更多地参与创业实践，积累实践经验，了解并熟悉创业项目的行情，更多地向有创业经验的企业家和专家请教，以降低创业风险。

4. 团队问题和困难

因为团队分裂导致创业失败的例子数不胜数。创业团队内讧通常经历三个阶段：第一阶段为创业早期，未见效益就开始争利，纷争不断；第二阶段，企业刚有起色，钩心斗角，开始争位；第三阶段，企业开始盈利和快速成长，开始争夺企业控制权，斗得你死我活，最后企业也垮了。因此，对于团队可能遇到的问题应当有充分的认识和应对策略。

在创业初期因为不能提供优厚的薪酬待遇，很难找到急需的优秀人才，通常不要奢望通过招聘的形式来弥补人才短板。最直接的解决办法就是创业者自己学习提高和内部培养，或者寻找创业合作伙伴——真正的合伙人，这会涉及气度和心态问题。有很多创业者口口声声打着给予股份期权的旗号寻求合伙人，但内心还是把对方当作普通员工来对待，终究留不住优秀人才。

为此，在创业之初就应该构想创业企业的分享计划和激励机制，形成团队的共识，最终以文字形式落实在公司章程中。所谓“财散人聚”，以分享凝聚人心，以机制留住人才，才是创业者长久立于不败之地的战略思考。

三、提炼创业计划的执行摘要

执行摘要，亦称执行概要，是从创业计划的核心内容中提炼出来的，是对整个商业计划书最精华部分的浓缩，旨在引起战略伙伴和投资人的兴趣，人们把它比喻为“电梯演讲”[①] ——创业者要在乘电梯的时间里完成向天使投资人推销自身价值和生意理念。

执行摘要不仅要表达创业构想的丰富信息，而且要传递创业者的愿景与激情。如果潜在投资者看了之后有兴趣，就会约你开始下一阶段的面谈，这时你的创业计划书和准备展示的资料才能派上用场。

执行摘要虽然列在创业计划的最前面，但它是在其他部分定稿之后才着手撰写的。执行摘要应当让阅读者对创业计划书的主要内容有一个整体上的把握，因此应重点阐明企业的投资亮点、产品与服务、市场潜力、相对于竞争对手的优势。创业者要反复推敲、深思熟虑，务必使执行摘要结构完美、条理清晰、语言精练且富有感染力，便于阅读者在最短

① 麦肯锡公司曾有一次沉痛的教训。公司为一家重要的大客户做咨询，咨询结束时麦肯锡的项目负责人在电梯间遇见了对方的董事长，董事长问麦肯锡的项目负责人：“你能不能说一下现在的结果呢？”由于该项目负责人毫无准备，而且即使有准备，他也难以在电梯从 30 层降到 1 层的 300 秒内把结果说清楚。结果，麦肯锡失去了这个重要客户。从此，麦肯锡要求公司员工：凡事要求在最短的时间内把结果表达清楚，凡事要归纳在 3 条以内，要直奔主题、直奔结果。这就是如今在商界流传甚广的“30 秒钟电梯理论”或称“电梯演讲”。

时间内清晰地评审创业计划。执行摘要一般限于 1～2 页纸的篇幅，不必涵盖所有创业项目内容，但是要确保每一个关键问题都被提到。

1. 产品或服务

能解决用户的什么问题，这是投资人关注的焦点。你需要清楚地描述当前或者将来会出现的某个重大的问题，公司给客户提供什么产品或服务来解决这个问题。陈述你的价值定位、创意价值的合理性何在。在这部分不要用缩写词以及方案技术背景所涉及的术语。另外，如果在已有客户中有知名的大公司，一定要指出来。

2. 市场分析

投资者都在寻找巨大的、处于增长期的市场。用几句话来描述公司行业、行业细分、目标市场和所处的市场地位，包括市场的成长性、驱动因素以及美好前景。不要用空洞的语句描述市场机会，当前规模小但快速成长的市场，会比规模较大、稳定的市场更有吸引力。

3. 竞争优势

用几句话来概括公司相对于竞争对手的优势，如独特的资源优势、成本节约或行业关系。至少要在你的方案中写出你是如何与直接竞争者竞争的，投资者更看重你能做什么，因为他们很可能已经看过很多与你的方案类似的创业计划书。

4. 商业模式

清晰地描述公司的商业模式——是怎么挣钱的。需要阐述以下问题：公司在产业链、价值链上的位置如何？合作伙伴是谁，他们为什么要跟你的公司合作？谁是你的客户，目前是否有真实客户？概括你的销售和营销策略，列出关键数据，如客户量、授权量、产品数量和利润等。

5. 创业者及团队

要记住投资人更看重创业的人。为什么你的团队有能力成功？他们以前做过什么？介绍每个人的背景、角色、工作过的公司。如果你的创业导师或顾问有相关的行业经验，也可以在团队介绍中提及。

6. 资金需求和融资

可以用一张表来展示公司未来 3～5 年的收入和花费的预测。投资者需要知道你现在想融多少钱，你能给他们什么样的回报。融资需求通常是为了实现你的创业计划所必需的最小资金量，最好能与收入的驱动因素（比如客户增长等）相匹配。财务预测不能太离谱，如果不能让风投公司相信，所有的工作就会前功尽弃。

案例 7－3　　创业计划大赛金奖作品的执行摘要

1.1　公司

上海盛旦科技股份有限公司秉承“应用科技”的经营理念，努力将高科技实用化，满足大众需求。公司目前拥有的一次性打印电池技术由复旦大学化学系研究开发，拥有完全的知识产权并已申请专利。

盛旦在一次性打印电池技术的基础上首先推出了“闪电贴”（Flash Tip）——一次性

超薄手机电池系列产品，填补了一次性手机电池的市场空白。目前手机已经成为生活中不可或缺的消费品之一，据统计目前全国已有手机用户2.5亿，但手机的不便之处也逐渐暴露，比如关键时刻电量不足、突然断电等，常常令人尴尬，特别是外出洽谈商务时手机电池突然断电可能会带来很大的损失。虽然一些大商场提供了临时充电器，但由于充电需等候多时，且只有少数大商场提供此类服务，手机电量的及时补充问题还未得到根本解决。“闪电贴”系列一次性超薄手机电池正是针对这一市场空白推出的最新产品。

1.2 市场

“闪电贴”的目标群体主要定位于出差的商务人士、旅游群体以及往来商旅等，这种1毫米厚、面积与传统电池板相仿的产品可以提供约12小时的电池电量，只需将其贴于现有电池表面即可电力十足，轻便快捷，既可以用于应急，以尽可能降低因短期断电造成的通信中断损失，也可作为常用的备用手机电池，省却外出携带充电器等麻烦。当然，由于其较高的性价比，普通消费者也可以接受。

在区域市场上，初期以国内市场为主，先大中城市后小城市，在适当的时机进入国际市场，利用全球化的市场需求获得规模竞争优势。

1.3 生产与营销

盛旦准备在上海张江高科技园区设立加工基地，由于有成熟的技术（主体技术为现代喷墨打印技术和纳米材料技术），产品的加工工艺并不复杂，主要设备为打印设备和电池材料配置设备。初期成本为1元/片（大小类似普通手机电池，厚度为1毫米，待机时间为12小时），售价为5元/片，随着生产规模扩大，成本将不断降低。由于其市场容量巨大而且目前尚处于空白，因此市场前景巨大。

由于“闪电贴”属于快速消费品的范畴，因此在营销上采用大规模铺货的方式，占领便利店、超市、书报亭等主要的销售渠道，方便消费者及时方便地获取产品。同时，第一年进行大量的派送试用，以做前期推广，通过各种媒体广告和各种促销活动提升产品知名度，在市场上先立足上海，之后有计划分步骤地推向全国。第一年计划销售37万片，第二年45万片，第三年销售额和利润都将大幅上升。

1.4 投资与财务

公司设立在张江高科技园区，属于国家支持的中小型高科技企业，税收上享受“两年免征所得税”的政策。公司成立初期需资金720万元，其中风险投资520万元，盛旦公司投资（管理层和化学所投资）100万元，流动资金贷款100万元。其中用于固定资产投资155万元，流动资金565万元。

股本规模及结构定为：公司注册资本800万元人民币，其中，外来风险投资入股520万元（65.0%），盛旦专利技术入股180万元（22.5%），资金入股100万元（12.5%）。

公司从第三年开始盈利，到第四年后利润开始大幅增长，内部收益率为50.1%。风险投资可通过分红和整体出让的形式收回投资。

1.5 组织与人力资源

公司初期成立时采用直线型组织结构，总经理直接向董事会负责；3～5年后随着新产品的推出开始采用事业部型组织结构。公司初期创业团队主要来自复旦大学管理学院，成员各司其职，都具有相关领域的专业知识和运作经验，且优势互补。同时，复旦大学化学所技术人员为公司提供技术支持。此外，公司还邀请多位管理学院教授担任经营顾问。

资料来源：本案例为第四届“挑战杯”全国大学生创业计划竞赛金奖作品——上海盛旦科技股份有限公司创业计划书中执行摘要部分，百度文库．http：//wenku.baidu.com/view/6983485e3b3567ec102d8ac9.html.

四、把创业构想变成文字方案

研讨并说出创业构想与撰写成文并非一回事。撰写成文的过程中往往会发现许多问题，如研讨中所阐述的创业思路在后期的计划执行中是否切实可行，是否有足够的能力将想法变成现实。需要针对这些问题进行调整和补充，才能使创业计划更加完善。撰写商业计划是创业者（团队）反复思考、推理并讨论的过程。

根据罗伯特·巴隆和科斯特·谢恩（Robert A. Baron and Scott A. Shane）撰写的《创业管理：基于过程的观点》，许多成功的创业者最初撰写相对简单的创业计划书，这些计划书是基于他们确知的信息，如有必要，可以用来获取初始融资；此后，他们创办自己的企业，积累并使用创业过程中所获得的经验和信息，再适当修改以前的创业计划书，据此经营企业，并在必要时获取更多的融资，用于企业持续成长和招聘员工。

创业计划书一般应将重点放在主体内容的分层次的理性阐述上，在主体内容定稿之后再着手提炼执行摘要，最后才考虑必要的附录材料。

1. 封面设计

封面重在设计，要有美感和艺术性，富有个性，以给阅读者留下良好的第一印象。封面设计宁简勿繁，选取体现项目特点的图案，表达清晰即可，色调应当明快，不要过于黯淡，最好能体现出创业的激情。

2. 公司介绍

这是计划书正文的第一部分。这部分不是描述整个计划，而是对你的公司作出介绍，目的是让投资者认识你的企业，因而包括企业的基本概况（如名称、法律形式、注册地址、联系方式、企业发展历史和现状等），重点是公司理念、定位以及企业未来的发展规划和目标。

3. 市场分析

（1）目标市场。著名的市场营销学者麦卡锡（McCarthy）提出应当把消费者看作一个特定的群体，将之称为目标市场。即按消费者的特征把整个潜在市场细分成若干部分，根据产品的特性，选定其中一部分或几部分的消费者作为综合运用各种市场策略所追求的销售目标，此群体即为目标市场。目标市场分析有助于投资者判断企业目标的合理性、未来市场的潜力及投资者可能承担的风险的大小。

（2）行业分析。行业是创业企业拟进入的市场。创业者应该正确分析评价行业的基本特点、行业主要影响因素、行业市场全貌和市场上所有经济主体（包括竞争者、消费者、供应商、销售商等）概况、行业未来发展趋势等内容。

（3）竞争者分析。这是最基础的市场分析工作，竞争对手是指在同一目标市场提供相同或者类似产品/服务的企业。竞争者分析首先要明确：你的竞争对手有哪些？主要竞争对手有哪些？最大的竞争对手是谁？值得注意的是，切不可只分析一两个最大的竞争对手，要进行广泛的分析，通过搜索引擎或其他渠道尽可能找出所有的竞争对手，在一个细分市场里，存在十几家竞争对手是比较常见的。对这些所能找到的竞争对手进行简单的实力评估，然后大致分类或从大到小排序；其次，可借助波特在《竞争战略》一书中提出的“竞争对手分析模型”来确定自己的竞争策略。

（4）市场预测。市场预测就是运用科学的方法，对影响市场供求变化的诸因素进行调查研究，分析和预见其发展趋势，掌握市场供求变化的规律，为经营决策提供可靠的依据。预测为决策服务，通过市场预测，创业者可以把握经济发展或者未来市场变化的有关动态，减少未来的不确定性，降低创业风险，使创业目标得以顺利实现。

市场预测应当基于深入的市场调研，首先对产品/服务的潜在需求进行预测，其次对市场现状进行预测，包括国内外相同或同类产品/服务的生产能力、产量和销售情况以及市场竞争、目标市场状况及其变化趋势等方面。

4. 产品/服务介绍

这部分是正文的另一个核心。要说明产品/服务的概念、名称、性能及特性，要突出产品/服务创意的新颖、独特之处，创意的市场价值及价值的合理性、产品/服务的市场竞争力，产品/服务的研发过程、市场前景、品牌、专利，等等。

创业者要对产品/服务做出详细的说明，说明要准确并通俗易懂，尤其要实事求是，即使是非专业的投资者也能看明白。一般地，产品/服务介绍都要附上产品/服务原型、照片或其他介绍。产品介绍通常应回答：能解决用户的什么问题？与竞争者相比，提供给客户的产品或服务有何优势和劣势？企业如何取长补短，能为客户带来哪些利益和价值？企业拥有哪些专利和许可，采取了何种保护措施？目标市场的潜力多大？

案例 7-4　　引起风险投资浓厚兴趣的产品介绍

在一次天使见面会上，创业者李鹏的“发酵罐气流能量回收项目”引起了风险投资的浓厚兴趣。吸引风投目光的是李鹏的一份一页纸的商业计划书，以下是其核心部分——产品介绍。

产品简介：发酵罐是药厂与化工企业普遍使用的生产工具，用量非常大，如华北制药、石药、哈药这样的企业，每家企业使用的大型（150吨以上）发酵罐均在200台以上。因生产需要，发酵罐前端需要压气机给罐内压气，压气机功率一般在2 000～10 000千瓦，必须24小时运转，每年电费在900万～4 000万元之间。要满足发酵罐生产，就需要多台压气机工作。所以，压气机耗电通常是这些企业很大的一笔费用支出。经发酵罐排放的气流仍含有大量的压力能，浪费在减压阀上。如安装我公司研制的“发酵罐排放气流压差发电与能量回收”装置，可以回收压气机耗费电能的1/3左右。

同行简介：目前该技术国际上统称TRT，应用于钢厂的高炉煤气压力能量回收。主要的供应商有日本的川崎重工、三井造船，德国的GHH，国内的陕西鼓风机厂。年销售额达到20亿元以上。

进展简介：本项目关键技术成熟并已经掌握，我公司已经与某制药集团达成购买试装与推广协议，项目完成时，预计可以在该集团实现销售额5 000万元以上。

优势简介：(1) 我公司已申请该项目的多项专利；(2) 在市场上先行一步，属填补市场空白；(3) 符合国家产业政策，该项目属于节能减排项目；(4) 各地方政府有节能奖励，如“三电办”有1/3的投资补贴，制药集团可获得约1 600万元政府补贴；(5) 可以申请联合国CDM（清洁生产）资金（每减排1吨二氧化碳可以申请10美元国际资金，连续支付5年），制药集团可每年节电6 000万度，减排二氧化碳6万吨，可获得国际资金300万美元。

客户利益：(1) 减少电力费用支出，以某制药集团为例，如全部安装该装置，一年可以节约电费3 000万～36 000万元，2年内可收回投资；(2) 只需很少的维护，无须增加人员，寿命在30年以上，可以为用户创造投资15倍以上的价值；(3) 将原有噪声降低20分贝以上，符合环保要求；(4) 获得其他政府奖励。

目标用户与市场前景：本项目目前主要针对国内药厂、化工厂。从与某制药集团达成的初步协议看，集团内需求量为100多套，而全国存在同样状况的药厂有多家，再加上许多化工行业也采用了相同或类似的生产工艺，均为我公司的目标市场。总市场销售额预计在100亿元以上。

资料来源：李鹏．风投感兴趣的一份一页纸商业计划书［EB/OL］．新浪博客．http：//blog. sina. com. cn/s/blog_5f7e24ad0100cvug. html.

---

5. 团队成员及组织结构

在创业计划书中，必须对主要创业团队成员加以说明，介绍他们所具备的能力、在本企业中担任的职务、承担的责任及过去的详细经历、背景及业绩。

此外，在这部分内容中，还应对公司组织结构做简要介绍。包括：公司的组织架构图；各部门的职能与责任；各部门的负责人及主要成员；公司的报酬体系；公司的股东名单，包括认股权、比例和特权；公司的董事会成员，各位董事特别是董事长的背景资料，关键管理人员的才能和职责。

经验和过去的成功比学历、学位更有说服力。如果你准备把一个特别重要的位置留给一个毫无经验的人，你一定要给出充分的理由。

6. 营销策略

投资者可以从企业的营销计划中看出企业进入市场的能力。创业计划书中，营销策略应重点从以下几个方面论述：(1) 有关产品/服务价格的整体规划；(2) 营销机构和分销渠道的选择；(3) 促销计划和广告策略；(4) 营销队伍和管理。

7. 生产制造计划

生产制造计划能使投资者了解企业的研发、新产品投产、采购与库存计划，从而可测算所需资金。创业计划书中的生产制造计划应包括以下内容：(1) 厂房或门店基本情况、基础设施与配套情况；(2) 产品制造和技术设备选型与现状；(3) 生产流程与关键环节介绍；(4) 新产品投产计划；(5) 生产经营成本分析；(6) 质量控制和质量改进计划。

8. 财务规划

财务规划是以货币形式预计企业计划期内资金的取得与运用、各项经营收支及财务成果的书面文件。财务规划可使创业目标具体化，可作为企业控制的标准和依据，以降低经营风险，提高风险企业的评估价值。一般应包括以下内容：

（1）历史经营状况数据。这是投资方投资决策的重要依据，创业者应当提供过去3年的现金流量表、资产负债表和利润表。现金流量表是企业的生命线，因此企业在初创或扩张时，对流动资金需要预先有周详的计划并对其使用严格控制；资产负债表则反映在某一时刻的企业经营状况，投资者可以根据资产负债表中的数据衡量企业的经营状况以及可能的投资回报率；利润表反映的是企业的盈利状况，即企业在营运一段时间后的经营结果。

创业者如果尚未实际创业，历史经营数据部分可以略去，但资金来源、股本结构、融资额度等数据不可缺失。

（2）未来3～5年财务计划。未来财务整体规划是建立在生产计划和营销计划基础之上的，主要对未来3～5年营业收入和成本进行估算，制作销售估算表、成本估算表、利润表、现金流量表，计算盈亏平衡点、投资回收期、投资回报率等。创业者应当在测算单件产品的成本、售价和不同时间段的产销量的基础上，编制未来3～5年的生产运营费用和收入状况，并以财务报表形式展示。首先编制出5年内成本费用估算表，此后就可以测算出5年内预计利润表，进一步计算盈亏平衡点、投资回收期、投资回报率等，并分5年期编制出现金流量表和资产负债表。

未来财务整体规划应当由创业团队中的财务专业人员撰写，以避免财务报表漏洞百出，要增强投资者的信任感。

9. 风险分析

创业计划书是风险投资的敲门砖，投资人必然要关注利益和风险，因此必须介绍创业项目未来可能遇到的各种风险，以及应对风险的具体措施。通常，应当阐述如下风险：（1）公司在市场、技术、资金、管理及其他方面都有哪些基本的风险？（2）如何应对这些风险？有怎样的解决方案？（3）你的公司还有哪些额外机会？

10. 投资报酬与退出策略

主要包括股票公开上市、股权协议转让、股权回购、股利等。

通常，在主体内容阐述之后应当有附录，如详细的财务计划、管理层简历、销售手册、产品图纸、公司专利、商标等其他需要进一步说明或提供佐证的事实材料。附录附在正文后面，通常分开单独装订。

五、创业计划书的撰写和展示技巧

（一）创业计划书的撰写技巧

1. 内容必须能吸引阅读对象

创业计划书依据创业者的不同目的有不同的类型：吸引风险投资的创业计划书、吸引合伙人的创业计划书、获取政府或公共部门支持的创业计划书以及针对企业家个人的创业计划书等。一份有助于获得所需资金或其他资源支持的创业计划的撰写，关键在于对投资者以及其他资源拥有者心理的把握。创业者用文字与阅读对象进行沟通，旨在达成共识，因此，创业计划书要根据不同的审阅者在内容上有所侧重，要能够吸引阅读对象。从投资者角度看，管理团队以及市场机会的价值是两项关键的投资要素，因而希望获得投资的创业计划书一定要充分展现高素质的管理团队和凸显新企业创意价值的亮点，使投资者欣赏，产生进一步探寻的欲望。

2. 内容要真实

投资的目的是索取回报。投资者并不欣赏文采出众、辞藻华丽的计划书，而是更看重客观、真实的市场分析和论证。因此，创业计划书一定要体现真实性，所有内容都应该实事求是，力求通过实际市场分析和实地调查数据来表达观点和看法，尤其不能夸大吹嘘。对于市场占有率、销售收入、利润率等指标的预测要做到客观合理，数字尽量准确，少做粗略估计。

3. 要素齐全，详略得当

(1) 目标明确，主题突出。创业计划书的目的是获取资源，创业者应该避免与主题无关的内容，要明确目标直奔主题，不要浪费时间和精力写一些与主题无关、对阅读者毫无意义的内容。此外，编制创业计划书还要考虑到阅读对象的因素，目标阅读者不同，他们对创业计划书的要求和兴趣不同，创业计划书的内容和侧重点也应该有所区别。

(2) 简明扼要，通俗易懂。创业者必须认识到，创业计划书不是文学作品，也不是学术论文，飞扬的文采、深奥的专业术语不仅不能打动目标读者，反而不利于他们阅读和理解。因此，创业计划书的语言应该通俗易懂，尽量避免专业术语，只要能够表达清楚自己的观点即可，不要过分渲染。

(3) 结构完整，要素齐全。创业计划书是一种正式的规范性文件，在结构和内容上都有规范要求，但又不能千篇一律。撰写创业计划书时，最好能有一份优秀的创业计划书作为参考，一方面，结构必须完整，要素要齐全，创业计划书的各个部分都应该包括在内；另一方面，在内容的表述上要规范化、科学化，详略得当，财务分析最好采用图表描述，形象直观。此外，创业计划书还应该注意统一版面格式。例如，字体应当保持一致，插入必要的图表时应力求简洁，也可以考虑使用印有（未来的）公司徽标的文头纸。

4. 撰写完毕仔细检查

创业计划书撰写好之后，应当着手从以下几个方面检查缺漏：(1) 是否说明了产品/服务，能否打消投资者对产品/服务的疑虑；(2) 是否显示出你具有的优势与能力；(3) 是否显示了你有能力偿还借款；(4) 是否显示出你已进行完整的市场分析；(5) 是否阐明了可能的风险及应对策略；(6) 是否明确指出投资风险与价值；(7) 是否在文法上全部正确。

通常，一份创业计划书的篇幅控制在20～30页（包括附录在内）。

（二）展示创业计划的方法与技巧

创业计划书一旦定稿，接下来的主要挑战就是如何将计划书推介给阅读对象，如果是为了争取风险投资、政府部门或社会机构设立的创业基金，或是为了参加创业计划大赛，那么计划书的推介、陈述和展示就更加重要。

以吸引风险投资的创业计划书为例。

潜在的投资者在看过你的创业计划书执行摘要或者听过你的“电梯演讲”后，如果有兴趣的话，就会向你索要创业计划书，以求进一步了解信息。如果投资者对你的创业项目很感兴趣，就会希望你有一个以口头演讲为主、幻灯片展示为辅的对创业计划的陈述。此时，创业计划的陈述与展示就十分关键。

通常，在创业计划陈述与展示后会进行双方的会谈，如果会谈顺利，便会进一步考察、磋商和谈判，最后签署投资协议。在这个过程中，创业计划的陈述与展示十分重要。

1. 陈述与展示创业计划的基础工作

要获得风险投资是一件难度很大的事，需要做大量充分的准备。要有娴熟的演讲技巧、热情洋溢的创业激情和一份完美且内容充实的创业计划。当然，还需要一点运气。

（1）要学习一些专业性的“电梯演讲”的技巧，训练自己言简意赅、流畅表达的能力，训练自己用一两分钟时间来阐述创业企业的性质与职能。一般来说，好创意都有简明的逻辑。所以，创业者应在开场的两分钟之内，准确、简练、雄辩地把自己的项目描述清楚。“请用一句话来描述一下你的项目”，几乎是一个众所周知的要求。

（2）设法了解与分析推介对象。是什么促使对方对创业项目产生兴趣？对方可能会问什么特殊、尖刻的问题？参会人员年龄多大，背景与特长如何？创业者可以通过网络搜索、资料收集、业内打听等方式了解投资公司与管理者背景等方面的信息，并通过换位思考、团队讨论等方式，集思广益，为推介展示做好前期准备工作。展示要注意针对投资者的技术基础和专业背景，比如，如果投资者的背景是财会专业，则应侧重运用财务数据、引用财务专家或专业期刊的评论；如果投资者的背景是技术专业，则应运用产品和服务演示等。

（3）陈述与展示的语言与态度。面对经验丰富的投资者，创业者做陈述和展示时要以坦诚和客观打动他们。既不需要为项目进行不必要的包装，也不要在演示过程中夸大自己的产品，以免给沟通设置障碍。有些词汇很平常，但分量很重，比如“平台”“解决方案”“一站式服务”等。要仔细掂量一下你的项目是否适合使用这样的词汇。另外，要慎用表示最高级的词汇，尽量多使用第三方的积极评价，多用数据和图表，以增强创业计划书的可信度。

（4）要提前到会议室，把展示过程中可能遇到的一些意外——诸如电脑和投影仪的连接、网络连接、图像或视频显示等技术问题事先解决好，最好预演一下。千万不要让技术故障耽误了你与风险投资人宝贵的交流时间。

案例 7－5　　5 分钟游说拿到数百万创投基金

互动百科创始人兼 CEO 潘海东曾感慨，海归创业的困难之一就是缺资金。2005 年，潘海东和两个哥们儿凑了 100 万元做起了互动百科网；2006 年，在硅谷举行的一次互联网论坛上，潘海东找到了论坛的主讲人——硅谷创业基金负责人，在 5 分钟之内就成功吸引了他的注意，随后获得了数百万美元的风险投资。据说，这是该基金投资决策最快的一次。

“这 5 分钟，其实我就讲了一个概念——做中文的维基百科网站，这个创意一下子就打动了他们。”潘海东说，创业是场没有终点的马拉松，一夜成名是个传说，成功其实就是每天前进一小步。要让潜在的投资人对你感兴趣，一定要把自己独特的地方展现出来，打动他。比如苹果公司独特，就在于它把电子产品变成了时尚产品；再如李宇春的歌唱得不是最好，但走中性的独特路线，在中国娱乐圈里身价也很高。这些体现的都是一个道理。

资料来源：毛庆．5 分钟游说，获百万美金风投［N］．南京日报，2012－03－14．

2. 陈述与展示创业计划的步骤和内容

（1）陈述与展示创业计划的步骤。包括展示方案准备，陈述人员选择，陈述准备以及现场陈述等。

（2）陈述与展示创业计划的内容。陈述创业计划的过程中，重点内容在于展示问题背景、解决方案/产品与技术、商业模式、项目优势与独特性、市场营销、竞争、管理团队、财务计划及主要指标以及实现目标所需的时间与资金，并以此作为幻灯片的核心标题。见图 7－2。

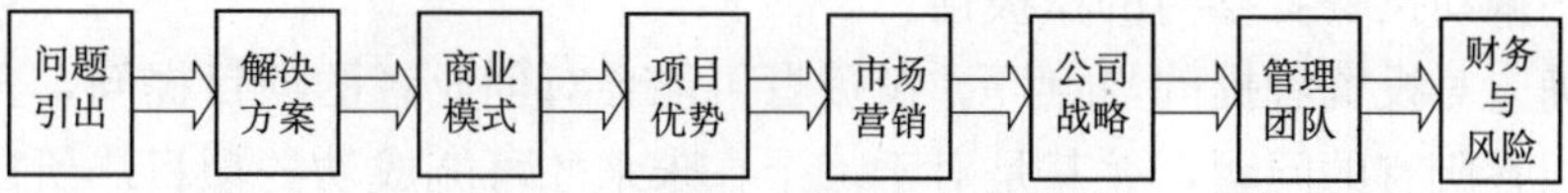

图 7－2 创业计划展示的内容

一般推介会议的时长为一小时，与你会谈之后，风险投资人可能马上要跟下一位创业者见面。因此，创业者应该在 20 分钟内完成陈述与演讲。这样，一方面可以加强创业者对推介会议时间的控制；另一方面，也可以让与会者有更充裕的时间进行交流与讨论。

创业者可按照 20 分钟左右的时间安排陈述内容的 PPT 展示，一般可播放 10～15 张幻灯片，要尽量做到内容精炼、图文并茂、有视觉冲击力。为便于风险投资人观看，文字字体不能太小，不要过分强调技术因素或故意使技术环节复杂化。

陈述内容的底稿一定要烂熟于心，达到不假思索脱口而出的程度。在陈述即将结束时，可插入一页表格展示 5 年内的财务状况，包含市场规模及本行业公司的平均价格收益比，这有助于增强财务分析的说服力——表明投资机遇绝佳。

3. 陈述与展示创业计划的注意事项

（1）要有新颖独特的创意。创意和构思是创业计划的关键。但要注意，创意不是凭空想象，要以客观的市场需求和价值合理性为依据说服投资者。

（2）要有市场前景。创业计划可行的前提是富有潜力的市场前景。一个新颖的构思和投资项目能否获得成功与丰厚回报，关键在于是否拥有良好的市场前景，这是投资者衡量创业计划优劣最重要的标准。

（3）重视自我介绍与团队介绍。创业团队把完整的项目资料送给投资方后，是不是就不用亲自来展示自己的项目了呢？常有人问“为什么客户一定要见见我们?”这是个好问题，因为你只有理解了投资者要见你的原因，你才能知道如何去有针对性地做准备。所以，创业者仍需要对自己和团队的背景加以介绍，即使你的专业、履历和背景与这个项目无太大关联，你的思想、个性、价值观等也会在过去的经历中体现出来。陈述者不用费心去拿捏姿态，也不用去想是保持高傲还是谦卑更有利，真实最好。这不涉及攀比资历，有光鲜的资历更好，没有也无妨。

自我介绍环节是值得去精心准备的。选择一个好的角度，完全可以把平凡的人生经历说得有趣而吸引人，还可以把自己的思考和体验融入进去，提升沟通的质量。

团队介绍是展示中最重要的内容之一。风险投资人愿意对这些创始人有尽可能多的了解，因为他们投资的是创意，而这些创意还没有转化成真正的业务。投资者更看重一个优势互补、高素质的创业团队，但这并不意味着创业团队的全体成员都要发言，创业领袖（核心成员）或公司CEO的陈述应占80%以上的时间，其他高层人员（一般不超过两位）可以在余下的时间补充一两张幻灯片的内容或回答提问，但应该与他们各自的专业相关，其余的成员可以在展示后进一步交流讨论时发言。

（4）努力营造交流互动的氛围。陈述时切忌照本宣科、自顾自地说话。陈述人应当事先声明，允许并鼓励在场人员双向参与，进行交流和互动，可以随时提问。如果在最初的5分钟内无人提问，陈述人一方人员应主动提问，有意打断展示过程。这样做的意图是活跃现场气氛，调动投资者参与的积极性。

（5）正确应对投资者提问与点评。投资者可能会对创业者的项目提问，再聪明的创业者也不可能回答所有的问题，尤其是对于一个在未来才可能成功的项目。所以，创业者不必为回答不出某些问题而感到羞涩，也不要胡乱编造答案，让人不知所云。总体上讲，在演示项目时要注意应答的多样性：有些问题是有答案的，如果知道就简短有力地回答；有些问题根本就没有答案，那么直接说明你不知道；有些问题的确很难，你也不可能瞬间给出回答，应表示需要再想想；有些问题的提问者自己也不认为会有好答案，只是问问而已，那么你可以向他请教，问问他是怎么想的。

投资者也可能会对创业者的项目做点评，给予或高或低的评价，表明是否投资。他们会指出创业项目的不足和缺陷，可能还带着质疑和挑剔的语气，也许令人不爽。但他们并不是创业者的真正裁判，真正的裁判是市场。

客观上讲，相对于投资者，创业的年轻人无论是社会地位、经验还是资源和人脉都处于下风。那么，创业者在与投资者的博弈中怎么做到平等对话呢？不妨把这种陈述与展示当成一次“相亲”或者一次“约会”来考虑。

创业者一定要心态平和、放眼未来，切忌急功近利、急于求成。如果你将展示视为一次“约会”，在现场就不会显得太紧张；如果你的项目还不能令人眼前一亮，那么以平和的心态来看待展示和对话。对于投资者的质疑、苛求和挑剔，切忌立即反驳甚至强有力地反击，这会显得创业者缺乏气度和修养。创业者应反思项目的不足与缺陷。值得注意的是，有时投资者故意言辞尖锐严厉，以试探创业者的“抗压能力”，此时切忌乱了阵脚。

（6）在展现优势的同时注意保护商业机密。为了引起投资者的兴趣，展示创业计划要尽量展现自身的优势和亮点，如新颖的创意、先进的技术、独特的商业模式、高素质的创业团队等。但是，创业者对于计划中的核心技术和商业机密应当给予合理、恰当的保护。在实际操作中，需要在创业计划书中加一条保密条款来保护自己的利益；第一次展示不要披露太多的核心技术信息；如有必要，可在展示前先签一份保密协议，但除非不得已，不要强求对方签订这种协议，以免在尚未展示前就产生不必要的矛盾。展示者不一定是经理，但实际执行展示的人员应具备很强的沟通表达能力，以取得较好的效果。

下面是全国大学生创业计划竞赛陈述、展示与答辩的评审标准，可供参考。

案例7-6　“挑战杯”创业计划竞赛决赛陈述与答辩评审标准

一、正式陈述

1. 产品/服务介绍：全面客观地介绍和评价产品/服务的特点、性质和市场前景。

2. 市场分析：对市场进行了细致的调查，并对调查结果加以严密和科学的分析。

3. 公司战略和营销战略：公司拥有短期和长期发展战略及对应不同时期的营销战略。

4. 团队能力和经营管理：对本公司的团队能力有清醒的认识，掌握并熟知本团队经营管理的特点，明确公司经营和组织结构情况。

5. 企业经济/财务状况：企业不同经营时期的经济/财务状况均清晰明了，经济/财务报表具有严密性。

6. 融资方案和回报：有完善且符合实际的企业融资方案，并进行了企业资本回报率的测算。

7. 关键的风险及问题的分析：对企业在经营中可能遇到的关键风险及问题进行过先期考虑和分析，并附有实质性的对策。

二、回答提问

1. 正确理解评委提问：对评委问题的要点有准确的理解，回答具有针对性而不是泛泛而谈。

2. 及时流畅作出回答：能在评委提问结束后迅速作出回答，回答内容连贯、条理清楚。

3. 回答问题准确可信：回答内容建立在准确的事实和可信的逻辑推理之上。

4. 特定方面的充分阐述：对评委特别指出的方面能做出充分的说明和解释。

三、整体表现

1. 整体答辩的逻辑性及清晰程度：陈述和回答提问的内容具有整体一致性，语言清晰明了。

2. 团队成员协作配合：团队成员在陈述时有较好的配合，能协调合作，彼此互补，对相关领域的问题能阐述清楚。

3. 在规定的时间内有效回答：在规定的时间内回答评委提问，无拖延时间的行为。

资料来源：胡海波．创业计划［M］．厦门：厦门大学出版社，2011.

4. 激情在创业计划展示中发挥重要作用

陈述与展示商业计划是短暂的，却是决定性的。风险投资人在投资时，除了考虑项目本身的优劣外，更重要的是考察创业者/团队的能力和个人魅力。而陈述与展示商业计划是创业者展示自己能力的难得机会，真正打动人的是热情洋溢的创业激情和诚恳自信、富有说服力的语言表达，激情在创业计划展示中发挥着重要作用。很难想象，风险投资人会把资金投给一个底气不足、说话结结巴巴、思维紊乱、连自己的创意都讲不清楚的创业者。

Chen et al.（2009）考察了创业者在商业计划展示过程中如何表达创业激情和如何影响风险投资人决策的问题，结果发现：准备充分的创业者往往更容易赢得风险投资人的青睐，过度表达激情则不利于争取到投资。①

案例7-7 天使投资人谈如何选择投资项目

唐滔——天使投资唐网佳创投创始人及执行合伙人，出身天使投资世家，拥有17年海内外天使投资的丰富经验，被《创业家》杂志评为十大“新锐天使”之一。1994年创办公司，2000年公司成功登陆纳斯达克，2008年被《全球博彩杂志》评为最受关注的25位业界精英之一。2012年5月4日，唐滔来到南京，做客南京车库咖啡——“华东创业市集”，和创业者分享了他的创业和投资经验，并接受了南报网记者的专访。

记者：听说您曾是一位成功的创业者，为什么要选择做投资？

唐滔：我1994年开始创业，经历了创业初期非常艰难的时期。创业者所忍受的辛酸、煎熬和孤独是旁人不能理解的。美国有20万～30万天使投资人，而中国真正做天使投资的可能还不到100人。所以我选择在创业的同时做天使投资，希望帮助更多的创业者走出初创期。

创业者是自己的最大和最前期的天使投资人

记者：为了规避风险，很多投资人选择投资成熟的公司，做些锦上添花的工作，您为什么选择投资初创公司？

唐滔：投资早期公司就好比早年结婚，需要乐观和信任。其实创业者是自己的最大和最前期的天使投资人，其次投入的就是创业团队和朋友伙伴，投入的都是自己的积蓄、心血和宝贵光阴。如果连自己都不投入精力，是没有其他人会青睐你的。

记者：作为天使投资人，能让你们决定投钱的最重要因素是什么，是一份完美的商业计划书，还是别的？

唐滔：我所认识的投资人是基本不看商业计划书的。如果让我排序，我的想法是创新、人、风险。说到底，天使投资喜欢的是有创意的创新产品，可以创造十倍、百倍，甚至上千倍的奇迹，是名副其实的四两拨千斤。好的企业，每一两年就要进行创意摧毁，让有新创意的产品摧毁旧创意，例如苹果公司。另外，天使投资还看重创业者本身，如果创业者有技术，但不会营销，我就会看他是否有可以互为补充的营销团队。

需要准备4个不同版本的“电梯推介”

记者：对于创业者来说，如何寻找投资人？

唐滔：我常听创业者说，万事俱备，只欠东风。如果以坐等东风的态度等待融资，那

---

① Chen X. P., et al. Passion and preparedness in entrepreneurs' business plan presentation: A persuasion analysis of venture capitalists' funding decisions [J]. *Academy of Management Journal*, 2009, 52 (1): 199-214.

么恐怕东风很久都不会吹过来。创业者要学会自己呼风唤雨。天下没有免费的午餐，只有共赢的项目。就好比你在第一次和女朋友约会前，最好知道她喜欢什么，不喜欢什么，以便尽早达到相互欣赏的目的。创业者要想获得投资，还必须融入投资人的圈子。我曾经问过一个美国投资人，为什么敢投资给某个企业，他的回答是："我和他们去同一个教堂，我们的孩子上同一所学校，还经常去相同的俱乐部，他们不会坑我的。"不要找那些没创业过，站在博弈视角的陌生投资人。

记者：如果找到投资人，如何游说他投资？

唐滔：创业者需要做到"电梯推介"，即创业者要在乘电梯的时间里完成向天使投资人推销自身价值和生意理念的过程。成功的电梯推介要有趣、吸引人。在不同情况下用50～300个字有激情地说出来。此外，初创者至少要准备4种版本的电梯推介：15秒、1分钟、5分钟和15分钟，然后反复练习，以便抓住不同的机会进行推介。

资料来源：根据戴维．天使投资是什么？[N]．江苏商报，2012-05-09整理．

本章小结

创业计划是阐述创业者的创业创意、愿景，以及创意与愿景如何转化成为一家营利性企业的一种书面文件。创业计划是创业的行动导向和路线图，既为创业者的行动提供指导和规划，也为创业者与外界沟通提供基本依据。

创业计划包括封面、目录、执行摘要、正文和附录等组成部分，具体内容包括产品（服务）创意、创意价值合理性、顾客与市场、创意开发方案、竞争者分析、资金和资源需求、融资方式和规划以及如何收获回报等内容。创业计划要根据执行情况进行调整。

准备创业计划的过程实质上是信息的收集过程，是分析并预测环境进而化解未来不确定性的过程。市场调查是掌握市场原始信息的最基本方法，市场调查的目的是为创业计划提供客观可靠的资料和数据。市场调查的内容主要包括：市场环境调查、市场需求调查、竞争对手调查、销售渠道和销售策略调查；市场调查的步骤主要有调查准备、调查设计、正式实施调查、撰写报告四个阶段；市场调查的方法主要有观察法、询问法、抽样法、实验法等。

创业构想与筛选创业机会都是准创业者开办新企业前必须做好的功课，在此基础上，才需要精心准备如何将创意转化为营利性企业的一份商业计划书。

撰写创业计划是创业者/团队反复思考、推理并讨论的过程。

创业计划书的撰写需要发挥群体智慧研讨创业构想，分析创业可能遇到的问题和困难，再把创业构想变成文字方案。凝练创业计划的执行摘要是其重点。

展示创业计划应注意突出三个要素：新颖独特的创意、有潜力的市场前景、优势互补高素质的创业团队。激情在创业计划展示中发挥着重要作用。

关键术语

创业计划　执行摘要　市场调查　创业构想　撰写创业计划　展示创业计划

思考题

1. 试述创业计划的基本结构、基本内容及其重要性。

2. 执行摘要在创业计划中有何作用？为什么需要凝练计划的执行摘要？

3. 为什么说准备创业计划书的过程实质上是信息收集过程？试述信息收集的方法与内容。

4. 简述准备创业计划过程中市场调查的程序、内容和方法。

5. 试述创业构想和创业计划的关系，研讨创业构想的主要内容有哪些？

6. 谈谈展示创业计划的基本方法和技巧。

进一步的阅读材料

1. ［美］布鲁斯·R. 巴林杰. 创业计划：从创意到执行方案［M］. 北京：机械工业出版社，2009.

2. 张振刚. "挑战杯"中国大学生创业计划竞赛指南［M］. 广州：华南理工大学出版社，2012.

第 8 章

新企业的成立与成长

本章要点

- 企业组织形式选择与策略
- 企业注册流程与注册相关文件的编写
- 注册企业必须考虑的法律与伦理问题
- 企业选址策略与技巧
- 新企业的生存与成长，新企业的社会认同
- 新企业成长管理的技巧和策略

引例

大学生创业 9 年带出产业化龙头企业

燕君芳出生在陕西省周至县的一个农村家庭，从小学四年级时，她就靠卖刺绣供自己读书，也是村里第一个女大学生。上大学时老师带燕君芳做的一次社会实践，让她产生了创业的冲动。燕君芳说："我学畜牧专业，我跟我们老师做了些饲料配方，在我们原来服务过的养猪场、养鸡场试了一下，结果农户反映效果非常好。"2000 年燕君芳从西北农林科技大学毕业，毅然放弃了让人羡慕的留校机会，选择回乡创业。

燕君芳在家里排行老大，她还有一个妹妹和两个弟弟，家里并不宽裕的生活让她在大学毕业时首先考虑的是自己的弟妹。"我在农村长大，知道农村的艰苦和落后。当我在农村看到农民养猪养鸡的时候，就想作为一个学畜牧兽医的，我为什么不能这样去做。毕业后，我想用自己学到的东西改变我的家庭，改变我所在的农村，而且要让我的弟弟妹妹都能上学，这就是我的初衷。"

创业之初无人问津

2000 年燕君芳大学毕业时找到当时已退休在家的崔中林教授，请他做技术顾问，筹资 3 万多元在杨凌办起了一个饲料厂。当时仅陕西省就有 500 多家饲料企

业在抢争市场，其中叫得响的品牌就有十几家，燕君芳的饲料在市场上根本无人问津。

燕君芳说："大家不可能一下子就接受你，因为你是一个新品牌，大家都不认识，再加上我们没有好的设备，又没有大量的资金，咋办呢?""我们就在包装上下功夫，因为一般饲料的包装都像编织袋，但是我们当时就用一层内膜把饲料包好，然后在外面套了一个大红色的防雨布包。"张扬的红色引起了消费者的注意，更让消费者感兴趣的是这种包装还可以作为手提袋使用。

村民姜社教："一用效果还挺好的，袋子用完还能买个菜、装个啥。"

包装只是吸引人的手段，最终村民接受的还是饲料的品质。在随后的两年里，燕君芳通过各种方法使她的饲料逐渐被陕西省及周边省市的养殖户接受，她也因此积累了近200万元的财富。

多次遭遇市场挫折

2001年10月，燕君芳却意外地赔了钱。

村民们说："猪价掉了，农户赔得可厉害了。""那年价格是10元3斤。""人家来收饲料钱没办法给，就拿猪抵饲料款。"

当时燕君芳和农户之间采取的是赊销方式，等猪养大了卖掉后再付饲料钱。猪卖不出价，不少农户就直接把猪拉过来抵作饲料款。

2002年初，燕君芳被迫走上了卖猪的路，但是一路走低的猪价让燕君芳最终赔了钱。这时的燕君芳却产生了一个新想法。

"要做，咱就做最好的"

燕君芳说："我要养猪，要做，咱就做最好的，做品种最好的、规模最大的。我们给农民提供好品种的猪，他们负责繁殖饲养，我们制定标准，并且最后将猪收回来。"

之所以会有这个想法，是因为燕君芳在市场上卖猪时发现一个现象，同样遇到猪价低迷，村民们养的猪卖不出去，而一些规模化养殖场的猪因为品种好，卫生、防疫等各方面条件达标，照样卖得好。

其实，燕君芳考虑养猪的另外一个目的是更好地销售饲料，她的打算是引进品种好的种猪，自己繁育了以后提供给村民，同时也提供饲料，猪养好了再由燕君芳回收，这样于人于己都有好处。2002年燕君芳建了一个年出栏1万头规模的猪场，这几乎花光了她卖饲料两年赚的所有的钱。

听一节课发给村民10元钱

2002年5月，经杨凌农业高新技术示范区党工委书记张光强牵线搭桥，深圳一家公司提供了价值100万元的635头种猪入股，燕君芳的种猪厂一步到位。燕君芳说："一般的土杂猪头很大，肚子都掉到地上了，我们引入的猪头小、屁股大，身子非常紧，因为它的瘦肉率很高，所以大家都开玩笑叫它'美女'。"

可她怎么也没想到，有了好品种的猪，发动大家来养倒成了难事。村民们都被2001年养猪赔钱的事伤透了心。为了把村民吸引过来听课，最终发展成自己的养殖户，燕君芳想出了听一节课发给村民 10 元钱的办法。

2003 年上半年，燕君芳跑遍杨凌及周边地区的每个村子，一共发了 5 万多元，给 700 多个村民讲过课。最后，发展了 200 多个养殖户，其中，年出栏 2 000 头以上的大户就有 100 多个。

第一天只卖出 4 斤肉

2004 年 8 月，村民们养的商品猪陆续出栏，燕君芳按约定将猪回收。

燕君芳说："必须以专卖店的形式来开店，专门卖我们的冷鲜分割肉，我们的每一斤产品比市场上同类产品的价格平均高两元钱左右。"

燕君芳的第一个店选择了消费水平较高的西安，把西安市区按照东西南北中分成五大块，最后她选中了大企业聚集的高新区南郊。2004 年 9 月，在燕君芳的期待中，她的第一个专卖店开业了。但是最终没有等到她所期待的结果。

店员孟晓雅说："第一天只有三四个人买肉，一共卖了 4 斤肉。我们这个店一天必须卖 100 多斤肉才能保本。"

出现这样的情况是燕君芳没有料到的，住在南郊的居民多数是高收入人群，他们的消费能力应该没问题，那么为什么猪肉卖不动呢？正当燕君芳理不出头绪时，店员无意中说的一句话引起了她的注意。

店员唐小玲说："买生肉回去比较麻烦，白领都不太爱做饭。"

燕君芳说："消费者不开伙，就不会买肉，这下可把我急坏了，因为开专卖店的成本很高。"猪肉卖不出去，专卖店开着就是赔钱，更糟糕的是，如果再这样下去，从农户那里收来的商品猪最后都砸在自己手里，用不了一年，老本就会全赔光。怎样才能让不做饭的消费者来买自己的猪肉呢？燕君芳绞尽脑汁，最后从"不做饭"这个习惯上找到了解决办法。

方便消费者也带旺了专卖店人气

燕君芳说："消费者不是图方便吗，我们就把有些生肉卤制成熟的，他买回去蘸点料就可以吃，另外，我们也可以卖一些蔬菜、水果。"

增加熟食、水果和蔬菜，给忙碌的城市上班族提供了方便，同时也带旺了专卖店的人气，最终带动了鲜肉的销售。

不断创新产业化发展模式

"创业之初，人们对我们缺少理解和信任，我们就重点扶持了几家示范户，后来示范户再带小农户。2003 年以后成立了协会，协会和农户合作，就形成了'公司＋协会＋农户'的模式。到 2005 年，我们又成立了新型农业创业园，建了很多园区。到了 2008 年又变成了'公司＋养猪大县＋新型农业创业园'的模式。现在，基本成熟的模式是'公司＋养猪大县＋创业实训基地＋创业青年和农民'。"

经过十年的艰苦奋斗，燕君芳创建了"安全猪肉产业化发展模式"，即"饲料生产——种猪繁育——商品猪养殖——猪肉深加工——肉制品连锁专卖——有机肥生产"，形成了"从源头到终端"完整的安全猪肉产业链，培养了 5 万多农户养猪，带领 7 000 多创业者科学养猪致富。2009 年，燕君芳创办的本香公司仅用 9 年时间就成为国家级农业产业重点龙头企业集团。

如今，燕君芳是杨凌本香农业产业集团董事长，全国畜牧协会副主席，陕西省工商业联合会副会长，陕西省创业促进会副会长，全国劳模，2013 年 3 月被选为全国人大代表。

分析：燕君芳大学毕业选择了自主创业，短短几年，就形成独具特色的安全猪肉产业化发展模式，成为国家级农业产业重点龙头企业。

燕君芳的成功带给人们的启示是：

（1）大学生要转变择业观念，做自己喜欢且适合自己的事。

（2）要懂得分享，致力于共同致富。

（3）与时俱进，不断创新商业模式。

资料来源：王欣．人大代表燕君芳：国家最弱的行业创业机会最大［EB/OL］．环球网．http：//finance. huanqiu. com/china/2013-03/3729797. html.

第 1 节　新企业的成立

一、企业组织形式的选择

创业者选择的新创企业组织形式，是新企业生存与发展的重要法律基础。根据《中华人民共和国个人独资企业法》《中华人民共和国公司法》和《中华人民共和国合伙企业法》，一家新创企业可以选择的组织形式主要有：个人独资企业、合伙企业、有限责任公司（包括一人有限责任公司）和股份有限公司。

（一）个人独资企业

《中华人民共和国个人独资企业法》规定，个人独资企业是指在中国境内设立，由一个自然人投资，财产为投资人个人所有，投资人以其个人财产对企业债务承担无限责任的经营实体。

1. 个人独资企业的优势

（1）企业的设立、转让和解散等手续简便，仅需向登记机关登记即可。

（2）企业主独自经营，制约因素少，灵活性强，能迅速应对市场变化。

（3）利润归企业主所有，无须与他人分享。

（4）在技术和经营方面容易保密。

2. 个人独资企业的劣势

（1）个人独资企业的投资人以其个人财产对企业债务承担无限责任，因而带有相当大的风险，举债要十分谨慎。

（2）个人独资企业不具备企业法人资质，不易从外部获得信用资金，如果企业主资本有限，企业的规模难以扩大。

（3）当所有者生病、失去工作能力或决定退休时，若没有家庭成员、亲朋好友愿意并且有能力接手经营企业，这个企业就将终结。

如果创业者希望新企业不断成长壮大并获取巨大成功，独资企业通常不是合适的选择。

（二）合伙企业

《中华人民共和国合伙企业法》规定，合伙企业是指自然人、法人或其他组织在中国境内设立的普通合伙企业和有限合伙企业。普通合伙企业由普通合伙人组成，对合伙企业债务承担无限连带责任；有限合伙企业由普通合伙人和有限合伙人组成，有限合伙人以其认缴的出资额为限对合伙企业债务承担责任。

1. 合伙企业的特征

（1）合伙企业的设立主体包括自然人、法人或其他组织。

（2）合伙人必须依法以书面形式订立合伙协议。合伙协议是合伙人建立合伙关系，确定合伙人各自权利和义务，使合伙企业得以设立的前提。

（3）合伙人对合伙企业的债务承担无限连带责任。“无限”是指所有的合伙人不以自己投入合伙企业的资金和合伙企业所有的全部资金为限，而以合伙人自己所有的财产对债权人承担清偿责任。“连带”是指所有的合伙人对合伙企业的债务都有责任向债权人偿还，而不论自己在合伙企业中所承担的比例。一个合伙人不能清偿对外债务时，其他合伙人都有清偿责任，但当某一合伙人偿还合伙企业的债务超过自己所应当承担的数额时，有权向其他合伙人追偿。

2. 合伙企业的优势

（1）建立合伙企业比较容易且费用低。由于出资的增加，扩大了资本来源，增强了企业信用能力。

（2）合伙企业具有高度的灵活性。由于合伙人具有不同的专长和经验，能够发挥团队优势；如果合伙人拥有互补性的知识和技能，则将大大提高企业经营的成功率；合伙人能以他们选择的任何方式决定利润和责任的划分。

（3）随着资本实力和管理能力的提高，企业的经营规模可能扩大。

3. 合伙企业的劣势

（1）在合伙企业存续期间，如果某一合伙人有意向合伙人以外的人转让其在合伙企业中的全部或部分财产份额，必须征得其他合伙人的一致同意。

（2）当合伙企业以其财产清偿合伙企业债务时，不足部分由各合伙人用个人财产承担无限连带责任。

（3）合伙企业的融资能力仍然有限。

（三）有限责任公司

《公司法》规定，有限责任公司是指由 50 人以下的股东共同出资，每个股东以其所认缴的出资额为限对公司承担责任，公司以其全部资产对其债务承担责任的企业法人。有限责任公司是一种比较普遍的企业法律形式。

1. 有限责任公司的特征

（1）有限责任公司是企业法人。个体工商户不是企业；个人独资企业和合伙企业虽然是企业，但不具备法人资格；而有限责任公司具备企业法人资格，有独立的法人财产，享有法人财产权。

（2）股东责任的有限性。有限责任公司的股东对公司所负责任，仅以认缴的出资额为限，对公司的债务不负直接责任。有限责任公司以其全部财产对公司债务承担责任。

（3）股东人数的限制性。有限责任公司的股东人数为50人以下。

2. 一人有限责任公司

一人有限责任公司是指只有一个自然人股东或者一个法人股东的有限责任公司。一人有限责任公司应当在公司登记中注明自然人独资或者法人独资，并在公司营业执照中载明。一人有限责任公司的公司章程由股东制定，一人有限责任公司不设股东会。一人有限责任公司的股东不能证明公司财产独立于股东自己的财产的，应当对公司债务承担连带责任。

3. 有限责任公司的优势

（1）有限责任公司的风险较小。股东只以其出资额对公司承担有限责任，与个人其他财产无关，如果公司破产，股东无须以个人财产作为债权的补偿。

（2）企业具有永续性。有限责任公司具有独立的续存时间，除非破产或注销，不会因个别股东的意外而消失。

（3）经营管理规范。与个人独资企业和合伙企业相比，公司的所有权与经营权分离，可以聘任经理人员管理公司，更好地适应市场竞争。

（4）企业信用较高。有限责任公司拥有独立的一定数额的注册资本，其信誉和地位比个人独资企业、合伙企业要高。

4. 有限责任公司的劣势

（1）有限责任公司的设立程序比较复杂，登记时要提供比较详细的资料，要有公司章程。

（2）创办费用较高。

（3）为了规范公司治理结构，政府对公司的限制较多，法律法规的要求也较为严格。如有限责任公司必须按照《公司法》的有关规定设立组织机构，依照法律、行政法规和公司章程的规定行使职权。

由于具有合伙企业的优点，受到《公司法》的保护，近年来有限责任公司为创业者所青睐，是一种非常有前途的企业所有权形式。

（四）股份有限公司

股份有限公司是指由一定人数以上股东组成，公司全部资本分为等额股份，股东以其所持股份为限对公司承担责任，公司以其全部资产对公司债务承担责任的企业法人。

股份有限公司的设立方式分为发起设立和募集设立两种。发起设立是指由公司发起人认购公司应发行的全部股份而设立公司；募集设立是指由发起人认购公司应发行股份的一部分，其余股份向社会公开募集或者向特定对象募集而设立公司。股份有限公司设立程序复杂，通常对资本要求高，一般不适合创业者选择。

1. 股份有限公司的优势

（1）可迅速聚集大量资本。股份有限公司是筹集大规模资本的有效的组织形式，可广泛聚集社会闲散资金形成资本，为广大公众提供了简便、灵活的投资渠道，也为企业提供了筹资渠道，有利于公司的成长，使某些需要巨额资本的产业得以建立。

（2）有利于分散投资者的风险。股份有限公司的股东以其所持股份为限对公司承担责任，与个人的其他财产无关，投资者可以投资多个公司，因而有利于分散风险。

（3）有利于接受社会监督。股份有限公司有利于资本产权的社会化和公众化，为了确保股东权益，需要把大企业的经营置于社会的监督之下，定期披露公司信息，因而有利于接受社会监督。

2. 股份有限公司的劣势

（1）公司开设和歇业的法定程序严格、复杂。

（2）公司抗风险能力较差，大多数股东缺乏责任感。

（3）公司的所有权与控制权的分离程度更高，经理人员往往不是股东，因此产生了出资者与经理人员之间的复杂的委托—代理关系，且大股东持有较多股权，不利于维护小股东的利益。

（4）公司财务与经营情况必须向公众披露，公司的商业秘密容易暴露。

3. 股份有限公司与有限责任公司的区别

根据 2013 年 12 月 28 日第十二届全国人民代表大会常务委员会第六次会议审议并通过的《中华人民共和国公司法修正案（草案）》（自 2014 年 3 月 1 日起施行），股份有限公司与有限责任公司的主要有以下区别（见表 8－1）。

表 8－1　股份有限公司与有限责任公司的比较

比较项目	有限责任公司	股份有限公司
设立方式	只能发起设立。	可发起设立，也可募集设立。
股东人数	50 人以下的股东出资设立，允许设立一人有限责任公司。	发起人为 2～200 人，其中须有半数以上的发起人在中国境内有住所。
章程制定	由全体股东制定，并由全体股东签名、盖章。	由发起人制定，采用募集方式设立的，经创立大会通过。
注册资本	注册资本为在公司登记机关登记的全体股东认缴的出资额。法律、行政法规以及国务院决定对有限责任公司注册资本实缴、注册资本最低限额另有规定的，从其规定。	采取发起设立方式设立的，注册资本为在公司登记机关登记的全体发起人认购的股本总额。在发起人认购的股份缴足前，不得向他人募集股份。采取募集设立方式设立的，注册资本为在公司登记机关登记的实收股本总额。法律、行政法规以及国务院决定对股份有限公司注册资本实缴、注册资本最低限额另有规定的，从其规定。
股权形式	股东的股权证明是出资证明书，出资证明书不是有价证券，不能流通转让。	股东的股权证明是股票，股票是一种有价证券，可以自由流通转让。

续前表

比较项目	有限责任公司	股份有限公司
股权转让	股权可以在股东之间自由转让，若转让给股东以外的第三人，需要取得其他股东半数以上同意。	股东持有的股份可以依法转让。股份的转让既可以通过协议转让，又可以在公开证券市场转让，且转让不受限制。
公司治理结构	可以不设立董事会和监事会，由执行董事或监事代替即可。	股份有限公司必须设立董事会，股东大会、董事会、监事会为必设机构。
所有权和经营权分离程度	所有权和经营权的分离程度较低。股东会的权限较大，股东往往出任经营职务，直接参与公司经营管理。	所有权和经营权的分离程度较高。由于股东人多且分散，召开股东会比较困难，股东会的权限有所限制，董事会的权限较大。
财务状况公开程度	财务会计报表可以不经过注册会计师的审计，也可以不公告，只要按照规定期限送交各股东。	会计报表必须经过注册会计师的审计并出具报告，还要存档以便股东查阅，其中以募集设立方式成立的股份有限公司，必须依法披露其财务和经营状况。

（五）企业组织形式的选择策略

许多创业者认为，新创企业的组织形式的最佳选择就是有限责任公司。然而，合伙企业、个人独资企业、一人有限责任公司、股份有限公司等，也常常存在于创业活动实践中。企业组织形式的选择有赖于创业者的目标和达成目标的实际资源状况。究竟哪种组织形式最适合你的新创企业呢？巴隆和谢恩（2005）提出需要考虑下列因素。①

（1）创业者（投资者）有多少人？

（2）承担有限责任对你很重要吗？例如，如果你有许多个人财产，这对你可能比较重要；而如果你没有什么个人财产，承担有限责任对你可能就不太重要。

（3）所有权的可转让性重要还是不重要？

（4）你预料过你的新企业可能支付股利吗？如果想过，这些股利承受双重征税对你有多重要？

（5）如果你决定离开企业，你会担心自己不在的时候企业能否持续经营下去吗？

（6）保持企业较低的创办成本对你有多重要？

（7）在将来，筹集企业所需追加资金的能力有多重要？

创业者在回答上述问题的时候，不考虑那些确实不能满足你的目标和要求的组织形式，然后依据其他企业组织形式与目标接近的程度进行选择。

案例 8－1　　苹果电脑公司的设立

苹果电脑公司所创造的“硅谷奇迹”是创业成功的典范。苹果电脑公司的设立先后经历了以下过程：

① 罗伯特·A. 巴隆，斯科特·谢恩. 创业管理——基于过程的观点［M］. 北京：机械工业出版社，2005.

一人技术

沃兹尼亚克（绰号沃兹）在 1976 年设计出了一款新型的个人电脑，样品苹果Ⅰ号展出后大受欢迎，销售情况出乎意料。

二人起步

受此鼓舞，沃兹决定与中学时期的同学乔布斯一起创业，先进行小批量生产。他们卖掉旧汽车甚至个人计算机一共凑集了 1 400 美元，但这点资本根本无法满足对创业资金的迫切需求。乔布斯知道，苹果电脑要成为一个成功的公司，必须有资本、专业管理、公共关系和分销渠道。

三人合伙

从英特尔公司销售经理职位上提前退休的百万富翁马库拉经他人介绍找到了这两个年轻人，沃兹的成就激起了他的热情，马库拉有丰富的工程学知识，这使他一眼看出，沃兹为 AppleⅡ设计的一些功能非常独到。他以多年驾驭市场的丰富经验和企业家特有的战略眼光敏锐地意识到，未来个人电脑市场有巨大潜力，决定与两位年轻人进行合作，创办苹果电脑公司。根据美国 10 个零售店的 AppleⅠ电路板的销售情况，马库拉大胆地将销售目标设定为 10 年内达到 5 亿美元。

意识到苹果将会快速成长，马库拉自己入股 9.1 万美元，后来又游说其他人投入 60 多万美元风险资金，并以其信用帮助苹果从银行贷款 25 万美元。这样，沃兹、马库拉和乔布斯各自获得公司 30%的所有权。

三个人于 1977 年 1 月 7 日签订了股份协定，正式成立苹果电脑有限公司。

四人公司

三个人带着苹果的创业计划，走访了马库拉认识的创业投资人，又筹集了 60 万美元的风险资金。为了加强公司的经营管理，一个月后马库拉推荐全美半导体制造商协会主任斯科特担任公司的总经理。马库拉和乔布斯说服沃兹离开惠普，全身心投入苹果公司。1977 年 6 月，四个人组成了公司的领导班子，马库拉任董事长，乔布斯任副董事长，斯科特任总经理，沃兹任负责研究与发展的副经理（管理团队）。技术、资金、管理的结合产生了神奇的效果。斯科特帮助苹果建立了早期的公司组织架构。

综上所述，沃兹设计制造了苹果电脑，马库拉有商业上的敏感性，斯科特有丰富的生产管理经验，但最终是乔布斯以传教士般的执著精神推动了所有这一切。苹果电脑的创业成功是创业团队有效合作的结果。

资料来源：根据吴昊．乔布斯传奇［M］．北京：中国经济出版社，2011 改编．

二、企业注册流程

企业注册是创业者依据国家法律法规的相关规定获得合法经营手续的行为。

（一）新企业名称设计

新创企业正式成立之前，必须进行企业名称设计，这是新创企业注册的第一步。企业名称是该类产品/服务企业的专有名称，是一个企业区别于其他企业或组织的特定标志，俗称“公司牌子”。显然，公司牌子是企业的无形资产，是可以世代相传的宝贵财富。拥有一个响亮的企业名称，是让消费者“久闻大名”的前提，也有利于提升公司的知名度与竞争力。如家乐福、全聚德、联想、美的、碧桂园等都让人留下深刻而美好的印象。

1. 企业名称的构成

根据国家工商行政管理总局发布的《企业名称登记管理规定》和《企业名称登记管理实施办法》，企业名称应当由行政区划、字号、行业、组织形式依次组成，如北京长空机械有限责任公司、南京苏宁电器股份有限公司。非公司制企业可以申请用“厂”“店”“部”“中心”作为企业名称的组织形式。

2. 企业命名的规定

（1）企业只准使用一个名称，在一个工商行政管理局辖区内，冠以同一行政区划名称的企业，不得与登记注册的同行业企业名称相同或近似。

（2）企业法人名称中不得含有其他法人的名称，企业名称中不得含有另一个企业名称，企业分支机构名称应当冠以其所从属企业的名称，如内蒙古蒙牛乳业科尔沁有限责任公司。

（3）企业名称应当使用符合国家规范的汉字，不得使用汉语拼音字母、阿拉伯数字。除国务院决定设立的企业外，企业名称不得冠以“中国”“中华”“全国”“国家”“国际”等字样。

（4）企业名称中的行政区划是本企业所在地县级以上行政区划的名称或地名。企业名称中行业用语表述的内容应当与企业经营范围一致。企业名称不应当明示或者暗示有超越其经营范围的业务。

（5）企业名称中的字号应当由两个以上的字组成。企业名称可以使用自然人、投资人的姓名作字号。

（6）企业名称不得含有下列内容和文字：有损于国家、社会公共利益的；可能对公众造成欺骗或者误解的；外国国家（地区）名称、国际组织名称；政党名称、党政军机关名称、群众组织名称、社会团体名称及部队番号；其他法律、行政法规规定禁止的。

3. 新企业名称设计的要点

（1）注重天时。注重开发企业名称的时代特征。

（2）注重地利。致力拓展企业名称的地域特征，使之意境优美。

（3）注重人和。努力挖掘企业名称的人文历史，展现厚重文化底蕴。

（4）强化企业命名的标志性和识别功能，凸显企业名称的个性，避免雷同。

（5）注意企业名称系统的统一性。企业的名称系统包括企业名称、产品名称、企业域名、企业商标和品牌名称等。

（二）新企业注册登记

不同类型企业注册登记的流程不尽相同，新创企业注册登记一般流程如下。

1. 设立申请咨询

在正式申请办理工商注册登记手续前，创业者应当到当地工商行政管理局咨询、了解申请工商注册登记的程序、要求，对于不清楚的问题要及时询问。

2. 新企业名称预先核准

设立公司应当申请名称预先核准。初步拟定自己创办的企业名称后，在登记注册前要由创建企业的代表或其委托的代理人到当地登记主管部门提出名称预先核准申请，确定自己拟定的公司名称与别人已经注册的企业名称没有相重，这个程序称为“名称查重”。按照《企业名称登记管理规定》和《企业名称登记管理实施办法》的相关规定，企业名称具有专用性和排他性，一旦核准登记，在规定的范围内享有专用权，受法律保护，其他单位或个人不得与之混用或假冒。为取得工商局企业名称不相重的证明，在拟定名称时，最好事先拟有 3～4 个名称备用。

3. 前置审批

特殊行业需要前置审批，如外贸、餐饮、音像、电信、烟草、美发、广告、旅行社、报关等需到相关部门进行审批，获得许可证。

改革前，我国企业登记前置审批事项共达 226 项。其中，法律、行政法规和国务院决定明确为企业登记前置的 128 项；法律、行政法规和国务院决定未明确审批与登记的前后顺序，但实际工作中实行前置审批的为 98 项。

近年来，国家加大对创业的扶持力度，国家工商行政管理总局已正式在全国范围内推进国务院确定的 31 项工商登记前置审批事项改为后置审批。这 31 个项目包括：自费出国留学中介服务机构资格认定、煤炭开采审批、废弃电器电子产品处理许可、兽药生产许可证核发、设立内资演出经纪机构审批、外商投资旅行社业务许可等，涉及教育、文化、卫生、旅游等多个行业和领域。①

创业者应当按经营业务性质分别向民航、经贸、科技、金融、建筑、旅游等行业归口部门或发改委提出申请。具体事项可以在登记前向工商行政管理局问询。比如，音像制品销售要到文化管理部门审批，食品制售要到卫生管理部门审批，烟草销售要到烟草专卖局审批，人才中介、劳务服务要到人力资源和社会保障局审批，咖啡馆、酒店要到卫生部门、公安部门、酒类专卖局审批，餐饮业要到环保局、卫生局、消防管理局审批，等等。

4. 工商注册登记，领取营业执照

工商注册登记是政府在对申请人进入市场的条件进行审查的基础上，通过注册登记确认申请者从事市场经营活动的资格，使其获得实际营业权的各项活动的总称。

2013 年 10 月 25 日国务院总理李克强主持召开国务院常务会议，部署推进公司注册资本登记制度改革。会议明确了改革的五大内容。基于此，2013 年 12 月 28 日第十二届全国人民代表大会常务委员会第六次会议通过修订的《公司法》，并于 2014 年 3 月 1 日起施行。

（1）放宽注册资本登记条件。除法律法规另有规定外，取消有限责任公司最低注册资本 3 万元、一人有限责任公司最低注册资本 10 万元、股份有限公司最低注册资本 500 万元的限制；不再限制公司设立时股东（发起人）的首次出资比例和缴足出资的期限。公司实收资本不再作为工商登记事项。

（2）将企业年检制度改为企业年度报告公示制度，任何单位和个人均可查询，使企业相关

---

① 高敬．31 项工商登记前置审批改后置 年底前将再改两批［EB/OL］．新华网．2014－08－20．

信息透明化。建立公平规范的抽查制度，克服检查的随意性，提高政府管理的公平性和效能。

（3）按照方便注册和规范有序的原则，放宽市场主体住所（经营场所）登记条件，由地方政府具体规定。

（4）大力推进企业诚信制度建设。注重运用信息公示和共享等手段，将企业登记备案、年度报告、资质资格等通过全国企业信用信息公示系统予以公示。推行电子营业执照和全程电子化登记管理，与纸质营业执照具有同等法律效力。完善信用约束机制，将有违规行为的市场主体列入经营异常的“黑名录”，向社会公布，使其“一处违规、处处受限”，提高企业失信成本。

（5）推进注册资本由实缴登记制改为认缴登记制，降低开办公司成本。在抓紧完善相关法律法规的基础上，实行由公司股东（发起人）自主约定认缴出资额、出资方式、出资期限等，并对缴纳出资情况真实性、合法性负责的制度。

改革工商登记制度后，除涉及国家安全、公民生命财产安全等外，一律实行“先照后证”，创业者只要到工商部门领取一个营业执照，就可以从事一般性的生产经营活动，如果要从事需要许可的生产经营活动，再向主管部门申请。在等待许可期间，创业者可以先行开展设备购买、招工、贷款等筹备工作，这就为企业先期发展争取了大量时间。

注册资本问题是许多创业者难以跨越的“门槛”。改革工商登记制度后，注册资本实缴登记制转变为认缴登记制，工商部门只登记公司认缴的注册资本总额，无须登记实收资本，不再收取验资证明文件。

为了进一步简化审批、放宽准入，推动大众创业、万众创新，打造发展新引擎，促进千百万新企业健康成长，2015 年 3 月 20 日，李克强总理在国家工商总局企业注册局注册指导处考察，着重了解商事制度改革最难啃的“硬骨头”是哪块。负责人直言，是将工商、税务、质检的“三证三号”合并为“一证一号”。总理随后对相关部门提出硬要求：“三证合一、单一号码”改革年内务必实现。[①]

“三证合一”登记制度是指以往企业登记时依次申请，分别由工商行政管理部门核发工商营业执照、组织机构代码管理部门核发组织机构代码证、税务部门核发税务登记证，现在统一改为一次申请、合并核发一个营业执照的登记制度。

2015 年 8 月 13 日，国家工商总局、中央编办、国家发改委、国家税务总局、国家质检总局和国务院法制办等六部门联合发出关于贯彻落实《国务院办公厅关于加快推进“三证合一”登记制度改革的意见》的通知，要求加快推进“三证合一”登记制度改革，确保 2015 年 10 月 1 日起营业执照、组织机构代码证和税务登记证“三证合一”，2015 年底前，全国全面推行“一照一码”登记模式如期实施。[②]

企业登记制度改革目前还在进一步深化。

2016 年 7 月 5 日，《国务院办公厅关于加快推进“五证合一、一照一码”登记制度改革的通知》[③]发布。通知指出，在全面实施工商营业执照、组织机构代码证、税务登记证

① 白羽．李克强考察工商总局［EB/OL］．新华网．2015－03－22.

② 邢郑．工商总局等六部门联合发文加快推进三证合一［EB/OL］．人民网．2015－08－17.

③ 国务院办公厅关于加快推进“五证合一、一照一码”登记制度改革的通知（国办发〔2016〕53 号）［EB/L］．中国政府网．http：//www.gov.cn/zhengce/content/2016－07/05/content_5088351.htm.

“三证合一”登记制度改革的基础上，再整合社会保险登记证和统计登记证，实现“五证合一、一照一码”，从 2016 年 10 月 1 日起正式实施。

目前，已有省份开始试行企业登记“多证合一”制度的改革。比如，江苏省在 2015 年“三证合一、一照一码”登记模式的基础上，整合社会保险登记证、统计登记证和企业公章刻制备案，实行“多证合一”，申请人不再另行办理社保登记、统计登记和公章备案等手续。自 2016 年 10 月 1 日起，江苏省将全面推行“多证合一、一照一码”登记模式。随着改革的不断深化，其他属于登记立户类型的证照都是可以合并的。①

5. 公章备案及刻制

公司成立后，提交营业执照、法定代表人身份证明等材料，经公安局特行科审批通过后到指定的印章刻制单位刻制公章。企业的印章、银行账户、牌匾、信笺所使用的名称应当与登记注册的名称相同。

企业对印章要严格管理。使用印章必须经本单位负责人批准。对非法使用印章的，应当根据情节给予行政处分直至依法惩处。如因机构变动停止使用，应当将印章缴回制发机关封存或销毁。

6. 开立银行账户

企业开立银行账户是与银行建立往来关系的基础。依据法律规定，每个独立核算的经济单位都必须在银行开户，各单位之间办理款项结算，除《现金管理暂行条例》有规定外，均需通过银行结算。银行账户包括基本账户、一般账户、专用账户、临时账户等。企业设立之初，需要先开设一个临时账户，临时账户是为了完成现金出资而开立的银行账户，该账户必须注明临时用途。企业获得营业执照后，该账户原则上转为基本账户，也可以申请注销，另开基本账户。

7. 社会保险登记

通常所说的社会保险是指企业员工的“五险”，即养老保险、医疗保险、失业保险、生育保险、工伤保险。《“十三五”规划纲要》提出，要将生育保险和基本医疗保险合并实施，这意味着，人们熟悉的“五险一金”将变为“四险一金”。

各类企业和企业化管理（职工工资及退休待遇按企业标准执行）的事业单位，均应按属地管理的原则，到纳税地（非纳税单位按单位地址区域）所管辖社会保险经办机构办理社会保险登记手续。新创企业应在领取营业执照起 1 个月内办理登记手续。参保单位必须为与其发生事实劳动关系的所有人员（聘用的退休人员除外）办理社会保险。

全部公司注册事宜办结后，企业即进入正常经营阶段。

三、企业注册相关文件的编写

企业注册相关文件主要指企业登记注册时办理工商、税务、开户业务时所需提供的一系列文件材料，每个流程要求提供的文件材料有所不同，部分文件需要编写，有些只需按规定表格填写或提供证明材料（原件或复印件）即可。

---

① 仇惠栋．下月起江苏企业登记“多证合一”[N]．扬子晚报，2016-09-29.

（一）授权委托书

它是由全体股东在股东成员中指定某个成员作为到公司登记机关申请设立登记的代表，或者全体股东共同委托股东以外的人来代理股东进行申请登记注册活动的证明文件。该文件的法律形式应是委托书，委托书应由全体股东盖章或者签字。股东是法人的，应加盖印章，股东是自然人的，应签署姓名。委托书应附有被委托人的身份证复印件。委托书的样本如下：

样本 8－1　　××公司注册登记代理人委托书

经委托人与受托人协商一致，委托人同意委托代理人向登记机关申请办理××公司以下登记（备案）事项：

委托人：　　　　　　　　　　　　受托人：
年　　月　　日　　　　　　　　　年　　月　　日

（二）合伙协议

根据《中华人民共和国合伙企业法》的有关规定，合伙协议应当具备以下条款：

（1）合伙企业的名称和主要经营场所的地点；
（2）合伙目的和合伙经营范围；
（3）合伙人的姓名或者名称、住所；
（4）合伙人的出资方式、数额和缴付期限；
（5）利润分配、亏损分担的方式；
（6）合伙事务的执行；
（7）入伙与退伙；
（8）争议解决的办法；
（9）合伙企业的解散与清算事项；
（10）违约责任的承担。

合伙协议书的样本如下：

样本 8－2　　个人合伙协议书①

合伙人（甲方）：　姓名：　性别：　身份证号：　住址：
合伙人（乙方）：　姓名：　性别：　身份证号：　住址：

经甲乙双方充分协商，就合伙从事________经营一事，自愿达成如下协议：

---

① 律师提供个人合伙协议书样本［EB/OL］．110 法律咨询网．http：//www. 110. com/falv/hehuojiameng/hehuoxieyi/2010/0803/205819. html.

第一条　合伙宗旨：共同合作、合法经营、利益共享、风险共担

第二条　合伙名称：________________

经营地址：________________

第三条　合伙经营项目和范围：________________

第四条　合伙期限暂定____年，自本合伙协议签订之日起计算。合伙期限届满，经各合伙人协商一致可以续展延长经营期限，也可以根据市场情况提前终止合伙经营。提前终止合伙或者延长合伙经营均须提前六个月取得各合伙人的一致同意，在期满前办理完毕有关手续。

第五条　出资金额、方式、期限

(1) 甲方以现金方式出资____元，乙方以现金方式出资____元，双方各占投资总额的50%。

(2) 合伙人的出资，于____年____月____日以前交齐。

(3) 本合伙出资各占投资总额的50%，作为确定盈余分配和债务承担的基础。

(4) 合伙期间各合伙人的出资为共有财产，不得随意请求分割。合伙终止后，各合伙人的出资仍为个人所有，届时予以返还。

第六条　合伙人的分工、权利与义务

(1) 甲乙协商一致，共同推举甲方作为合伙负责人，全面负责合伙企业的日常经营与管理，包括对职工的管理、培训、考勤，客户协调，业务开拓等事宜，并享有每月____元的工资待遇。

(2) 乙方享有对财务账目的监督权利，对于涉及财务、账目以及借款、还款、日常投资等资金使用事项在超过____元额度（____元以下的应各自记账留存凭证定期对账)，均须甲乙双方协商一致方可进行。

第七条　盈余分配与债务承担

合伙各方共同经营，共同合作，共担风险，共负盈亏。

(1) 盈余分配：扣除店面的水、电、暖、气、租金、员工工资、税金等日常经营费用，剩余的按双方的投资比例分配（即每人一半，平均分配)，于每月5日前结算上一月的账目，进行盈余分配。

(2) 债务承担：合伙债务先以合伙财产偿还，合伙财产不足清偿时，由各合伙人按投资比例分担，任何一方对外偿还后，另一方应当按比例在10日内向对方清偿自己应负担的部分。

第八条　违约责任

(1) 合伙人未经其他合伙人一致同意而转让其财产份额的，如果其他合伙人不愿接纳受让人为新的合伙人，可按退伙处理，转让人应赔偿其他合伙人因此而造成的损失。

(2) 合伙人违反本协议导致合伙损失的，应当对其他合伙人承担赔偿责任。

第九条　经协商一致，合伙人可以修改本协议或对未尽事宜进行补充；补充、修改内容与本协议相冲突的，以补充、修改后的内容为准。

第十条　合同争议解决方式

凡因本协议引起的或与本协议有关的一切争议，合伙人之间共同协商，如协商不成，可在____市____区人民法院起诉。

第十一条　本合同一式____份，合伙人各执一份。本合同经全体合伙人签名、盖章

后生效。

合伙人（甲方）：　　　　　　　　　　　　合伙人（乙方）：
年　　月　　日　　　　　　　　　　　　　年　　月　　日

（三）公司章程

公司章程是关于创业企业组织和活动的基本准则，应当高度重视，经全体股东充分讨论通过后才能定稿。公司章程的主要内容包括：

1. 绝对必要记载事项

绝对必要记载事项是指公司章程必须记载、不可缺少的法定事项，缺少其中任何一项或任何一项记载不合法，整个章程即无效。《公司法》第二十五条规定，有限责任公司章程应当载明的下列事项中，前七项为绝对必要记载事项。

（1）公司名称和住所；
（2）公司经营范围；
（3）公司注册资本；
（4）股东的姓名或者名称；
（5）股东的出资方式、出资额和出资时间；
（6）公司的机构及其产生办法、职权、议事规则；
（7）公司法定代表人；
（8）股东会会议认为需要规定的其他事项。

2. 相对必要记载事项

相对必要记载事项是法律规定的一些事项，由章程制定人自行决定是否予以记载。如果予以记载，则该事项将发生法律效力；如果记载违法，则仅该事项无效；如不予记载，也不影响整个章程的效力。确认相对必要记载事项的目的在于，使相关条款在公司与发起人、公司与认股人、公司与其他第三人之间发生约束力。

3. 任意记载事项

任意记载事项是指法律未予明确规定是否记载于章程，由章程制定人根据本公司实际情况任意选择记载的事项。股东会或股东大会认为需要规定的其他事项属于任意记载事项。

公司章程需提交打印件一份，全体股东亲笔签字，法人股东要加盖该法人单位公章。

公司章程的样本如下：

样本 8-3　　　　　　　　有限责任公司章程

第一条　本公司依照《中华人民共和国公司法》关于有限责任公司的规定组建。公司定名为________有限责任公司（有限公司）。

第二条　本公司法定住所为____市____路____号。

第三条　公司经营范围为：____。

第四条　本公司注册资本为人民币________万元。

第五条　本公司股东及其出资额如下：

1. ____实物出资____万元，现金出资____万元。出资占公司注册资本的____%。

2. ____实物出资____万元，现金出资____万元。出资占公司注册资本的____%。

…… ……

第六条 出资人为有限责任公司（有限公司）股东，股东享有以下权利：

1. 经营管理权。本公司股东皆有权参与公司经营管理，具体如何进行经营管理分工，由股东会另行商定。

2. 盈利分配权。股东有权按照其出资所占公司注册资本的比例分得股息或红利。

3. 剩余财产分配权。在本公司因多种原因倒闭、解散或重组时，在清偿债务后，股东对剩余财产有权按出资比例参加分配。

4. 表决权。股东有权参加股东会依法行使表决权。本公司确定每出资________万元享有一个表决权。

5. 监察权。股东有权查阅股东会会议记录和公司财务会计报告，并对会计表册提出异议。

6. 诉讼权。股东对公司法定代表人或其他经营管理人员的以下行为均有权向法院提起诉讼或请法院派人检查：（1）越权行为；（2）损害其他股东合法权益的行为；（3）违法行为。

股东负有出资义务，公司名称经登记主管机关预先核准后，各股东必须将认缴的现金出资在____日内足额缴到公司临时银行账户上，固定资产和设备经法定验资机构评估作价，由各位股东推举的法定代表人出具出资凭证。在公司存续期间，各股东的出资均不得抽回。

第七条 股东之间可以相互转让其部分出资。股东向股东以外的人转让其出资时，必须经全体股东过半数同意；不同意转让的股东应当购买该转让的出资，如果不购买转让的出资，视为同意转让，转让须符合《公司法》的规定。经股东会同意转让的出资，在同等条件下，其他股东对该出资具有优先购买权。

第八条 公司设股东会，首次股东会由占有公司资本份额最大的股东主持，以后由股东选举的法定代表人主持。

股东会至少每年召开____次。公司法定代表人如认为有必要，或由代表公司四分之一以上股权的股东提议，也可以召开临时股东会议。

鉴于本公司规模较小，股东人数较少，确定本公司不设立董事会。推举____为公司执行董事，并兼任总经理。确定本公司不设立监事会，推举____为本公司监事。监事行使《公司法》第五十四条规定的关于监事会的职权。

第九条 公司最高权力机关为股东会，股东会行使下列职权：

1. 决定公司的经营方针和投资计划；

2. 选举和更换执行董事和总经理，决定有关执行董事和总经理的报酬事项；

3. 选举和更换由股东代表出任的监事，决定有关监事的报酬事项；

4. 审议批准执行董事的报告；

5. 审议批准监事的报告；

6. 审议批准公司的年度财务预算方案、决算方案；

7. 审议批准公司的利润分配方案和弥补亏损方案；

8. 对公司增加或减少注册资本作出决议；

9. 审议通过公司合并、分立、变更公司形式、解散和清算的方案；

10. 决定公司内部管理机构的设置；

11. 根据经理的提名，聘任或者解聘公司的副经理、财务负责人，决定其报酬事项；

12. 对公司举债作出决议；

13. 对股东向股东以外的人转让出资作出决议；

14. 修改公司章程。

股东会对公司增加或者减少注册资本、分立、合并、解散或者变更公司形式作出决议，必须经代表三分之一以上表决权的股东通过。

公司可以修改章程。修改公司章程的决议，必须经代表三分之二以上表决权的股东通过。

股东会会议分为定期会议和临时会议。

召开股东会会议，须于会议召开十五日以前通知全体股东。

第十条　股东会的议事规则如下：

1. 股东会由执行董事召集，开会前十日将会议讨论的内容通知股东，股东应亲自参加会议，因故不能到会的，可书面委托他人参加；

2. 股东会必须有代表三分之一以上股权的股东参加，其形成的决议方案才有效；

3. 股东会决议事项除本章程另有规定的以外，其他决议以简单多数通过即为有效，对审议事项赞成和反对数相等时，执行董事增加一个表决权；

4. 股东会对所议事项的决定作成会议记录，由出席会议的股东在会议记录上签名。

第十一条　公司执行董事（兼总经理）行使下列职权：

1. 负责召集股东会，并向股东会报告工作；

2. 主持公司的经营管理工作，组织实施股东会决议；

3. 组织实施公司的经营计划和投资方案；

4. 制定公司的年度财务预算方案、决算方案；

5. 制定公司的利润分配方案和弥补亏损方案；

6. 制定公司增加或减少注册资本的方案；

7. 拟定公司合并、分立、变更公司形式、解散的方案；

8. 制定公司的基本管理制度和具体规章；

9. 拟定公司内部管理机构设置方案；

10. 提请聘任或者解聘公司副经理、财务负责人；

11. 聘任或者解聘应由股东会聘任或者解聘以外的其他管理人员；

12. 公司章程和股东会授予的其他职权。

第十二条　公司设执行董事一名，执行董事为公司法定代表人。

执行董事由股东会推举产生。执行董事任期三年，经股东推举可以连任；监事任期三年，经股东会推举可以连任。

第十三条　公司总经理由执行董事兼任。以后如需另行聘任，由股东会决定。

第十四条　本公司会计年度自公历一月一日起至十二月三十一日止，办理总决算一次。

第十五条　本公司于每年度终了时由执行董事造具下列表册呈各股东认可：

1. 营业报告；

2. 资产负债表；

3. 财产目录；

4. 利润表；

5. 盈余分配或亏损弥补的提议。

第十六条　本公司年度总决算如有盈余应先弥补亏损，然后提取 10%法定公积金，提取 5%法定公益金。尚有盈余，按各股东出资比例分派红利。

第十七条　公司有下列情形之一者应予终止：

1. 全体股东一致同意解散；

2. 因经营不善、无力继续经营下去；

3. 破产。

因前述第 1、第 2 款原因终止的，由执行董事提出清算方案，经全体股东讨论通过后对公司进行清算。在缴纳应纳税款、清偿其他债务后，对剩余资产按各股东出资比例进行分配。

因第 3 款原因终止的，适用破产程序。

第十八条　本章程如有未尽事宜，由股东会讨论补充。

第十九条　本章程经全体股东签字后生效。

第二十条　本章程一式____份，各股东人手一份，报登记主管机关一份，公司存档一份。

(四) 发起人协议的编写

在股份有限公司的设立过程中，发起人在从事设立活动之前往往会就公司设立过程中的相关事项、发起人之间的权利义务进行约定，订立协议，以明确各自在公司设立过程中的权利和义务。在公司成立之前，由发起人协议调整；在公司成立之后，则由公司章程和公司法调整。

一般来说，发起人协议应包括以下内容：

(1) 确定将成立公司的经营项目、宗旨、范围和生产规模；

(2) 初步确定公司的资本总额，各发起人认购的份额、出资方式；

(3) 各发起人在公司设立过程中的任务分工；

(4) 其他事项（包括公司名称和住所、公司组织机构和管理等）。

发起人协议书的样本如下：

样本 8-4　　股份有限公司发起人协议书①

第一章　总则

第一条　遵照《中华人民共和国公司法》和其他有关法律法规，根据平等互利的原则，经各发起人友好协商，决定设立“________股份有限公司”（以下简称公司），特签订

① 股份有限公司发起人协议书［EB/OL］. 第一范文网 . http：//www.diyifanwen.com/fanwen/touzhihetong/201010742121355378991.htm.

本协议书。

第二条　本公司采取募集设立方式，各股东以其所认购股份为限对公司承担有限责任，公司以其全部资产对公司债务承担责任。公司具有独立的法人资格。

第三条　公司为永久性股份有限公司。

第二章　发起人

第四条　公司发起人分别为：

1. ________________________

2. ________________________

3. ________________________

各发起人共同委托________办理设立公司的申请手续。

第三章　宗旨、经营范围

第五条　公司的宗旨是适应市场经济的要求，使公司不断发展，使全体股东获得良好的经济效益，繁荣社会经济。

第六条　公司的经营范围为：________________________。

第四章　股权结构

第七条　公司采取募集设立方式，募集的对象为法人、社会公众。

第八条　公司发起人认购的股份占股份总额的________%，其余股份向社会公开募集。

第九条　公司股东以登记注册时的认股人为准。

第十条　公司全部资本为人民币________元。

第十一条　公司的全部资本分为等额股份。公司股份以股票形式出现，股票是公司签发的有价证券。

第十二条　公司股票采用记名方式，股东所持有的股票即为其认购股份的书面凭证。

第五章　筹备委员会

第十三条　根据发起人提议，成立公司筹备委员会，筹备委员会由各发起人推举的人员组成，筹备委员会负责公司筹建期间的一切活动。

第十四条　筹备委员会的职责

1. 负责组织起草并联系各发起人签署有关经济文件。

2. 就公司设立等一应事宜负责向政府部门申报，请求批准。

3. 负责开展募股工作，并保证股金的安全性。

4. 全部股金认缴完毕后30天内组织召开公司创立大会暨第一届股东大会。

5. 负责联系股东，听取股东关于董事会和经营管理机构人员构成及人选意见；并负责向公司第一届股东大会提议，以公正合理地选出公司有关机构人员。

第十五条　筹备委员会下设办公室，实行日常工作制。

第十六条　筹备委员会成员不计薪酬，待公司设立成功后酌情核发若干补贴。所发生的合理开支经公司创立大会通过后由公司实报实销。发起人的报酬由各发起人协商，报公司创立大会暨第一届股东大会通过。

第十七条　筹备委员会自本合同书签订之日起正式成立。待公司创立大会暨第一届股东大会召开，选举产生董事后，筹备委员会即自行解散。

第六章　附则

第十八条　各股东应将认购的股款汇入公司筹备委员会指定的银行账户。缴款时间以汇出日期为准。

第十九条　本协议书一式________份，于______年______月______日在________（地点）________签订，并自签字后生效。

________（盖章）：________　　________（盖章）：________

代表人（签字）：________　　代表人（签字）：________

四、注册企业必须考虑的法律与伦理问题

创业者在创建和经营企业的过程中，必须了解和遵守有关法律法规，以确保自身和他人的利益没有受到非法侵害。与创业有关的法律主要包括：专利法、商标法、著作权法，反不正当竞争法、合同法、产品质量法、劳动法，等等。创建新企业还应注意伦理问题，包括创业者与原雇主之间、创业者与创业团队成员之间、创业者与其他利益相关者之间的伦理问题等。

（一）注册企业必须考虑的法律问题

1. 新企业经营基本法律

表 8－2 是创业企业应当关注的一些基本法律，稍后就最主要的法律进行简单介绍。

表 8－2　创业企业不同阶段的法律问题

创建阶段的法律问题	业务经营中的法律问题
确定企业的法律形式	人力资源管理（劳动）法规
设立税收记录	安全法规
进行租赁和融资谈判	质量法规
起草合同	财务和会计法规
申请专利、商标和版权保护	市场竞争法规

资料来源：张玉利．创业管理．3 版［M］．北京：机械工业出版社，2013.

（1）劳动法。劳动法是为了完善劳动合同制度，明确劳动合同双方当事人的权利和义务，保护劳动者的合法权益，构建和发展和谐稳定的劳动关系而制定的法律。

《中华人民共和国劳动法》于 1995 年 1 月 1 日起施行；《中华人民共和国劳动合同法》自 2008 年 1 月 1 日起施行，2013 年修正。

1）适用范围。中华人民共和国境内的企业、个体经济组织、民办非企业单位等组织以及国家机关、事业单位、社会团体（以下称用人单位）与劳动者建立劳动关系，订立、履行、变更、解除或者终止劳动合同，适用以上法律。

2）劳动者基本权利与义务。劳动者享有平等就业和选择职业的权利、取得劳动报酬的权利、休息休假的权利、获得劳动安全卫生保护的权利、接受职业技能培训的权利、享受社会保险和福利的权利、提请劳动争议处理的权利以及法律规定的其他劳动权利。

3）保护劳动者合法权益的原则。偏重保护和优先保护：劳动法在对劳动关系双方都给予保护的同时，偏重于保护处于弱者地位的劳动者，优先保护劳动者利益。平等保护：全体劳动者的合法权益都平等地受到劳动法的保护，对各类劳动者平等保护，对特殊劳动者群体特殊保护。全面保护：劳动者的合法权益无论存在于劳动关系缔结前、缔结后还是终结后，都应纳入保护范围之内。基本保护：对劳动者的最低限度保护，也就是对劳动者基本权益的保护。

4）劳动争议：用人单位与劳动者发生劳动争议，当事人可以依法申请调解、仲裁、提起诉讼，也可以协商解决。解决劳动争议，应当根据合法、公正、及时处理的原则，依法维护劳动争议当事人的合法权益。用人单位可以设立劳动争议调解委员会。

（2）合同法。《中华人民共和国合同法》（以下简称《合同法》）于1999年3月15日第九届全国人民代表大会第二次会议通过，自1999年10月1日起施行。该法是规范市场交易，保护合同当事人合法权益，维护社会经济秩序，促进社会主义现代化建设的基本法律。

按照《合同法》的规定，合同是平等主体的自然人、法人、其他组织之间设立、变更、终止民事权益义务关系的协议。合同的形式多种多样，当事人可以用书面、口头以及其他形式订立合同。合同法就是调整合同当事人相互之间权利义务关系的法律规范。

1）合同订立的原则。契约自由原则：规定当事人依法享有自愿订立合同的权利，任何单位和个人不得非法干预；合同当事人的法律地位平等，一方不得将自己的意志强加给另一方。遵纪守法原则：当事人订立、履行合同，应当遵守法律、行政法规，尊重社会公德，不得扰乱社会经济秩序，损害社会公共利益。公平原则：当事人应当公平地确定各方的权利和义务。诚实信用原则：当事人行使权利、履行义务应当诚实守信。

2）合同法的主要内容。包括：合同的订立；合同的效力；合同的履行；合同的变更和转让；合同的权利义务终止。

在分则部分，《合同法》对买卖合同，供用电、水、气、热力合同，赠与合同，借款合同，租赁合同，融资租赁合同，承揽合同，建设工程合同，运输合同，技术合同，保管合同，仓储合同，委托合同，行纪合同，居间合同等15种有名合同的当事人的权利义务及合同的主要内容，都作了规定。

（3）反不正当竞争法。反不正当竞争法是调整在制止不正当竞争过程中发生的社会关系的法律规范的总称。1993年9月2日第八届全国人民代表大会第三次会议通过了《中华人民共和国反不正当竞争法》，共5章33条。立法目的是保障社会主义市场经济健康发展，鼓励和保护正当竞争，制止不正当竞争，保护经营者和消费者的合法权益。创业者除了力戒自身不正当竞争行为外，更应当在创业过程中注重运用该法维护企业的合法权益。

1）反不正当竞争法的基本原则。自愿原则：当事人按自己的意愿设立、变更或终止商业关系，不得强买强卖；平等原则：参加交易的主体法律地位平等；公平原则：参加市场竞争的主体按规则行事，不得非法获取竞争优势；诚实信用原则：善意、诚实、恪守信用、不得欺诈；遵守公认的商业道德原则；不滥用竞争权利原则。

2）不正当竞争行为的界定。不正当竞争是指经营者违反该法规定，损害其他经营者的合法权益，扰乱社会经济秩序的行为。就企业而言，法律规定，不得采用下列不正当竞争手段从事市场交易，损害竞争对手：假冒他人的注册商标；擅自使用知名商品特有的名称、包装、装潢，或者使用与知名商品近似的名称、包装、装潢，造成和他人的知名商品相混淆，使购买者误认为是该知名商品；擅自使用他人的企业名称或者姓名，引人误认为是他人的商品；在商品上伪造或者冒用认证标志、名优标志等质量标志，伪造产地，对商品质量作引人误解的虚假表示。不得采用财物或者其他手段进行贿赂以销售或者购买商品。不得利用广告或者其他方法，对商品的质量、制作成分、性能、用途、生产者、有效期限、产地等作引人误解的虚假宣传。不得采用下列手段侵犯商业秘密：以盗窃、利诱、胁迫或者其他不正当手段获取权利人的商业秘密；披露、使用或者允许他人使用以前项手段获取的权利人的商业秘密；违反约定或者违反权利人有关保守商业秘密的要求，披露、使用或者允许他人使用其所掌握的商业秘密。不得以排挤竞争对手为目的，以低于成本的价格销售商品。经营者销售商品，不得违背购买者的意愿搭售商品或者附加其他不合理的条件。不得从事下列有奖销售：采用谎称有奖或者故意让内定人员中奖的欺骗方式进行有奖销售；利用有奖销售的手段推销质次价高的商品；抽奖式的有奖销售，最高奖的金额超过 5 000 元。不得捏造、散布虚伪事实，损害竞争对手的商业信誉、商品声誉。投标者不得串通投标，抬高标价或者压低标价。投标者和招标者不得相互勾结，以排挤竞争对手的公平竞争。

3）法律责任。经营者违反该法规定，给被侵害的经营者造成损害的，应当承担损害赔偿责任，被侵害的经营者的损失难以计算的，赔偿额为侵权人在侵权期间因侵权所获得的利润，并应当承担被侵害的经营者因调查该经营者侵害其合法权益的不正当竞争行为所支付的合理费用。被侵害的经营者的合法权益受到不正当竞争行为损害的，可以向人民法院提起诉讼。

(4) 产品质量法。产品质量法是为了加强对产品质量的监督管理，提高产品质量水平，明确产品质量责任，保护消费者的合法权益，维护社会经济秩序而制定的。《中华人民共和国产品质量法》(以下简称《产品质量法》) 1993 年 9 月 1 日起施行，2000 年 7 月 8 日进行第一次修正，2009 年 8 月 27 日进行第二次修正。

1）基本内容。主要包括产品质量责任、产品质量监督管理、产品质量损害赔偿以及产品质量争议解决等。产品质量责任，主要包括行政责任（限期改正、没收产品、没收违法所得、罚款、吊销营业执照等)、民事责任（对产品实行“三包”、造成人身伤亡和财产损失要赔偿)、刑事责任（依据刑法和补充规定，对犯罪者处以有期徒刑、无期徒刑直至死刑)；在产品质量监督管理方面，法律主要规定了国家关于产品质量监督管理的体制，明确了县级以上人民政府技术监督部门的职能，系统地规定了生产者、经销者的产品质量义务。

2）调整对象。《产品质量法》的调整对象是产品，指经过加工、制作，用于销售的产品。这里所指的产品必须同时具备以下三个条件：①产品必须是经过加工、制作的物品。未经人们加工、制作的天然物品和自然生长品不属于《产品质量法》所称的产品。②产品必须是用于销售的。凡不是用于销售目的的产品，不是《产品质量法》所调整的产品。③产品应是动产。《产品质量法》所称产品不包括不动产。

3）权益保护：保护消费者的合法权益。一是消费者有权就产品质量问题，向生产者和销售者进行查询，向技术监督部门申诉，也可直接向人民法院起诉。二是消费者发现产品质量有问题时，有权直接找商店要求修理、更换、退货、实行“三包”。三是因为产品质量问题造成人身伤亡、财产损失的，消费者可以向生产者或销售者中的任何一方提出赔偿的要求，赔偿范围主要包括直接损失（医疗费、误工收入等）和间接损失（生活补助费等）。消费者享有诉讼的选择权利。此外，法律为消费者解决产品质量纠纷规定了四种处理问题的渠道，即通过协商解决、请消费者协会或技术监督部门调解、向质量仲裁机构申请裁决、直接向人民法院起诉。

2. 新企业与知识产权法

知识产权是人们对自己通过智力活动创造的成果依法享有的权利。知识产权包括专利、商标、版权等，是企业重要的无形资产，知识产权可通过许可证经营或出售，带来许可经营收入。在知识经济时代，知识资产已经成为企业中最具价值的资产，今天几乎所有的企业（包括新创企业）都拥有一些对其成功至关重要的知识、信息和创意。创业者/创业团队为了有效保护自己的知识产权，也为了避免无意中侵犯对他人的知识产权，有必要了解知识产权及其相关法律法规（见表 8－3）。

表 8－3　中型创业企业各部门典型的知识产权

部门	典型的知识产权形式	常用的保护方法
营销部门	名称、标语、标识、广告语、广告、手册、非正式出版物、未完成的广告拷贝、客户名单、潜在客户名单及类似信息	商标、版权和商业秘密
管理部门	招聘手册、员工手册、招聘人员在选择和聘用候选人时使用的表格和清单、书面的培训材料和企业的时事通讯	版权和商业秘密
财务部门	各类描述企业财务绩效的合同、幻灯片、解释企业如何管理财务的书面报告、员工薪酬记录	版权和商业秘密
管理信息系统部门	网站设计、互联网域名、公司特有的计算机设备和软件的培训手册、计算机源代码、电子邮件名单	版权、商业秘密和注册互联网域名
研究开发部门	新的和有用的发明及商业流程、现有发明和流程的改进、记录发明日期和不同项目进展计划的实验室备忘录	专利和商业秘密

资料来源：布鲁斯・R. 巴林格，R. 杜安・爱尔兰. 创业管理：成功创建新企业［M］. 北京：机械工业出版社，2010.

（1）专利与专利法。“专利”一词一般理解为专利权。国家颁发专利证书，授予专利权人在法律规定的期限内，对制造、使用、销售（有些国家还包括进口该项专利发明或设计）享有专有权（又称垄断权或独占权）。其他人必须经过专利权人同意才能从事上述行为，否则即为侵权。专利期限届满后，专利权即行消灭，任何人皆可无偿地使用该项发明或设计。

专利法是确认发明人（或其权利继受人）对其发明享有专有权，规定专利权人的权利和义务的法律规范的总称。

1980 年 1 月，我国政府正式筹建专利制度，后又成立了中国专利局。1984 年 3 月，全国人民代表大会通过并颁布《中华人民共和国专利法》。2001 年 6 月 15 日，国务院颁布《中华人民共和国专利法实施细则》。2008 年 12 月 27 日，第十一届全国人民代表大会第六次会议通过关于修改《中华人民共和国专利法》的决定，进行第三次修正。

（2）商标与商标法。商标，是指在商品或服务项目上使用的，由文字、图形、字母、数字、三维标志和颜色组合，以及上述要素的组合构成的显著标志，是用以识别该商品或者服务的原产地、原料、制造方法、质量或者其他特定品质的标志。

商标是企业在价值上可以量化的重要的无形资产，可以为企业带来巨大收益。商标只有经过注册，才会受到法律保护，才能取得商标专用权，否则企业的这部分无形资产就会大量流失或者严重缩水。商标不仅是消费者选择产品或者服务的依据，而且是企业参与市场竞争的主要载体。好的企业不仅需要好的产品和服务，更需要好的商标。不论是美国的可口可乐，还是中国的海尔，都是因为注册了商标才能受到法律保护。

商标法是确认商标专用权，规定商标注册、使用、转让、保护和管理的法律规范的总称。它的作用主要是加强商标管理，保护商标专用权，促进商品的生产者和经营者保证商品和服务的质量，维护商标的信誉，以保证消费者的利益，促进社会主义市场经济的发展。

1982 年 8 月 23 日，我国颁布了《中华人民共和国商标法》，1993 年 2 月 22 日进行了第一次修正，2001 年 10 月 27 日进行了第二次修正，2013 年 8 月 30 日进行了第三次修正。

（3）著作权与著作权法。著作权也称版权。著作权包括下列 17 项人身权和财产权：发表权、署名权、修改权、保护作品完整权、复制权、发行权、出租权、展览权、表演权、放映权、广播权、信息网络传播权、摄制权、改编权、翻译权、汇编权及应当由著作权人享有的其他权利。

著作权法是指保护文学、艺术和科学作品作者的著作权以及与著作权有关的权益的法律规范的总称。1990 年 9 月 7 日，第七届全国人民代表大会第十五次会议通过了《中华人民共和国著作权法》，2001 年 10 月 27 日进行了第一次修正，2010 年 2 月 26 日进行了第二次修正。

按照法律规定，中国公民、法人或者其他组织的作品，不论是否发表，均享有著作权。具体包括以下形式创作的文学、艺术和自然科学、社会科学、工程技术等作品：文字作品；口述作品；音乐、戏剧、曲艺、舞蹈、杂技艺术作品；美术、建筑作品；摄影作品；电影作品和以类似摄制电影的方法创作的作品；工程设计图、产品设计图、地图、示意图等图形作品和模型作品；计算机软件和法律、行政法规规定的其他作品。

我国对作品实行自动保护原则和自愿登记原则，即作品一旦产生，作者便享有版权，登记与否都受法律保护；自愿登记后可起到证据作用。署名权、修改权、保护作品完整权的保护期不受限制，发表权保护期为作者终生及其死亡后 50 年。使用他人作品应当同著作权人订立许可使用合同或转让合同。

（二）注册企业必须考虑的伦理问题

企业伦理是指企业处理企业内部员工之间、企业与社会、企业与顾客之间关系的行为规范的总和。

企业伦理观念是美国20世纪70年代提出的。1979年，美国学者阿奇·卡罗尔（Archie Carroll）提出社会责任是企业伦理的理论基础。

在激烈的市场竞争中，强烈的成功欲望以及来自股东、员工、供应商、银行和家庭的巨大压力，使得一些企业经营者为了追求利润的最大化，不顾社会伦理道德而选择权宜之计，甚至铤而走险，不惜采取各种非法手段（如偷税漏税、串通竞标、假冒伪劣、坑蒙拐骗、商业贿赂、行业垄断等）来达到目的，极大地扰乱了市场秩序，损害了诚实经营者和广大消费者的权益，也使企业自身道德堕落，失去公众的信任。从这个意义讲，不正当的市场竞争永远没有赢家。

从创建新企业角度看，为了企业生存和可持续发展，创业者/创业团队必须注重加强伦理道德建设。

1. 创业者与原雇主之间的伦理问题

尽管有些创业企业由大学生或自我雇佣者建立，但大部分新企业仍是由曾经从事某种职业的人所创建。在辞职进行创业后，创业者往往发现自己与原雇主由利益共同体变为竞争对手，处于竞争甚至水火不相容的境地。如果创业者未经原雇主允许擅自使用原雇主的资源、抢占原雇主的市场，甚至挖走原雇主管理团队的精英等，都是不道德的，有悖商业伦理。

处理好与原雇主之间的伦理问题应当遵循两个最重要的原则：

（1）职业化行事。职业化行事是指辞职前后的表现应当职业化：至少提前一个月正式提出辞职（根据《中华人民共和国劳动法》第三十一条，劳动者解除劳动合同，应当提前30日以书面形式通知用人单位）；对你手头的工作负责到辞职那一天，不要占用工作时间安排创业事宜；在你仍受雇于雇主期间，不要把属于雇主的机会转移到新企业中去，不要用雇主提供的电子邮箱来安排创业事宜，尽可能避免给他人造成从雇主哪里获得信息或资源的印象；辞职时除了私人物品外，不要带走任何东西。

（2）尊重所有雇佣协议。充分知晓并尊重所有雇佣协议，主要指保密协议和竞业限制。在保密协议有效期限内，劳动者应严格遵守企业保密制度，防止泄露企业商业秘密，不得向他人泄露企业技术秘密，非经雇佣单位书面同意，不得使用其商业秘密进行生产与经营活动，不得利用商业秘密进行新的研究和开发；竞业限制协议是指用人单位与劳动者约定，在解除或者终止劳动合同后一定期限内，劳动者不得到与本单位生产/经营同类产品、从事同类业务的有竞争关系的其他用人单位任职，或者自己创业生产/经营同类产品的书面协议。

保密义务一般期限较长，只要商业秘密存在，劳动者的保密义务就存在，而竞业限制期限较短，最长不超过两年。

案例 8-2　　招聘不慎引狼入室

上海某广告公司发展迅速，总经理万某计划开拓上海周边城市业务，由于苏州分公司刚刚成立，万总的主要精力放在苏州公司的市场开拓上。为了公司的顺利发展，总经理万某决定引入一位市场总监来管理上海公司的业务。

通过招聘会，万总百里挑一相中了业务及管理能力突出的张某。

开始的6个月张某表现出色，万总非常满意。可让万总意外的是工作刚满6个月的张某突然提出辞职，原因是觉得自己不适合现在的公司。万总觉得理由很牵强，苦苦挽留，但张某还是走了，万总非常惋惜。

让万总十分震惊的是，张某离职后不到一个月，就以更高的薪酬任职于另一家广告公司，并带走了几个重要客户。

后来公司经过对张某的进一步了解发现，原来张某的履历造假，他在其他公司也有类似行为，在其中3家公司的工作都没有满6个月，但这些经历都没有在简历上体现出来，而是被掩盖了。

万总后悔莫及，责怪自己面试时太大意了。一方面失去了重要客户，另一方面相关职位空缺，而自己分身无术，损失惨重。

分析：在这个案例中，万总的公司之所以遭受损失，主要原因有二：第一，企业在招聘流程的设置上存在漏洞；第二，万总在用人方面忽视了对企业员工的有效监督。

资料来源：罗福光．招聘风险控制不力 企业“引狼入室”[EB/OL]．世界经理人．http：//blog. ceconlinebbs. com/BLOG_ARTICLE_52354. HTM.

---

2. 创业者与创业团队成员之间的伦理问题

创业团队成员之间的伦理问题主要包括：创业者不尊重创业团队成员的合法权益，延迟发放甚至克扣团队成员的工资，随意延长劳动时间且无报酬，特别是没有订立有关企业所有权分配的最初协议，一旦产生利益纠葛往往争执不下，导致团队分裂。为解决好创业团队成员之间的伦理问题，可以在创业之前或创业早期，经团队充分讨论拟定创业者协议/创始人协议。创业者/创始人协议有点类似股份有限公司发起人协议书，是处理创业者之间相对权益分割、创业者个人如何因投入企业“血汗股权”或现金而获得补偿，以及创业者必须持有企业股份多长时间才能获取回报的“创始人股份兑现条款”等事项的书面文件。

创业者协议一般包括以下内容：（1）未来业务的实质；（2）简要的创业计划书（作为附件）；（3）创业者的身份和职位头衔；（4）企业所有权的法律形式；（5）股份分配（所有权分割）方案；（6）各创业者持有股份或所有权的支付方式（现金或血汗股份）；（7）创业者应当明确归企业所有的任何知识产权；（8）初始运营资本的描述；（9）回购条款。明确在其余创业者对企业感兴趣的前提下，打算退出的创业者有责任将自己的股份出售给那些感兴趣的创业者的处理方案，并规定股份转让价值的计算方法。

3. 创业者与其他利益相关者之间的伦理问题

新创企业在最初阶段往往面临与消费者、供应商和投资者等利益相关者之间的伦理问题，主要涉及人事伦理问题、利益冲突和顾客欺诈。

（1）人事伦理问题。这一问题主要与公平公正对待新老员工有关，在利益分配、组织制度、分配程序、人际关系等方面应该让所有员工有公平公正感，应维护员工的合法权益。

（2）利益冲突。这一问题与那些挑战员工忠诚的情形相关。例如，关键员工（如高级员工、董事和经理）和技术型员工（如软件工程师、会计和营销专家）负有对雇主忠诚的特殊责任，不能通过原本能为雇主带来利益的机会为自己牟利，不能窃取雇主的机会等。

（3）顾客欺诈。这一问题通常出现在公司忽视客户利益或公众安全的时候，包括违背诚实守信、公平合理、客户利益至上的原则，把公司利益或个人利益建立在损害客户利益之上、不按时偿还供应商或其他债权人的账款、偷税漏税、串通竞标、内部交易、假冒伪劣等各类行为。

案例8-3　如何让新老员工共享公平薪酬

惠信科技是一家创立三年的高科技公司，现有工作人员约百人。由于开始进入成长期，公司业务扩展急需招募人员。为能迅速获得所需优秀人才，公司决定以较高的起薪来聘用新人。

考虑到现有员工的薪酬水平可能会因为起薪的调高而低于新进人员的薪酬，惠信的人事经理建议公司高管，在调高新进人员的起薪时，同时调高现有员工的薪酬。但不少高管认为，如此一来，将增加公司的人力成本支出，使公司的产品价格上涨，丧失竞争力。而且固定成本一旦增加，亦不利于财务调度与周转。高管们想以提供奖金或红利的方式来弥补老员工较低的薪酬水平，但又有许多顾虑：公司正处于成长阶段，员工个人绩效不易精确评估，而良好的绩效评估制度并非短期内可以建立。如果没有公正的绩效评估，依据绩效发放奖金或红利恐怕会造成不公平现象，引起员工的不满；而如果不以绩效作为依据，一律给予相同的奖金或红利，则会造成新的不公平。此外，奖金或分红永远无法弥补老员工在薪酬上低人一等的感受与心态。惠信的高管考虑到这些因素，迟迟难以采取行动，而员工们普遍认为公司“喜新厌旧”，对老员工不公平。因此，老员工的士气逐渐低落，公司的业务发展有逐渐减缓的征兆。

分析：惠信公司对于新聘人员只是简单地提高起薪，而不是根据实际工作岗位及贡献来确定薪酬，导致同样岗位的新人还没有为公司做出贡献和成绩就比老员工的薪酬水平高，必然引起内部公平失衡。

（1）处于成长期的企业通常急于扩展业务，这一阶段常会出现现金流问题，收入和利润都较低。为了吸引和留住关键人才，应当鼓励员工参与薪酬体系的设计，以增强团队意识，完善薪酬制度。同时，员工参与有助于增进与管理层的沟通，一方面可以促进管理者与员工之间相互信任，另一方面可以让员工理解公司处境，减少由此引发的不公平感。

（2）在对现有岗位做出客观评价的基础上，参照市场价格，提高老员工的薪酬水平，实行职位和能力并重的工资制度。否则，会造成内部薪酬待遇的极大不公平。提薪的依据是市场的平均水平。同时，在没有建立绩效考核制度的前提下，应采用职务工资制，以利于留住公司创业时期的老员工、技术骨干和管理人员，调动这批员工的积极性。

（3）尽快建立科学的绩效考核制度，实现奖金与工作绩效挂钩。根据业务特点，确定考核周期、考核主体以及考核流程。将考核结果作为薪酬、培训、晋升、降级、辞退、奖惩等工作的重要依据。此外，应当注意对团队的奖励，这对于提升组织绩效具有重要作用，因为这会使人们意识到，只有加强团队协作，自己才能获益。

资料来源：根据张冬平．让新老员工共享公平薪资［J］．职业，2003（10）整理．

五、企业选址策略与技巧

企业选址是指企业开业前对经营地址进行论证和决策的过程，旨在确定企业在何处建厂或设立服务设施、门店等。它不仅直接关系到设施建设本身的投资，而且在很大程度上决定了企业产品和服务的成本，从而影响到企业的市场竞争力和经济效益，甚至关乎企业的生死存亡。

选址是一项重大的战略投资。相对于其他因素来说，它具有长期性和固定性，当外部环境发生变化时，其他经营因素都可以进行相应调整以适应外部环境的变化，而选址一经确定就难以变动。选择得好，企业可以长期受益，选址不当则会铸成大错，甚至最终导致企业失败。据香港工业总会和香港总商会的统计，在众多开业不到两年就关门的企业中，由于选址不当而导致的创业失败占企业总量的 50%。

选址是企业制定经营目标和经营战略的重要依据。在西方国家，零售店铺的开设地点被视为开业前所需的三大主要资源之一，因为开设地点决定了零售店铺可以在有限区域内吸引多少潜在顾客，也就决定了零售店铺可以获得的销售收入的高低，从而反映出开设地点作为一种资源的价值大小；制造企业的选址更是关系到生产要素的可获性、运输的便利性和成本，关系到员工的工作与生活环境，进而关系到员工队伍的稳定性等。因此，无论在制造业还是服务业创业，选址时一定要深入调查，科学论证，慎重决策。

1. 影响选址的主要因素

新企业选址需要综合考虑政治、经济、技术、社会和自然等影响因素。其中，经济因素和技术因素对选址决策起基础作用。

（1）经济因素。一是运输条件与费用。例如，钢铁业的主要原料及运输成本占整个钢铁生产成本的比例高达 75%，因而钢铁、水泥、造纸、电力等企业的选址最好靠近原材料的供应地。

二是人力资源的可获性与费用。在劳动密集型企业中，人工费用占产品成本的大部分，因而一些劳动密集型的制造企业不断向劳动力供应充沛、素质高、薪酬低、综合运营成本更低的地区转移。但对于需要大量具有专业技能的高素质员工的企业，人力资源的可获性则成为选址的首要条件。

三是能源的可获性与费用。对于高能耗的企业，如钢铁、铝业、石油化工、发电、光伏等企业，其厂址选择应该接近燃料、动力供应地。

四是厂址条件和费用。建厂的地点选择、利用情况和地质条件，都会影响建设投资。很明显，在平地上建厂比在丘陵或山区建厂要容易得多，成本也低得多。另外，不同地域的地价也是影响投资的重要因素，城市的地价普遍较高，城郊和农村的地价相对较低。

（2）技术因素。科学技术的迅猛发展导致技术市场复杂多变，不确定性加剧，为了及时跟踪和把握技术变化的趋势，分享知识和行业资讯，许多高技术企业往往将地址定在技术研发中心或高新技术开发区，从而形成产业聚集效应。

从技术因素角度看，选址应当考虑协作条件和产业聚集。在某一领域内相互关联的企业大量集中会形成产业聚集的“团簇”，“团簇”不仅是地区竞争力的标志，更是促进企业间专业化分工协作、促进竞争与合作的重要推动力。而“团簇”区域内隐性知识溢出和行业间资讯快速传播，又加速了集群的升级发展和集群品牌、区域品牌的打造以及专业市场的营运，不仅能促进企业提升技术创新水平，带来运输费用、交易成本的降低，还能为企业带来规模经济、范围经济的竞争优势。美国的硅谷、日本的筑波科学城、中国台湾的新竹、北京的中关村和清华科技园等都是典型例子。

（3）政治因素。政治因素对于在国外投资尤为关键。首先要考虑政治局面是否稳定，法制是否健全，税负是否公平等。政治局面稳定是发展经济的前提，在一个动荡不安、随时可能暴发动乱或战争的国家/地区投资是要冒极大风险的。其次需要关注政府因素的影响。有些国家或地区的自然环境、资源条件虽然很适合投资，但是其法律变更无常，投资者权益得不到保障，也不适宜投资。此外，政府是否鼓励该产业的发展，有无歧视政策，是否在产业规划、财税、人才培养等方面给予支持，能否提供高效优质的服务，乃至政府部门是否廉洁、是否有一定的政府采购市场等，都应予以考虑。

（4）社会文化因素。企业选址要考虑新企业所在地的社区文化和商业文化，包括当地居民的生活习惯、文化教育水平、宗教信仰、生活水平、文化品位和消费心理。不同国家和地区、不同民族的生活习俗、文化教育、宗教信仰和消费水平是不同的，这必然会影响创业企业产品/服务的市场需求。

（5）自然因素。选址显然应当考虑地质、气候和水资源等自然因素的状况。地质、气候条件是企业在选址时必须考虑的重要因素，它们将直接影响工作效率、成本和员工的健康；水资源状况对企业的选址也有很大的影响，尤其是耗水量极大的企业，必须选择水资源丰富、靠近水源的区域，同时还要考虑当地的环保规定。

2. 新企业选址的策略

不同行业的企业对选址的要求大相径庭。一般而言，工业企业选址通常考虑成本最小化，因为制造业一般不同顾客直接接触，顾客在购买工业产品时，并不需要到工厂或仓库去，因此，工厂和仓库建在何处不会影响需求量；零售服务企业选址多考虑收入最大化，因为服务业必须同顾客直接接触，因而服务设施的位置选择对营业收入有显著影响；仓储企业的选址则既要考虑成本低廉，又要考虑场地开阔与交通便捷。下面以零售服务业为例讨论新创企业选址策略。

（1）次优选择策略。这里有两层含义：①选址关系到未来10年、20年乃至更长时间的决策。由于长期预测的不确定性过大，即便掌握了丰富准确的市场调查数据和资料，也难以找到最优方案，获得令人满意的方案就不错了。②繁华商圈因旺盛的人气、集中的消费人群往往成为很多创业者的首选。但在创业初期，繁华商圈动辄数万元的月租以及不菲的转让费会让你的资金马上捉襟见肘；此外，繁华商圈内大型购物商场经常性的打折、送礼等促销活动，会让你的小店客流受到严重冲击。因此，选择繁华商圈外的次商圈成为新企业选址的最佳选择。这样，既可节约大量的店面沉淀资金，用于店面装修、货源组织、店内的软硬件升级等，又不为大型购物中心的促销活动所累，自由开展个性化促销活动，还可以由于距离主商圈不太远分享到主商圈的消费人气。

（2）便利客户策略。零售服务业选址要考虑其业态特征，创业者往往选择单体规模小、满足顾客便利需要、以经营选择性较弱的日常生活用品为主的零售业态，例如中小型超市、便利店、餐馆、美发店、干洗店等。这些店面通常应靠近人流密集的场所，如住宅区、商务办公区、影剧院、商业街、公园、游乐场、旅游景点等。这些地方可以使顾客享受到购物、休闲、娱乐、旅游等多种服务的便利，是服务企业开店的最佳选址。那些单体规模大、商品品种齐全、以经营选择性较强的商品为主的零售业态，例如百货商店、仓储式购物中心或专业商城，原则上应选在交通便捷的地方。如果交通便利，既可以吸引较远地方的客户，又方便购物的人群走出去。交通便利已成为现代零售服务业必须考虑的重要因素，如果是几个要道的交会点或换乘的枢纽地段，则商业价值更高。

（3）聚集与互补策略。零售服务业具有依附性、借客源性的特征。同行密集客自来，这是经商古训。人流吸引人流，商业吸引商业，生意大家做，才能造就一方的繁荣兴旺。所以在选址上应采取聚集策略，千万不要因为怕竞争而独自选在偏远地区。一种方案是在商业区、大商场、著名连锁店或强势品牌店的附近设店。例如，将餐馆开在麦当劳、肯德基、星巴克周边，因为这些著名的洋快餐在选择店址前已做过大量细致的市场调查，挨着它们开店不仅可以节省考察场地的时间和精力，还可以借助它们的品牌效应获得较大的客源。另一种方案是在专业街区开店，因为专业街同业商店多，集中经营同一类商品，以品种繁多、选择性强为特色，吸引大量慕名而来的顾客，产生了聚集效应。

零售服务业选址还应考虑业种、业态分布与周围商店类型相协调，起到互补作用，或有鲜明特色，采用错位经营、差异化竞争策略，可为顾客带来完整的“一条龙”服务。比如，你经营的货品正好和附近知名店面的货品构成互补，那么你的小店一开始就拥有了一定的消费群体。又如，在体育场馆、游乐场所、旅游景点附近，你可以提供餐饮、美容美发、运动/休闲服饰、照相、纪念品零售或咖啡茶饮等服务。

（4）客流分析策略。零售服务业客流是选址决策时必须考虑的重要因素，“客流就是钱流”。古人云“一步差三市”，意思就是企业的选址差一步就有可能差三成的买卖。因此，选址不能仅看客流的绝对数量，更重要的是考察目标顾客的类型，以及客流活动的线路。即使是在同一条街道上，由于交通条件不同或通向的地区不同，甚至是朝向不同，都会使商店的销售业绩存在很大差异。在人流方向上，最好在人流来向的右手边，因为在中国大多数逛街的人会走在自己朝向的右手边，很多大型卖场的进口方向右手边的货架陈列费高于左手边就源于此；在朝向上，比如在广州，最好的路段是北京路，你会发现，在当地做得比较好的服装品牌都聚集在阴面。原因很简单，上午10点到下午2点之间是客流量最大的时候，也是最热的时候，没有人喜欢这时候在太阳底下曝晒，阴凉的那一侧客流量自然而然就大了。相反，在北方就一定要选阳面。在北京、太原、哈尔滨、沈阳、西安、乌鲁木齐等城市，阳面的店铺比阴面的好，因为北方天气寒冷，顾客喜欢走晒到太阳的那一侧。所以在不同的地域开店，对阴面和阳面有不同的选择，它会严重影响客流量。

（5）目光前瞻策略。并不是所有的“黄金市口”都确保赚钱，大城市的黄金地段也可能成为商家经营的死穴。首先，随着车流量的不断增大，紧邻大路或主干道的店铺受到噪声与废气污染的影响加剧，这与绿色、生态、环保、健康的主流生活追求背道而驰，已成为路边店的致命伤。其次，黄金地段可能会受到市政规划不确定因素的影响，店铺面临拆迁等未来风险的可能性更大。因此，创业者在选址时要有前瞻性，多了解该地区未来的规划和发展情况。处于繁华闹市未必是最好的，处于通往闹市途中的店铺的房租便宜，而客流量却不见得少。此外，由主干道延伸出的巷弄内，也有许多适合开店的地点。评估巷弄内的黄金店铺多使用"漏斗"理论，指的就是位于干道转进巷弄的第一家商店，会像漏斗一样，最多、最先吸引消费者入店。理想的黄金地点应该是行走路线右边的巷弄口。此外，不同地理位置、交通条件、建筑物结构的店铺，租金会有很大差异，有时甚至相差十几倍。对创业者来说，不能仅看表面的价格，而应考虑整体的性价比。

案例 8-4　家乐福的选址

外资连锁企业在开店的选址上十分慎重，并且在选址时综合考虑交通、竞争和市场发展目标等因素。几乎所有的欧美大型连锁集团在进入中国之前都对中国市场进行了长达数年的深入细致的调查，投入了成百万乃至上千万美元的市场调查费用。法国家乐福 1995 年进入中国大陆市场，在沃尔玛之前抢得了市场先机。

受金融危机影响，2010 年全球消费紧缩，在极度困难的情况下，家乐福 2010 年销售额仍达到 1 010 亿欧元，增长 5.8%。亚洲地区销售额达 79 亿欧元，增幅为 14.9%。截至 2011 年底，家乐福在中国大陆的门店达到 203 家。

成功的选址是家乐福快速发展的最为重要的关键因素。

选址原则

"Carrefour"的法文意思就是十字路口，家乐福的选址不折不扣地体现了这个标准——所有的商场都开在十字路口，靠近主干道，巨大的招牌 500 米开外就看得一清二楚。

家乐福第一家店于 1963 年开在巴黎南郊一个小镇的十字路口，生意异常火爆，十字路口成为家乐福选址的第一准则。家乐福在中国大陆最早开设的北京国展店就位于繁华的国际展览中心，周围有多个高档社区，附近有大量的流动人口和常住人口，无论是消费者的数量还是消费能力都很大。

选址要求

（1）地理位置要求：交通方便，满足私家车、公交车、地铁、轻轨等各种交通工具的通达；人口密度相对集中，附近至少有两条马路的交叉口，其一必为主干道；拥有一定面积的停车场，比如在北京至少要求 600 个以上的停车位，非机动车所占面积 2 000 平方米以上。

（2）建筑物要求：总建筑面积 2 万～4 万平方米。建筑物长宽比例为 10∶7 或 10∶6。

（3）空间要求：家乐福店可开在地下室，也可开在四五层，但最佳为地面一二层或地下一层。家乐福一般占两层空间，不超过三层。这种灵活选址原则增强了家乐福在同类大卖场中的竞争优势。

本地化和差异化服务

家乐福会详尽地调查当地其他商店有哪些本地商品出售，哪些产品的流通量很大，然后与各类供应商谈判，一个庞大无比的采购供应链就完完全全从零开始搭建。

据家乐福统计，一般地，从中国本地采购的商品占商场所有商品的 95%以上。而在上海的虹桥店，因为周围的高收入群体和外国侨民比较多，其中外国侨民占到了家乐福消费群体的 40%，所以提供的外国商品特别多，如各类葡萄酒、泥肠、奶酪和橄榄油等，这些都是家乐福为了这些特殊的消费群体特意从国外进口的。

资料来源：家乐福大卖场设计及选址资料 [EB/OL]. 百度文库. http://wenku.baidu.com/view/8f9d90d080eb6294dd886c96.html.

第 2 节　新企业的生存与成长

创业初期，管理是新企业遇到的第一个挑战，它十分关键，同时也面临极大的风险。新企业的运作是一个从无到有的展开过程，包括开始建立相应的内部流程到获得外界认可，任何环节出问题都会带来难以估计的麻烦，因而失败率比既有企业更高。台湾《商业周刊》杂志曾追踪过去 28 年（1978—2005 年）总计 283 位青年创业楷模的现况，结果发现竟然有 74 位创业楷模的公司倒闭、跳票、重整。也就是说，这群台湾杰出创业者中有超过 1/4 在市场竞争中被淘汰。如果包括因涉嫌违法而遭到起诉或判刑的 25 名创业家，这一比例将高达 35%。[①]

一、新企业管理的特殊性

新企业成立初期易遭遇资金不足、制度不完善、因人设岗等问题。由于初创期企业技术尚不成熟，产品质量也不够稳定，消费者对新进入市场的企业及其产品还有一个接受过程，企业的资金实力极为有限，企业的发展受限于少数掌握核心技术或技能的创业者，因此，初创期企业面临的主要问题是生存危机。

1. 新企业应当以生存为首要目标

据统计，全球每年有高达 70%的创业公司在成立两年内倒闭。[②] 中国创业统计结果也显示：中国创业企业的失败率高达 70%以上，七成企业活不过一年，企业寿命平均不足 3 年。[③] 中央电视台《致富经》节目发布的《2008—2009 年度中国百姓创业致富调查报告》强调，创业要关注两年盈利的现象。绝大多数企业都是在两年之内盈利，它的反例就是，

---

① 商场如战场　台商界"楷模"四分之一被"淘汰"[EB/OL]. 人民网. http://tw.people.com.cn/GB/14812/14874/4764272.html，2006-08-31.

② 张秀娥. 创业企业成长及其动因研究综述 [J]. 现代经济信息，2012 (14).

③ 科学时报社. "技术进步"迷思 [EB/OL]. 中国科学院. http://www.cas.cn/zt/jzt/ltzt/zgfzzlxyjhcxzlzyw-yhxsnhwz/200609/t20060920_2671121.shtml.

两年内不能盈利的企业很有可能被淘汰掉，这与创业者的忍受力、资金限度有关。创业者要想得到更好的发展，前两年能够实现盈利十分关键。

生存的压力迫使新创企业更加注重行动而非战略思考，许多人甚至认为新创企业和中小企业不需要战略。新企业成立之初，尤其是前两年，首要任务是在市场上找到立足点，千方百计使自己生存下来，不要被市场“消灭”。在这一阶段，生存是第一位的，新创企业的基本目标是要想方设法把自己的产品或服务销售出去，尽快实现盈亏平衡，争取正的现金流。在创业阶段，亏损、赚钱、又亏损、又赚钱，可能要反复经历多次，直到最终持续稳定地赚钱，才算是度过了创业的生存阶段。

应一切围绕生存运作，避免危及生存的做法，切忌在创业阶段提出不切实际的扩张目标，盲目铺摊子、上规模。

案例 8－5　　惶者生存

1988 年，44 岁的任正非和 5 个志同道合的中年人合伙，在深圳龙岗区南油新村乱草堆中的一个居民楼里成立了深圳华为技术有限公司。那时租写字楼一个月至少好几千块钱，租居民楼则最多三四百元。创业初期的艰难清苦可见一斑。

创业之初，任正非就是为了面包、为了糊口、为了家人而奋斗！尽管如今华为已成为年销售额上千亿的世界 500 强大公司，任正非也还是经常强调惶者生存，华为只是活下来了而已；无论华为已经多大、多成功，任正非天天还是想着“活着”二字。

创业之初的任正非面临的现实问题是：公司如何生存。华为公司就像他的孩子，他必须让它生存下去。华为虽然名为技术公司，但一开始做的是贸易，也没什么方向，什么赚钱做什么，据说还卖过减肥药，但都不是长久之业。任正非为了使华为生存下去，尝试百术，绞尽脑汁。

创业从来不是一件浪漫的事。任正非人过中年，经历了从国有企业的干部到民营企业领头人的转变，人生充满了坎坷。起步阶段的华为更是一家只要有钱赚、能活下去就行的小铺子。一个偶然的机会，任正非经辽宁省农话处一位处长的介绍，开始代理香港鸿年公司的用户交换机产品（即单位里转分机的小交换机），算是走上了销售通信设备的道路。

那是一个装电话需要送礼、走关系，还要排队特批的年代，代理商只要能在香港搞到用户小交换机，卖到内地去就可以 100%获利。正是由于这种带点儿倒买倒卖色彩的代理业务，以及当时全国人民对电话通信的巨大需求，让华为在短短的三四年间就积累了几百万元的资金，并在全国建立起近十个销售办事处。

华为从农村空隙市场起步，靠 2 万元注册资本起家，通过代理香港鸿年公司的 HAX 交换机，利用差价获得了原始资本积累。

资料来源：根据张利华．华为研发［M］．北京：机械工业出版社，2009 整理．

---

2. 主要依靠自有资金创造正现金流

现金对企业来说就像人的血液，企业可以承受暂时的亏损，但不能承受现金流的中断。现金流是指一定时期企业的现金和现金等价物的流入和流出的数量。

新企业通常在最初的几年里亏损，现金流为负，其中第二年和第三年亏损可能进一步加剧，其后现金流会逐步改善，直至稳定地出现正现金流。此时，企业度过生存危机，开始持续稳定盈利。但即便是高潜力企业，一旦现金流出现赤字，就将发生偿债危机，在创业早期的关键阶段耗尽全部资金，导致破产。对新企业而言，由于信用不足、资产有限、融资条件苛刻，很难从商业银行获得贷款，只能主要依靠自有资金运作。

《2011 年中国创业者生存报告》选取全国各地科技行业有代表性的初创企业 103 家作为样本，深入分析了初创公司的生存状况。[①] 这份报告显示，受访者中近七成主要利用自有资金创业，只有两成多主要以外部投资作为自己的第一笔创业资金。而由国内知名网站——中国校友会网发布的“2010 中国大学生创业富豪榜”中，101 位几乎白手起家或自筹资金创业，约占上榜创业富豪总数的九成。[②]

正是由于创业初期企业的资金流主要来自自有资金，“抠门”好像成了每个创业者的突出特点。曾有一份有意思的排名——“中国十大抠门富豪”，王永庆第一，李嘉诚第二，牛根生第三。牛根生可谓“大陆第一抠”，他甚至连生活支出都有预算，若超支了就要查个明白。其实也正是这种节俭的作风渗透到了企业的各个方面，才使企业能赢得更多利润。牛根生认为，在创业初期，应能省就省，千万别把浪费当大方；在创业遇到瓶颈时不如换个角度思考，与其费尽心思地去挣那一块钱，倒不如在节约方面下工夫。牛根生说过：“企业家是社会财富的‘守门人’，该花的钱不花，那叫缺位；不该花的钱乱花，那叫越位；把钱花在刀刃上，那才叫责任。”在自有资金有限的情况下，努力节约和降低成本不失为上策。此外，创业者应当密切关注现金流状况，通过增加应付账款和减少应收账款来改善现金流；千方百计开拓融资渠道，争取风险投资；设法扩大销售，加快资金回笼，控制采购，削减库存；未雨绸缪，争取短期应急资金等，以防现金流中断。尽快实现盈亏平衡，创造正现金流，这是创业早期的当务之急。

3. 实行充分调动“所有的人做所有的事”的群体管理

新企业在初创时尽管建立了正式的部门结构，但很少有按正式组织方式运作的。典型的情况是，虽然有名义上的分工，但运作起来是哪里急、哪里需要，就都往哪里去。这种看似“混乱”的状态，实际上是一种高度有序的状态。每个人都清楚组织的目标和自己应当如何为组织做贡献，没有人计较得失，没有人计较越权或越级，相互之间只有角色的划分，没有职位高低的区别。这种运作方式有利于培养出团队精神、奉献精神和忠诚度。即使将来事业发展了，组织规范了，这种精神仍在，会成为企业文化的核心。在创业阶段，创业者必须努力使各部门成为真正的团队，否则创业很难成功。在创业时期锻炼出来的团队领导能力，是创业者将来领导大企业高管层的基础。

4. 创业者应亲自管理运作细节

古人云：“天下难事，必做于易；天下大事，必做于细”，它精辟地指出了想成就一番事业，必须从简单的事情做起，从细微之处入手，创业者更应如此。

---

① 网易科技．2011 年中国创业者生存报告［EB/OL］．http：//tech. 163. com/12/0212/19/7Q3AKFGL00094-MD4. html.

② 2010 中国大学生创业富豪榜上榜［EB/OL］．http：//www. schoolzs. com/html/news/jobnews/15215. html.

我国前些年澳星发射失败就是细节出了问题，配电器上多了一块 0.15 毫米的铝物质，导致澳星爆炸；国际名牌 POLO 皮包凭着“一英寸之间一定缝满八针”的细致规格，20 多年立于不败之地；微软公司投入几十亿美元来开发每一个新版本，就是要确保多方面细节上的优势，不给竞争者以任何可乘之机；苹果在别人都忽视的地方还保持对细节的完美追求，比如，在新一代 iMac 的设计中，iMac 所增加的两种新的颜色，是设计师们耗费 18 个月的时间精心创造的，iMac 的底盘里每一颗螺丝都是一件精致的工艺品，而不仅仅是机械零件。

在创业初期，创业者大都有这样的体验：曾经直接向顾客推销产品；亲自与供应商就折扣谈判，到车间里追踪顾客急需的订单；在库房里卸货、装车；跑银行、催账；策划新产品方案；制定工资计划；曾被经销商欺骗；遭受顾客当面训斥，等等。创业者对经营全过程的细节了如指掌，才能使生意越做越精。

零售巨头沃尔玛之所以在强手如林的商场独树一帜，一个重要的原因是老板山姆·沃尔顿注重细节管理。早年山姆·沃尔顿在任用经理时，经常会要求经理携妻子一起来公司见面，而他与妻子海伦也一定在场，因为沃尔顿认为“一个人对妻子的选择可以体现出他的性格特征”；沃尔顿还立下规矩，每次总部高层季度例会，都要仔细分析一家问题企业，直至找到解决办法；在对员工的培训中，沃尔顿要求员工被顾客问到某种商品在哪里时，不能仅指出该种商品所在的位置，而是应该亲自带顾客去找到这种商品。之所以投入大量的时间和精力进行这样细致的培训，就是为了留住每一名前来购物的顾客。

亲自管理运作细节并不意味着管理者必须兼顾到方方面面。无疑，管理者应将大部分精力放在“大事”（如战略、产品、市场）上，但也要将一些重要的运作细节纳入日常的管理工作中，要根据企业、产品、客户的具体情况，在特定的时间段，判断哪些方面的细节至关重要，即确定几个关键的控制细节，全程参与、亲自管理。比如，客户的意见及投诉、产品的测试效果、与供应商的联系与谈判、基层员工的反馈，等等。

当然，随着企业的逐步发展，创业者不可能深入到企业各个角落，亲自参与企业运营的每个环节，授权和分权则成为必然。

案例 8-6　细节决定成败

例 1：公司门口有两个早餐店，左边一个，右边一个。两个早餐店的主人都是 40 多岁的男人，一个戴白帽，一个光着头，人们就叫他们“帽子哥”和“光头哥”。他们卖的都是煎饼、油条、豆腐脑，味道、分量也都差不多。公司员工、附近的居民都喜欢来这里吃早餐。

渐渐地，人们发现，“帽子哥”这边的顾客越来越多，而“光头哥”那边的人逐渐稀少。不久“帽子哥”请了一个帮手，又把隔壁的房子租了下来，扩大了店面，增加了品种。“光头哥”苦苦支撑了一年，最后不得不关门停业。其实，“帽子哥”只不过多备了一把不锈钢夹子，用来接钱、找钱，他说钱币上有很多细菌，不注意会污染食品，影响身体健康。顾客当然更青睐“帽子哥”洁净卫生的早餐店了。

例2：每天下午，小区门口总会停着三四辆回收废品的三轮车。车主坐在车上，或抽烟，或聊天，静等小区有卖废品的人前来招呼，被叫的车主便会带上秤和袋子，跟着主人进去。但小区里的人总是愿意让一个60多岁的老人去家门口收废品，所以他的三轮车早早地就装满了。一个下午，老人收了两车，另几个人一车都不满。他们不服，疑心老人用了什么绝招。一天，他们悄悄地跟随他，只见老人把废品装到袋子里，又用随身携带的扫帚，把留在地上的碎纸屑、烟头、灰尘扫得干干净净，然后扔进垃圾箱。看明白后，几个人坐在车上低头抽烟，默不作声。

"细节决定成败"，看似微不足道的小事，一颗为别人着想的心，或许就能助你赢得成功。

资料来源：夏云霞．你靠什么赢[N]．扬子晚报，2014-08-13.

二、新企业成长的驱动因素

成长是新企业生存和发展的一种状态。企业成长包括"量"（主要表现为企业经营资源的增加）的增长与"质"（主要表现为竞争能力与创新能力）的提高，新企业成长是一种量的积累和质的突破相结合的过程。

新企业成长指从企业创立甚至从企业创意开始，到企业摆脱生存困境并基本实现规范化、专业化管理的过程，即从企业创立到发展演变成大中型企业的过程（张玉利和任学锋，2001）。

新企业成长的推动力量包括创业者、创业团队、市场和组织资源等四个方面。

1. 创业者驱动

创业者是新企业的决策人和领导者，对于新企业成长的驱动具有不可替代的作用。创业者发现商业机会，寻找、开发能用来创业的资源，这些都需要创业者具有一定的素质、眼光、能力和胆略。创业者不仅要有前瞻性、洞察力，还要善于沟通和管理。有了机会，找到了资源，并不意味着能够得到市场响应，还需要好的商业模式和发展战略，只有这样，才能引领新企业可持续发展。所以，创业者的能力和欲望决定了新创企业的成长状况。

2. 创业团队驱动

创业是一个包含众多成员的组织的形成过程，一个喜欢独立奋斗的创业者固然可以谋生，然而一个团队的营造者却往往能够创建一个组织或一个公司，而且是一个能够创造重要价值并有收益选择权的公司。创业团队的凝聚力、合作精神、立足长远目标的敬业精神会帮助新创企业度过危难时刻，加快成长步伐。另外，团队成员之间的互补、协调以及与创业者之间的补充和平衡，对新创企业起到了降低管理风险、提高管理水平的作用。

团队主要从创业精神、专业水平和组织方式三个方面影响新企业的成长。

创业团队的创业精神对组织的革新、新业务的开拓、提高公司的业绩非常重要，创业精神有助于企业获取新的竞争能力、提高公司竞争地位，并通过持续的竞争优势实现企业的持续成长。

创业团队的专业水平是指企业研发、采购、技术、生产、营销、财务、管理等方面工作的专业素质和能力水平。显然，高专业水平的创业团队有助于应对复杂的市场环境和激烈的市场竞争，帮助创业起步和企业成长。从这个意义上说，由拥有不同专业知识、技能且个性互补的成员组成的创业团队具有显著的竞争优势。

创业团队的组织方式主要指团队组织及其内在工作机制与运行方式，包括创业团队的组织结构、治理结构、学习及知识共享机制、价值创造与激励机制等。组织方式是引导和制约团队决策与推动各项活动的基本准则及相应制度，能为新企业的成长提供强大的动力机制。

3. 市场驱动

市场对企业发展起着决定性的作用。产品有市场，企业才能获得利润；产品无销路，企业就难以生存，更谈不上发展。因此，企业成长必须确立以市场为导向的方针，首要的问题就是研究市场环境以及如何开拓市场，逐步提高市场份额。根据迈克尔·波特的竞争力理论，企业提高市场竞争能力需要综合分析五种竞争力：行业中现有对手之间的竞争、来自市场中新生力量的威胁、替代的商品或服务、供应商以及消费者的讨价还价能力，这就是著名的“五力模型”，这五种因素制约并驱动着新企业的成长。

4. 组织资源驱动

组织本身也是一种资源。组织资源通常指企业的正式管理系统，包括企业生存、发展和运作的各个方面，诸如组织结构、企业文化、规章制度、管理与作业流程等。

组织资源的驱动作用在于，通过实现组织机构的合理化，建立充满生机和活力的管理体制，实现组织高效运转的制度化，以最大限度地调动员工的潜能。可以将组织成员所拥有的知识、技能和经验转化为组织特有的、共享的资源或资产，这种资源或资产一旦与组织其他资源结合，不仅能为企业创造利润，而且能为企业创造竞争优势，进而驱动企业成长。

三、新企业的社会认同

企业注册成立后，除遵纪守法外，还需要积极主动地承担社会责任，以获得社会认同。

在人类的发展历史上，拥有财富以及支配财富的权利从来不是获得大众尊重的唯一途径。在中国乃至世界范围内，人们尊敬和爱戴的是能带领民众一同改变命运、让生活更美好的英雄才俊。就经济领域而言，人们将尊敬回馈给诚信、正直、积极承担社会责任、服务于社会、贡献于社会的企业和个人。这种尊敬来自人们内心最真实的感受和最真诚的表达。对企业而言，这种坚实而厚重的社会认同基础为企业提供了可持续发展的土壤，长青基业成就于斯。

新创企业应如何积极承担社会责任、服务于社会、贡献于社会呢？

1. 为客户创造价值

新创企业应当努力为客户提供最大的便利、最优质的服务。“客户至上，诚信为本”，为消费者和合作伙伴创造更多、更新的价值才能得到客户群体和利益相关者的认同。

为客户创造价值就是经营“人心”，经营“人心”是企业战略制胜的法宝，是企业基业长青的关键。常言道，得民心者得天下。现代企业竞争，与其说是技术竞争、人才竞争、产品竞争、市场竞争，不如说是“人心”的竞争。谁顺应“人心”，谁就能树立起自己的品牌。谁逆“人心”，谁就会砸掉自己的品牌，被客户和消费者抛弃，被市场淘汰。

海尔“用户永远是对的”的服务理念，麦当劳“以客为尊，一切为你”的经营理念，福特“品质第一”的口号，大众汽车“以客户为中心”的全球发展战略，都说明为客户创造价值的重要性。

美国通用电气公司创始人杰克·韦尔奇曾告诫员工：“要想拥有一流的质量水平，仅仅做到产品合格、无瑕疵是远远不够的，必须为客户创造价值，并让他们感受到产品的优良品质。”韦尔奇为了企业的品牌、名誉和客户，毫不犹豫花费 6 亿美元换掉了 330 万台出故障冰箱的压缩机。通用电气现任 CEO 伊梅尔特平均每天拿出 20%的时间与客户对话。想用户之所想，急用户之急，充分与客户进行“心”的交流，为用户提供最优质的产品，竭尽全力为用户服务，这就是通用电气能做成百年老店的根本原因。

2. 善待员工

要获得社会认同，首先要赢得本企业员工的认同。企业必须以人为本、善待员工，尊重人、关怀人、成就人，真正将员工当作与企业共同发展的伙伴，才能获得员工发自内心的认同。

心理学家马斯洛提出的需要层次论认为：人有两大需要系统，即基本需要和心理需要。基本需要包括：生理需要（例如食物和水）、安全需要（例如职业）、归属与爱的需要（例如归属感）、尊重需要（例如被他人尊重）。心理需要包括：认知需要、美的欣赏需要、自我实现的需要（例如寻求自我满足、成就、发展最优潜能的需要）。

好雇主之所以赢得人心，其关键就在于，不仅能为劳动者提供“体面的工作”——稳定的工作机会、完善的薪酬制度、劳动保障和福利制度等，还真正懂得尊重、使用和培养员工，通过建立系统的培训制度，提供广阔的发展平台满足员工的需要，为员工提供成长感、成就感和归属感，使员工的自我价值得到实现。

3. 积极投入公益事业

优秀企业对公益事业都有投入，但优秀雇主在回馈社会的同时，更关注将对公益事业的投入与员工的行为相结合，给员工提供多样化、积极向上的人生体验，从而使员工感受到超越个体体验的、与企业合而为一的责任感，因而这样的公益行为更具人文价值。

此外，企业社会责任感也表现在减少生产活动各个环节对环境可能造成的污染、节能降耗、节约资源，保护社区及其他公民的利益，缓解城市（尤其是工业企业集中的城市）经济发展与生态环境平衡、人居环境恶化之间的严重矛盾，努力塑造“高度负责任、高度受尊重”的企业形象。

积极投入公益事业，自觉保护生态环境，与社会、自然和谐共处的企业，才能获得政府和公众的认同。

4. 主动接受社会监督

社会对企业的监督，主要包括政府及其有关部门的监督、消费者的监督、合作伙伴的监督、行业组织的监督及新闻媒体的监督，这些监督对企业来说都是外部的监督，对企业而言都是被动的。

要获得社会认同，企业应以诚信为基础，主动接受社会监督。包括建立良好的沟通机制，主动接受社会对企业质量、安全、环保和健康的监督，积极参与社会公益慈善活动，善待员工、善待环境、善待社会，将企业的承诺和履行社会责任内化为每个员工的自觉行动。只有对社会做出积极贡献，主动接受社会监督，才能得到全社会的认同和赞许，社会也才可能为企业发展提供更多、更好的条件。

四、新企业成长管理的技巧和策略

对于众多中小型企业来说，企业成长往往变成了一场噩梦。企业看似在快速成长并盈利，实际上已经失控并陷入严重的危机。即便企业能够幸免于难（很多企业没有这么幸运），也会丧失早期的成长潜力，停滞不前。究其原因，内外部经营环境的复杂性制约了企业的成长。

快速成长导致顾客和竞争对手数量增加，企业内部管理工作变得更加复杂，经营者会将更多时间用于“救火”；随着企业规模急剧扩大，组织内增设了各种职能部门和机构，必须招聘新员工和有经验的管理人员，并配置相应的职责分工和计划控制系统。部门间的协调配合与“救火式”管理方式一起增加了企业内部管理的复杂性。

快速成长吸引了众多的竞争对手，改变了行业内的竞争状况。大企业凭借资金、技术优势向成长中的新企业发起挑战，小企业利用低成本和地域销售优势抢占市场。因而，进入成长阶段的企业必然面临强劲竞争对手的打压和新进入小企业的“骚扰”；众多竞争对手的加入也使得顾客和供应商有了更多的选择，增强了其讨价还价能力，迫使成长中的新企业不得不调整市场策略，以赢得新顾客、维持已有顾客，进行地域市场扩张。这又必然会受到各地文化、法律和市场竞争环境的影响和制约。这些都增加了企业活动面临的困难和不确定性，进而使企业外部经营环境变得更加复杂。

新企业成长是个动态过程，成长管理需要注重整合外部资源，追求外部成长；管理好保持企业持续成长的人力资本；及时实现从创造资源到管好用好资源的转变；形成比较固定的企业价值观和文化氛围；注重用成长的方式解决成长过程中出现的问题；从过分追求速度转向强调企业的价值增加。

1. 整合外部资源，追求外部成长

创业活动往往要在自身资源不足的情况下把握商业机会，因此，要求创业者必须创造性地整合外部资源，尽可能运用少量资源控制更多资源，注重借助别人（既包括合作者也包括竞争对手）的力量发展壮大自己。

外部资源整合对于中小企业的影响可能超过对大企业的影响。Janllo（1989）的实证研究表明，高成长的中小企业使用了更多的外部资源。王庆喜和宝贡敏（2007）的实证研究也显示，小企业主的社会关系网络是小企业获取外部资源的重要通道：小企业主的社会关系越广，获取外部资源的可能性就越大，企业成长所需资源也就越有保证，成长绩效越好。①

① 王庆喜，宝贡敏．社会网络、资源获取与小企业成长［J］．管理工程学报，2007（4）．

案例8-7 全方位整合外部资源 香薯种出大产业

因食物中毒萌发回乡种田的想法

彭焕新1973年出生在长沙县农村。15岁时，父亲因工负伤，母亲告诉他只有发奋读书，才能告别面朝黄土背朝天的日子。作为村里第一个大学生，他从湖南师范大学毕业后到一所中学教书。微薄的工资无法供弟妹读书、给父亲求医买药。1995年，彭焕新南下打拼。7年后，他获得工商管理硕士学位，成为一家公司高管，年薪20万元，妻子在同一家公司工作，过上了幸福生活。

一天晚上，全家人因食物中毒住进医院，7个月大的女儿差点丧命。女儿出院后，彭焕新突然萌发回乡种田的想法——为亿万家庭提供安全健康的农产品。

他从新闻里看到一种新红薯，颜色多样，个头小巧，口味香甜，市场价18元一公斤。彭焕新发现这种香薯有商业开发价值。2007年，彭焕新回乡注册公司，建立基地，为了生存跃出“农门”的“鲤鱼”又游了回来。

“没读多少书的都出去打工赚钱，你读了这么多书，不知道种田辛苦啊!”父母反对。“回来种红薯，红薯值几个钱?”“被开除了吧?”“犯了法，躲回来了吧?”乡亲们非议。

彭焕新很坚定，他投入了自己积累的100多万元资金，与专家签订香薯知识产权技术使用协议，购买种薯，准备大干一场。

为取信农民自己先整出示范基地

引进种薯后，彭焕新想发动农民一起种植，形成规模，带着乡亲们一起奔“钱”程。他挨家挨户宣传，免费供种，承诺以高出普通红薯一倍的价格收购。但乡亲们的反应很冷淡：“红薯是喂猪的，香薯也只能喂猪。”“个头小，产量肯定不高，没钱赚。”“既然那么好，你就自己一个人种呗!”

“焕新，农民讲实惠。你自己先整个示范基地出来。”村支书易海龙的话在理儿。

2008年开春，他将自己购买的6吨种薯种植下去。没想到，50年不遇的冰灾席卷湖南。冰灾过后，6吨种薯仅剩下200公斤。

在彭焕新的细心呵护下，终于到了收获的季节。彭焕新为五颜六色的香薯起名字：玫瑰红、富硒紫、温馨黄、清纯白、水果皇、典雅黑。

他对这种价格高出普通红薯几倍的香薯进行了适当的营销，结果供不应求。乡亲们纷纷找上门来争着签合同。2008年下半年，这种可以种植两季的香薯，给参与种植的几百户农民带来每户增收3 800元的经济效益。

以品牌为龙头全方位整合外部资源

2008年11月，彭焕新的沃园香薯作为特色农产品，参加湖南省第十届国际农业博览会，荣获金奖。

“不出名，没有更多销路；出了名，问题就来了。发展中的问题，只能用发展的方式去解决。”彭焕新说。

彭焕新注册的沃园香薯，随着销路的拓展和媒体报道，逐渐成为香薯市场的第一品牌。红薯一年只能产一季，但香薯可以产两季，比一般红薯的供应时间长，然而仍不能做到全年供应。为此，彭焕新正在与农技专家合作开发三季香薯品种。

到了香薯收获季节，养猪养牛的村民会主动帮助他收割薯叶。后来，彭焕新发现薯叶还是很好的蔬菜，有一种红薯的薯叶被称为“蔬菜之王”，薯叶的经济价值大过红薯本身。薯叶卖不出去，还可以做成榨菜！

彭焕新觉得应该永远走在别人前面，以品牌为龙头，全方位整合外部资源，形成系列产品，打造产业链条。目前，彭焕新正信心百倍，着手引入战略投资者共同建设沃园农产品精加工工业园，对沃园香薯产品进行精深加工，将小香薯做成大产业。

资料来源：唐湘岳，纪富贵．硕士种香薯种出大产业［N］．光明日报，2013－06－03.

---

2. 管理好保持企业持续成长的人力资本

人力资本是指通过投资于人力资源，形成并凝结于人力资源体中，能带来价值增值的智力、知识、技能及体能的总和。

20世纪50年代末，美国经济学家舒尔茨首先创立了比较完整的人力资本理论，该理论获得1979年诺贝尔经济学奖。其核心观点是，在经济增长中，人力资本的作用大于物质资本的作用。在知识经济时代，人力资本比物质等硬件资本具有更大的增值空间。

著名经济学家、清华大学魏杰教授指出，人力资本的概念不同于人力资源，人力资本专指企业中的两类人，即职业经理人和技术创新者，这两类人的作用是否充分发挥直接关系到企业竞争力和优势的建立。

优秀人才是企业高质量的无形资产。创业者本人不一定受过高等教育，但他一定要吸引、雇用一大批有能力的下属，通过构建规模较大的管理团队让更多的优秀人才参与决策，以保持和增强企业持续成长的人力资本。为了确保企业持续发展，管理者应该从以下方面入手对企业的人力资本进行管理：

（1）树立“以人为本”的经营理念，提供良好的工作环境、成长的机会。

（2）以系统观念建立培训体系，提高投资回报率。吸纳、培养和积聚优秀人才就是积累企业人力资本。因此，新企业创立之后应该努力营造良好的人才成长环境，为优秀人才快速成长提供各种有利条件。人力资本的形成和积累主要靠教育，为此，企业必须高度重视员工培训和教育，加大投入，制定并实施科学系统的培训开发计划，开发和积累企业的无形资产。

（3）制定有效的激励制度，激发人力资本潜能。为了激发人力资本和全体员工的潜能，不仅要在创建团队时考虑利润、股权的分配，而且要在企业发展过程中及时调整，使新进入企业的主要技术骨干和高层管理人员也能得到合理的股权。同时，应当积极探索利润分享计划、员工持股等。

（4）减少人才流失，提高人力资本投资回报率。企业在人力资源方面的投入已经逐渐成为企业的较大支出。西方发达国家的平均人力资本支出占企业总收入的29%左右。企业为培养各种高管人才和技术人才付出了巨大的成本，只有避免和减少人才流失才能从巨额人力资本投资中获取丰厚的回报。激励机制是人力资本投资取得回报的重要途径，具体包括提供薪酬、福利、工作待遇与环境、学习机会、股权等方式。只有让员工有机会分享公司的成功，才能真正吸引和留住人才。

案例 8 - 8　联想的股权激励

1993 年，联想成立员工持股会，之后拥有联想控股 35%的股权，这被视作联想民营化的第一步。

1998 年，联想正式更名为联想集团（控股）公司，中科院和联想员工持股会正式确立，中科院拥有联想 65%的股权，管理层和员工拥有其余 35%的股权。

按照 1994 年确定的股权分配方案，具体内容如下：（1）1984 年、1985 年创业的员工，总共有 15 人，将获得其中的 35%，柳传志持股 3.4%；（2）核心员工，主要是 1988 年以前的老员工，约 160 人，将获得其中的 20%；（3）未来的骨干员工，包括现在的联想员工，获得其余的 45%。

股权改革后，联想人焕发了极大的积极性，联想获得了更好更快的发展。

2008 年，联想以 167.8 亿美元的年销售额首次进入全球 500 强，成为中国上榜企业中唯一一家民营企业。2013 年，联想控股综合营业额 2 440 亿元，总资产 2 070 亿元，员工总数近 6 万人。中国企业联合会发布的“2013 中国民企 500 强”排行榜榜单上，联想控股有限公司排名第一。

资料来源：娄池．联想控股信息曝光：中科院持股 36%，柳传志 3.4%［EB/OL］．腾讯科技．http://tech.qq.com/a/20120417/000309.htm.

3. 及时实现从创造资源到管好用好资源的转变

根据资源基础理论，企业的竞争优势来源于企业拥有和控制的有价值的、稀缺的、难以模仿且不可替代的异质性资源。新企业的成长是靠资源的积累实现的，因此，新企业创立后需要从注重创造资源转向管理好已经创造出来的资源，从资源开创转向资源的开发利用，强化对企业现有资源的科学管理和有效利用，以有限资源为企业创造出更大的价值。

（1）节约资源，保护环境。企业成长是一个持续利用资源和环境，不断创造财富的过程。在这个过程中，如果浪费资源、破坏环境，企业将失去生存发展的基础。因此，企业在创造财富的同时，必须节约资源、保护环境；不仅对股东负责，还要对社会、对员工、对环境负责。

（2）管理好知识资源。企业的知识资源是指企业拥有的可以反复利用、建立在知识和信息技术基础之上、能给企业带来财富增长的一类资源。在知识经济时代，企业的主要资源不再是物质资产，而是诸如客户关系、品牌、知识产权等异质性知识资源。必须采取各种必要措施，管好用好企业的知识资源，管理好有形、无形资产，通过现有资源创造最大价值。

企业异质性知识资源通常包括三个方面：①企业创造和拥有的无形资产，包括：企业文化、客户关系、品牌、信誉、渠道等市场方面的无形资产；专利、版权、技术诀窍、商业秘密等知识产权；技术流程、管理流程、管理模式与方法、信息网络等组织管理资产。②信息资源，指通过信息网络可以收集到的与企业生产经营有关的各类信息。③智力资源，指企业可以利用的存在于企业人力资源中的各种知识和创造性地运用知识的能力。

（3）资源的开发、利用与整合并举。成长阶段是新创企业的快速发展期，这时新企业需要筹措更多的资源来满足自身的发展，而充分利用既有的、十分有限的资源至关重要。这要求创业者一方面要节约资源，另一方面要注重转变经济发展方式，促进资源高效开发利用、循环利用和资源整合，提高资源使用效能，最终提高创业绩效，支撑企业的快速成长。

4. 形成比较固定的企业价值观和文化氛围

企业文化被称作企业的灵魂和精神支柱，是企业发展动力之源。没有真正深入人心的良好企业文化，创业就建立在沙滩之上，随时有可能出现严重风险事故，甚至遭遇灭顶之灾。而企业文化的精髓是创业者的创业精神，这是凝聚员工的一笔不可复制的财富，更是初创企业生存和发展的关键。华为总裁任正非曾说过："资源是会枯竭的，只有文化才会生生不息。"自创业之初，任正非就亲手培育和创建了生生不息的华为文化，并以企业文化为先导来经营企业，才有了今天的华为。

（1）着力形成比较固定的企业价值观。企业价值观是指企业及其员工的价值取向，是企业在追求经营成功过程中所推崇的基本信念和奉行的目标，因此它对企业员工有着巨大的内聚作用。价值观是企业文化的基石和核心，大多数快速成长的企业都有比较固定的企业价值观，创业者往往倾注全部心血使企业的价值观延续，以支撑初创企业的生存和发展。知识经济时代需要创业企业形成符合企业实际、独具特色、充满挑战，并能为广大员工所接受的核心价值观。

（2）努力营造浓郁的企业文化氛围。企业文化是企业的无形资产，作为一种资源，是创业初期企业的第一桶金。企业文化的重要功能之一就是将抽象的价值观与具体的管理行为相结合，在实践中使员工认同，并有效引导员工的价值观与企业的核心价值观相匹配，真正形成企业特有的人力资源核心竞争力。

企业文化的培育是一个长期的过程，需要在企业内部着力营造浓郁的文化氛围。个性鲜明、富有特色的企业文化，对内能使员工目标明确、行动统一、行为规范、积极向上、创新创业、勇攀高峰；对外则能使社会加深对企业的了解及理解，树立企业良好形象，提升公众对企业的信任度和美誉度。

案例 8-9　　华为的企业文化建设

华为非常崇尚"狼"，认为狼是企业学习的榜样。任正非说，发展中的企业犹如一只饥饿的野狼。狼有最显著的三大特性，一是敏锐的嗅觉；二是不屈不挠、奋不顾身、永不疲倦的进攻精神；三是群体奋斗的意识。同样，一个企业要想扩张，也必须具备狼的这三个特性。

华为的"狼性"不是天生的，需要有一种学习、传承与保障机制，使得狼性可以正本清源地保留，这种机制就是华为的企业文化。华为打造自己的企业文化有五招。

第一招：塑造"狼性"

华为目前有员工2.2万余人，其中销售人员占33%，而且素质非常高，85%以上都是名牌大学的本科以上毕业生。华为需要依赖一种精神把这样一个巨大且高素质的团队团结起来，并且使企业充满活力。华为找到的因素就是团队精神——“狼性”。

华为的企业文化可以用这样几个词来概括：团结、奉献、学习、创新、获益与公平。华为的企业文化强调一点：做实，即实实在在的行动。

第二招：选择良才

华为招聘员工主要有两种方法，一种是社会招聘，另外一种就是校园招聘。对于营销人员来说，华为更热衷于采用校园招聘的方式进行人才选拔。

华为的校园招聘已经形成了自己的模式。经过笔试的选拔，华为会通知笔试成绩不错的毕业生来参加面试。面试会有好几轮。就销售人员的面试来说，最初的面试考察的是专业知识，面试官是华为市场部的人员。接下来的面试考察个人素质，面试官主要是人力资源部的专家。最后环节的面试官是市场部的中高层人员，他们拥有最终的决定权。整个面试过程要持续 2～5 天，甚至更长时间。

招聘人员会组织面试合格的应聘者参观华为在本地的公司，以吸引这些优秀的学子加盟华为。

第三招：魔鬼培训

在深圳，华为有自己的培训学校和培训基地。华为的所有员工都要接受培训，合格后才可以上岗。华为还有自己的网上学校，通过这个虚拟的学校可在线为分布在全球各地的员工进行培训。

华为的培训分为上岗培训、岗中培训和下岗培训。华为的培训有如下特征：

(1) 培训成为一种习惯。培训不再仅限于新员工入司时或出现问题后，培训是员工掌握技能、胜任工作的手段。

接受上岗培训的人主要是应届毕业生，培训过程跨时之长、内容之丰富、考评之严格，对于毕业生来说是一种炼狱，这样的培训又称“魔鬼培训”。主要包括军事训练、企业文化、车间实习与技术培训及营销理论与市场演习等。

(2) 培训系统化。培训有计划，有专门的培训岗位和培训师。培训不再是拾漏补缺，不再是临时的安排，公司按照计划有条不紊地开展；组织建立了内部培训师队伍，并拥有外部的智力支持机构和培训师队伍。

(3) 培训成为一种投资。在华为，培训不再是费用，而成为企业寻求发展的一笔投资。华为每一年的培训费用高达数亿元。

(4) 自己编写培训教材。主要有《华为新员工文化培训专题教材》《优秀客户经历模型》，以及有关华为产品和技术培训的各种材料。

(5) 对培训效果有严格的考核评估。华为十分重视培训效果的检视、考核和评估，在培训结束后要进行严格的任职资格考试，只有通过考试的员工才会被录用。另外，培训的结果与晋升、加薪挂钩，纳入组织考评体系。

第四招：制度化用人

在华为的销售人员中，业绩最好的销售人员并不是有丰富经验和经历的人，而是那些刚刚从大学毕业的雄心勃勃的新员工。华为销售一线人员的工作年限一般不会超过 3 年，因为 3 年的时间足以让销售人员了解华为产品与其他公司产品的优势与劣势，一旦对这些有所了解，销售人员的士气就会大减，而任正非要保证一线人员永远充满活力。

完善的制度、严格的考核，保证了华为制度化用人战略的实施，为华为打造“营销铁军”提供了制度保障，保证了主业的不断增长和员工“阶段性成就欲望不断得到满足”。因为任正非相信：如果华为有一天停止了快速增长，就会面临死亡。只要主业还充满活力，我们的团队就有强大凝聚力，员工就会拼命而乐此不疲。

第五招：有效激励

为了保证一线人员永远保持活力，华为对销售一线人员的激励也是大手笔。在华为，一个优秀的销售人员不仅可以得到华为的物质激励，而且可以得到精神激励。二者在华为是有机结合的，激励也是华为“做实”作风的体现。

华为公司的绩效管理强调以责任结果为价值导向，力图建立一种自我激励、自我管理、自我约束的机制。通过管理者与员工之间持续不断地设立目标、辅导、评价、反馈，实现绩效改进和员工能力的提升。物质和精神上平衡、有效且完善的激励制度，保证了华为的营销团队永远活力充沛，在战场上充满了战斗力。

从培养“狼性”到传承“狼性”，从“讲解”企业文化到“做实”企业文化，华为告诉中国的本土企业：企业文化的培养是非常艰巨的过程。成功没有捷径，从招聘人才，到培训人才，再到使用人才，最后是激励人才，每一个环节都需要企业脚踏实地、付出心血。

资料来源：华为企业文化［EB/OL］. 互动百科 . http：//www. baike. com/wiki/.

---

5. 注重用成长的方式解决成长过程中出现的问题

根据企业生命周期理论，企业与生物体一样会经历出生、成长到死亡的生命历程，企业组织体系随着生命周期不断演变，在迈向新生命阶段时都将面临某种阵痛。此时，组织若能通过程序的制定以及有效的决策来攻克难关，促进转型成功，则所面临的问题均属过渡性的正常现象。反之，如果组织只是一味地走老路，那么更多的异常问题将随之而来，而且会愈演愈烈，阻碍组织的发展。

因此，创业者在新企业成长阶段必须重视变革与创新，注重用成长的方式解决成长过程中出现的问题，在不同的成长阶段施以不同的推动力。

（1）注重在成长阶段主动变革。企业在创业初期特别是成长阶段实施变革的成本小，因为成长性强可以为企业提供变革所需要的资源，可以吸引优秀的员工，进而减弱来自内部的变革阻力。

处于早期成长阶段的企业最容易犯三种错误：一是容易被眼前的机会所诱惑，缺乏战略眼光，从而导致初创企业作出一些不明智的决策与承诺；二是缺乏系统化的规章制度、明确的行动方针和健全的预算体系，企业往往表现出不稳定性，容易受挫；三是缺乏科学的管理体系，成为“家长制”企业，独断专行，阻碍企业进一步发展。创业者应该敏锐地觉察到组织成长迟缓、内部不良问题积弊、难以应对竞争环境变化等问题，以企业家的战略眼光和改革魄力，及早主动变革，注重管理创新，对内部组织、工作流程以及企业文化进行必要的调整与改善，以克服企业早期成长的“瓶颈”。

（2）善于把握变革的切入点。把握好变革切入点有许多好处：首先，变革的成本较小，能够发挥“借势发力”的功效。其次，见效快。变革的阻力主要是人们对未来的发展、变革成功的可能性、对切身利益的影响持有疑虑。把握好切入点，从局部推进变革，往往可以在短期内取得效果，进而增强人们对变革的信心。最后，这种变革方式容易控制，不至于失控。

变革需要科学把握切入点，如从激励机制切入、从竞争策略切入或从营销手段切入等，由点到面、层层深入、逐步推进。太太药业公司从改变销售政策入手推进变革，海尔集团从砸冰箱树立质量意识入手实施变革，联想则从并购 IBM 的笔记本电脑部门入手变革国际化战略等，都是切入点选择的成功典范。

对于企业文化的变革应该采取文化的创造性破坏策略，在传承原有企业文化核心价值理念的基础上，引入新的文化因素，既要破除旧有文化中不利的因素，又要引入新的文化因素加以完善，让企业文化不断扬弃更新，满足变革的需要。变革遇到阻力是正常的，但千万不可强行变革，速战速决。

典型的例子是卡莉·菲奥莉娜强行改造“惠普文化”遭遇失败。1999 年 7 月，惠普宣布高薪聘请朗讯女将卡莉·菲奥莉娜担任 CEO，期望她重拳出击，向惠普核心文化开刀，从而重振惠普。2000 年 9 月，惠普董事会任命卡莉为董事长、总裁兼 CEO，随后，惠普股价一度由原来的每股 70 美元上涨到 100 多美元。卡莉本人也多次被《财富》《时代》等杂志评选为“全美第一商界女强人”“全球最美丽的 CEO”。惠普的员工对新老板寄予厚望，为此忍受了多年的公司变革的煎熬。关键的原因在于其变革没有获得市场的认可，这样的变革很难获得惠普员工的理解和支持。卡莉改造惠普的模式主要借助“外力”——聘请外界管理顾问诊断，并接受其改造组织的建议，绝不考虑内部人员的意见。因此，她的改造常让惠普人“一头雾水”。同时，卡莉的做派俨然一个演艺明星——她成为惠普历任 CEO 中第一个为自己购买专机的人，四处张扬，令人可望而不可即……这一切都在惠普内部引起了很大不满，惠普季度业绩持续低于预期，市场业绩进一步下滑，卡莉试图通过解雇三位高管来挽回局面，结果导致了恶性循环。2005 年 2 月，惠普董事会紧急罢免卡莉。据《华尔街日报》报道，惠普的员工在听到卡莉下台的消息后居然纷纷开香槟庆祝。

可见，强行变革的模式很难成功。变革者应当正确认识员工的抵制，从反对意见中寻找对变革有益的思路，而不是孤注一掷、一意孤行。变革中不要期望一步到位，而应采取和风细雨的沟通方式，让员工知道更多的信息以达成共同的变革愿景，通过谈判、实施利益补偿等妥协手段减少甚至消除抵制行为，放慢变革节奏，渐进式、分阶段循序渐进地推进变革。

案例 8-10　快速成长中的组织变革

1984 年联想创业起步。伴随着企业成长，联想的组织架构经历了从简单到复杂一系列渐进式变革，每次变革都促进了企业的快速发展，成就了今天的世界 500 强企业。

平底快船

1987 年以前，联想设计了“平底快船”的模式。所谓“平底快船”，就是总经理直接指挥，权力高度集中，人员和部门一专多能，资金批量投放，快速回笼。这种模式对创业初期的小企业十分有效，“平底快船”组织结构简单，适应了联想当时规模小、产品少、资金少、人员少和营业额小的特点，能保证各部门和员工彼此之间的沟通和信息反馈，领导也有能力和精力对为数不多的下级实施监督和控制，促进了联想的发展。

大船结构

通过几年的发展，联想规模不断扩大，积累了上千万元的自有资金和上亿元的营业额，人员和产品大幅增加，原来的“平底快船”模式已经不能适应企业的快速发展，产生了很大的弊端。比如，当时联想在各地的子公司不听北京总公司的号令，自己“划小船”，个别子公司甚至出现了贪污腐败的行为。

柳传志深刻地认识到，当今世界经济发展趋于协作与大联合，没有一支组织严密、战斗力很强的队伍，企业就成不了气候，形不成产业，进军海外市场也就无从谈起。在这样的背景下，联想自1988年开始提出将“平底快船”模式改为“大船结构”管理模式，将权力收归集团，企业成为一艘大船。大船由多个船舱组成，每个船舱是一个专业部，实行经济承包责任制，大船可以灵活地管理各个船舱，增强了整体合力。

资料来源：宋联可．联想的螺旋型企业文化［EB/OL］．价值中国网．http：//www. chinavalue. net/Management/Article/2008-5-17/115881. html.

（3）重视人力资源的开发。计划变革但找不到合适的人才实施变革，这是企业家在成长过程中经常面临的最大困境。注重人才积蓄，采取更为积极的人力资源策略，注重从内外部广纳人才，对于变革的成功乃至企业发展至为重要。

为此，企业要有自己的价值取向、目标定位和发展战略，并得到员工的理解、支持和信赖，这样才能吸引和留住企业想要的人才；要聘用符合企业价值观和认同战略目标的员工，并有计划不断地培训优秀员工，给他们提供充分的提升与发展机会，注重在企业内部培养人才；要营造一种宽松的工作环境，在可能的情况下尽力满足员工的兴趣和爱好，让他们心情舒畅，充分释放自身的潜能。

（4）加强系统建设。企业是一个复杂的系统，任何公司都存在一个事实上的管理系统，它涉及如何整合资源、如何营运、如何管理控制以保证目标的有效实现。创业之初，创始人的角色是全权责任人和全面管理者，新企业创建后，创业者就不能仅仅致力于打造一支优秀的高层管理团队，还要构建一个负责日常经营活动的管理系统。随着企业的成长和规模的扩大，日常生产经营活动越来越庞杂，创业者/团队承受的压力会越来越大，一个好的经营管理系统是企业可持续发展的关键资源和组织保证。

6. 从过分追求速度转向强调企业的价值增加

过分追求速度必然依靠拼资源、拼消耗、拼环境、拼廉价劳动力的粗放型经济发展方式，急功近利、急于求成的企业往往事与愿违，曾经在国内飞速发展、辉煌一时的巨人集团、飞龙集团、亚细亚集团、秦池集团等都早已销声匿迹。

（1）管理好价值链。企业经营的真正目的在于为客户创造价值，当企业发展到一定程度时，就需要向价值链增加得快和多的方面转移和延展，以获得最大的价值，规避快速成长的风险，实现健康可持续发展。因此，在成长阶段企业管理的主要目标不再是企业所有者的利益最大化，而是管理好企业内外部价值链，从加工组装环节向价值链两端——附加值更高的研发设计、采购、物流、营销、服务等环节发展，追求企业价值最大化。

（2）打造企业品牌。强调价值增加的一个重要方面就是企业品牌的打造。企业品牌是企业最重要的无形资产，甚至有学者认为企业品牌是继人、财、物、信息之后企业的“第五经营资源”，是企业竞争力的核心所在，是企业基业长青的重要保障。亨利·福特曾在自传中说：“你可以没有资金、没有工厂、没有产品，但你不能没有品牌。有品牌就有市场，当然也会有其他。”可口可乐也曾夸下海口：即使全世界所有的可口可乐工厂都烧毁了，可口可乐品牌仍可以使公司在一夜之间重新站立起来。可见，打造一个拥有广泛影响力的品牌，不仅可以带来顾客满足感和忠诚度，还可以通过品牌强化核心竞争力，实现企业利润增长，提升美誉度和股东价值，增强员工凝聚力，从而实现价值创造的良性循环。

本章小结

新创企业可以选择的组织形式主要有：个人独资企业、合伙企业、有限责任公司（包括一人有限责任公司）和股份有限公司。

新企业注册流程主要包括：新企业名称设计，新企业工商注册登记等。经过多轮改革，目前新企业工商注册登记已实现“先照后证”“五证合一”“一照一码”的登记模式，放宽准入，简化了注册审批流程，极大方便了创业者。

创业者在创建和经营企业的过程中，必须了解和遵守有关法律法规，以确保自身和他人的利益没有受到非法侵害。与创业有关的法律主要包括专利法、商标法、著作权法、反不正当竞争法、合同法、产品质量法、劳动法等。

创建新企业时还应注意伦理问题，包括创业者与原雇主之间、创业团队成员之间、创业者和其他利益相关者之间的伦理问题等。

新企业选址需要综合考虑政治、经济、技术、社会和自然等影响因素，其中经济因素和技术因素对选址决策起基础作用。

企业注册成立后，除守法经营外，还需要主动承担社会责任，以获得社会认同。

新企业成立初期应以生存为首要目标，其特征是主要依靠自有资金创造正现金流，实行充分调动“所有的人做所有的事”的群体管理，以及创业者亲自管理运作细节。

新企业成长的推动力量包括创业者（团队）、市场和组织资源等。新企业成长的管理需要注重整合外部资源、追求外部成长，管理好保持企业持续成长的人力资本，及时实现从创造资源到管好用好资源的转变，形成比较固定的企业价值观和文化氛围，注重用成长的方式解决成长过程中出现的问题，从过分追求速度转向调强企业的价值增加。

关键术语

企业组织形式　个人独资　合伙企业　有限责任公司　股份有限公司　企业注册　知识产权　企业伦理　新企业生存　新企业成长　社会认同

思考题

1. 试述新企业注册的程序和步骤。
2. 试述创建企业必须考虑的法律与伦理问题。
3. 谈谈新企业获得社会认同的必要性和基本途径。
4. 为什么新企业成立初期以生存为首要目标？其主要管理特征有哪些？
5. 简述新企业成长阶段的管理特点与行为策略。

进一步的阅读材料

1. ［美］阿玛尔·毕海德．新企业的起源与演进［M］．北京：中国人民大学出版社，2004.

2. ［美］库拉特科．新创企业管理：创业者路线图［M］．北京：机械工业出版社，2009.

第 9 章

创业风险

本章要点

- 风险的概念、构成与分类，机会风险的管理
- 创业者风险承担能力的估计，基于风险估计的创业收益预测
- 新企业在成长阶段的主要风险来源
- 新企业在成长阶段的风险控制和化解

引例

施正荣梦断光伏

从科学家到中国首富，施正荣只用了5年时间；他带领的无锡尚德从辉煌到败落，也不过8年时间。创业13年，施正荣经历了从天堂到地狱的极速坠落。

从科学家到首富

施正荣1963年出生于江苏省扬中市的一个贫穷农村家庭，自幼被送予他人。然而，依靠出众的天赋与勤奋，16岁的施正荣考上了长春理工大学，4年之后又顺利考上中科院上海光学研究所的研究生，毕业两年后以优异的成绩被公派到澳大利亚留学。在澳大利亚新南威尔士大学太阳能研究中心，他师从"世界太阳能之父"、2002年诺贝尔奖得主马丁·格林教授，1991年获得多晶硅薄膜太阳电池技术研究领域的博士学位。

2000年，施正荣带着他个人持有的十多项太阳能电池发明专利和在澳大利亚的两年里获得的薪酬——40万美元，回国创业。对于当时技术短缺的国内光伏业来说，这些技术是弥足珍贵的创业资本。

施正荣的一腔热情最终倾注在长达210页的商业计划书里。回国后，施正荣辗转中国各地，不停地游说与演讲，然而没有人相信他，施正荣面临无人投资的尴尬境地。

"功夫不负有心人"，施正荣在无锡遇到了伯乐——无锡市主管工业的常务副市长毛小平，毛小平认为可据此谋求无锡经济发展转型。于是，在政府的撮合下，

无锡小天鹅集团、山禾制药、无锡高新技术风险投资有限公司等8家企业共同出资600万美元，施正荣则以40万美元现金和价值160万美元的技术参股，成立了无锡尚德太阳能电力有限公司，施正荣占25%的股权。传奇故事由此开始书写。

2002年，当施正荣建成尚德第一条10兆瓦太阳能电池生产线时，其产能相当于此前中国太阳能电池4年产量的总和，并将中国的晶体硅太阳能电池制造水平提前了15年。

随后的两年，是尚德持续扩产的两年，也是太阳能行业在全球快速发展的两年。低廉的制造成本、政府的强力推动给予施正荣快速发展的空间。2004年，无锡尚德产值翻了10倍，利润接近2 000万美元，尚德的太阳能电池生产能力已位居世界第十。到2005年9月，尚德的生产能力再向上攀升两位数，但其销售市场几乎都在国外。

2005年12月14日，施正荣带领尚德登陆纽约证券交易所，开中国内地首家民营企业赴美IPO（首次公开募股）直接登陆纽交所的先河，并创下内地民营企业在美国证券市场首次融资最高额的纪录。

2006年，在《福布斯》杂志“全球富豪榜”上，担任无锡尚德董事长兼CEO的施正荣以22亿美元排名第350位，成为中国内地新的首富。

从辉煌到败落

用5年时间就成为中国首富，施正荣的成功大大刺激了中国国内光伏产业的发展。Solarbuzz发布的数据显示，在2007年全球太阳能电池片市场，中国厂商的市场份额由2006年的20%迅速上升到35%。到了2008年，总共有10家国内的光伏企业在海外上市，融资规模达到20亿美元。施正荣因此被称为光伏产业的“催化剂”。

光伏业界一直有“拥硅为王”的说法，在此前数年的暴利时代，作为光伏产业主要原料的多晶硅价格持续飙涨，几乎所有企业都将“得硅者得天下”奉为铁律。而当时供不应求的状况让所有的光伏企业开始追逐光伏产品的原料，多晶硅的价格就像坐了火箭一样，涨得不可思议。

面对疯狂上涨的硅料价格，施正荣坐不住了。他找到全球十大硅片供应商之一的MEMC公司。凭着上市和借贷获得的雄厚资金，施正荣与MEMC约定，在未来10年，MEMC以每千克80～100美元的价格，向尚德提供价值60亿美元的硅片。

2007年，尽管尚德在非晶硅薄膜电池的技术路线和量产化方面尚未成熟，施正荣仍然力排众议，宣布在上海投产薄膜电池生产基地。施正荣认为，多晶硅价格10年内不会跌破100美元。但是，硅料的价格跟施正荣开了个天大的玩笑，从500美元一下子下降到50美元，然后又从50美元下降到20多美元。

2008年冬天开始，光伏行业发生巨变。长期依靠欧美高额补贴维持增长的模式遭遇挑战，“囤积原材料”成了压倒施正荣的最后一根稻草。

2008年11月下旬，尚德发出预亏公告，施正荣开始带领尚德减产、裁员，并且缓聘2 000名新员工，却仍然未能力挽狂澜。

50岁迎来厄运

自2011年开始，施正荣和尚德真正迎来了危难时刻。

2011年11月底，“应对美国太阳能产品‘双反’调查新闻发布会”在京举行。发布会结束后，施正荣接受媒体记者的追问，满脸愁容，语调极低，尽管施正荣那时仍表示对行业有信心，但往日的坚定已然不再。而这一年，正是尚德成立十周年。

十年一觉光伏梦。但尚德这一年先后传出令人震惊的负面消息，先是与美国硅片大佬MEMC公司解约并赔偿2亿美元，之后是全年净亏损10亿美元，紧随而来的是裁员和多位高管离职。

施正荣本人也不断被曝出关联交易和GSF基金反担保欺诈的丑闻，海外投资者和公众纷纷质疑。施正荣通过亚洲硅业、辉煌硅业等公司的关联交易，将上市公司尚德电力数十亿元的利益输送到自己名下的资产中。甚至有媒体曝出，2012年国开行曾经提出让施正荣以个人资产担保，为尚德争取新的贷款，以挽救危机中的尚德，但这一提议被施正荣拒绝。

2012年8月15日晚，尚德电力宣布，施正荣卸任CEO。

2013年3月4日晚间，尚德电力对外宣布，施正荣辞去董事长职务。与此同时，尚德电力开始了对施正荣涉嫌关联交易的内部调查。

2013年3月20日，无锡市中级人民法院依据《破产法》裁定，对无锡尚德太阳能电力有限公司实施破产重整。

分析：施正荣的败落有多方面原因，对中国企业和创业者而言，有着深刻的警醒作用。首先，新兴产业绝非投资的避风港。相反，由于其机会多、机遇大，风险可能也远远高于传统领域，特别是在大家盲目一拥而上的情况下，“先驱”很容易成为“先烈”。

其次，庞大的产能不是财富，而是包袱。中国的光伏企业试图依靠扩大产能来化解“两头在外”的尴尬，结果伴随欧债危机和欧美对中国太阳能晶硅电池展开“双反”（反倾销、反补贴）调查，直接导致行业景气度降到了冰点，产能过剩问题开始急剧凸现，注定要为前些年的盲目扩张付出代价。

再次，战略决策失误是尚德破产的最重要原因。科学家可以创业，但必须正视自身的短板，必须研究市场、加强管理、科学决策，否则在市场风浪中肯定翻船。

最后，经营管理不善是尚德破产的基础性原因。具体表现为忽视技术创新，忽略国内市场。长期以来，中国的光伏企业，无论大小，一直遵循相同的发展模式：在地方政府扶植下从国有银行获得大量低息贷款，然后从国外采购生产设备，建越来越大的厂房，生产常规太阳能组件，通过价格战将产品廉价销往海外，恶性循环扼杀了技术创新，忽略乃至丧失了潜力巨大的国内市场，企业成为无本之木。

经营管理不善还表现在企业内部矛盾激化，人才流失严重，中层员工积怨不断；公司监管不力，致使施正荣通过令人眼花缭乱的关联交易，将尚德的大量财富转移到了自己名下，尚德被一步步掏空。

资料来源：根据赖智慧．施正荣梦断光伏［EB/OL］．新财经．http：//www.xincaijing.com/html/201305/11970.html整理．

第1节　创业风险概述

风险是指在特定环境下、特定时间段内，某种损失发生的可能性。

创业风险是指创业过程中存在的风险。有价值的创业机会是有风险的，当创业机会面临某种损失的可能性时，这种可能性及引起损失的状态便称为机会风险。创业环境的不确定性，创业机会与创业企业的复杂性，创业者、创业团队与创业投资者的经验、能力与资源的有限性，是创业机会风险的根本来源。

一、机会风险的构成与分类

1. 机会风险的构成

机会风险由风险因素、风险事件和风险损失三要素组成。

（1）风险因素。风险因素是风险事故发生的潜在条件，是造成风险损失的内在或间接原因。根据性质不同，风险因素可分为物质风险因素（如技术的不确定性、经济条件的恶化）、道德风险因素（故意）和心理风险因素（过失、疏忽、无意）三种类型。

（2）风险事件。风险事件是造成风险损失的直接或外在的原因，是风险因素综合作用的结果，是风险损失产生的媒介物。即风险只有通过风险事件的发生才成为现实，才会导致风险损失。如全球金融危机导致企业效益的下滑，技术的不确定性导致研发的失败。

（3）风险损失。风险损失是指非故意、非预期、非计划的经济利益的减少，这种减少可以用货币衡量。通常将风险损失分为两种形态，即直接损失和间接损失。

风险是由风险因素、风险事件和风险损失三者构成的统一体，三者的关系如下：风险因素是风险形成的必要条件，是风险产生和存在的前提；风险事件是指外界环境变量发生始料未及的变动从而导致风险损失的发生，它是风险存在的充分条件，是风险由可能转化为现实的媒介。

2. 机会风险的分类

机会风险的分类方法有多种。

（1）按影响程度可分为系统风险与非系统风险。

①系统风险。系统风险源于创业者或创业企业之外的、主要由创业环境变化带来的风险，诸如商品市场风险、资本市场风险等，也称市场风险。如2008年以来爆发的金融危机就是一次全球范围的系统风险。系统风险的诱因发生在企业外部，是创业者和新创企业本身无法控制的风险因素，其影响面一般都比较大，影响着绝大多数企业的运营，所以只能设法规避，而无法消除。

②非系统风险。非系统风险是由创业者或创业企业自身引发的风险，诸如团队风险、技术风险、财务风险等。非系统风险与创业者在创业过程中的判断失误、决策失误或创业项目的资金结构不合理等因素有关。对于创业者来说，非系统风险在一定程度上可以通过

控制、分散或转嫁的方式来加以削弱或抵消，因此又称为可分散风险或可回避风险。

（2）按风险的内容可分为环境风险、市场风险、团队风险、管理风险、技术风险、财务风险等。

①环境风险。指外部社会、政治、经济、法律等环境变化，甚至自然灾害的发生导致创业者或企业蒙受损失的可能性。

②市场风险。指市场供给、市场需求、市场价格等的不确定性对创业企业带来损失的可能性。市场风险主要分为产品市场风险和资本市场风险两大类。

③团队风险。指由于某些原因造成创业团队分裂、解散，进而导致创业活动无法持续进行，甚至创业失败的风险。

④管理风险。指经营管理过程中因信息不对称、管理不善、判断失误等影响管理水平的风险。

⑤技术风险。指由技术方面的因素及技术变化的不确定性而威胁到创业企业生存与发展，甚至导致创业失败的可能性。创业过程中，产品研发、技术创新、技术成果转化、工艺整合、设备更新等方面充满不确定性，带来技术风险。

⑥财务风险。指创业者因筹措资金、资金使用不当或财务结构不合理而产生的风险。创业过程中常常因财务风险造成资金链断裂而陷入危境，即可能丧失偿债能力，导致创业失败。

（3）按创业过程可分为机会的识别与评估风险、创业团队组建风险、准备与撰写创业计划风险、整合创业资源风险和新创企业管理风险等。

二、机会风险的管理

机会风险中，一些是可以预测的，一些是不可预测的。

对于创业者来说，风险发生的时间、地点和损失程度往往具有不确定性，但这绝不意味着风险是不可捉摸的。事实上，通过市场调查，建立完善的信息收集与管理系统，采用科学的预测方法和管理手段，大多数机会风险是可以管理的。

机会风险的管理是一个过程，包括对风险的识别、风险评估和风险应对策略制定，目的是使可避免的风险、成本及损失最小化。

创业者需要结合对机会风险的估计，努力防范和降低风险。

（一）系统风险的管理

1. 密切关注宏观环境的变化趋势

当市场整体活跃，人气鼎沸，需求旺盛，投资者踊跃入市，创业机会多且赢面大时，人们的风险意识逐渐淡漠，这往往是系统风险将要出现的征兆。从投资价值分析，当市场整体价值有高估趋势时，创业者切不可放松对系统风险的警惕，应密切关注和预测国际环境、国家政策、科技发展趋势、法律走向，早做准备，以适应宏观环境的变化。

2. 建立风险评估和监控机制

针对创业过程中的风险，创业团队应建立风险评估和监控机制。风险评估和监控的基础性工作是收集风险管理初始信息，构建并不断完善信息管理系统，对收集的初始信息进行必要的筛选、提炼、对比、分类、组合和识别，以便对风险进行科学分析和评估。当风险将要出现时，创业者应当能够快速响应，以主动有效地采取防范和控制风险的措施。

理想的风险管理，应事先排定优先次序，优先处理引发最大损失及发生概率最高的事件，再处理风险相对较低的事件。实践中，因为风险的大小与发生概率的高低通常不一致，所以难以决定处理顺序，需要权衡以做出最合适的决定。因为涉及机会成本，风险管理也要面对如何有效地利用资源的难题。

3. 严格筛选创业项目

防范系统风险，创业项目的选择十分关键。通常创业者应当选择自己熟悉的行业，在邻近的地域选址，以便减小风险、降低成本。在此基础上，必须对创业项目内外部环境进行信息收集、访谈和论证，进行详细评估，做深入的投资可行性研究，评估应侧重市场目前的竞争态势、未来的增长潜力和创业项目的经济效益。企业在种子期、初创期所面临的技术风险和市场风险远比创业其他阶段高，因此，创业项目遴选得好，成长性高、增值潜力大、风险敏感性低，就会大大降低系统风险的影响。

4. 努力分散、规避和转移风险

对于创业者来说，系统风险是无法消除的，但在一定条件下，系统风险能得到转嫁或转化为可分散的非系统风险。特别是在创业启动阶段，相关的工作非常艰辛且费时费力，不要试图独自解决一切问题，要积极主动地寻求合作和支持，这样有利于分散风险。

创业过程中应知法守法，自觉运用法律规范自己的经营行为，选择的项目必须是国家法律法规允许的，这将规避最大的风险。根据风险承受能力，创业者对风险过大的投资方案应该坚决回避，项目运行应当符合有关安全、环保规定；融资渠道应当合法可靠。规避风险还要做到拒绝与不讲信用的厂商有业务往来，经营中不要追求一本万利、一夜暴富、“一锤子买卖”等。

转移风险的有效办法包括：一是去保险公司投保，对企业的财产和责任、员工的健康和失业提供保障。例如为财产投保就是转嫁意外事故风险。许多个体创业者往往忽视保险，但买保险是“小投入大保障”，必不可少。二是以租赁设备代替购买设备来转嫁投资风险。三是在资金筹集上，若个人独资则承担无限责任，但几个人共同投资则承担有限责任，能够分散风险；还可以通过控制资金投入比例等方式，减弱系统风险的影响。

（二）非系统风险的管理

1. 团队风险的防范

团队风险对早期的创业企业往往是致命的风险因素。防患于未然，就要从创业团队成员的选择开始。

（1）最基本的法则就是选择最了解的人一同创业。大家相互了解，志趣相同，有共同语言，配合默契，不会为增进了解与磨合而花费太多的精力。

（2）选择不太计较的人一起创业。创业初期最需要的是模糊学，大事按章程，小事要“难得糊涂”。很多创业者奉行“亲兄弟，明算账”的哲学，这对创业团队来说往往是最大的伤害。创业之初就为蝇头小利争得面红耳赤，非坏事不可。

（3）朋友关系和家族亲情不要混合。创业伙伴不要把朋友关系和家族亲情掺合在一起。创业伙伴最坚固的莫过夫妻、父子、兄弟等，基于纯粹的血缘关系和姻亲关系创业最容易成功；基于长期的朋友关系创业也是很好的选择，但如果是朋友关系加上夫妻关系等家族亲情，就难以让创业团队走得更远，再好的朋友也抵不住夫妻枕边风。所以，创业伙伴要么选择纯家族关系，要么选择纯朋友关系。选择了纯朋友关系，就不要半路上让伙伴的家族成员再参与进来。

（4）团队一定要有领军者。创业团队需要领军人物，但领军人物不一定是创业项目的最初发起人，最好是第一大股东。如果领军者的股份和大家一样，在重大决策面前难以达成一致意见，就会错过企业最好的发展机遇；如果领军者不是第一大股东，当企业发展到一定程度后，就会出现领军者挑战第一大股东、取代第一大股东或带领核心成员离开的情况，造成创业团队分裂，导致创业失败。

2. 技术风险的防范

势单力薄的创业者通常希望寻找互补型创业伙伴或者投资伙伴，弥补自身资金、经营或能力上的不足，从而增大创业成功的胜算。但创业者在向潜在投资者透露创意的独创性和可行性等信息时，一定要注意对该创意进行保护。然而创意本身又是难以保护的，我们只能通过一些有效的方法保护创意的资本属性，确保创意人和基于创意创业者的利益，以有效降低创业早期阶段的技术风险和经营风险。[①]

（1）商标注册。麦当劳、肯德基并没有任何高技术含量的产品，其最初的商业创意仅仅是为司机等蓝领阶层提供快速、便捷、卫生的食品，它们正是靠商标来保护自己的经营特色。当然，麦当劳、肯德基已经超越了普通商标的概念，其品牌价值已经赋予了商标无形资产，也就是说它们已经拥有了高额的资本属性。

（2）专利申请。如果你的商业创意是基于一项技术发明，建议你尽早申请、注册技术专利，尤其是对独有设计和新型实用专利，因为你的企业的成功很可能依赖于专利保护。但提出专利申请前一定要了解，你的专利是否可以被他人轻易地加以改进，从而导致他人胜出。例如，可口可乐的配方至今仍是一个秘密，也从来没有获得专利，但可口可乐的味道很难被模仿。

（3）版权保护。很多产品够不上申请专利的标准，但它是企业或个人投入成本自行研发的，为了保护这一创意产品，就需要加强版权保护。我国的版权保护法律制度正在逐步完善，除了《中华人民共和国著作权法》以外，还包括《计算机软件保护条例》《集成电路布图设计保护条例》等专项法规。国际知名的特劳特咨询公司最具价值的核心资产可能就是特劳特先生的《定位》一书，公司在全球的业务运营正是以此为蓝本。所以，对《定位》一书的版权保护是公司最重要的事。

（4）制度保护。在知识经济环境中，员工的知识已经成为企业最重要的资本，规范企业与员工的关系可以有效预防知识产权纠纷以及不正当竞争行为。比如，企业与员工除了签订劳动合同外，还要签订保密协议、同业竞争限制协议；在企业投入力量研发之前，先明确知识产权的归属等。

---

① 俞林伟．如何有效保护商业创意的资本属性［J］．科技创业，2004（11）．

（5）商业机密保护。对于一名正在寻求合作或者融资的创业者来说，与要求阅读商业计划书的专业人士签署保密协议也十分重要，千万不要因为所谓的信任或者其他原因而放弃这一原则和权利。依据我国合同法的规定，当事人在订立合同过程中知悉的商业秘密，无论合同是否成立，不得泄露或者不正当地使用。泄露或者不正当地使用该商业秘密给对方造成损失的，应当承担损害赔偿责任。还可以援用《中华人民共和国反不正当竞争法》的相关规定，请求工商行政部门对未经许可披露或使用创业者的商业秘密的竞争对手进行处罚。

要想真正保护商业创意不被侵犯，最好的保护办法莫过于尽快实施创业计划。从创意构思到公司开张这段时间里，需要完成很多工作，这些工作统称为“进入障碍”。创业者越快越好地越过这些障碍，早日实施创意，就越有可能防止潜在的创意、技术被抄袭。

3. 财务风险的防范

财务风险是创业启动阶段的“命门”。首先，要认真筹划创业初始阶段需要的资金数额。融资时必须考虑好准备借多少，能借到多少，最佳值应该是多少，风险有多大。其次，必须考虑企业的持续可融资能力。在运营过程中，企业一旦缺乏资金支持，就很可能导致整个项目的流产和创业的失败，也就是常说的“最后一口氧”的补给问题。为此，创业者需要提前考虑好融资途径，并建立起快速融资渠道，以防万一。再次，建立财务预防机制，正确把握企业负债经营的度。企业可以负债经营，但要保持合理的负债比率。生产经营状况好，资金周转快，负债经营比率可以适当高一些；生产经营不理想、产销不畅时，负债比率则要相对低一些，资产负债率的临界值为35%～65%。最后，密切关注负债、负债率、偿债能力、现金流、应收应付账款及其占主营业务收入的比重、成本和管理费用、财务费用、营业费用等项指标，加强对财务的监控。

4. 管理风险的防范

快速成长的企业在管理上容易出现失误的方面很多，包括：新市场开发、市场营销策略；新创企业组织效能、管理现状、重要业务流程工作状况；产品/服务的价格及供需变化；产品/服务供应的充足性、稳定性；主要客户、主要供应商的信用情况；潜在竞争者、竞争者及其主要产品情况；质量、安全、环保、信息安全，等等。

针对各种管理风险应当确立应对风险的程序和方法。一是对具有较高发生概率、影响重大的风险优先考虑；二是要建立一套广泛适用的风险决策判断标准，即根据风险严重程度和企业的风险承受程度确定不同的决策；三是对降低风险水平所需成本进行合理分析，评估风险应对措施的成本与效益；四是企业必须持续获得有关风险变化的信息，对重要管理风险进行实时监控，以有效地控制和降低风险。

三、创业者风险承受能力的估计

创业者的风险承受能力不仅受环境的影响，还与创业者个人社交、管理、营销、创新等能力，以及工作情况、家庭情况、收入情况等密切相关。

在特定的创业机会面前，创业者需要估计自己的风险承受能力，特别是对有较高“风险收益”的项目。针对特定的创业机会和创业活动，应分析和判断创业风险的具体来源、发生概率，测算风险损失，预期主要风险因素，测算冒险创业的风险收益，估计自己的风险承受能力，进而进行风险决策，提前准备相应的风险管理预案。

风险评估通常采用层次分析法，层层细化，逐级分析，以深入准确地揭示可能遇到的风险因素。可从两个方面进行具体的估计测算，以便对照比较。

（1）从技术风险、市场风险、财务风险、政策及法律风险、团队风险等方面，预测特定创业机会、创业活动可能遇到的风险因素。

（2）再从系统风险、非系统风险两方面，预测特定创业机会可能遇到的风险因素，从而比较和汇总创业过程中不同阶段可能承受的总的风险。

（3）估算创业者/创业团队可用于承担风险的资金量，即可判断创业者的风险承受能力。显然，用于承担风险的资金量与创业者风险承受能力成正比，创业者应当慎重权衡可能面临的最大风险与自己的风险承受能力，以作出创业决策。

四、基于风险估计的创业收益预测

创业者估计了各项风险因素的发生概率和可能的损失之后，需要测算特定创业机会的风险收益，再判断是否值得冒险创业。一般而言，只有风险收益足够弥补创业风险，并能给创业者带来一定的回报，才值得冒险去利用某个创业机会。

特定机会的风险收益可按下式测算①：

$$FR=(M_1+M_2)\cdot B\cdot P_1\cdot P_2\cdot S/(C+J)$$

式中，FR 代表特定机会的风险收益指数；M_1 代表特定机会的技术及市场优势指数；M_2 代表创业者的策略优势指数；B 代表特定机会的持续期内的预期收益；P_1 代表技术成功概率；P_2 代表市场成功概率；S 代表创业团队优势指数；C 代表利用特定机会创业所投入的有形资产投资总额；J 代表利用特定机会创业所投入的无形资产投资总额。

注意：当且仅当 $FR\geqslant R$（创业者期望值）时，才值得冒险去利用特定的创业机会。

第 2 节　创业风险的控制和化解

一、新企业在成长阶段的主要风险来源

1. 管理风险

在成长阶段，创业企业面临的最大风险是管理风险。步入快速成长期后，企业市场迅速开拓，企业的技术风险逐步消除，市场风险变得较小，许多风险投资机构也开始一改往日的态度，变得非常主动，竞相投资。但是在该阶段，由于人员急剧增加，生产规模不断扩张，管理幅度不断加大，资金规模不断增大，市场区域不断拓展等，都大大增加了管理的难度。正如人的成长要经历青春期的烦恼一样，处于这一阶段的企业会出现许多管理问题，比如，

① 雷家骕．高技术创业管理：创业与企业成长［M］．北京：清华大学出版社，2008.

如何控制成本，如何保证质量，如何管理渠道，如何树立品牌……此时管理风险变得最大。如果不能及时解决问题，不仅会影响企业的成长，而且会影响企业的未来发展。

（1）管理混乱。快速成长阶段的创业企业往往在管理上出现“并发症”：重研发、轻市场，市场抓不住，而研发方面一旦融资耗完，危机就开始出现；帮派严重，团队不和，各自为政；管理机制不明晰，用人不当，财务混乱，成本上升；目光短浅，排斥现代企业理念，看不到更为广阔的市场；营销队伍涣散，漏洞百出。混乱的管理导致机遇丧失、凝聚力下降、市场萎缩，逐渐失去竞争力。

案例 9-1　“尚阳”的没落

尚阳科技成立于 2003 年初，自诞生起就笼罩着耀眼的光环。首先，公司创办人及 CEO 是网通曾经的 COO 郑昌幸，管理团队中还有原华为公司副总裁陈硕和网络产品部总经理毛森江，可谓出身豪门；其次，成立之初，公司获得多家知名风险投资机构的 5 800 万美元首期融资，主要投资人包括华登投资、DCM 投资、Intel Capital、住友集团的投资公司、日立、伊藤忠、上海联合投资有限公司等。

尚阳科技曾被美国知名的 *Red Herring* 杂志评选为亚洲 100 强私人企业之一，其目标是致力于成为通信领域领跑的下一代服务平台提供商，致力于开启“自由沟通无界限”的自由通信新时代。主营业务是固网增值解决方案、宽带无线解决方案和企业通信解决方案等。当时，电信运营商也准备在增值业务上大干一把，这种转型为尚阳科技提供了巨大的发展空间。

两年多之后，尽管尚阳拥有几个不错的核心业务，比如 UU 语信等，但终究没有抓住市场机会。由于公司创建以来经营管理不善，郑昌幸被迫“下课”，公司大幅裁员，并开始转型，从昔日的设备方案提供商向互联网增值业务提供商转变。但是，尚阳科技的业务并未像其名字一样“上扬”，最终美梦破碎，2006 年退出了市场。

据知情人士透露，尚阳科技沦落到这个地步主要是管理上存在问题。一是公司重研发、轻市场，而研发方面，首期融资用完了，还没有开发出几件像样的产品。二是公司内部帮派严重，事业部各自为政；同时，从高层到员工成分极为复杂，有“海龟”也有“土鳖”，有出身国企的也有来自外企的，有来自创业公司的，也有来自全球 500 强公司的，甚至有华为管理团队带来的旧部。

管理失控最终导致尚阳没落。

资料来源：聚焦五谷道场等 12 家企业失败教训［EB/OL］. 中国企业家网 . http：//www. iceo. com. cn/chuangye/73/2011/1123/235324_3. shtml.

（2）决策失误。当创业企业初具规模、快速发展时，许多创业者容易被自己早期的成功冲昏头脑，有的人甚至觉得自己无所不能，不顾实际扩大经营和盲目多元化发展，超出实力拓展市场，摊子铺得太大，对新业务却不甚了解，难免出现战略失误，导致破产。

在获得巨大成功后很快就遭遇失败的惨痛教训比比皆是：“巨人”倒下，“太阳神”摔下神殿，“三株”叶干枝枯，“亚细亚”烟消云散……这些企业的共性是：盲目扩张、发展速度过快，而人员、资金、管理三大要素相对滞后，企业发展根基脆弱。三大要素中的任何一个出现问题都会引发本不稳固的新创企业整体发生崩塌。

（3）用人失察。创业初期，往往员工不多，但是这些为数不多的员工对公司的意义却非同小可。如果你选错了助手，或者任命不称职的人担任公司重要岗位的主管，就有可能使你的公司陷入困境；一个不称职的销售主管可能使销路很好的产品没有了销路，这对公司的发展是毁灭性的。

（4）财务危机。对于新创企业，资金风险是最普遍的问题，如果创业者不能及时解决，一旦资金链断裂，极易造成创业中途夭折。巨人集团、三九集团、飞龙集团的倒闭原因惊人地相似，以至于现在只要有企业倒闭或者停产，人们首先想到的往往是资金链断裂。

史玉柱曾说过：最怕现金流出问题。“10 年前的民营企业，现在还活着的不到 20%。主要问题其实不是管理不善，而是财务危机——投资失误导致资金紧张，最后资金链断裂。”“企业没有现金，就像人没有血液一样，没法生存。”一个星期之内，巨人集团迅速地垮了，并欠下了 2 亿元的债务，从休克到死亡，过程非常短。[①]

造成财务危机的原因很多，内部因素大都与创业者经验不足、人脉缺乏、管理混乱有关。比如：决策失误、盲目投资；投资规模过大，超出自身实力；投资陌生行业，回报过低；存在财务漏洞、管理无序、投资成本上升，等等。如果创业者竭泽而渔、不择手段追求盈利而受到法律追究，承担违约、欺诈、偷税漏税等法律责任，则必然产生极其严重的资金风险或危机，甚至可能使企业立马倒闭。

造成财务危机的外部因素主要与技术风险、市场风险和金融风险等密切相关。比如依托高新技术创业的企业，需要的资金规模较大，但融资渠道少。若资金不能及时供应，导致高新技术迟迟不能产业化，其技术价值会随着时间的推移不断贬值，甚至很快就被后来的竞争对手超过，则初始投入将付之东流。财务危机的另一个不可忽视的外部因素是通货膨胀引起的股市和汇率的波动。当发生通货膨胀时，政府一般会采取紧缩的金融政策，致使利率上升，贷款成本随之增加，或难以得到贷款，导致资金紧张甚至中断。同时，通货膨胀会拉动所使用的材料、设备等的成本上升，使资金入不敷出。

案例 9-2　　北京金考花卉的凋谢

金考花卉公司于 2002 年 3 月创立，是以荷兰花卉进口为主营业务的股份制公司。股东由三位有相关工作经验的年轻人组成，但随着业务的发展，矛盾和分歧与日俱增。其中，管理机制不明晰问题最突出，这与几位创业者缺乏必要的管理意识有关。

金考公司虽然是股份合作制企业，但内部管理和组织结构仍停留在个人单打独斗的原始状态，更糟糕的是，他们认为财务只要“不算错钱”就可以了。企业成立不到一年时的状况如下：销售日报只起到反映销售流水的作用；库房台账只能表明还剩什么商品；而反

① 杨连柱．史玉柱如是说［M］．北京：中国经济出版社，2008.

映企业资金流动和盈利能力等财务状况的财务制度，直到金考倒闭仍未建立；相关的财务数据只是凭借掌握在一个人手中的销售、进货数字简单地进行算术加减而得到。

在经营不到一年后，一位粗学了会计学的股东编制财务报表后发现，金考的账面亏损竟然达到数十万元。很明显，这一管理现状对家底并不殷实的金考来说不啻于蚁穴溃堤。

2003 年 3 月，金考的创业之路走到了尽头。

资料来源：寇建东．一个花卉股份公司 12 个月的短暂花期［N］．中国经营报，2005－12－30.

（5）市场反应迟钝。创业可能更多地依赖创业者对市场机会的把握、企业业务的独创性或竞争优势。进入快速成长阶段，会有许多跟进者进入市场，企业的优势会逐渐减弱，竞争压力增大，业绩增长率会随之下降。此外，企业越是成功，创业者越容易春风得意，面对市场竞争可能反应迟钝，不能及时根据市场变化采取有效的应对策略，导致失去主力市场。另一种情况则是创业者对强大竞争对手的介入感到恐慌，甚至产生自卑心理，否定自身发展壮大的可能性，不敢与高手竞争，结果轻易地被竞争对手淘汰。

（6）新老员工冲突。在企业快速成长期，需要不断引进新生力量，但不可避免地会出现新老员工的冲突与对立，包括职业经理人和创业元老、新员工和老员工之间的冲突。这些冲突会使创业企业陷入困境和内耗，甚至导致团队分裂、创业者被排挤而离开公司。

冲突的一方是在公司内任职多年、为创业立下汗马功劳却越来越不适应企业发展的老员工，另一方是朝气蓬勃、拥有新知识和新技能的刚入职的新员工。若继续倚重元老，企业难以蜕变求新；若用新人替换元老，会有“过河拆桥”令声誉受损的风险，而且当触及老员工的切身利益时，老员工更容易抱团来解决问题，最终可能两败俱伤；若完全寄希望于新进的职业经理人，则既可能有创业元老抵制或背叛的风险，也可能有职业经理人的委托—代理风险。于是企业陷入进退两难的困境，处理不好会影响生存与发展。

案例 9－3　大量引入“空降部队”　宏碁龙腾国际计划失利

经历了 10 年的快速发展，到了 1986 年，宏碁已经成为拥有 5 家子公司的企业集团。正是在这样的背景下，宏碁提出了“龙腾国际”十年发展规划，开始大量引进“空降部队”（也就是当今非常热门的职业经理人），并公开招聘各类国际化人才。

这些“空降部队”是宏碁在外部“挖墙脚”得到的人才，他们大多在外企或其他工作单位有突出表现，在业界享有盛名。他们进入宏碁后大多担任较高的职位，对宏碁第二代和创业元老造成冲击。而且这些“空降部队”中，有的人的行事风格和方式与宏碁企业文化大相径庭，让宏碁第二代深感困惑，许多人忍不住抱怨，他们的不满情绪也随着工作中摩擦的增加而日益增强。

一些宏碁第二代感觉自己不受重视，挫折感增强，不少人离职，还有人出国进修，也有少数人在工作上消极抵抗，这对宏碁发展造成沉重打击。

资料来源：孟庆存．龙腾国际——Acer 集团的成功之路［J］．计算机与网络，2000（14）．

2. 供应链风险

供应链系统是一个十分复杂的系统，对其风险尚缺乏统一确切的界定。但基本的共识是，风险来源于供应链上存在的各种不确定性因素。由于供应链上的企业之间相互依赖，任何一个企业出现问题都有可能波及其他企业，影响整个供应链的正常运作，甚至导致供应链破裂和相关企业破产。

例如，2000 年，美国新墨西哥州菲利普公司第 22 号芯片厂发生火灾，这家工厂是爱立信供应链中的一环，为爱立信提供多种重要的芯片，当几星期后工厂恢复生产时，爱立信已经损失了 4 亿美元的销售额，市场份额也由之前的 12%降至 9%。

2005 年初，“苏丹红”事件震惊全国，除了以苏丹红为食品添加剂的生产商损失惨重外，以其为纽带的原料供应商、产品分销商、零售商都遭受不同程度的损失：肯德基（中国）1 200 家门店在这一事件中 4 天至少损失进账 2 600 万元；亨氏美味源（广州）食品公司损失 1 460 余万元，包括行政罚没款、产品损失、利润损失、退还消费者货款、处理费等其他费用；湖南辣椒类产品在中国市场的销售额也下跌了四成左右。

2014 年 9 月，台湾曝出的“地沟油”事件牵连供应链上众多企业：知名厂商强冠公司采购以潲水油等废油提炼的劣质食用油，混制成“全统香猪油”贩售，涉及的企业遍及台湾全岛，其中包括众多知名企业。味全、85 度 C、盛香珍、味王、美心集团、太阳堂、犁记、好帝一、忆霖等 1 200 多家企业卷入此次风波。[①] 受此影响，强冠公司供应链上的众多企业直接损失惨重，与此同时，大陆各超市和食品店的台湾产的食品亦严重滞销。

3. 挥霍浪费

在成长阶段，创业企业在市场上已经站稳脚跟，持续盈利，有的创业者小富即安，开始贪图享乐。具体表现为：一是贪图享受。比如，经常出入豪华酒楼、宾馆和夜总会之类的高消费娱乐场所，吃喝玩乐、一掷千金，甚至堕落到赌博、吸毒、嫖娼。殊不知这方面的开支是个无底洞，更重要的是消磨了创业者的意志和精力，很可能导致新创事业中途夭折。二是讲排场、挥霍浪费。比如，购买豪华轿车、高档服饰，甚至掷巨款购买和装修豪华住宅、办公楼宇等，大把花钱。“成由勤俭败由奢”，奢侈是败业败家的祸根。在企业快速发展阶段，创业者和员工的待遇、生活水平适当改善和提高是正常的，但要反对脱离企业实际发展水平的高消费，反对奢侈浪费，但凡成功的企业家、成就大事业者绝不会挥霍浪费。

2005 年 2 月，80 后创业者高燃凭借创业热情和勇气赢得了蒋锡培（远东控股集团董事长、天使投资人）的 100 万元投资，创立 MySee. com；2006 年初，高燃又获得北极光和赛伯乐等机构共 200 万美元的投资。但 MySee 烧钱的速度太快了，几十个员工每个月的开支就达到 100 多万元，仅办公室装修就花去 100 多万元。8 个月时间，200 万美元的投资款消耗殆尽。投资人评价：项目不可谓不好，资金不可谓不足，但高燃无论走到哪里最关注的都是自己的知名度和形象，“拿投资人的钱去包装自己，甚至还用于其他的用途，但就是没有用来发展企业”。这是一个典型的因挥霍浪费导致创业失败的例子。

---

① 李蕾．多家企业称大陆产品未用台湾“地沟油”[N]．新京报，2014-09-09.

4. 家庭压力

作为创业者坚实的后盾，家人在创业过程中无私奉献，尤其是配偶付出了极大的牺牲——忍受经济拮据、担惊受怕、焦虑失眠、长期分离。在创业初步成功后，他们希望创业者更多地关心家庭，但创业者往往比以前更忙、更累、更无暇顾及家人，于是家庭压力开始增大，尤其是有家庭的女性创业者。一位女企业家在周末公司会议上连续收到丈夫的三条短信息："今天星期几?""女儿有一个月没有见到妈了!""你还知道回家吗?"无奈之下她只能匆匆结束会议。

许多企业挺过初创期之险，解决了商业模式之困，挨过了融资之难，却被家庭破裂扼住咽喉。创业者的婚姻家庭危机，将对快速成长中的创业公司产生巨大的直接影响，而受到间接影响的还有诸如创业伙伴、投资机构乃至公众投资者。例如某视频网站在纳斯达克上市前夕，因为创始人与其妻之间闹离婚，致使公司95%的股权被法院冻结，导致公司上市进程停滞，直至双方和解完毕后才重启上市之路。

由此可见，处于快速成长阶段的创业企业，从内部管理到外部环境，从创业团队到创业者家庭，潜伏了诸多危机，稍有不慎很可能直接"翻船"。因此，创业者必须认真思考并解决创业企业成长阶段的风险与危机问题。

二、新企业在成长阶段防范风险的原则

"凡事预则立，不预则废。"企业成长过程中防范风险的基本原则如下。

1. 重视企业成长中所需的投资

企业成长会消耗一个企业的财务资源。如果企业经营不能产生足够的现金流量，企业成长就会带来沉重的流动性压力，这种压力甚至可能迫使成长中的企业资源枯竭，造成资金链断裂。因此，对于快速成长的企业而言，利润是第二位的。实际上，利润只是会计上的一种考量，它应该被视为企业的应急储备金。

2. 对财务管理转型升级

大多数创业企业通常从小作坊或"夫妻店"起步，当时企业规模小，对财务要求低。随着企业的成长，原来的出纳员成了财务主管，若仍然按照惯例进行财务管理，仅凭经验和感觉盲目拍板，将难以适应企业的发展要求，无法对企业财务管理进行整体架构设计和战略规划，可能导致在下一阶段发生危机。

随着国内经济结构的调整转型、与国际市场的逐步接轨，成长中的企业需要更多地思考如何进行融资管理、商业模式创新、资本运作以及全面预算和内部控制，建立起适合自身发展要求的财务管理体系，建立快速融资的"应急通道"。因此，成长中的创业企业必须对小作坊或"夫妻店"式的财务管理模式转型升级。

此外，成长性企业还应该保持资本结构的合理性，最大限度地降低资本成本。企业的资本结构越合理，其投资的加权平均成本就越小，也就越有利于企业规避风险。

3. 专注于技术、产品和市场

企业成长需要专注于能产生结果的领域，因此，必须始终专注于技术、产品和市场。这就要求创业者能够主动放弃徒劳无功的领域——无论这个领域在企业刚涉足时看起来多

么诱人和有前景，以免分散精力。

对成长性企业而言，技术是其核心资本，丧失了技术优势也就丧失了企业存在的基础。新经济观中更强调价值观念，只有将先进技术应用于产品/服务，技术本身才会迸发出生命力。因此，成长性企业需要在对市场进行充分调研的基础上，开发出具有市场前景、科技含量高的产品/服务，迅速占领市场，并尽可能形成垄断。与此同时，一项超前性的技术开发，最重要的是加强监管与保护，也就是对其申请专利，拥有自主知识产权，当企业合法权益受到侵害时，能够运用法律武器维护自身利益，从而夯实企业壁垒，阻止竞争者进入。

4. 产权主体多元化

为了避免遭遇成长危机，成长性企业应该在保持控股的基础上广泛地吸收各种投资，实现产权主体多元化。我们知道，企业的生存、发展和获利无一不依靠资金的维系，拒绝产权上的多元化也就葬送了企业长远发展的支柱。通过产权主体多元化，不仅可以引进大量资金，而且将各利益主体引入法人治理结构中，可促使企业采取理性的市场行为，科学制定决策。

成长性企业实现产权主体多元化的方式主要包括：向新的投资者或现有的投资者出让股份，换取新的资本进入；通过对企业进行股份制或股份合作制改造，吸引企业内部员工或外来资金进入。另外，通过嫁接式改造、借壳上市等方法也可以实现产权主体的多元化。

5. 打造好管理团队

成长性企业需要高素质的管理团队。企业的初创者在创业过程中积累了一定的管理经验，但这些经验往往因为企业快速发展、内外部环境急剧变化而过时，因此，成长性企业发展到一定阶段就会出现由于管理瓶颈而产生的并发症。为此，必须摒弃个人决策、“家长式”管理，通过夯实系统管理、发挥群体智慧科学决策、实现公司治理和分工协作来有效解决成长中的问题，打造适合企业快速发展的高素质高层管理团队。

通常，为未来的大中型企业打造所需的高层管理团队需要 3～5 年的时间，这项工作如果不提前做、不做扎实，创业企业就不可能持续成长、发展壮大。

三、新企业在成长阶段控制风险的路径

1. 尝试授权，学会解脱

在创业企业的快速成长期，有两个主要因素会导致创业者考虑授权：一是管理问题越来越多、越来越复杂，创业者不堪重负；二是员工渴望分享权力，希望得到更多的空间与舞台来展示自己的才华。

创业早期，创业者通常推行“家长式”、集权式管理，进入快速成长期后，为了摆脱烦琐的事务性、程序性工作，创业者需要授权，但不要分权。授权是指组织为了共享内部权力，激励员工努力工作，把某些权力或职权暂时授予下级，下级可在其所授予职权范围内自由决断，灵活处理问题，但同时也负有完成任务并向上级报告的责任，上级仍然保留对下级的指挥与监督权。分权则指决策指挥权在组织层级系统中较低管理层次上的分散，

组织高层将其一部分决策指挥权分配给下属，下属可以充分行使这些权力，并在职责范围内自主解决某些问题。

分权容易产生离心力，员工难免自作主张，而企业在此阶段需要的是向心力，否则创业者就会失去对企业的控制。当然，从集权到授权，创业者往往心存疑虑，害怕失去对企业的控制。所以，创业者授权的含义实际上是："只准你们做我自己才会做的那种决定。"

最有效的授权是由创业者决定哪些问题由自己来决策，哪些工作可以授权给员工去完成，哪些工作需要下属定期汇报，哪些工作可以放手不管。一般而言，创业者需要审批招聘计划、销售计划、财务预算、投资计划、生产计划，至于销售人员的行为管理、客户拜访、促销活动、车间作业计划、生产排班、加班申请等，可授权给中层管理人员负责。当然，财务报账签字、人事安排、投资决策等重要事宜，还是应该由创业者自己掌控，以控制成本，避免人事矛盾。当然，创业者也可以向一些管理人员授予一定的签字权。通过把一些日常程序性的、非核心的工作授权给中层管理人员，创业者可以让自己从繁重的事务性工作中摆脱出来，将更多的精力放在企业战略性问题上。

2. 密切监控资金风险

创业启动与成长阶段面对的重大管理风险是资金风险。资金就如同种子发芽需要的水分一样，缺少了它，种子就不可能发芽生长，因此初创企业必须重视资金风险。

第一，要认真筹划创业启动所需的融资数额，考虑企业的持续融资能力。创业者必须提前考虑好应急融资方案，并建立起快速融资渠道，以防万一。

第二，建立财务预防机制，正确把握企业负债经营的度。企业要保持合理的负债比率，充分考虑负债结构（特别是注意企业财务杠杆的"双刃剑"）的影响，按照合理配比原则，统筹安排短、中、长期负债，对于短期负债的比重更需慎重控制；此外，在安排各种债务时，应避免出现还债期过于集中和还债高峰出现过早的不利现象，以减轻企业的偿债负担。

第三，密切监控企业的现金流。现金流是企业一定时期内现金流入和流出的数量。现金流是创业者的生命线，创业者应当密切关注现金流的变化而不是成本的变化。要监控现金流状况，每天通过简报来了解手头还有多少现金、应收账款的状况以及目前的收入和开支情况，如果账本中长时间都是赤字，处境就岌岌可危了。

第四，注意由于供应链风险而导致的资金风险。通过建立战略合作伙伴关系，加强与供应链伙伴的信息交流与共享，柔性化设计供应链合同，建立并加强有效的风险防范体系，建立应急处理机制，对紧急和突发事件进行应急处理。

3. 完善组织架构，规范管理

进入快速成长期，企业为了更好地发展，必须建立一整套完善的组织架构来有效地执行决策，规范管理。创业者不必奢求一步到位，也不要指望建立一套组织架构就可以一劳永逸，创业者应该尝试围绕工作流程来进行构建，打破围绕人来构建的习惯性思维，力图通过组织架构来实现企业的科学决策和管理理念。

通常的做法是创业者或企业委托外部咨询公司，或者聘请具有丰富管理经验的职业经理人来帮助搭建组织架构。最稳妥的方式是先健全完善辅助管理部门（如行政部门、财务部门和服务部门等）的组织设计，然后是价值增值部门（如生产部门和营销部门等），这样做能最大限度地使企业稳定运行。设计企业组织架构时，创业者可以运用一些非常规的小技巧，例如，多设置几个管理岗位，但并不安排人员，这样，对员工会起到正面激励的作用；又如，把三级销售组织结构调整成五级，效果会非常明显。当然，创业者需要明白，在完善管理体系之后还应重视精简企业的管理层级，防止官僚化管理。在设计企业的组织架构的同时，还要健全和完善企业的规章制度。

4. 建立风险责任机制，趋利避害

风险责任机制是指根据创业企业的风险控制规划和实施方案，确定相应的责任主体，做到风险管理工作责任落实，各司其职，各负其责。要建立和不断完善风险控制目标体系和风险报告制度，企业内部各风险管理责任主体必须严格按照既定目标和具体标准从事相应的监控和管理。

首先，要通过分析主动预测风险可能会带来的负面影响。例如，投资一旦失误，可能造成多大损失；投资款到期无法收回，可能造成多大经济损失；贷款一旦无法偿还，会产生多大影响；资金周转不良，对正常经营会造成哪些影响。

其次，积极防范风险。例如，加强对投资方案的科学评估，对市场行情进行周密调查与跟踪，制定合理优化的资金使用策略，建立供应链伙伴的信息交流与共享机制，等等。一旦某个环节出了问题，要有补救的预案，以尽可能减少负面影响。同时，通过加强管理，特别是合同管理、投资决策、财务管理、知识产权保护等，建立健全企业各项规章制度；在平时的业务交往中严格审查各类合同，加强对决策过程和合同履行过程的监督；在经营活动中有所为、有所不为，趋利避害，扬长避短，以变制胜。所谓“适者生存”，强调的就是“变”，创业者要主动适应内外部环境的变化，随时做出调整。

最后，学会减少风险和转移风险。对无法规避的系统风险，应当设法分解和转移。比如，尽可能将风险大的项目外包。对于风险较大的投资或经营项目，可将其分解成多个小项目，再将其中风险较高但别人能接受的部分分包出去，共享收益、共担风险；不拒绝必要的合作和规模化经营。如果所从事的领域需要较强的实力，不要拒绝与他人合作，应积极主动地寻求合作帮助，在共同发展的背后往往是风险共担；建立风险预警机制和风险控制体系，如及时与政府部门沟通获取政策信息；在开发新产品前，充分进行市场调研，决策时采取多方案优选、相机替代等方法；对于即将出现的自己难以承受的风险，为了求得长远发展，可以采取避让策略，果断退出、走为上策，通过放弃眼前局部利益保全全局；对于已经产生的重大风险，往往需要牺牲某些甚至重大利益，如申请破产保护以保存实力求得再生。

5. 完善激励机制，凝聚人才队伍

创业企业进入快速发展期，创业者关注的是未来的更大发展，而员工往往更关注现在的利益。若处理不当，创业者会受到指责——“同患难易，共富贵难”，承受巨大的情感压力；如果企业是合伙建立或几个人共同创立的，此时难免会因为利益分配而出现企业的裂变，给企业造成伤害，甚至使企业一蹶不振。

人才是企业发展的关键，人力资本是企业的核心资本。随着企业的扩大，新员工不断加入，创业者必须考虑如何吸引和留住企业所需的优秀员工。为了加快发展，快速成长的企业会引进相当数量的新员工，这时企业往往由于新老员工冲突而陷入危机。为此，企业应该着手建立一整套有效的管理与激励机制，既能保障老员工或合伙人的既得利益，又能吸引新员工，真正凝聚更多的优秀人才，使企业得以稳步发展。解决方案的核心是建立有效的管理制度与激励机制，同时对紧缺骨干人才队伍加强建设和培养。

（1）制度是建立组织并且保证组织顺利运转的有效基石。设计管理制度与激励机制时，创业者要与员工保持密切有效的沟通，尽量做到一视同仁，要让新老员工都能理解和接受。在共同的组织目标面前，开宗明义地说明公司的原则和底线，新老员工在制度面前人人平等，这就在根源上杜绝了“新人新办法、老人老办法”的做法。当统一的制度规定了新老员工在工作和待遇上的方方面面时，就可以很大程度上减少人为干预，继而减弱新老员工的不公平感。

新老员工主要的利益冲突体现在薪酬和岗位晋升上，其中薪酬往往会成为不满意的直接来源，这是对员工的工作成就感和工作能力的直接挑战。当薪酬矛盾积累到一定程度时，即使一点小小的问题都会成为冲突的导火索。防范的方法在于建立规范的薪酬体系，对于薪级和调整薪酬的依据要有明确规定，不应因人而异，而应因岗、因能力而异，同时可以适当增加司龄工资和工龄工资，并保持相对固定的比例。这样，一方面体现公司对于员工忠诚度的鼓励，同时也对老员工的历史贡献予以肯定，通过司龄与工龄工资补贴一定程度上弥补老员工，减弱他们因新员工薪酬过高或者绩效突出带来的失落感。

（2）岗位的晋升一定要有明确的依据。新员工有可能因能力突出而晋升为老员工的领导，在这种情况下，企业管理者要事先和老员工深入地沟通，引导老员工关注自我能力提升和自我发展空间，减弱不公平感。在程序和机制上，做到考核的公开、公正，采取如绩效考评、公示、宣传等方式，帮助新员工适应升职后的岗位并获得老员工的认可。

（3）加强紧缺骨干人才队伍建设。新企业的成功很大程度上取决于它所获得的人力资源——知识、技术、才能、能力、声誉和合作创业者的社会网络，以及初创时期的员工所带来的人力资源。[①]

“良将一名，胜似千军”，一方面要通过事业和重金双管齐下的方式，吸引同行业相关企业骨干，充实到管理一线；另一方面要通过培养提拔企业内部优秀员工，尤其是初创时期的员工，帮助和鼓励他们尽快成长。处于快速成长阶段的企业，不可避免地存在经验欠缺甚至没有经验可言的问题，因此在配置企业核心岗位人员时可尝试采用“AB岗”的方式。“AB岗”是指类似于“书记＋厂长”和“政委＋司令”的方式，这样既充分发挥“相互帮助、相互协调、相互监督、责任共担”团结协作的长处，又可以增强核心岗位决策和执行的正确性，避免风险的发生。

（4）激励手段多样化和丰富化。在设计与实施激励机制时，也要注重根据不同人员的特点，选择合适的激励手段，防止“一刀切”。特别是在精神激励和非现金激励上，要体现新老员工的差异，这样能够有效满足不同层次员工的需要。针对新员工，非现金激励与精神激励更多地表现为提供各种培训机会、鼓励创新、通报表扬、晋升等；针对老员工，则更多表现为提供各种考察和休假机会、荣誉称号、公司高层嘉奖等。

---

① 罗伯特·A. 巴隆，斯科特·A. 谢恩. 创业管理基于过程的观点［M］. 北京：机械工业出版社，2005.

6. 发展核心竞争力，战略制胜

根据普拉哈拉德和哈默（Prahalad and Hamel）的核心竞争力理论，对企业竞争优势起关键作用的知识和能力称为核心竞争力。核心竞争力实质上是组织内部一系列互补的知识和技能的独特的组合体，当这些资源被组合到业务流程之中，组合的独特性往往能为顾客创造更多的价值，组合的复杂性又常常使得竞争对手难以模仿，因而能够使得企业确立竞争优势，顺利实现规模扩张。

培育和发展核心竞争力，必须让企业找到属于自己的核心专长，然后在这个核心专长上与他人竞争。核心专长是指拥有别人所没有的优势资源，这类资源可以是人力、产品、品牌、技术、流程、营销能力、企业文化等。

竞争优势可以为企业带来更多的利润，但是随着竞争对手的学习、模仿和攻击，竞争优势会随着时间的流逝而逐渐丧失。此时，如果不采取有效措施，企业就会逐渐衰退，陷入亏损甚至破产的境地。处于快速发展阶段的新创企业必须采取的措施是探索并确立自己的发展战略。

创业企业的发展战略应当是：依据自身的特点选择一个较小的产品或服务领域，集中力量进入并努力成为当地市场第一，再从当地市场发展到全国乃至全球市场，同时建立各种进入壁垒，逐步形成稳定、持久的市场地位和竞争优势。只有确立和选择了正确的战略，并在其指引下不断实施成功的战略行动，才能在竞争对手成功学习、模仿或者攻击之前，建立起企业新的竞争优势，这是快速成长的企业永葆青春的秘诀所在。

本章小结

风险是指在特定环境下、特定时间段内，某种损失发生的可能性。创业风险是指创业过程中存在的风险。机遇与风险并存，有价值的创业机会是有风险的。创业环境的不确定性，创业机会与创业企业的复杂性，创业者、创业团队与创业投资者的经验、能力与资源的有限性，是创业风险的根本来源。

当创业机会面临某种损失的可能性时，这种可能性及引起损失的状态便称为机会风险。机会风险分为系统风险与非系统风险。系统风险主要是创业环境中的风险，诸如商品市场风险、资本市场风险等；非系统风险是指创业者自身的风险，诸如技术风险、财务风险等。

机会风险中，一些是可以预测的，一些是不可预测的。对于创业者来说，系统风险只能设法规避，而非系统风险却一定程度上可以通过控制、分散或转嫁的方式来加以削弱或抵消。

创业者的风险承受能力不仅受环境影响，而且与创业者个人社交、管理、营销、创新等能力，以及工作情况、家庭情况、收入情况等密切相关。在特定的创业机会面前，创业者需要估计自己的风险承受能力（特别是对有较高风险收益的项目），进而进行风险决策，提前准备相应的风险管理预案。

成长阶段的创业企业面临的最大风险是管理风险。创业者必须认真考虑和解决创业快速发展阶段的风险与危机问题。新企业成长阶段的风险控制和化解手段主要包括：尝试授权，学会解脱；密切监控资金风险；完善组织架构，规范管理；建立风险责任机制，趋利避害；完善激励机制，凝聚人才队伍；发展核心竞争力，战略制胜。

关键术语

创业风险　机会风险　系统风险　非系统风险　风险评估　风险监控　风险分散　风险转嫁　风险规避　风险控制　风险化解

思考题

1. 试述风险和创业风险的概念。
2. 简述机会风险的构成与分类。如何防范系统风险和非系统风险？
3. 创业者如何估计自身的风险承受能力，提高风险防范意识？
4. 处于成长阶段的创业企业面临的最大风险是什么？如何有效防范？

进一步的阅读材料

1. [美] 史蒂文森，罗伯特，格劳斯贝科．企业风险与创业家 [M]．北京：机械工业出版社，1998.

2. 刘亚娟．创业风险管理 [M]．北京：中国劳动社会保障出版社，2011.

网络资源

全球创业观察项目网站：http：//www. gemconsortium. org
哈佛商业评论网：http：//www. ebusinessreview. cn
美国百森学院网站：http：//www. babson. edu
世界创业实验室：http：//wlab. icxo. com
全球海外中国商机网：http：//www. exporter. alibaba. com
环球企业家：http：//www. gemag. com. cn
中国创业网：http：//www. buildingchina. com
中国企业家网：http：//www. iceo. com. cn
中国商机网：http：//www. 54044. com
中国企业成长网：http：//www. zgqycz. com
中国大学生创业网：http：//www. cuccom. net
天下商机：http：//www. txooo. com
南开创业网：http：//www. ebg. org. cn
青年创业网：http：//www. qncy. org
创业论坛网：http：//www. herechina. net
高校创业教育联盟：http：//www. cyeedu. com
创业网：http：//www. cye. com. cn
创业邦：http：//www. cyzone. cn
创业管理数位网：http：//www. cme. org. tw/em
网络创业：http：//www. g－economy. com
78 创业商机网：http：//www. 78. cn
创业发展基金会：http：//www. fed. org
创富志：http：//www. mycfz. com
知识塔创业网：http：//www. zsta. com
女性创业网：http：//www. bokemm. com
中国知网：http：//www. cnki. net

参考文献

[1] 熊彼特．经济发展理论．北京：商务印书馆，1990.

[2] 彼得·F. 德鲁克．创新与创业精神．上海：上海人民出版社，2002.

[3] 杰弗里·蒂蒙斯．战略与商业机会．北京：华夏出版社，2002.

[4] 杰弗里·蒂蒙斯，小斯蒂芬·斯皮内利．创业学（第六版）．北京：人民邮电出版社，2005.

[5] 杰弗里·蒂蒙斯．创业企业融资．北京：华夏出版社，2002.

[6] 罗伯特·A. 巴隆，斯科特·A. 谢恩．创业管理：基于过程的观点．北京：机械工业出版社，2005.

[7] 布鲁斯·R. 巴林杰．创业计划．北京：机械工业出版社，2009.

[8] 布鲁斯·R. 巴林格，R. 杜安·爱尔兰．创业管理：成功创建新企业．北京：机械工业出版社，2010.

[9] 马丁·J. 格伦德．成功企业家的 9 大素质．北京：中信出版社，2004.

[10] 卡普兰，沃伦．创业学．北京：中国人民大学出版社，2009.

[11] 托马斯·L. 巴顿，威廉·G. 申克，保罗·L. 沃克．企业风险管理．北京：中国人民大学出版社，2004.

[12] 库拉特科．新创企业管理：创业者路线图．北京：机械工业出版社，2009.

[13] 唐纳德·F. 库拉特科，迈克尔·H. 莫里斯，杰弗里·G. 科温．公司创新与创业（第 3 版）．北京：机械工业出版社，2013.

[14] 斯科特·A. 谢恩．寻找创业沃土．北京：中国人民大学出版社，2005.

[15] 斯科特·A. 谢恩．你无法逃脱的基因密码．北京：北京联合出版公司，2012.

[16] 康沃尔．步步为营：白手起家之道．北京：机械工业出版社，2009.

[17] 杰里米·里夫金．第三次工业革命．北京：中信出版社，2012.

[18] 维克托·迈尔-舍恩伯格，肯尼思·库克耶．大数据时代．杭州：浙江人民出版社，2012.

[19] 亚历山大·奥斯特瓦德，伊夫·皮尼厄．商业模式新生代．北京：机械工业出版社，2011.

[20] 史蒂文森，罗伯特，格劳斯贝科．企业风险与创业家．北京：机械工业出版社，1998.

[21] 李家华．创业基础．北京：北京师范大学出版社，2013.

[22] 张玉利．创业管理．3 版．北京：机械工业出版社，2013.

［23］雷家骕．高技术创业管理：创业与企业成长．北京：清华大学出版社，2008.

［24］刘常勇．创业管理的12堂课．北京：中信出版社，2002.

［25］姜彦福，张帏．创业管理学．北京：清华大学出版社，2005.

［26］麦可思研究院．大学生求职决胜宝典（2012年本科版）．北京：清华大学出版社，2012.

［27］江苏省高校招生就业指导服务中心．激情年华——江苏75位大学生创业纪实．南京：江苏教育出版社，2011.

［28］纪永英．创新的赢利模式．北京：机械工业出版，2009.

［29］陆建军．团队精神．北京：中华工商联合出版社，2010.

［30］陈向东．做最好的团队：打造卓越团队的九大黄金法则．北京：中信出版社，2010.

［31］李振勇．成功商业模式设计指南：商道逻辑．北京：中国水利水电出版社，2009.

［32］钱志新．新商业模式．南京：南京大学出版社，2008.

［33］吕继仁，叶仁平．创办你的企业（大学生版）——创业计划书．北京：中国劳动社会保障出版社，2010.

［34］白静，陶韶菁．赢在“挑战杯”全国大学生创业计划竞赛指南．北京：清华大学出版社，2009.

［35］刘国新，王光杰．创业风险管理．武汉：武汉理工大学出版社，2004.

［36］刘亚娟．创业风险管理．北京：中国劳动社会保障出版社，2011.

教师教学服务说明

中国人民大学出版社管理分社以出版经典、高品质的工商管理、统计、市场营销、人力资源管理、运营管理、物流管理、旅游管理等领域的各层次教材为宗旨。

为了更好地为一线教师服务，近年来管理分社着力建设了一批数字化、立体化的网络教学资源。教师可以通过以下方式获得免费下载教学资源的权限：

在中国人民大学出版社网站 www.crup.com.cn 进行注册，注册后进入“会员中心”，在左侧点击“我的教师认证”，填写相关信息，提交后等待审核。我们将在一个工作日内为您开通相关资源的下载权限。

如您急需教学资源或需要其他帮助，请在工作时间与我们联络：

中国人民大学出版社　管理分社

联系电话：010-82501048，62515782，62515735

电子邮箱：glcbfs@crup.com.cn

通讯地址：北京市海淀区中关村大街甲 59 号文化大厦 1501 室（100872）